全国教育科学“十一五”规划重点课题研究成果

ZHONGGUO JICHUJIAOYU XUEKENIANJIAN

中国基础教育学科年鉴

体育与健康卷

TIYUYUJIANKANGJUAN

2010

北京师范大学出版集团
BEIJING NORMAL UNIVERSITY PUBLISHING GROUP
北京师范大学出版社

图书在版编目(CIP)数据

中国基础教育学科年鉴．体育与健康卷．2010 / 周兵主编.—北京：北京师范大学出版社，2011. 1
ISBN 978-7-303-11603-4

Ⅰ. ①中…　Ⅱ. ①周…　Ⅲ. ①基础教育－中国－2010－年鉴②体育课－教学研究－中小学③健康教育－教学研究－中小学　Ⅳ. ①G639.2-54② G633.962

中国版本图书馆 CIP 数据核字（2010）第 263029 号

出版发行：北京师范大学出版社 www.bnup.com.cn
北京新街口外大街 19 号
邮政编码：100875
印　　刷：江苏凤凰盐城印刷有限公司
经　　销：全国新华书店
开　　本：140 mm × 260 mm
印　　张：27.5
字　　数：383 千字
版　　次：2011 年 3 月第 1 版
印　　次：2011 年 3 月第 1 次印刷
定　　价：99.00 元

责任编辑：刘秀兰　张书涛　　装帧设计：揽胜视觉
责任校对：张春燕　　责任印制：马鸿麟

全国教育科学“十一五”规划

重点课题

课题负责人	曹志祥	夏锦文	刘　军
专家组组长	夏锦文		
专家组副组长	张连红	刘　坚	郭宁生
年鉴总主编	刘　军		
核心组成员	李水平	严华银	马　复
	王晓英	钱再见	吴小晴
	仇奔波	吴　伟	陆　真
	汪　忠	韩中健	周　兵
	姚　红	李　艺	朱家雄

学科年鉴编写委员会

专家指导委员会

主　　任　毛振明

委　　员　耿培新　顾渊彦　孟文砚　潘绍伟　江　宇

编写委员会

学科主编　周　兵

本卷主编　江　宇

核心成员　程传银　孟文砚　阿英嘎　杨祖辉　朱卫东　江　宇　甘亦农　倪胜勇　潘雪峰　何中雷

本卷作者　孙倩倩　刘　园　卢凯苹　杨世东　季从生　陈志远　汪露琴　赵　刚　段博文　栾　靖　黄华明　翟善彬　张书涛

总　　序

21世纪初启动的基础教育课程改革，从实验到推广，已经走过十年的历程了。十年改革，促进了先进教育理念的广泛传播，推动了教育教学实践的深刻变革，对我国基础教育的改革与发展、教育现代化水平的提高产生了重大而深远的影响。

伴随着课程改革的不断推进，我国基础教育课程资源的开发与建设工作受到了前所未有的重视，得到了前所未有的发展。十年来，经国家审查通过的基础教育教材已经覆盖义务教育22个学科、普通高中16个学科，共330余种，彻底改变了计划经济时代一纲一本的局面。不仅资源的数量种类空前丰富，而且质量和水平明显提升；现代信息技术推广使用，呈现方式和传输方式发生巨大变化；开发主体多元，社会参与资源开发的积极性日渐提高；国家和地方的基础教育资源中心相继成立。一大批具有中国特色、富有时代特点、体现素质教育要求的课程资源得到开发与应用，受到广大师生的喜爱，得到社会的好评，为培养青少年的创新精神和实践能力，为亿万学生的德、智、体、美全面发展，作出了重要贡献。课程资源开发、建设与应用的丰硕成果，既是课程改革成就的生动体现，也是课程改革得以健康、顺利开展的有力支撑。

当前，我国基础教育已经发展到一个新阶段。为了坚持教育的公益性和普惠性，保障人民群众享有接受良好教育的机会，最近颁布的《国家中长期教育改革和发展规划纲要（2010～2020年）》提出了努力办好每一所学校、教好每一个学生的奋斗目标。提高质量是基础教育改革发展的核心任务，促进公平是国家坚持的基本教育政策。面对基础教育改革发展的新形势、新任务，基础教育课程改革也进入总结经验、完善制度、突破难点、深入推进的新阶段。要在总结经验的基础上，清醒地分析课程改革面临的困难和问题，着力加强课程改革保障机制建设，深化基础教育课程改革。

对于与课程改革紧密相连的基础教育课程资源的开发、建设与应用，在充分肯定成绩的同时，也要客观地分析面临的困难和问题。比如，从总体上看，新开发的资源水平参差不齐，优质教育资源缺乏；资源的开发与深刻变革的教学模式不相适应，能为教学提供有效服务的资源不足；资源开发与应用缺乏规范的管理，资源分散，难以集中共享；即使是基于网络的资源，也由于缺乏协调机制，共享不充分；对于面广量大的学科资源，缺乏必要的汇总、分类、整理，更缺乏深入系统的研究，大大影响了资源的保护和综合开发应用。对这些问题，全国教育科学“十一五”规划重点课题“基础教育学科资源保护开发与应用研究”给予了关注。课题组的专家团队通过调查取样，对课程改革以来我国基础教育课程资源，主要是学科资源开发建设工作现状作了深入分析，并开展了实验研究和比较研究，总结课程改革以来我国基础教育课程资源开发与应用的成绩、经验，分析问题与不足，为我们全面把握和衡量基础教育学科资源开发与应用的状况与发展动态提供了富有价值的研究成果。尤为可贵的是课题组的专家们研究的步伐并未止于对现状的分析与总结，而是针对基础教育课程资源分散、难以为广大教师及专业工作者有效利用的突出问题，提出了编纂《中国基础教育学科年鉴》的对策性构想，并且直接参与编纂工作。这个课题从立项至今，两年有余，课题成果除了有关基础教育学科资源保护开发与应用的研究报告外，还包括语文、数学、英语、政治、历史、地理、物理、化学、生物、音乐、美术、体育与健康、信息技术、通用技术和学前教育皇皇十数卷的《中国基础教育学科年鉴》（以下简称《年鉴》），可喜可贺。

《年鉴》对我国基础教育课程改革与建设中产生的浩如烟海的资源与信息进行了分类与整理，对优秀资源和重要信息进行了汇总和推介。同时，拓宽视野，放眼世界，介绍了国外基础教育课程资源开发与应用的动态。提供的信息量大，覆盖面广，时效性强。《年鉴》对信息与资源不仅进行了汇总，同时也进行了梳理、分析、比较、鉴别。《年鉴》的编写不仅是资源收集聚合的过程，也是总结研究的过程。

《年鉴》的编纂和出版，是一项开创性的工作。《年鉴》不仅可作为从事课程资源开发的专业工作者的参考材料，而且将为教育行政管理者、教研人员和科研工作者的管理、决策和教研、科研工作提供资料和依据，对广大中小学教师从事教育和研修，也是有益的帮手。关注中国教育改革的国外同行和专家，也会把《年鉴》作为了解中国基础教育的一个重要窗口，开展交流的一个重要平台。

正因为《年鉴》的编纂是一项开创性的工作，它富有探索性，必定会留下不少需要完善和提高的空间。我想，走进这个平台，利用这个载体和工具的专业工作者和教育工作者，也一定会像关心基础教育课程资源开发和应用一样，关心《年鉴》，促进它的提高与成长。

王湛

2010 年 9 月 30 日

王湛，教育部原副部长，现任教育部总督学顾问、国家基础教育课程教材专家工作委员会主任.

总　前　言

课程改革以来，我国基础教育领域发生了巨大的变革，语文、数学、英语、政治、历史、地理、物理、化学、生物、音乐、美术、体育与健康、信息技术、通用技术和学前教育等学科在课程与教学方面都有了重大发展，涌现出一大批优秀的成果。对这些成果进行分类、整理与总结是十分必要的。为此，“基础教育学科资源保护开发与应用研究”课题应运而生，并且被列为全国教育科学“十一五”规划重点课题。

《中国基础教育学科年鉴》是该课题的重要成果之一，通过对我国基础教育学科资源进行搜集、整理、归纳，从而实现资源的综合应用、开发和保护。依据我国课程的设置，《中国基础教育学科年鉴》设置语文、数学、英语、政治、历史、地理、物理、化学、生物、音乐、美术、体育与健康、信息技术、学前教育等学科分卷，自 2008 年始，每学科每年出一卷，主要内容包括专家视野、政策文件、概况与摘要、学科动态、研究机构、学术团体、名校名师、大事记、著作及论文索引等。2008 年之前的学科资源将以回顾版的形式进行整理保护。

《中国基础教育学科年鉴》的出版弥补了我国基础教育各学科一直以来没有年鉴的缺憾，意义重大。

1. 收集基础教育学科资料，总结基础教育课程改革过程中的经验

各级教育行政部门为指导课程改革下发了系列规范性文件，各级教研部门做出了许多有创意的举措，课程专家研究出了众多的理论成果，一线教师积极探索、勇于实践，积累了宝贵的经验。科学、全面、系统地总结经验，认定和推广优秀成果，推进国家基础教育发展，是一项重大历史使命。《中国基础教育学科年鉴》对浩如烟海的各学科信息资源进行分类、整理和总结，为基础教育课程改革提供翔实的资料，为各级行政管理者及教研人员提供有效的信息，为学校之间加强交流搭建平台，促使教育工作者及时总结基础教育课程改革过程中的经验。

2. 促进基础教育学科教学的发展

基础教育课程改革要求教师成为研究型的教师。要成为一名研究型的教师，就必须做一个终身学习者。《中国基础教育学科年鉴》有利于我国基础教育教师及时了解国内各地以及国外基础教育动态，开阔视野，完善自己的知识体系，提高自身的教学和科研能力，同时也为学生自主学习提供了丰富的素材，有利于提高学生的自主学习能力。

3. **有利于推进中外教育文化交流**

胡锦涛总书记在党的十七大报告中明确提出“加强对外文化交流”“增强中华文化国际影响力”的要求。《中国基础教育学科年鉴》总结我国基础教育学科教学发展状况，同时借鉴国外基础教育学科教学经验，加强中外文化教育特别是基础教育领域的交流与合作，向世界传播中华文明。

《中国基础教育学科年鉴》的编写是一个规模宏大、涵盖我国基础教育各个学科的工程，由南京红色历程文化教育有限公司策划，得到了教育界诸多专家、学者和一线教师的热情支持，特别是得到教育部基础教育课程教材发展中心和南京师范大学、北京师范大学等高校以及各省市教育部门的支持与帮助。参加编写的人员包括教授、副教授、研究员、副研究员，中学特级教师、高级教师和一级教师数百人。北京师范大学出版集团北京师范大学出版社担负了繁重的出版工作，付出了大量人力、财力和辛勤劳动。在此，向关心和支持这项工作的单位和个人，向工作在第一线的所有同志表示衷心感谢！

《中国基础教育学科年鉴》涉及我国基础教育学科资源的搜集、整理、总结，所以书中有大量已发表论文的摘要。因涉及范围太广，故无法一一通知原作者。如有稿费问题，请作者与教育部基础教育课程教材发展中心基础教育学科资源保护开发与应用研究课题办公室[1]联系，稿费将按国家标准支付。

尽管我们已经付出了极大的努力，但疏漏和谬误在所难免，敬请专家和广大教师指正。

《中国基础教育学科年鉴》编写委员会

2010 年 12 月 14 日

① 江苏省南京市宁海路 122 号南京师范大学专家东楼一楼．联系电话：025－83200848.

前　言

2009年是我国基础教育体育与健康课程改革继续深入推进的又一年。回顾近九年的新课程改革，历经了思想观念的碰撞与争辩、新课程标准的理解与尝试、新课程教学的探索与创新，教学改革的回顾与反思等几个阶段。几年来的改革实践，无论是在新课程的理论构建与充实，还是在教学实践中的探索与创新，均取得了丰厚的成果与宝贵的经验，在我国体育课程的发展历史上，描绘了一幅绚丽多彩、与时俱进的精美画册，呈现出空前的学术繁荣的喜人景象。2009年，全国体育课程与教学研究的专家学者和中学一线教师在完成日常教学工作外，还积极开展课程与教学改革研究，取得了众多重要成果。

由教育部基础教育课程教材发展中心牵头、南京师范大学主持的《中国基础教育学科资源保护、开发与应用》是全国教育科学规划教育部重点课题，各学科基础教育年鉴是课题的物化成果。作为该课题的子课题，体育与健康学科的研究工作，由南京师范大学体育科学学院周兵教授牵头负责。

本年鉴的宗旨是尽力全面反映当年我国从中央到地方，围绕基础教育体育与健康课程的改革与建设、辐射学校体育工作的各个方面的研究成果与重大事件，希望为全国一线体育教师和学校体育、体育课程与教学研究的专家学者，从事体育与健康新课程研究提供一种便捷的文献研究工具，也从此开始积累各年度体育与健康课程与教学的研究成果，形成资源保护的一种机制或途径。年鉴的板块包括：专家视野、政策文件、概况与摘要、学科动态、体育名人录、大事记等。年鉴的资料信息来源主要来自教育部、各省市自治区教育行政部门的官方网站，中国学校体育网，中基网，中文学术期刊网，等。

鉴于我们是刚开始尝试编撰年鉴，缺乏经验，加之信息资料的收集还缺乏有效、全面的技术手段，在当前信息时代浩淼的文献中，难免有所欠缺，尚未反映所有成果，今后将进一步扩大收录范围，逐步完善。

在此要特别感谢首都体育学院曲宗湖教授、北京师范大学体育与运动学院毛振明教授、人民教育出版社耿培新主任、扬州大学体育学院潘绍伟教授、南京师范大学体育科学学院顾渊彦教授的鼎力支持，感谢江苏省教育厅中小学教研室孟文砚女士的大力协助，更要感谢为中国体育与健康课程、学校体育工作出贡献的广大一线体育教师和专家学者。

本册书由江宇主编，参与文献收集、文稿编写工作的人员有：孙倩倩、刘园、卢凯苹、杨世东、季从生、陈志远、汪露琴、赵刚、段博文、栾靖、黄华明、翟善彬、张书涛等。由周兵、江宇等对文稿做统稿与编撰。

感谢教育部基础教育课程教材发展中心。

编　者

2010 年 12 月 15 日

目　录

专家视野

政策文件

概况与摘要

学科动态

体育名人录

大 事 记

专 家 视 野

建构有机衔接的大中小学体育与健康课程内容体系的研究①

潘绍伟②

一、引言

什么是接受过体育教育的人？这是学校体育，也是体育与健康课程应该回答的核心问题。我们的体育要培养什么样的人决定着我们用什么样的体育与健康课程内容、用什么样的方法、用什么样的过程去培养和怎样去培养。体育与健康课程是一个价值引导的过程，是一个引导学生成为我们所希望的体育人的过程。如果我们对这一问题缺乏深入的、理性的思考，我们进行的体育与健康课程可能是盲目的、低效的、事倍功半的，甚至是事与愿违的、适得其反的。

体育与健康课程内容是体育与健康课程目标与实施的中介。在体育与健康课程内容中不仅要回答教什么的问题，实际上它包括了为什么教，甚至如何教的意蕴，从一定意义上讲全部的体育与健康课程问题就是体育与健康课程内容问题。体育与健康课程的编制、实施与评价都可以理解为围绕体育与健康课程内容的编制、安排及其结果展开的。认真研究与回答体育与健康课程内容的有关问题对于体育与健康课程与教学具有十分重要的意义。

二、研究的主要问题

本研究为全国教育科学规划“十五”规划国家一般课题，主要围绕以下几个方面展开。

(一)体育与健康课程内容的理论研究：课程的本质与概念、体育与健康课程的本质与概念、体育与健康课程内容、大中小学体育与健康课程内容有机衔接的内涵、体育与健康课程内容的教育学、心理学、社会学、哲学基础研究等。

---

① 全国教育科学规划“十五”重点课题，BLA010105，主持人潘绍伟.

② 潘绍伟，扬州大学体育学院二级教授，全国高校体育教学指导委员会理论学科组委员

（二）中外体育与健康课程内容比较研究：包括中国、日本、美国、英国、加拿大、澳大利亚等国家的基础教育体育与健康课程内容的比较研究；大陆、台湾、香港义务教育体育与健康课程内容比较研究等。

（三）小学体育与健康课程内容现状与发展研究：以江苏省小学体育课程内容实施为例，研究我国小学体育课程内容实施的现状、存在问题及原因，并提出解决问题的思路与策略。

（四）中学体育与健康课程内容实施现状与发展研究：以江苏省中学体育与健康课程内容实施现状为例，研究我国中学体育与健康课程内容实施现状、存在问题及原因，并提出解决问题的思路与策略。

（五）大学体育与健康课程内容现状与发展研究：以全国高等学校体育教学指导委员会委员工体组成员、三十多所不同类型的全国高校体育工作部主任和公体教师为调查对象，研究我国大学体育与健康课程内容实施现状、存在问题及原因，并对高校体育与健康课程目标与内容标准提出建议。

（六）大中小学不同学段学生的身、心、社发展特征与需求研究：分别对大学、中学、小学学生的身体、心理、社会性发展的阶段性特征进行研究。

（七）依据体育与健康课程的指导思想、目标，结合大中小学生的阶段性特征和需求，初步建构既符合体育与健康课程改革理念，又适应学生年龄特征的体育与健康课程内容体系的初步框架。

三、研究的结果

（一）几个理论观点的再认识

1. 建构体育与健康课程内容体系的前提与基础是对体育与健康课程价值与目的的追问。体育与健康课程编制的前提性问题之一，是体育与健康课程的编制者、研究者、实施者都能明确地意识到自己将把学校体育教育的受教育者——学生引向何处，为学生和自己指明什么样的教与学的方向，期望学生通过体育发生什么样的良性变化。

2. 以往体育与健康课程内容的本质是外在于学生的体育与健康基本知识与技术。

实际上体育与健康课程内容是指根据体育与健康课程目标从各种直接和间接经验中选取出来、经过加工改造的体育与健康学科特定的知识与经验体系，既包括体育与健康学科的理论知识、身体练习以及渗透其中的价值，又包括学生在体育与健康学习过程中的境遇和学习经验。体育与健康课程内容并不仅仅是外在的、预设的、静态的凝聚物，同时也包括内在的、生成的、动态的活动过程与成果。

体育与健康课程内容包括：我们要给学生展示什么，呈现什么，提供什么，还包括如何呈现，即给学生创设什么样的体育学习的情境与氛围等。体育与健康课程内容的研究应该给予体育与健康课程形成经验的各种活动与情境足够的重视。

3. 体育与健康课程内容具有鲜明的身体运动性、健身性、娱乐性、非阶梯性和可替代性特点。

体育与健康课程内容主要是有体育运动的身体练习及练习中的经验构成，体育课程的学习不仅是通过学生的思维活动，解决学生从不知到知、从不懂到懂的问题，而是主要通过学生的实际从事身体练习解决学生从不会到会、从没有体验到有亲身体验的问题。

体育与健康课程内容实际上包含学生在身体练习过程中承担一定运动负荷的问题，它为增强学生体质、增进学生身心健康提供了可能性，对于增进学生健康的作用是其他任何一门课程无法替代的。

体育课程内容大部分来自各种各样的体育运动，大多数体育运动又来自运动性竞技性游戏，而运动性游戏都具有趣味性和娱乐性。

体育课程内容是由众多的相互平行的运动项目和身体练习组成，它们之间没有明显的从基础到提高的逻辑结构体系，不同的运动都可以为达成统一目标做出贡献，即不同运动的可替代性。

4. 建构体育与健康课程内容体系应以学生发展为中心。应将学生培养成为积极的社会成员和家庭成员，把健康和幸福生活一辈子作为最主要的目标；体育课程内容和要求必须符合学生的身心发展的特点和需要；必须关注学生的终身体育与健康意识、能力和习惯的形成，促进每一位学生健康和可持续地发展。

5. 大中小学的体育与健康课程内容之间既有鲜明的阶段性特征，同时又有机联系与衔接。大中小学的体育与健康课程内容要充分考虑：前一阶段是后一阶段的前提与基础；后一阶段应建立在前一阶段的基础上，并应根据实际情况进行适当的调整、弥补与修正。

6. 体育与健康课程内容应有利于实现“育体”与“育人”的目标。体育与健康课程应包括“学习运动”和“在运动中学习”两个方面，而不仅仅是学习运动。记载体育课程内容创编和实施的过程中要充分考虑“育”体与“育”人的统一。

（二）构建有机衔接的大中小体育与健康课程内容的初步框架

1. 中小学体育与健康课程目标的初步构想

掌握体育与健康的基础知识、技能，包括运动保健、营养、卫生等知识；形成运动兴趣和爱好，逐步养成健康的生活方式，为终身参与体育打下坚实的基础；有积极的态度，形成坚强的意志和正确的价值观；学会与他人互助、协作，具备良好的人际交往能力；具备户外活动的技能；学会创设有助于个人与集体发展的、健康的社会团体和环境；能正确认识、理解、尊重人与人之间的差异。

2. 建构义务教育体育与健康课程内容的基本要求

(1)构建体育与健康课程内容应充分考虑我国的社会、政治、经济、文化和教育的背景。在借鉴国外和台湾、香港地区的经验时应注意我国的实际情况。

(2)体育与健康课程内容的选择和创编必须关注学生的实际与体验。体育与健康课程内容必须符合学生身心发展的实际，与学生个人的生活经验相联系，“将课堂引向生活，要更多地走向课外、社区，因为生活的一切时间和空间都能成为学习体育内容的课堂”。应对体育运动项目进行改造和简化，寻求符合学生身心发展的、学生喜闻乐见的、能有效激发学生运动兴趣的体育与健康内容。

(3)体育与健康课程内容应实现“育体”与“育人”的有机统一。体育与健康课程内容应以学生发展为本，注重创造有利于学生良好人格塑造、体育文化修养提高的良好情境与活动的引入。

(4)体育与健康课程内容应具有鲜明的民族特色。体育与健康课程内容在学习引进外国体育文化的同时，应有机融入中华民族传统体育文化，包括以武术为代表的中华民族民间体育运动和中华养生理论等，并根据学生的实际和当代人的生活实际进行改造与创新。

3. 小学体育与健康课程内容实施现状与发展研究

(1)现状分析：正面发展——我国小学体育课程内容不断丰富；体育游戏、健身内容逐渐受到重视；体育课程内容的选择性逐渐加大、弹性化加强；体育知识与卫生保健知识有机结合；体育课程内容的民族性有所加强。不足之处——对体育与健康课程内容的选择方向，如以运动为本还是以学生发展为本等还存在分歧；民族体育运动内容的挖掘与改造不够；体育课程内容与学生生活与经验的结合不够紧密；体育与健康内容的有机结合还存在明显不足。

(2)对策：在体育与健康课程内容的价值取向上注重学校体育主体——学生的需要，关注学生的个体差异；在体育课程内容的功能上重视增进学生的健康，重视体育与健康的有机统一；在体育课程内容的呈现上应体现多样化、弹性化和乡土化；在体育课程内容的选择上应反映终身体育的要求，注意当下与未来的结合。

4. 初中体育与健康课程内容构建的框架研究

初中体育与健康应突出其基础性，突出对基本运动技能的学习与掌握；在比较广泛学习运动技能的基础上，开始适当发展学生对某些运动项目的兴趣；加强与学生身心发展相关的健康理论知识的学习。

5. 高中体育与健康课程内容框架研究

加强体育与健康教育的有机结合，学习掌握体育锻炼、卫生保健、营养知识，注重坚强意志品质的培养和健康行为习惯的养成；关注专项运动技能的学习与提高，对所学运动项目的兴趣、爱好、特长的形成。

6. 大学体育与健康课程内容框架研究

学会两项以上健身娱乐运动；正确评价自己的健康水平；能正确运用所学的相关知识分析调节自己的身心发展；提高现代人竞争、合作的意识与能力，培养团队合作的精神。

7. 大中小学有机衔接的体育与健康课程内容框架研究

(1)运动参与：小学应当学会喜欢体育活动，积极参与一些促进成长的体育活动和非正规的、松散的比赛。中学阶段应提高体育活动的复杂性，参与各种课外体育活动。大学阶段应强调学生更加自主、自律地参与组织各种体育活动。

(2)运动技能：小学阶段学生的走、跑、跳、投、攀爬等基本能力和多种运动能力。中学阶段强调进一步学习基本运动能力，在此基础上发展专门运动能力，掌握两三项运动技能，并能在各种情境下运用。大学阶段强调在高中基础上进一步提高与拓展。

(3)身体健康：小学强调对身体健康构成的基本认识。中学阶段强调对影响身心健康的各种因素深入理解和正确的行为方式的养成。大学阶段强调学生自觉自主地保持良好的生活方式。

(4)心理健康与社会适应

小学阶段强调学习纪律，以及安全知识，学会独立以及在小组中进行体育学习；强调认识每个人的异同，以及相互合作地参与体育活动；强调与学生生活、健康、营养、生长发育相关的常识。中学阶段强调理解各项运动的规则和程序，独立而负责任地完成任务；强调在体育活动中与他人进行合作；强调健康营养原理的学习，远离不良嗜好，以及性病、艾滋病及心理疾病的预防。大学阶段强调积极影响体育活动环境中的其他人的行为；强调提高对他人的理解和与他人合作的意识与能力；强调形成正确的价值观，并将所学的理论与知识运用到生活实践中去。

政 策 文 件

2009年教育部有关学校体育、体育课程的文件摘编

教育部关于做好国家中长期教育改革和发展规划纲要公开征求意见工作的通知

教办[2009]2号

党中央、国务院高度重视教育事业的改革发展。2008年8月29日，温家宝总理主持召开国家科教领导小组第一次会议，审议并原则通过《规划纲要》制定工作方案，正式启动《规划纲要》研究制定工作，要求广纳群言、广集众智，充分听取社会各界意见，努力制定一个让人民群众满意，符合中国国情和时代特点的《规划纲要》。根据工作方案的安排，经请示国务院领导同志意见，《规划纲要》工作小组办公室在前一阶段征求专家及有关方面意见建议的基础上，近日起向社会各界开展第一轮公开征求意见工作。

教育部办公厅关于做好2009年普通高校招收高水平运动员工作的通知

教学厅[2009]1号

为做好2009年普通高校招收高水平运动员工作，文件要求各省(区、市)教育厅(教委)、高校招生委员会办公室(以下简称省级招办)和有关高校要严格按照高校招生实施“阳光工程”的要求，加强对高水平运动员招生工作的领导，科学合理制定高水平运动员测试标准和测试程序，严格规范组织体育专项测试和录取，要进一步加大信息公开力度，坚持公开透明，确保高水平运动员招生工作规范、公正、有序、平稳进行。

国家教育督导团关于对河北等八省市中小学体育卫生工作专项督导检查的公报

通过听取政府汇报、召开座谈会、查阅资料、个别访谈、问

卷调查等方式，督查组对河北、安徽等8个省市的中小学体育卫生工作进行了全面的了解。总体上8省市政府认真贯彻落实中央7号文件精神，加强领导，采取了一系列扎实有效的措施，因地制宜地在中小学广泛开展了形式多样的体育运动，学生每天一小时体育锻炼时间基本得到保证，学校卫生管理工作及面貌有了明显变化，各地并探索了一些好的做法和经验。

教育部关于组成新一届全国中小学体育教学指导委员会的通知

教体艺函[2009]3号

根据《全国中小学体育教学指导委员会章程》，经研究决定聘请杨贵仁等31位同志，组成新一届全国中小学体育教学指导委员会，任期为2009年至2012年。

国家教育督导团关于加强教育督导信息沟通的通知

教督办[2009]10号

为推动各级教育督导机构和督学及时发现问题，更好地发挥教育督导的作用，国家教育督导团办公室决定设立《教育督导工作·近期关注点》和《督学通讯》，把教育督导从上到下和从下到上的沟通渠道建立起来。

教育部关于召开实施《国家学生体质健康标准》及全国亿万学生阳光体育冬季长跑活动工作会议的通知

为做好《国家学生体质健康标准》全面实施工作，推动全国亿万学生阳光冬季长跑活动的深入开展，教育部体育卫生与艺术教育司、教育管理信息中心、全国亿万学生阳光体育运动领导小组办公室定于2009年10月17日在北京共同召开“实施《国家学生体质健康标准》及全国亿万学生阳光体育冬季长跑活动工作会议”。

教育部、国家体育总局、共青团中央关于开展第三届全国亿万学生阳光体育冬季长跑活动的通知

教体艺函[2009]7号

为推进全国亿万学生阳光体育冬季长跑活动深入持久的开展，教育部、国家体育总局、共青团中央决定于2009年10月至2010年4月，继续组织开展“第三届全国亿万学生阳光体育冬季长跑活动”，本届冬季长跑活动主题为“阳光体育与全民健身同行”。

教育部关于通报表扬第二届全国亿万学生阳光体育冬季长跑活动优秀组织单位的通知

教体艺厅[2009]9 号

为推动冬季长跑活动持续、有效的开展，进一步推广典型经验，表扬先进，切实做好学生冬季长跑活动，按照《教育部、国家体育总局、共青团中央关于开展第二届全国亿万学生阳光体育冬季长跑活动的通知》(教体艺[2008]10 号)精神，决定对北京等 18 个省、自治区、直辖市和北京市怀柔区等 420 个地(市、区)、县(市)给予通报表扬。希望受到通报表扬的单位，认真总结经验、继续发扬成绩、再接再厉，争取更大的进步。同时希望全国各地向它们学习，在贯彻落实中央 7 号文件精神、广泛开展阳光体育运动的实践中，积极探索，扎实工作，为把全国亿万学生阳光体育冬季长跑活动不断引向深入，为促进广大青少年学生的健康成长做出积极的贡献。

2009 年度部分省市教育厅、教研室、研究院关于体育与健康学科的文件摘编

安徽省教育厅关于开展青少年学生校外活动场所评估工作的通知

皖教基[2009]1 号

为深入贯彻中发[2004]8 号文件精神，进一步加强我省青少年学生校外活动场所的建设和管理，推动青少年校外教育事业的发展，更好地发挥青少年学生校外活动场所的公益性和在素质教育中的作用，经研究，决定从 2009 年起对全省青少年学生校外活动场所开展评估。

海南省教育厅关于将义务教育阶段中小学生健康体检和观看爱国主义电影经费纳入学校公用经费开支的通知

琼教计[2009]8 号

为贯彻落实《中共中央国务院关于加强青少年体育增强青少年体质的意见》和国家教育部、国家发展和改革委员会、财政部、文化部、国家广播电影电视总局《关于进一步开展中小学影视教育的通知》的有关通知精神，确保义务教育阶段中小学生健康体检和观看爱国主义影片工作顺利开展，现就我省义务教育阶段中小学生健康体检和观看爱国主义电影经费纳入学校公用经费开支

的有关问题进行通知。

重庆市教育委员会、重庆市体育局关于印发 2009 年重庆市中学生体育竞赛计划的通知

渝教体卫艺[**2009**]**1** 号

为全面贯彻教育方针，推动学校体育工作的开展，提高我市中学生课余训练水平，培养和选拔体育后备人才，重庆市教育委员会、重庆市体育局决定在 2009 年举办重庆市第十届中学生足球比赛等体育赛事。现将《2009 年重庆市中学生体育竞赛计划》印发给你们，请结合本地(校)实际，认真做好参加有关项目比赛的组队、集训和参赛等工作。

江西省教育厅关于对全省中小学体育工作专项督导检查的情况通报

赣教督字[2009]1 号

根据国家教育部印发的《中小学体育工作督导评估指标体系(试行)的通知》(教督[2008]3 号)和省教育厅《关于开展全省中小学体育工作自查的通知》(赣教体艺字[2008]28 号)精神，2008 年 12 月 15 日至 20 日，省教育厅组织 3 个检查组分别对分宜等九个县(市)进行了中小学体育工作专项督导检查。督导检查采取听取县教育局中小学校体育工作情况汇报，查阅有关资料，深入学校察看体育器材、体育设施和运动场地，对部分学生开展问卷调查等方式进行。

江西省教育厅关于认真做好 2009 年初中毕业生升学体育考试工作的通知

赣教体艺字[**2009**]**7** 号

各地、各学校继续按照省教育厅《关于认真做好 2008 年初中毕业生升学体育考试工作的通知》(赣教体艺字[2008]4 号)有关规定，确保今年的中考体育工作顺利进行。确保体育考试公正、公平，考试方法应由人工测试逐步过渡到仪器测试。

重庆市教育委员会关于印发 2009 年重庆市初中毕业生升学体育考试工作方案的通知

渝教体卫艺[2009]4 号

为贯彻党的教育方针，落实全国学校体育工作会议精神，全面推进素质教育，根据教育部、国家体育总局《关于进一步加强学校体育工作，切实提高学生健康素质的意见》(教体艺[2006]5 号)中“认真组织实施初中毕业生升学体育考试工作，体育考试成

绩要按一定比例记入中考成绩总分”的要求，更好地引导广大学生积极参加体育锻炼，有效提高学生体质健康水平；严格全市初中毕业生升学体育考试(以下简称：中招体考)工作的管理，确保考务工作在公开、公平、公正的基础上，安全、圆满、顺利地实施，现将《2009年重庆市初中毕业生升学体育考试工作方案》印发给你们，请认真遵照执行。

湖南省教育厅关于进一步加强初中毕业生升学体育考试网上中招制度的通知

湘教通[2009]65号

为进一步贯彻落实《中共中央国务院关于加强青少年体育增强青少年体质的意见》(中发[2007]7号)提出的“全面组织实施初中毕业生升学体育考试，并逐步加大体育成绩在学生综合素质评价和中考成绩中的分量”的精神，深化义务教育课程改革，促进中小学体育工作发展，对进一步加强我省初中毕业生升学体育考试工作有关事宜进行通知。

江西省教育厅关于确定2009年初中毕业生升学享受中考优惠政策体育竞赛项目的通知

赣教体艺字[2009]8号

2009年初中毕业生在初中阶段参加省级体育竞赛，获得单项前五名或集体项目前三名的主力队员，享受有关中考优惠政策加分的体育竞赛项目，享受加分考生报名时须提供运动成绩证书、秩序册、成绩册等原件。

江苏省教育厅、卫生厅关于做好2009年全省学校卫生工作的通知

苏教体艺[2009]5号

为切实加强我省学校卫生工作，保障广大青少年身心健康和生命安全，根据《传染病防治法》、《食品安全法》、《学校卫生工作条例》等法律法规，现就做好2009年全省学校卫生工作进行通知。

江苏省教育厅、卫生厅关于推进健康促进学校创建工作的通知

苏教体艺[2009]6号

近年来，全省各地中小学校积极开展健康促进学校的创建活

动，广大师生的健康理念得到了提高，学校设施条件得到了改善，公共卫生工作得到了加强，涌现出一批健康促进学校，有力地推进了素质教育和学校卫生工作。为加强健康促进学校创建工作，省教育厅、省卫生厅根据教育部、卫生部、财政部印发的《国家学校体育卫生条件试行基本标准》和教育部印发的《中小学健康教育指导纲要》等文件精神，对《江苏省健康促进学校评价标准》进行了修订，并印发通知。

湖北省教育厅关于贯彻实施《中小学健康教育指导纲要》的通知

鄂教体艺[2009]3 号

为了贯彻落实《中共中央国务院关于加强青少年体育增强青少年体质的意见》(中发[2007]7 号)精神，进一步加强中小学校健康教育工作，教育部制定了《中小学健康教育指导纲要》(教体艺[2008]12 号)，现转发，请各地结合实际，认真贯彻执行。

江西省教育厅关于开展全省中小学体育卫生艺术教育基本条件调查的通知

赣教体艺函[2009]6 号

为认真贯彻落实中央 7 号文件、省委 9 号文件精神，全面了解和掌握我省学校体育卫生艺术教育工作情况，尤其是摸清学校体育卫生艺术基本条件建设的底数，为上级领导机关制定相关政策和措施提供科学依据，决定对全省中小学校体育卫生艺术教育基本条件进行调查。

山东省卫生厅关于印发《山东省中小学生健康体检管理实施办法》的通知

鲁卫办发[2009]4 号

根据卫生部、教育部《中小学生健康体检管理办法》(卫医发[2008]37 号)和教育部、卫生部、财政部《国家学校体育卫生条件试行基本标准》(教体艺[2008]5 号)的要求，为保障我省中小学生健康体检工作正常开展，特制定《山东省中小学生健康体检管理实施办法》。

湖北省教育厅关于认真做好 2009 年初中毕业生升学体育考试工作的通知

鄂教体艺函[2009]5 号

为进一步贯彻落实《中共中央国务院关于加强青少年体育增

强青少年体质的意见》(中发[2007]7号)和省委省政府《关于加强青少年体育增强青少年体质的实施意见》(鄂发[2008]10号)文件精神，落实国家对学校体育工作的要求，完善符合素质教育要求的体育考试评价制度，现就做好2009年初中毕业生升学体育考试工作进行相关通知。

湖北省教育厅、省卫生厅关于规范中小学健康服务管理工作的通知

鄂教体艺函[2009]7号

为了进一步贯彻《省委省政府关于加强青少年增强青少年体质的实施意见》(鄂发[2008]10号)精神，落实“学校教育要树立健康第一的指导思想”的要求，保障学生身心健康发展，按照教育部办公厅和卫生部办公厅有关要求，现就规范我省中小学生健康服务管理工作提出相关意见。

福建省教育厅、体育局关于公布全省首批中学体育特色学校与传统体育学校的通知

闽教体[2009]19号

根据福建省教育厅、体育局《关于申报中小学体育特色学校的通知》(闽教体[2008]26号)，全省普通中学踊跃报名申请，经各设区市教育局、体育局初审后，推荐了149所中学参加省级评审，经省级预审后，确认135所学校有参评资格。省教育厅、体育局组成专家组，于3月下旬至4月中旬对135所学校进行评审，并根据评审情况召开专门会议。经研究，决定批准福州一中等111所中学为全省首批中学体育特色学校。福州一中等100所中学为全省体育传统学校。

江西省教育厅关于认真学习贯彻“全国亿万学生阳光体育运动推进会议”精神的通知

赣教体艺字[2009]21号

2009年5月14日，教育部在重庆市召开了“全国亿万学生阳光体育运动推进会议”。会议的主要任务是：总结交流各地贯彻落实中央7号文件精神和开展阳光体育运动的经验和做法，展示学校开展阳光体育运动的成果，部署进一步深入开展阳光体育运动的工作任务和要求，认真学习贯彻会议精神，扎扎实实抓好阳光体育运动各项措施的落实、全力推进阳光体育运动五项工作。

新疆自治区人民政府转发自治区教育厅等部门关于加强青少年体育增强青少年体质部门责任分工的通知

新政办发[2009]105 号

为切实落实《中共中央国务院关于加强青少年体育增强青少年体质的意见》(中发[2007]7 号)提出的各项工作要求，实现中央 7 号文件提出的加强青少年体育增强青少年体质五年工作目标，自治区人民政府同意建立加强青少年体育厅际联席会议制席。

新疆自治区教育厅关于印发自治区中小学生健康体检项目及价格标准的通知

新教财[2009]157 号

贯彻落实卫生部、教育部联合印发的《中小学生健康体检管理办法》(卫医发[2009]37 号)，现制定印发《自治区中小学生健康体检项目及价格标准》，请遵照执行。

江西省教育厅关于举办中小学体育教师省级培训班的通知

赣教师函[2009]24 号

为了进一步提升中小学体育教师的综合素质和学校体育教学质量，根据教育厅《关于安排 2009 年中小学教师、校长省级培训任务的通知》(赣教师字[2009]11 号)安排和要求，决定由江西师范大学承办 2009 年中小学体育教师省级培训班。

新疆自治区体育局关于确定自治区中小学“冰上运动示范学校”的通知

新体字[2009]129 号

根据自治区体育局与自治区教育厅联合下发的新体字[2009]83 号文件精神及要求，根据各地、州、市推荐上报的“示范学校”材料，经自治区体育局和自治区教育厅审查、评估，现决定命名博州博乐市第七中学等 100 所学校为 2009 年至 2010 年度自治区中小学“冰上运动示范学校”。

新疆自治区教育厅关于组团参加第十届全国中学生运动会相关事项的通知

新教体艺办[2009]12 号

教育部、国家体育总局、共青团中央联合举办的第十届全国中学生运动会将于 2009 年 8 月 16 日至 21 日在长沙市举行，本届全国中学生运动会是继 2008 年北京奥运会后全国一项综合性大型运动会，是全国中学生体育盛会。为备战第十届全国中学生运动会，依据2009年自治区大中学生田径运动会暨选拔赛成绩和各项目参赛成绩，同时，比较上届全国中学生运动会成绩，经过严格认真选拔，确定参赛运动员。

安徽省教育厅关于做好小学体育器材、体质测试仪器验收工作的通知

皖教秘[2009]358号

为落实《中共中央国务院关于加强青少年体育增强青少年体质的意见》要求，改善我省农村薄弱小学的办学条件，2008年，省教育厅为我省部分农村小学配备了一批体育器材和体质测试仪器。

江苏省学生体质健康促进条例

江苏省第十一届人民代表大会常务委员会公告第27号

本条例从2009年9月1日起施行，共分为六章四十五条，对条例进行了详细的阐述及实施要求规定。

福建省教育厅、体育局关于印发福建省第八届中学生运动会游泳、排球、乒乓球、羽毛球等项竞赛规程的通知

闽教体[2009]37号

根据《福建省教育厅、体育局关于印发福建省第八届中学生运动会竞赛规则总则的通知》(闽教体[2009]6号)，经研究，定于9月至11月分别举办第八届中运会游泳、排球、乒乓球和羽毛球项目的比赛。

广东省教育厅、体育局关于《中共广东省委广东省人民政府关于加强青少年体育增强青少年体质的意见》的实践意见的通知

粤教体[2009]82号

印发《关于〈中共广东省委广东省人民政府关于加强青少年体育增强青少年体质的意见〉的实施意见》。

广东省教育厅、体育局关于印发《广东省中小学校体育卫生工作条件基本标准》(试行)通知

粤教体[2009]83号

印发《广东省中小学校体育卫生工作条件基本标准》(试行)。

江苏省教育厅、卫生厅、物价局、财政厅关于做好中小学生健康体检工作的通知

苏教体艺[2009]30 号 苏卫疾控[2009]18 号
苏价费[2009]271 号 苏财教[2009]113 号

为了贯彻落实《江苏省学生体质健康促进条例》、《中共江苏省委江苏省人民政府关于切实加强青少年体育增强青少年体质的意见》(苏发[2008]3 号)、《教育部卫生部财政部关于印发〈国家学校体育卫生条件试行基本标准〉的通知》(教体艺[2008]5 号)、《卫生部教育部关于印发〈中小学生健康体检管理办法〉的通知》(卫医发[2008]37 号)的有关精神，全面、及时、准确掌握我省中小学生身体健康状况，认真做好学生健康的促进工作，对中小学生健康体检的有关问题进行通知。

湖北省教育厅关于举办全省《全国第三套中小学系列广播体操》普及推广及评选活动的通知

鄂教体艺[2009]21 号

根据省教育厅《关于推行实施第三套全国中小学生系列广播体操的通知》(鄂教体艺[2008]18 号)文件精神，为了深入推进全省“学生阳光体育运动”，促进中小学校体育活动的开展，经研究决定，从 2009 年秋季开学起在全省开展第三套全国中小学生系列广播体操普及推广及评选活动。

安徽省教育厅关于公布 2009 年安徽省中小学体育优秀教研论文和教学案例评选结果的通知

皖教科研函[2009]58 号

本次评选在各市组织初评的基础上，共选送优秀教研论文 170 篇、教学案例 53 篇，经省教科院组织专家认真评审，共评出优秀教研论文 103 篇(其中一等奖 10 篇、二等奖 25 篇、三等奖 68 篇)，优秀教学案例 24 篇(其中一等奖 4 篇、二等奖 5 篇、三等奖 15 篇)。

安徽省教育厅关于公布 2009 年安徽省小学体育(录像)课评选结果的通知

皖教科研函[2009]59 号

在各市初评的基础上，全省共推荐了 47 节课。省教科院组

织专家认真评审，共评出一等奖8名、二等奖16名、三等奖22名，指导教师奖8名。

关于通报表扬第二届全国亿万学生阳光体育冬季长跑活动优秀组织单位的通知

闽教体艺厅[2009]9号

由教育部、国家体育总局、共青团中央共同组织实施的主题为“阳光体育与祖国同行”的第二届全国亿万学生阳光体育冬季长跑活动，自2008年10月26日开始到2009年4月30日已圆满完成。在冬季长跑活动期间，各地教育、体育行政部门、共青团组织和广大学校积极贯彻落实《中共中央国务院关于加强青少年体育增强青少年体质的意见》(中发[2007]7号)精神，为推动冬季长跑活动持续、有效地开展，进一步推广典型经验，表扬先进，切实做好学生冬季长跑活动，按照《教育部国家体育总局共青团中央关于开展第二届全国亿万学生阳光体育冬季长跑活动的通知》(教体艺[2008]10号)精神，决定对北京等18个省、自治区、直辖市和北京市怀柔区等420个地(市、区)、县(市)给予通报表扬

省教育厅关于学习宣传和贯彻实施《江苏省学生体质健康促进条例》的通知

苏教体艺[2009]35号

《条例》的颁布实施是江苏省教育法制建设史上的一个新的里程碑，也是江苏教育改革发展史上的一件大事，对于全面贯彻党的教育方针，深入实施素质教育，增强学生体质，促进学生健康成长，提高人才培养质量，具有十分重要的意义。

北京市教育委员会转发教育部、国家体育总局、共青团中央关于开展第三届全国亿万学生阳光体育冬季长跑活动文件的通知

京教函[2009]591号

按照教育部、国家体育总局、共青团中央《关于开展第三届全国亿万学生阳光体育冬季长跑活动的通知》(教体艺函[2009]7号)通知的精神和要求，结合我市学生阳光体育运动的开展和《国家学生体质健康标准》的实施，认真组织，发动学生参加“第三届全国亿万学生阳光体育冬季长跑活动”(以下简称“冬季长跑”)。

江苏省教育厅、体育局、团省委关于切实开展第三届江苏省千万学生阳光体育冬季长跑活动的通知

苏教体艺[2009]36 号

为了全面贯彻落实《中共中央国务院关于加强青少年体育增强青少年体质的意见》、《中共江苏省委江苏省人民政府关于切实加强青少年体育增强青少年体质的意见》精神，根据《教育部、国家体育总局、共青团中央关于开展第三届全国亿万学生阳光体育冬季长跑活动的通知》(教体艺[2009]7 号)要求，省教育厅、体育局、团省委共同决定，于 2009 年 10 月至 2010 年 4 月 30 日，开展第三届江苏省千万学生阳光体育冬季长跑活动(以下简称冬季长跑活动)，主题为"阳光体育与全民健身同行"。

甘肃省教育厅、体育局、团省委关于转发教育部、国家体育总局、共青团中央关于开展第三届全国亿万学生阳光体育冬季长跑活动的通知

甘教体[2009]27 号

现将《教育部、国家体育总局、共青团中央〈关于开展第三届全国亿万学生阳光体育冬季长跑活动的通知〉》(教体艺函[2009]7 号)文件转发你们，各地各学校要充分认识开展冬季长跑活动的重要意义，继续认真组织好冬季长跑活动。要在总结前两届冬季长跑活动经验的基础上，采取有力措施，把这项活动抓紧、抓实，通过扎实的组织工作，不断提高广大青少年学生体质健康水平，努力开创阳关体育运动的新局面。

上海市教育委员会关于开展2009年上海市中小学生《国家学生体质健康标准》抽样检测工作的通知

沪教委体[2009]60 号

为认真贯彻《中共中央国务院关于加强青少年体育增强青少年体质的意见》(中发[2007]7 号)和《教育部、国家体育总局关于实施〈国家学生体质健康标准〉的通知》(教体艺[2007]8 号)文件精神，推进本市各级各类学校全面实施《国家学生体质健康标准》，经研究，定于 2009 年 11 月至 12 月在全市开展中小学生《国家学生体质健康标准》抽样监测活动，对本市中小学生体质健康状况进行分期分批抽样监测。

关于开展第三届全省百万学生阳光体育冬季长跑活动的通知

赣教体艺字[2009]40 号

为推进全省百万学生阳光体育冬季长跑活动深入持久地开展，根据《教育部、国家体育总局、共青团中央〈关于开展第三届全国亿万学生阳光体育冬季长跑活动的通知〉》(教体艺函[2009]7号)精神，省教育厅、省体育局、共青团省委共同研究决定，2009 年 11 月 10 日至 2010 年 4 月 30 日，开展以“阳光体育与全民健身同行”为主题的第三届全省百万学生阳光体育冬季长跑活动。

湖北省教育厅、体育局、团省委关于启动第三届全省学生阳光体育冬季长跑活动的通知

鄂教体艺[2009]33 号

为推进全国亿万学生阳光冬季长跑活动深入持久地开展，教体艺函[2009]7 号文件要求继续组织主题为“阳光体育与全民健身同行”的第三届全国亿万学生阳光体育冬季长跑活动，根据要求，我省将启动全省第三届阳光体育冬季长跑活动。

江西省教育厅体育局、团省委关于公布第二届全省百万学生阳光体育冬季长跑活动优秀组织奖名单的通知

赣教体艺字[2009]42 号

江西省教育厅、江西省体育局、共青团江西省委共同组织实施的、以“阳光体育与祖国同行”为主题的第二届全省百万学生阳光体育冬季长跑活动，自 2008 年 10 月 26 日开始到 2009 年 4 月 30 日结束。各地教育、体育行政部门、共青团组织和各级各类学校认真贯彻落实中央 7 号文件和省委 9 号文件精神，以迎接中华人民共和国成立 60 周年为契机，高度重视、广泛动员、积极组织广大青少年学生参加冬季长跑活动，形成了校园良好的课余体育锻炼氛围，有效地提高了学生体质健康水平。为推动我省冬季长跑活动持续、深入、有效开展，总结经验，表彰先进，按照省教育厅、省体育局、共青团江西省委《关于开展第二届全省百万学生阳光体育冬季长跑活动的通知》(赣教体艺字[2008]29 号)精神，决定授予南昌市等 9 个设区市和南昌市东湖区等 31 个县(市、区)优秀组织奖。

福建省教育厅关于省第八届中学生运动会田径竞赛延期进行的通知

闽教体[2009]57 号

根据教育部及我厅关于加强学校防控甲型 H1N1 流感工作有关文件的精神，结合我省学校防控甲型 H1N1 流感形势，经研究，决定第八届省中学生运动会田径竞赛延期举行，具体比赛时间另行通知。与省中学生运动会田径竞赛同时进行的省田径一级裁判员晋级培训考试照常进行。

上海市教育委员会、上海市体育局、共青团上海市委员会关于组织开展“人人参与 奔向世博”上海市学生阳光体育冬季长跑活动的通知

沪教委体[2009]65 号

上海市教育委员会、上海市体育局、共青团上海市委员会决定结合上海迎世博以及本市开展学生阳光体育运动和实施《国家学生体质健康标准》等学校体育实践活动，组织开展“人人参与 奔向世博”上海市学生阳光体育冬季长跑活动。

北京市教育委员会关于 2011 年第十一届全国中学生运动会集训运动员免试问题的通知

京教体美[2009]45 号

由教育部、国家体育总局、共青团中央主办的第十一届全国中学生运动会将于 2011 年 8 月在内蒙古举行，参加运动会的北京中学生代表团第一批集训队现已组建。为了使参赛学生在赛前集中精力进行科学、系统的训练，建议本次第一批集训队中的初三学生免试直接升入本校高中；普通高中学生免全市模块考试统一毕业会考科目，其会考成绩由学生所在学校根据平时成绩进行核定，并按有关程序上报市、区县会考办。

江苏省教育厅、省政府教育督导团关于印发《江苏省普通高中进一步推进素质教育督导方案》的通知

苏教督[2009]23 号

为认真开展普通高中进一步推进素质教育的督导工作，不断规范普通高中办学行为，建立实施素质教育的长效机制，督导团制定了该方案。

江西省教育厅关于进一步采取措施，切实做好2009年《国家学生体质健康标准》测试数据上报工作的紧急通知

赣教体艺字[2009]36号

根据教育部通报，截至2009年12月21日，我省实施《国家学生体质健康标准》(以下简称《标准》)数据测试上报学校436所，学生数432 585人，排名在全国32个省市(含新疆建设兵团)的第28位。按学校上报数我省连续两年排名在倒数第5位。这反映出我省各地、各学校对《标准》数据上报工作存在着认识不到位、工作不落实的突出问题，必须引起高度重视。为切实做好2009年我省《标准》测试数据上报工作，现对该工作进行紧急通知。

概况与摘要

课程改革研究

2009 年对体育课程改革的研究论文包括以下内容。

校本课程研究

简论基础教育阶段的体育校本课程开发

顾渊彦　姜玉华

论文指出“校本课程开发”并非指哪一类特定课程的开发，而是指在三级课程管理体制下，对基础教育阶段中各类课程的开发，包括了对国家课程的校本开发、地方课程的校本开发和适合本校课程的校本开发。不应当把校本课程和适合本校的课程混淆起来，更不应当认为校本课程开发就是专指适合本校课程的开发。基础教育体育课程体系中，校本课程开发的主战场应当是国家规定的体育必修课的开发。

《南京体育学院学报》2009 年第 5 期

“校本课程”的真正含义

顾渊彦　吴青华

论文通过两个案例指出当前对“校本课程”概念理解混乱，通过分析最后总结出：第一，校本课程反映的是一种课程管理理念，它并不是课程下属的某一类特定的课程，也不应当成为基础教育阶段的三类课程之中的一类。第二，校本课程开发是对基础教育阶段各类课程的开发，国家课程、地方课程、适合本校的课程均可进行校本课程开发。《体育与健康》课是国家规定的必修课，它理应成为校本课程开发的主战场。第三，三级课程管理是对基础教育阶段各类课程的管理。灵活性再大的课程，也要接受国家的宏观调控，“自编教材”必须符合国家课程相关文件的精神。

《中国学校体育》2009 年第 10 期

国家体育课程的校本开发之二——课程标准的法定约束力与灵活性

顾渊彦

论文在分析了统一性和灵活性的区别后提出我国体育教学大纲中，均提出“统一性和灵活性相结合的原则”。这与本文提出的“法定约束力与灵活性”在意义上是不同的。

法定约束力表现在以下三个方面：第一是国家教育行政部门颁布的教学大纲或课程标准；第二是国家教育部审定的教科书；第三是地方教育行政部门颁布的课程标准实施要求。由于上述内容均包含由政府部门颁布或审定的规范要求，因此具有一定的法定约束力，是基础教育阶段实施课程管理的依据。

灵活性是法定约束力规定的灵活性的范围，离开了法定约束力就谈不上灵活性。因此说法定约束力和灵活性是辩证统一的关系。一般情况下，课程标准的约束力提高，必定会降低课程标准的灵活性；反之，课程标准的约束力降低，随之也扩大了课程标准的灵活性。

本文分析了《普通高中体育与健康课程标准》得出包括以下 4 种条款：1. 指令性条款；2. 指导性条款；3. 授权性条款；4. 无条款自主核定。1～4 均包含国家对体育课程的宏观调控，也都包含体育课程法定约束力的条款。从严格意义来看，在法定约束力中，包含学校和教师灵活执行范围的，仅是 2、3 两类条款。这两类条款也是国家体育课程校本开发最重要的法规依据。

《中国学校体育》2009 年第 11 期

国家体育课程的校本开发之三——课程内容的教材化构建

顾渊彦

论文从探讨“内容”和“教材”的联系与区别，得出教学内容的教材化是指以教学大纲或课程标准的课程内容的分类体系为依据，对教学内容进行选择、改造、组合，使其典型化、个性化，并开发成为真正教给学生的那一部分内容的过程。

论文总结了体育学科在教材构建方面出现了如下特征：第一，体育课程的基本理念和目标，以及作为共同发展的体能和技能要求可以一致，但具体学习的运动项目，各校和各个学生之间可以有差别。第二，体育教材的易难先后顺序是存在的，但是这种顺序没有其他文化课严格。第三，构成教材体系的各种运动项目之间的关系是并列的。

课程内容教材化构建的主要依据是课程标准指出的："各地、各校和教师可以选择不同的内容，采用多种形式和方法达成课程目标"，以及确定教学内容的选择范围、改造要求、组合要求。

最后提出以三级课程管理为主要特征的教材化构建，实际上是一个环环相扣、持续的教材化构建过程。

《中国学校体育》2009 年第 12 期

其他领域研究

体育课程改革的潜动力研究

刘旻航

该文通过对影响体育课程改革的潜动力因子加以分析认为，正是这些潜动力因子主要包括社会传统文化的现代化和外来文化的本土化在体育课程改革中发挥着极其重要的作用，并且完全有可能成为体育课程改革的"突破口"，这应当引起我们高度重视。

论文提出我国的体育课程改革应当以制度文化为突破口，借助于制度文化的"桥梁作用"，既建立在物质文化发展之上，又充分发挥精神文化的自主性。

《北京大学体育学院学报》2009 年第 32 卷第 2 期

体育课程改革文化动力本质研究

刘旻航

论文通过分析体育课程外部文化中的物质文化、制度文化和精神文化在改革过程中的作用机制，认为外部文化矛盾是体育课程改革的支点，内部文化是促进体育课程改革的动力源。同时，还指出了体育课程改革的 6 个文化动力特征，即方向性、动态性、协同性、突变性、层次性和差异性。认为体育课程改革动力是由多种文化分力构成，由诸多文化因素之间的矛盾产生，具有主动力与次动力之分。体育课程改革的内驱力是体育课程改革最重要的驱动力。

《西安体育学院学报》2009 年第 1 期

从博弈论的视角看中小学体育课程改革推行缓慢的原因

何耀慧

论文以体育课程改革中的学校、学生家长以及教师各自利益为视角,以博弈论为理论基础来分析我国中小学体育课程改革进展缓慢的原因,并提出以下建议:正确认识体育与健康课程改革中的困境;国家需要改革现如今的高考教育制度,并建立与体育课程改革相配套的机制;提高学校领导、学生家长及体育教师对体育课程改革的认识深度。

《南京体育学院学报》2009 年第 1 期

我国基础教育体育课程改革要协调好五大关系

张学忠　杨旭东　王　俊　党玮玺

论文以现代课程论思维观和方法论为依据，用历史唯物主义基本观点，考察我国体育课程改革与发展的历史。结合现实国情，就当前我国基础教育体育课程改革中如何处理好继承与超越、引进与本土、设计与实施、课程决策权力与主体、师资培训与培养 5 个方面的关系进行了论述。

《武汉体育学院学报》2009 年第 5 期

我国第八次基础教育课程改革体育与健康课程标准可行性实验研究与分析

耿培新

论文通过文献资料法、比较法、测试比较法、问卷法、实验法、调查访问法对我国第八次体育课程改革提出的《体育与健康课程标准》进行研究分析，最后得出结论：8 年的教学改革实验证明，《课程标准》在实验过程中取得了较大的成绩，应该充分肯定。但是同时实验证明，《课程标准》需要修订、完善。《课程标准》的建设，应该从当今我国社会、政治、经济、文化发展的时代特点出发，紧密结合当今时代的教师和学生的实际，汲取新中国成立后八次课程改革的经验与教训，理性地汲取世界教育改革的先进理念和成功做法，既不搞拿来主义和盲目照搬，也不搞妄自尊大、故步自封，基于我国的国情，更科学、更专业、更扎实、更理性、更积极地为国家培养 21 世纪的社会主义现代化建设者和接班人做好理论和实践等工作。

《中国学校体育学》2009 年第 9 期

对《体育与健康课程标准》几个问题的反思

张学忠　乔　梁　石高慧

论文通过对体育新《课标》存在的问题进行了反思性研究。认为：第一，体育课程更名为“体育与健康课程”，造成了对象不清，范畴不明；体育课程目标设置重复和空泛，缺乏科学性和规范性；第二，体育新《课标》中缺失了国家课程内容，失去了必修课程的基本性质和国家对这门课程规范和质量的掌控；第三，体育新《课标》中的评价与目标和课程内容缺乏针对性；体育新《课标》把“健康第一”作为指导思想，显得牵强附会。

《成都体育学院学报》2009 年第 6 期

中学体育教师对实施《体育与健康课程标准》认同感现状研究——以沈阳市为例

刘海燕　刘洪图

论文指出学校是实施《课程标准》的中心和基地，教师是《课程标准》的主要实施者，教师对实施《课程标准》的认同感高低，对于课程改革成败而言十分关键。关于教师认同感国内外学者已经有所研究，但以城市中学体育教师为研究对象还不多见，因此本研究以沈阳市内五区的中学体育教师为研究对象，旨在调查体育教师对实施《课程标准》的认同感现状。

论文最后提出建议：第一，地方教育行政部门加强对学校实施《课程标准》效果的监督力度，提高学校领导对课程改革的关心和支持程度，学校成立对教师教学的监督制度，从而达到提高实施效果的目的。第二，增加组织教师培训的次数，提高培训质量，加强课程改革的相关理论学习，对体育教师做好培训工作，满足广大教师对课程改革的需要。第三，政府加大政策支持与经费保障力度，缩小普通中学与原有重点中学在场地、器材等资源上的差距。

《广州体育学院学报》2009 年第 6 期

新课改背景下学生参与体育课程实施的现状、制因及对策

胡庆山　呙华锋

论文通过对新课改背景下学生参与体育课程实施的双向意义、参与现状和影响因素进行研究。认为：第一，长期以来，体育课程改革与实施中对学生的主体地位重视不够；第二，学生参

与体育课程实施具有双向共赢性，但其参与体育课程实施的现状尚不尽如人意；第三，影响学生参与体育课程实施的因素复杂。第四，提出要发展学生综合素质和实践能力，增加学生课程决策与实施的话语权，降低学生文化课程负担与升学压力，消解教师在课程实施中的不当权威等，以促进学生参与体育课程的实施。

《上海体育学院学报》2009 年第 6 期

中小学体育课程改革相关研究及评价

王继帅　樊炳有

论文通过对我国中小学体育课程目标、体育课程内容与课程资源开发、体育课程结构与课程模式、体育课程实施、体育课程评价等相关研究进行综述，提出：体育课程目标分类已从关注身体素质领域和认知领域拓展到学生的情感领域；体育课程内容选择注重民族性、区域性和文化性；体育课程模式发展趋于多元化；体育课程评价是以学生的发展、学生的社会需要为出发点，在终结性评价的基础上更加注重过程性评价。最后提出以系统论的观点分析体育课程结构将是今后研究的重点。

《体育学刊》2009 年第 1 期

体育教师是课程内容资源开发的关键

田　菁　闫　芬　刘春燕

该文认为体育课程内容资源开发既是体育课程改革和体育课程理论研究的需要，也是源于实践的需要。体育教师的课程意识和课程开发能力是体育课程内容资源开发的关键。论文最后提出了通过继续教育提高体育教师的课程意识和课程开发能力，通过职前教育提高体育教师的课程意识和课程开发能力。

《北京体育大学学报》2009 年第 7 期

2009 年体育与健康课程改革研究重要论文概览

试论健康教育背景下基础教育中开发体育校本课程的着眼点

杨潘顺

就中学体育校本课程的开发进行了实验与研究，实践证明国家新的基础教育课程体系，试行国家课程、地方课程、校本课程三级课程模式，开发和利用校本课程及课程资源，对落实国家课程改革方案，发掘学生的个性潜能，推进素质教育具有重要意义。

《南京体育学院学报》2009 年第 3 期

我国基础教育体育校本课程开发的策略及措施研究

董翠香　孔祥

该文以国家、地方和学校三级课程管理体制为依据，以体育课程为研究对象，结合校本课程开发的特点，对我国基础教育体育校本课程开发应采取的策略及措施进行了较为深入的研究。

论文总结了体育校本课程开发的策略。包括：一，借助课题研究进行体育校本课程开发；二，借助外部力量进行体育校本课程开发；三，加强学校自身整体水平的提高进行体育校本课程开发。体育校本课程开发的措施包括：一，建立体育校本课程开发的组织与实施体系；二，给体育教师赋权增能，使之成为体育校本课程开发的主体；三，实施校本教师培训，让体育教师获得专业成长；四，理论培训与实际考查相结合，发挥示范学校的作用；五，建立校本研究共同体，确保体育校本课程开发的科学性。

《北京体育大学学报》2009 年第 5 期

论体育教学改革与校本课程开发

董红刚　方新普

论文指出在课程改革中，体育教师的作用是巨大的。没有教师或学生也就不会有课程改革。在校本课程开发中，教师处于极为关键的地位，教师是决定校本课程开发成败的重要因素之一。学校应随时关注体育教师的课程参与情况，鼓励体育教师主动参与课程决策和课程的改革实验，使他们积极反思自己的教学实践，为课程改革寻找动因，进而引导和促进体育教师的专业发展，使体育教师与课程建设和改革一起成长。

《体育与科学》2009 年第 1 期

当前中小学体育课程改革中的几个问题

杨志康

论文提出中国体育课程改革至今已有八年，迄今为止对体育课程改革的评价众说纷纭，为此，作者从方法论的角度提出：第一，体育课程改革还在进行中，不同的指标变化和趋势有好有坏，更何况体育课程改革的手段在增加，配合体育课程改革的客观条件也在发生变化，因此，不能判定课程改革就已经失败；第二，对体育课程改革中提出的目标、观点、概念，要全面理解其科学性、合理性，而不是浅尝辄止；第三，对体育课程改革发展至今的价值评价的参照系除了体育课程改革的主观动机和客观结果外，还要看它是否适应了当今社会教育、文化的发展和需求；第四，体育课程改革是我国教育在体育方面的一种规划，一种设计，是一个实现一定目标的手段的主观意志，但这种主观意志又来自于对中国客观教育历史的审视。它是有客观依据的，而客观的教育、社会又是瞬息变化的，相对于这种变化，某一种规划、设计有其相对的稳定性，甚至滞后性。虽然我们提倡规划、设计的前瞻性，但却又不可能使我们的规划、设计与变化不定的客观世界重叠，因而只能不断修正我们的规划、设计。所以，对体育课程改革中出现的问题不能求全责备。

《成都体育学院学报》2009 年第 12 期

“阳光体育运动”背景下的中小学体育与健康课程改革

喻　坚

该文采用文献资料、访谈和逻辑分析等研究方法，结合“阳光体育运动”的全面实施，对我国基础教育体育与健康课程改革进行了探讨。提出：第一，体育与健康课程改革主要不是去建立、证明一套技术体系，而是去传播新的体育理念、新的体育文化、新的行动方式；第二，运动负荷仍应作为评价体育课教学效果的重要指标；第三，体育与健康课程改革必须在它完成的“使命”上进行适当“减负”。

《山东体育学院学报》2009 年第 1 期

对第八次体育与健康课程教学改革(前一阶段)的回顾与认识

毛振明

论文以 2007 年正式开始的课程标准的修订工作把第八次体育与健康课程教学改革分为两个阶段，论文主要对 2000 年至 2007 年的课程改革进行回顾和认识。

论文总结了第八次体育与健康课程教学改革(前一阶段)的成绩。包括：第一，促进了学校体育界对体育课程目的和目标的深入思考；第二，极大地强化了对学生的学习积极性和创新性的关注；第三，促进了以学校为中心的微观体育课程研究，出现了一些很好的体育教学内容；第四，促进了体育教学评价的有关研究与探索；第五，研究了一些新教法的意义与方法，激活了新教学方法的尝试；第六，体育与健康的关系得到讨论，在部分领域中健康和体育的结合得到加强。

论文也提出了前一阶段依然存在的问题：第一，体育课程目标和目标体系依然不明；第二，体育课程设置的核心原理与方法论依然不明；第三，体育教学内容依然杂乱、扁平，错误教学内容依然出现；第四，教学方法的使用与“学理”脱节，方法或单一或多样都缺乏依据；第五，体育教学评价的理论依然局促，体育教学评价改革没能在促进学生体育学习和提高体育教学质量方面体现出明显的效果，教师与学生关系的理论和实际状态没有实质性改善；第六，学生的个人兴趣与运动特性、与国家的要求等关系仍待深入讨论。

最后论文分析了前一阶段改革存在问题的原因：第一，体育课程和教学理论不够坚实的原因；第二，缺乏对改革目的和既定目标和效果思考的原因；第三，对“传统”缺乏研究和尊重的原因；第四，体育群体反思精神缺乏和浮躁的原因；第五，缺乏对体育学科特质和特性充分考虑的原因；第六，盲目追求体育功能扩大化的心态的原因；第七，上下信息脱节和信息获得不平等的原因。

《中国学校体育学》2009 年第 8 期

对第八次体育与健康课程教学改革(后一阶段)的展望与预测

毛振明

论文根据作者本人参加课标修订工作的体会，根据多年来体育课程改革的研究成果和经验，根据课标修订稿已经显现的一些意图，对第八次体育课程教学改革后一阶段的发展趋势做出如下的分析与预测：第一，进一步明确和突出体育课程性质，强调运动技术学习和身体素质的价值和意义；第二，进一步梳理体育课程教学目标，更加突出体育课程的核心价值；第三，进一步强化三级课程管理机制，真正使国家、地方、学校在体育课程管理和创新方面能够各司其职；第四，继续强化国家对地方和学校(主要是地方)体育教学内容的“有弹性的”指导；第五，加强对各个体育目标达成度的评价，通过“评价视角建议”和“评价方法举例”加强对评价方法论的指导；第六，继续提倡体育课程内容资源的开发，对教学内容的开发进行更明确的指导；第七，深化体育评价改革，突出教师的评价地位，强化对体育学习的考核；第八，在对“体育学理”研究的基础上，继续深化体育教法和学法的改革；第九，进一步指导教师更科学地制定教学目标，加强目标对教学的导向性，切实提高体育教学质量和目标的达成度；第十，强调让学生充分体会运动乐趣与学习的成功，与此同时，深化对运动乐趣的研究和理解，加强对学生进行刻苦锻炼的教育。

《中国学校体育学》2009 年第 9 期

基础教育体育课程与教学改革的回顾与展望

赖天德

论文在论述了前八次体育课程与教学改革的成绩与不足的基础上总结了八次改革的经验，最后对基础教育体育课程与教学改革与发展进行展望：第一，课程标准将逐步得到完善；第二，贯彻健康第一的指导思想将更加结合课程的特点；第三，逐步明确多元目标的相互关系与相互整合；第四，学生的运动兴趣将在更高层次上得到关注；第五，对通过体育教学促进学生心理健康与社会适应能力的目标追求，将越来越受到重视；第六，“教”和“学”的积极性将得到更加正确、充分的发挥；第七，面向全体学生，使每一个学生受益的理念将得到认真贯彻；第八，知识技能的教学与学习能力的培养都将受到重视；第九，体育课程资源将得到正确有效的利用与开展；第十，对体育教师的要求越来越高。

《中国学校体育学》2009 年第 5 期

理性与非理性的博弈——对于我国体育课程改革的发展评述

郄捍烈　冯　兵　刘旻航

论文通过对我国体育课程改革的历史分析，针对体育课程改革中的决策、问题、策略、集体与个体、权力、环境、动力和形式等一系列相关问题逐一展开分析，指出我国体育课程改革一直处于理性与非理性的博弈之中，并且认为我国体育课程改革将会一直在理性与非理性的相互制衡下发展。

《北京体育大学学报》2009 年第 4 期

阳光体育运动与中小学体育课程改革

喻　坚

论文采用文献资料法、访谈法和逻辑分析等方法，结合阳光体育运动的全面实施，对我国基础教育体育课程改革进行探讨。提出：体育课程改革主要是传播新的体育理念、新的体育文化、新的行动方式，能极大地冲击体育教师的教学观，并使其发生明显变化；运动负荷仍应作为评价体育课教学效果的重要指标；体育课程改革必须在它完成的使命上进行适当减负，才能有效地促进中小学生体质健康水平的提高。

《体育文化导刊》2009 年第 6 期

2009 年体育与健康课程改革研究论文索引

核心期刊

1. 董翠香，孔祥. 我国基础教育体育校本课程开发的策略及措施研究[J]. 北京体育大学学报，2009，32(5)：68-70.

2. 刘旻航. 体育课程改革的潜动力研究[J]. 2009，32(2)：90-93.

3. 田菁，闫芬，刘春燕. 体育教师是课程内容资源开发的关键[J]. 北京体育大学学报，2009，32(7)：85-87.

4. 郄捍烈，冯兵，刘旻航. 理性与非理性的博弈——对于我国体育课程改革的发展评述[J]. 北京体育大学学报，2009，32(4)：95-98.

5. 顾渊彦，姜玉华. 简论基础教育阶段的体育校本课程开发[J]. 南京体育学院学报，2009，23(5)：13-14.

6. 何耀慧. 从博弈论的视角看中小学体育课程改革推行缓慢的原因[J]. 南京体育学院学报，2009，23(1)：93-95.

7. 杨潘顺. 试论健康教育背景下基础教育中开发体育校本课程的着眼点[J]. 南京体育学院学报，2009，23(3)：109-112.

8. 喻坚. 阳光体育运动与中小学体育课程改革[J]. 体育文化导刊，2009，(6)：95-97.

9. 张学忠，杨旭东，王俊，党玮玺. 我国基础教育体育课程改革要协调好五大关系[J]. 武汉体育学院学报，2009，45(5)：78-81.

10. 董红刚，方新普. 论体育教学改革与校本课程开发[J]. 体育与科学，2009，30(1)：89-92.

11. 杨志康. 当前中小学体育课程改革中的几个问题[J]. 成都体育学院学报，2009，35(12)：83-87.

12. 张学忠，乔梁，石高慧. 对《体育与健康课程标准》几个问题的反思[J]. 成都体育学院学报，2009，35(6)：77-81.

13. 王继帅，樊炳有. 中小学体育课程改革相关研究及评价[J]. 体育学刊，2009，16(1)：58-62.

14. 刘旻航. 体育课程改革文化动力本质研究. 西安体育学院学报[J]，2009，26(1)：101-106.

15. 胡庆山，呙华锋. 新课改背景下学生参与体育课程实施的现状、制因及对策[J]. 上海体育学院学报，2009，33(6)：71-77.

16. 喻坚. "阳光体育运动"背景下的中小学体育与健康课程改革[J]. 山东体育学院学报，2009，25(1)：77-79.

17. 刘海燕，刘洪图. 中学体育教师对实施《体育与健康课程标准》认同感现状研究——以沈阳市为例[J]. 广州体育学院学报，2009，29(6)：125-128.

18. 张永江，顾渊彦. 体育课程校本开发的基本理论剖析[J]. 武汉体育学院学报，2009，43(4)：80-85.

19. 武常宏，耿海，高峰，张静. 两次国民体质监测公报对我国体育课程改革的启示与思考[J]. 山东体育学院学报，2009，25(10)：94-96.

一般期刊

1. 于振峰，李兴志. 体育课程改革风险的科学分析[J]. 教学与管理，2009，(3)：59-60.

2. 童宇元. 体育新课程改革之我见[J]. 教书育人·教师新概念，2009，(1)：63-64.

3. 李好君. 体育与健康课程标准下的教材管理[J]. 教材与管理，2009，(10)：62-63.

4. 安菊花，马强. 农村中学体育教学如何面对新课改[J]. 考试周刊，2009，(37)：24-25.

5. 吕晓昌，季浏，赵美鲁. 对我国中小学体育课程改革的若干思考[J]. 聊城大学学报(自然科学版)，2009，22(2)：63-65.

6. 张春宝，叶海辉. 如何把"健康第一"的指导思想落实到体育课程改革实践中的思考[J]. 运动，2009，(2)：101-103.

7. 芮彬. 新课程背景下小学体育教法的创新[J]. 知识窗，2009，(8)：14-15.

8. 曾幼岚. 新课程背景下体育教学中培养学生自主学习的探讨[J]. 中外企业家，2009，(6)：143-144.

9. 曹可强，陈正. 上海市中小学体育课程目标一个甲子的嬗变[J]. 体育科研，2009，30(5)：68-72.

10. 史曙生. 新课改后中小学健康教育课程面临的问题及对

策[J]. 中国学校卫生，2009，30(3)：261-262.

11. 齐宗文. 初中体育教学改革探索三议[J]. 中学教师，2009，(4)：141.

12. 王霖. 体育新课程改革的文化反思[J]. 教学与管理，2009，(6)：52-53.

13. 周超，周波. 试论当前体育课程管理方法与新课标的矛盾[J]. 四川体育科学，2009，(2)：123-124.

14. 程云桥. 谈新课标下如何上好体育课[J]. 成才之路，2009，(13)：27-28.

15. 谢金华. 中小学体育改革势在必行[J]. 才智，2009，(15)：28.

16. 潘少敏，潘晓微. 刍议《体育与健康课程标准》的领域目标——从人本主义出发看《体育与健康课程标准》的五个领域目标[J]. 商场现代化，2009，(5月上旬刊)：392-393.

17. 叶红. 新课程标准下学校的体育改革[J]. 内江科技，2009，(3)：40.

18. 张明伟. 论新课改体育教学中体育游戏的合理运用[J]. 吉林体育学院学报，2009，25(2)：115-116.

19. 李健，陈雁飞，韩金妍，韩兵，卫星. 中瑞基础教育“体育与健康”课程改革比较研究[J]. 北京教育学院学报，2009，4(1)：59-65.

20. 夏素青. 论新课改下的“体育与健康”课程资源开发[J]. 考试周刊，2009，(18)：13-14.

21. 周国强. 运用科学发展观剖析课程改革[J]. 广州教育，2009，(1)：10-11.

22. 王学华，高广庆. 论新体育课程改革中学生自主学习时的自我控制[J]. 科教文汇，2009，(1)：76.

23. 房立娜. “原生态”教育视角下农村中小学体育校本课程开发的研究[J]. 体育世界，2009，(9)：107-108.

24. 吴锡光. 因地制宜，开发体育校本课程[J]. 教师，2009，(1)：57-58.

25. 邱伯聪. 客家民间体育游戏校本课程的开发实施与研究[J]. 新课程研究，2009，(4)：109-111.

26. 谢成超，杨学明，李秀林. 学校体育校本课程开发的思考[J]. 体育科技文献通报，2009，17(7)：13-15.

27. 蒋晓培，隋传忠，赵吉刚. 吉林省农村体育校本课程开发存在的问题及解决办法[J]. 通化学院学报，2009，30(12)：

52-53.

28. 吴敏宏. 校本体育成绩考核的实验研究[J]. 湖南农机，2009，36(4)：91-92.

29. 刘国强. 佐藤学习理论对我国体育校本课程开发的启示[J]. 内江科技，2009，(12)：72.

30. 索菲. 空竹课程与北京传统文化传承[J]. 北京教育，2009，(11)：52.

31. 张爱钰. 重庆市农村中学体育与校本课程开发与利用[J]. 教育·科研，2009，(27)：35.

32. 雷巍，尼玛欧珠. 西藏民族传统体育与体育校本课程开发的研究[J]. 西藏科技，2009，(9)：33-36.

33. 祝凯，邱素云. 多元化智能理论在体育校本课程开发的应用[J]. 体育成人教育学刊，2009，25(3)：80-81.

34. 陈庆余. 初中体育与健康新教材的校本化处理[J]. 内蒙古教育，2009，(1)：51-52.

35. 赵国弟，丁炯，王必琪. 校本课程构建与实施的小学休闲体育研究[J]. 体育教学，2009，(11)：12-13.

36. 刘名强. 浅谈中学体育校本课程的开发[J]. 新课程，2009，(1)：17.

37. 彭华岩. 新课标下体育与健康校本课程的开发[J]. 考试周刊，2009，(1)：158-159.

38. 徐万彬. 山东省中学体育与健康校本课程开发现状及对策[J]. 体育成人教育学刊，2009，25(3)：91-92.

39. 辛宪军. 新课程下体育教师难于践行校本课程的思考[J]. 体育师友，2009，(6)：46-47.

40. 韩振杰. 山东省中学体育与健康校本课程开发现状与对策研究[J]. 中国体卫艺教育论坛，2009，(Z1)：16-17.

41. 李志明. 新课程背景下学校体育教研活动存在的问题及对策[J]. 中学教学参考(中旬)，2009，(2)：142.

42. 辛宪军. 新课程标准下龙狮运动校本化的探究[J]. 搏击，2009，6(10)：82-84.

43. 买佳，买春平. 新课标背景下的体育校本课程研究[J]. 湖南第一师范学报，2009，9(1)：12-13.

44. 邹定中. 浅析新课标下农村中学体育教学策略[J]. 时代教育：教育教学刊，2009，(9)：160-161.

45. 郑国荣，李红梅. 素质教育背景下体育校本课程开发的审视[J]. 安徽体育科技，2009，30(1)：90-93.

46. 胡慧燕. 体育校本教材的设计与价值取向[J]. 陕西教育，2009，(10)：30.

47. 郑志平. 体育校本课程"魅力毽子"的活动设计[J]. 中国学校体育，2009，(3)：90.

48. 吴永慧，杨洋. 体育校本课程实施与课外体育支持体系构建[J]. 北华航天工业学院学报，2009，19(10)：56-58.

49. 李东明. 体育校本课程开发的几个误区[J]. 体育师友，2009(3)：44-45.

50. 彭长锦. 体育校本课程开发刍议[J]. 当代教育论坛，2009(9)：127-128.

51. 张翔. 大别山区农村中学体育校本课程开发影响因素与对策研究[J]. 吉林体育学院学报，2009，25(3)：142-143.

52. 安维武. 裕固族传统体育校本课程的开发与教学实践研究[J]. 吉林体育学院学报，2009，25(10)：108-109.

53. 张翔. 大别山区农村中学体育校本课程开发的策略研究[J]. 高等函授学报(自然科学版)，2009，22(1)：51-53.

54. 贺海辉，李建. 中学开设散打校本课程的研究[J]. 山西师大体育学院学报研究生论文专刊，2009，24(12)：130-131.

55. 尚文进. 民间舞蹈"跳马伕"校本课程开发的实践[J]. 体育师友，2009(6)：35-36.

56. 董翠香. 解读体育校本课程开发的内涵[J]. 搏击，2009，1(2)：1-3.

57. 刘领祥，张俊，尚积甫. 融休闲元素于体育校本课程开发中的研究[J]. 新课程研究，2009，(4)：111-112.

58. 聂武生. 新疆民族传统体育校本课程开发的研究[J]. 喀什师范学院学报，2009，30(6)：77-80.

59. 李润梅，杨占明，王福杰，刘崇辉，荀小平. 对体育校本课程资源开发与利用的思考[J]. 吉林体育学院学报，2009，25(1)：87-89.

60. 肖英. 漳浦县体育课改实践报告[J]. 福建基础教育研究，2009，(1)：118-121.

61. 龚云峰. 现代体育校本课程开发管理的制约因素与解决对策[J]. 教学与管理，2009，(7)：36-37.

62. 张顺林. 体育校本课程开发探讨[J]. 南昌高专学报，2009，(1)：161-162.

63. 齐向前. 论体育校本课程开发在教学中的作用[J]. 华章，2009：98.

64. 廖金琳. 龙岩市农村学校体育教师实施新课标的现状分析[J]. 西昌学院学报·自然科学版，2009，23(2)：102-104.

65. 徐庚. 围棋校本课程的构建[J]. 新课程研究，2009，(3)：94-95.

66. 高晖. 弹玻璃球——地方校本课程可行性研究[J]. 吉林体育学院学报，2009，25(5)：132-133.

67. 李晓萍. 我国基础教育阶段体育课程的改革与创新[J]. 考试周刊，2009，(1)：23-24.

68. 张俊，丁祥干. 以研究性学习为载体，推进课程改革[J]. 中国学校体育，2009，(1)：28.

69. 胡显云. 新课程新体验新教法[J]. 中国学校体育，2009，(12)：40-41.

70. 毛振明. 对第八次体育与健康课程教学改革(前一阶段)的回顾与认识[J]. 中国学校体育学，2009，(8)：20-23.

71. 耿培新. 我国第八次基础教育课程改革《体育与健康课程标准》可行性实验研究与分析[J]. 中国学校体育学，2009，(9)：18-22.

72. 赖天德. 基础教育体育课程与教学改革的回顾与展望[J]. 中国学校体育学，2009，(5)：14-18.

73. 毛振明. 对第八次体育与健康课程教学改革(后一阶段)的展望与预测[J]. 中国学校体育学，2009，(9)：23-26.

74. 顾渊彦，吴青华. "校本课程"的真正含意[J]. 中国学校体育，2009，(10)：18-19.

75. 顾渊彦. 国家体育课程的校本开发之二——课程标准的法定约束力与灵活性[J]. 中国学校体育，2009，(11)：10-11.

76. 顾渊彦. 国家体育课程的校本开发之三——课程内容的教材化构建[J]. 中国学校体育，2009，(12)：13-15.

77. 张剑辉. 编制小学体育校本课程的方法与步骤[J]. 中国学校体育，2009，(10)：85-86.

78. 王兴发，郑二建，王文强，苏军，江春晓，彭立富. "橡皮筋游戏"体育校本课程实施纲要[J]. 中国学校体育，2009，(3)：89.

79. 姜必祥. "莲湘操"——学校体育校本课程的开发[J]. 中国学校体育，2009，(5)：88.

80. 火传岭. 将"交通法规"融入校本课程[J]. 中国学校体育，2009，(6)：84.

81. 郑志平. 体育校本课程"魅力毽子"的活动设计[J]. 中国

学校体育，2009，(3)：90.

82. 黄胜江. 体育班主任——体育校本资源开发的催化剂[J]. 中国学校体育，2009，(5)：90.

83. 袁钦毅. 抓实“五个一”，做好校本教研[J]. 中国学校体育，2009，(5)：87.

学位论文

1. 陆军. 张家港市农村小学体育校本课程开发的现状与对策研究[D]. 东北师范大学，2009.

2. 龚坚. 土家族传统体育校本课程开发研究[D]. 西南大学，2009.

3. 陈红新. 江苏省农村初中体育与健康课引进民俗体育的可行性研究[D]. 苏州大学，2009.

4. 乔秀梅. 豫北地区中学体育校本课程内容资源开发的现状调查与对策研究[D]. 河南大学，2009.

5. 程刚. 体育课程改革背景下山东省中学生体育学习动机的研究[D]. 曲阜师范大学，2009.

6. 费勤领. 合肥地区农村初中体育新课改实施现状的调查与对策研究[D]. 华东师范大学，2009.

7. 张为民. 长春市初中《体育与健康》课程发展性学生评价体系的研究[D]. 东北师范大学，2009.

8. 蔡晓峰. 新课标背景下汕尾市重点中学体育教学现状的调查与分析[D]. 华中师范大学，2009.

9. 夏昕. 上海市中学二期课改体操教学现状的调查研究[D]. 华东师范大学，2009.

教材研究

2009 年体育与健康课程教材研究概况

总体上看，与 2008 年相比，2009 年有关教材的研究数量有所增加，具体可以归类为以下几个方面：(1)教材发展历史研究，其中包括教材发展历史研究和教材观历史研究；(2)教材内容研究；(3)教材改革研究；(4)教材管理研究；(5)教材化研究；(6)教材建设研究。

教材历史研究

张庆新、毛振明的论文《中国近现代体育教材发展的回顾与展望》运用教材相关理论对我国近现代体育教材的发展演变历程进行了剖析与评价。论文将近现代体育教材的发展分为清末时期、辛亥革命后北洋军阀时期、国民党统治时期、新中国成立初期、社会主义建设探索时期、文化大革命时期、拨乱反正全面恢复时期、改革开放高速发展时期等时期，对中国近现代体育教材进行了回顾，并总结了其发展规律。论文认为，不同学段体育教材的发展存在差异性与潜伏性，教材的发展经历了从无到有、多、优、精的漫长历程，不同时期大中小学体育教材发展存在统一性与不平衡性，呈现出社会、教育、经济、文化、体育因素的制约性与时代性等规律。

此外，论文还对中国特色体育教材作了展望，认为中国未来的特色体育教材应强调民族传统特色，加强大中小学的衔接性和实用性。教师和学生用书的特色、数量和质量将在不断完善的教材管理制度中得到体现和增长。

张庆新等的论文《近现代我国学校体育思想教材观考察》以中国近现代各个时期主流的学校体育思想和代表性体育教材为主要历史发展线索，对军国民、自然主义、国粹、民族主义、三基、左倾、竞技、体质教育、快乐、终身等我国近现代10种学校体育思想教材观的发展演变历程进行了梳理评价，并剖析了不同学校体育思想教材观对不同时期体育教材的积极和消极的影响。同时，论文总结出提炼重改造发展，轻模仿移植；自上而下，以政府行为实施；与政治联系紧密，体现强烈的时代色彩；在百花齐放、百家争鸣中前进等带有规律性的经验与教训，并分析其对当前体育课程和教材改革建设发展的有益启示。

教材内容研究

唐照华的论文《四川省体育与健康课程教材内容一体化的学段设计》从系统化和整体化的角度出发，探讨了体育与健康课程教材内容选择的原则与方法，进而对四川省体育与健康课程教材内容进行了分学段设计，旨在实现教材内容的有机衔接，提高体育与健康课程教材内容的科学性与逻辑性。

论文在问卷调查的基础上，分析了各学段体育与健康课程教材内容的衔接现状，认为应对各学段的教材内容进行一体化设计，而且应遵循目标统领内容、追求增量与增值、非阶段性和内在逻辑性等原则。最后，论文对体育与健康课程教材作了一体化的学段设计，并具体论述了各学段教材内容的安排。

教材改革研究

张朝纲的论文《刍议新课程标准下中学体育教材的改革》提出中学体育教材要体现教育改革和社会发展的结果，使教师方便教，学生方便学，能够充分发挥教师和学生的积极性和创造性，因此，新课程标准下中学体育教材应从以下几个方面进行改革：(1)中学体育教材应增加学生能力培养的内容；(2)要在身体素质测验的基础上，增加体育基础理论知识考核内容；(3)增加体育游戏内容；(4)用“快乐体育”来实现“健康第一”的目标；(5)增加课堂讨论的内容。此外，改革还应注重教材内容结构和层次之间结合的灵活性、持续性。

教材管理研究

李好君的论文《体育与健康课程标准下的教材管理》从体育与健康教材的行政管理、内容管理和“2＋1”项目辅导教材的管理等方面论述了新课程标准下的体育与健康教材管理。论文首先从如何理解“一标多本”、教材的编写、发行与审定两方面分析了我国体育与健康教材管理集权与分权相结合的行政管理体制。其次，论文提出体育与健康教材的内容管理应确立“健康第一”的指导思想、以培养学生终身体育意识为方向、使学生循序渐进地学习运动项目。最后，论文阐述了“2＋1 项目”的含义和实施原则，以及“2＋1 项目”教材的编写应注意的问题。

教材化研究

顾渊彦的论文《国家体育课程的校本开发之三——课程内容的教材化构建》通过分析“内容”与“教材”的联系与区别，阐述了“教材化”在体育学科中的特殊意义以及体育与健康教材构建的特征，即体育课程的基本理念和目标，以及作为共同发展的体能和技能要求可以一致，但具体学习的运动项目，各校和各个学生之间可以有差别；体育教材的易难先后顺序是存在的，但是这种顺序没有其他文化课严格；构成教材体系的各种运动项目之间的关系是并列的，是可以互相替换的关系。

论文还对教材化构建的法规依据和三级管理体制进行了论述。论文认为，教材化构建是体育课程三级管理的产物，也是体育课程内容资源校本开发的必要程序。这种开发的实践使国家课程标准适合地区和学校的特点，符合学生的实际发展需求，最终成为教师得心应手实施国家课程标准的可操作方案。

教材建设研究

闫允璐等的论文《论体育教材建设的加强》从教材适用情况和教材存在问题两个方面对目前所用教材情况进行了分析，论述了加强教材建设的意义、原则以及要求。论文阐述了教材规划的原则，包括教材规划要适应教学改革的发展趋势、教材要系列化、教材规划要整体优化等。同时，提出了教材内容要更新、教材体系要更新、教材要体现能力培养等加强教材建设的要求和建议。其中，针对教材体系更新，论文认为教材体系更新是对学科内容认识深化的结果，应充实基础、逐步更新，以不断完善教材体系结构、形成具有特色的教材体系结构。最后，论文从三个方面论述了教材改革的具体措施。

2009年体育与健康课程教材研究重要论文概览

从美学角度论体育教材特性

柴　娇

该论文通过对我国当前学校体育教材内容分析环节的剖析，认为单纯对教材内容进行技术结构分析存在一定的局限性。从教育学、美学原理角度出发，同时结合体育教材的本质特性，认为体育教材内容分析不仅要重视其技术结构特性，更需要重视与构建体育教材的美学特性体系。论文认为，学习方式变革对体育教材提出的研究需求、体育教材理论本身对体育教材美学特性研究的需求、学生厌学现象对体育教材美学特性提出研究要求是对体育教材美学特性进行研究的价值所在。

论文认为，美学与体育教材能够有效结合源于美与体育的本质及特点，而二者能够有机结合的契机是“非功利性”特点。在此基础上，论文对二者的关系进行了初步的探讨，提出二者具备有机结合的基础条件，其中技术特性是基础，美学特性是目标；同时，阐述了体育教材美学特性的种类。论文认为，只有二者有机结合才能更好地为学生服务，实现学校体育的长远目标，因此，体育教材的美学特性有待进一步的开发。

《北京体育大学学报》2009年第7期

上海市中小学体育教材建设与发展

余纯璐

论文通过对体育教材概念的阐述，从初创与发展时期、恢复整顿和改革准备时期、重建与发展时期、改革与发展时期等几个阶段，对上海市中小学体育教材建设的历程进行了回顾和总结，并对教材建设和发展提出了建议。论文详细阐述了上海市体育教材的新发展，即增加了体育与保健基础理论知识，加强了体育与保健知识的相结合；在传统教材的基础上充实了有锻炼实用价值的身体素质教材；增加了舞蹈和韵律活动的娱乐教材；民族与传统教材得到加强；增加教材的选择性和弹性化；竞技运动教材化，教材内容日趋丰富；依据体质测试进行教材内容的调整等。

同时，论文从教材结构设计、课程内容学习水平划分、内容组合特征等方面着重论述了改革与发展时期上海市中小学的体育教材建设。其中，教材新内容的组合特征主要有：确立了“健康第一”“以学生发展为本”和“健身育人”的理念；教材框架设计结构化、板块化，注重学习内容内在的联系和整合；体育与健身教材内容的发展性、整体性；体育与健身教材内容教材化、健身化；体育与健身教材内容的选择性、灵活性；精选教材内容，力求科学性、实用性、趣味性和生活化；内容呈现方式新颖而有创意，图文并茂，可读性强等。

《体育科研》2009 年第 5 期

近现代我国体育教材内容的嬗变与展望

张庆新　毛振明

论文以中国近现代各个时期的体育课程标准(教学大纲)和大中小学体育教材内容为主要历史发展线索，采用文献整理、专家访谈、逻辑分析等研究方法，运用教材相关理论对我国近现代体育教材内容的嬗变历程进行深入的剖析与评价，总结出带有规律性的六个特点，获得了对当前体育课程资源开发改革的有益启示。

论文认为，中国近现代体育教材内容的演变具有以下特点：内容丰富、种类繁多且不断发展与变化；内容类别呈现出不同的发展趋势；内容随着学科名称的改变均有所改变；部分内容呈现更迭现象；同一教材类别在不同时期包含的内容存在一定的差异；不同时期不同教材类别包含内容存在一定的重叠、时分时合现象。

论文在总结我国近现代体育教材内容嬗变的历史经验与规律的基础上，得出以下几点启示：体育教材的素材多种多样，开发则要适量；继承现有体育教材内容与开发民族民间体育、引进新兴体育相结合；要符合学生的身心特点、兴趣爱好和发展需要；要准确把握体育课程内容的性质、特点和价值。最后，论文对中国特色体育教材内容作了展望。

《北京教育学院学报(自然科学版)》2009 年第 2 期

生命安全教育视角下体育教材的分类和处理

孙学明

论文通过对生命安全教育内涵的阐述，论述了体育课程在生命安全教育方面的价值，并提出了渗透生命安全教育的体育教材的分类和处理方法。

论文根据不同的生命安全教育角度，把生命安全教育在体育教材的选择上分为四类，分别是逃生技能类、珍爱生命类、生活安全类和运动安全类。针对每一分类，论文均提出了与之相对应的教材内容、教材处理方法和适合学习水平，使得不同类别的生命安全教育在不同的体育教学内容中都能找到着力点。

《中国学校体育》2009 年第 3 期

浅析国内外体育基础教育教材管理体制之异同

吴 超

该论文通过研究我国和国外的体育基础教育教材管理体制，结合国外部分学校的体育基础教育教材管理方式，重点理析了我国的国家、地方、学校三级教材管理体制。

论文首先阐述了澳大利亚、芬兰、美国、德国、俄罗斯、英国、日本等国家的体育基础教育教材管理，然后，着重分析了我国体育基础教育教材的多元管理体制。论文认为，我国体育基础教育教材实行国家、地方、学校三级教材管理体制，确立了以育人为宗旨的指导思想，建立了比较完整的目标体系；在课程结构上，选修课程的比重也逐渐加大。因此，“三级管理”的课程政策，反映了一种顺应时代要求的改革理念，即教育必须主动适应当代社会进步对培养高素质的各级各类人才的紧迫需求，教育必须主动适应受教育者的当代特点、个体及群体之间的差异，真正使受教育者得到自主的、全面的、持续的发展。

《湖北体育科技》2009 年第 5 期

新中国中小学体育教材史论纲(一)

王占春

该论文主要对1949年至1976年我国中小学体育教材建设的历史进行了回顾和论析，并将这一阶段分为5个时期逐一阐述，即：(1)1949年至1953年建立全国统一课程教材的准备时期；(2)1954年至1957年建立全国统一通用体育课程教材时期；(3)1958年至1960年，学校体育的发展与波折；(4)1961年至1965年，克服和批判体育教学中单纯追求指标和浮夸风，确立“增强体质”的指导思想，强调和体现体育教学改革的民族特点；(5)1966年至1976年，“文革”的十年动乱，整个学校体育遭受到严重的破坏，最后导致停止体育课，把体育教学大纲和人教版体育教材作为“封、资、修”批判。论文对各个时期体育教材建设的优缺点作了详细的论述，并在此基础上总结了各时期体育教材建设的经验和教训。

《中国学校体育》2009年第5期

新中国中小学体育教材史论纲(二)

王占春

该论文主要对1977年至1996年我国中小学体育教材建设的历史进行了回顾和论析，具体包括以下几个时期：1977年至1987年，这是学校体育拨乱反正，根据党的十一届三中全会精神，以求实的科学态度，改革、建设、发展的十年；1986年全国中小学教材审定委员会审查通过、1987年1月颁发的《小学体育教学大纲》、《中学体育教学大纲》，作为制定义务教育大纲的过渡性中小学体育教学大纲，这是人民教育出版社出版的第四套体育大纲、教材；1988年至1992年，国家教委制定了九年义务教育《小学体育教学大纲》、《初中体育教学大纲》，大纲反映了我国21世纪培养社会主义建设人才的需要与要求，建立了新体系，这是人民教育出版社出版的第五套体育大纲、教材。

论文认为，1988年至1992年体育教材建设的主要成果有：明确体育教学大纲的性质；九年义务教育体育教学大纲(以下简称“大纲”)建立了完整的目标体系；理论与实践相结合，在体育教学中注意与卫生保健教育相结合；弘扬民族文化，加强民族传统体育，体现社会主义中国特色；教材内容强调加强基础、发展能力、反映时代的特点，克服以竞技为中心的倾向；统一性与灵活性相结合，加强了教材内容的选择性和灵活性；在总体上照顾和体现体育运动项目特点的同时，教材内容采用综合分类方法；制定了结构考核办法，对学生体育课成绩进行综合评价等。

《中国学校体育》2009年第6期

新中国中小学体育教材史论纲(三)

王占春

该论文主要对1996年至2000年我国中小学体育教材建设的历史进行了论析，认为这一阶段的教材建设主要体现在：深化教育改革，全面提高教育质量，更好地适应社会主义现代化建设的需要，贯彻“教育面向现代化，面向世界，面向未来”的思想，将中学的体育课名称改为《体育与健康》课。

论文阐述了新编体育教材的成就和特点以及教材创编的过程，并从内容安排、课程性质界定、体育课考核与评价、教材版面和呈现方式等方面重点论述了这一阶段体育教材内容的特点。

此外，论文在回顾和分析中国中小学体育教材建设半世纪发展历程的基础上，全面地总结了关于我国体育教材建设的经验和教训。

《中国学校体育》2009年第7期

体育与健康知识内容选编存在的问题与技巧

张庆新

该论文主要针对体育与健康知识内容(即除体育运动实践内容以外的体育课程内容)，在剖析一线体育教师选编体育与健康知识内容的误区基础上，从选编技巧这个视角探讨了如何使体育与健康知识素材成为体育与健康知识内容的课题。

论文提出，体育与健康知识教学内容选编主要存在着以下问题：(1)缺乏引导学生正确进行自我锻炼的教学内容；(2)不良生活方式的教学内容没有引起重视；(3)心理健康教学内容比较匮乏；(4)传统体育教学内容对健康教育知识有束缚。据此，论文从体育与健康知识教学内容的特性、知识素材的筛选原则、理论素材的加工与改造等方面论述了体育与健康知识教学内容的选编技巧。论文认为，体育与健康知识的筛选应遵循目的性明确、有利于健康、多样性选择、切实可行、教材内容多且可迁移等原则。

《体育教学》2009年第6期

体育实践课教材的合理运用

张军利

论文从教材搭配原则的角度论述了体育实践课教材如何合理运用的问题。论文认为，中学体育实践课教材种类繁多，可分为基本教材和选用教材两大类，按其性质可分为田径、体操、球类、民族传统体育、韵律体操与舞蹈、身体素质、选用教材七类。在有限的课时中传授，要实现教材应有的教学目标，必然存在一个合理搭配教材的问题。

据此，论文提出教材搭配必须遵循科学性、实效性、实用性等原则。在科学性原则方面，应符合人体生理机能活动变化的规律、遵循全面发展的原则；在实效性原则方面，要符合教师自身的实际、学生的实际情况、体育实践课的授课形式、实际教学条件、气候条件的实际；在实用性原则方面，要注意教材搭配的引导性、辅助性以及灵活性。

《新课程(教研版)》2009 年第 8 期

体育游戏与中学不同体育教材有机结合的探析

姚　东

该论文采用文献资料法、教学观察实验等方法，从体育游戏对教学的作用、结合的必要性、结合原则、结合目标、注意事项等方面分析探讨了体育游戏与中学不同教材有机结合的问题。

论文认为体育游戏在体育教学中的作用及意义主要表现在：体育游戏对促进学生体质，增进健康起重要作用；对学生体育兴趣的培养和终身体育锻炼习惯养成有重要意义；娱乐身心，陶冶情操，培养学生综合素质的作用；是教学内容的延伸和补充的必然选择等方面。而中学体育教材与体育游戏相结合是贯彻新课标教学理念的重要方式，而且教材内容需要一定的辅助搭配内容来丰富和完成。

论文重点论述了体育游戏与中学体育教材有机结合的原则、目标及注意事项。论文认为，两者的有效结合必须遵循以下原则：以教学目标为依据，以教学内容为中心，选择适当的体育游戏；体育游戏为完成教学目标服务，与主要教材紧密结合；体育游戏具有较强的吸引力，趣味性较强，能调动学生参与的兴趣。结合目标为：体育游戏为教学目标的实现产生了积极的作用；调动了学生参与的积极性和兴趣，丰富了教学内容；与教材相辅相成，有机统一，共同完成教学目标。两者有效结合的注意事项主要有：依据教材的内容，选择安排体育游戏；与教材搭配，互补，全面锻炼身体；选择体育游戏要结合场地器材设备；灵活与创造、规则与纪律相结合；教师在游戏中及时指导和点评相结合。

《体育师友》2009 年第 4 期

2009 年体育与健康课程教材研究论文索引

核心期刊

1. 张庆新，毛振明. 中国近现代体育教材发展的回顾与展望[J]. 体育学刊，2009，16(6)：68-71.

2. 柴娇，等. 从美学角度论体育教材特性[J]. 北京体育大学学报，2009，32(7)：78-80.

3. 张庆新，朱俊全，衣扬. 近现代我国学校体育思想教材观考察[J]. 体育文化导刊，2009，(7)：135-139.

4. 唐照华. 四川省体育与健康课程教材内容一体化的学段设计[J]. 成都体育学院学报，2009，35(10)：85-88.

5. 李好君. 体育与健康课程标准下的教材管理[J]. 教学与管理，2009，(30)：62-63.

一般期刊

1. 张朝纲. 刍议新课程标准下中学体育教材的改革[J]. 吉林教育，2009，(1)：67-68.

2. 樊伟. 北京市小学体育课程教材改革实验阶段性总结[J]. 体育教学，2009，(1)：32-34.

3. 刘生利. 浅议体育课本的功能[J]. 今日南国，2009，(1)：72-73.

4. 张庆新，毛振明. 近现代我国体育教材内容的嬗变与展望[J]. 北京教育学院学报(自然科学版)，2009，4(2)：32-36.

5. 孙学明. 生命安全教育视角下体育教材的分类和处理[J]. 中国学校体育，2009，(3)：18-19.

6. 张雪莹，时海霞. 奥林匹克文化体育教材化的研究[J]. 湖北第二师范学院学报，2009，26(4)：104-105.

7. 钟卫刚. 竞技体育教材化之思考[J]. 西南师范大学学报(自然科学版)，2009，34(4)：225-227.

8. 姚东. 体育游戏与中学不同体育教材有机结合的探析[J]. 体育师友，2009，(4)：4-5.

9. 王俊一. 从素质教育看体育教材的建设[J]. 华章，2009，(5)：127.

10. 曾玲杰. 篮球教材“三化”融入体育课堂的尝试[J]. 新课程(小学)，2009，(5)：87.

11. 闫允璐，张若杰，周丽. 论体育教材建设的加强[J]. 体育教学，2009，(5)：24-25.

12. 吴超. 浅析国内外体育基础教育教材管理体制之异同[J]. 湖北体育科技，2009，28(5)：527-528.

13. 余纯璐. 上海市中小学体育教材建设与发展[J]. 体育科研，2009，30(5)：100-103.

14. 王占春. 新中国中小学体育教材史论纲(一)[J]. 中国学校体育，2009，(5)：6-10.

15. 王占春. 新中国中小学体育教材史论纲(二)[J]. 中国学校体育，2009，(6)：6-10.

16. 张庆新. 体育与健康知识内容选编存在的问题与技巧[J]. 体育教学，2009，(6)：33-35.

17. 江明，毛明荣. 浅议体育教材的选编[J]. 成功(教育)，2009，(7)：86.

18. 罗春. 在学校体育中竞技项目教材化的探索[J]. 中国商界，2009，(7)：125-126.

19. 王占春. 新中国中小学体育教材史论纲(三)[J]. 中国学校体育，2009，(7)：6-9.

20. 石军. 对学校体育教材改革的思索[J]. 大众商务，2009，(8)：187-188.

21. 张军利. 体育实践课教材的合理运用[J]. 新课程(教研版)，2009，(8)：110.

22. 王瀛. 新编《体育与健康》教科书之探究[J]. 赤峰学院学报(自然科学版)，2009，25(8)：139-140.

23. 崔俭. 试论中学体育教材改革[J]. 青海教育，2009，(9)：60.

24. 胡慧燕. 体育校本教材的设计与价值取向[J]. 陕西教育(教学版)，2009，(10)：30.

25. 胡慧燕. 体育教材资源的有效利用[J]. 陕西教育(教学版)，2009，(9)：38.

26. 方以龙，卢玉. 对我国中小学武术教材改革与重构的几点思考[J]. 中国西部科技，2009，8(10)：77-79.

27. 顾渊彦. 国家体育课程的校本开发之三——课程内容的教材化构建[J]. 中国学校体育，2009，(12)：13-15.

28. 高华华. 体育教学中师生与教材的关系之分析[J]. 科技信息，2009，(36)：583.

教学实践研究

课程与教学目标研究

对于课程目标的界定，不同学者有不同的表述，概括之，课程目标即“特定阶段的学校课程所要达到的预期结果”。体育课程目标就是根据教育的总体目标和体育课程自身的特点，并结合学生个体对体育的特殊需求而确定的体育课程应达到的预期结果。随着我国《基础教育课程改革纲要(试行)》的出台，体育与健康课程标准的推广实施，我国学校体育实践正开始进入从“教学改革”到“课程改革”的转变，作为体育课程教学理论重要内容之一的“体育课程教学目标”也日益进入一些教学论、课程论专家学者的视野，对体育目标、体育课程价值的探讨也日益增多，体育课程目标也日益呈现多元化、多样性。与以往该领域的研究相比，2009年体育课程目标领域的研究又呈现出一些新的特点和趋势，以下是一些重要期刊文献对这一课题的研究成果。

上海市中小学体育课程目标一个甲子的嬗变

曹可强　陈　正

该文对我国学校体育课程目标变化的脉络进行梳理，分析了体育课程目标嬗变的背景与动力，以上海市体育教学工作为例归纳出60年来学校体育课程目标变化的基本轨迹。

文中概述了上海学校体育教学大纲(课程标准)演进路径：计划经济时期的“一纲一本”；改革开放之后的“百花齐放”。并详细叙述了上海不同时期的学校体育课程目标，20世纪50年代学校体育课程目标：(1)培养儿童健康知识、健美体格；(2)培养儿童游戏、舞蹈、体操等运动兴趣和习惯，以发展身心，并充实康乐生活；(3)培养儿童国民公德和活泼、敏捷、勇敢，遵守纪律，团结、友爱等品质，以加强爱国主义思想和集体主义精神。20世纪60年代学校体育课程目标：(1)促进学生身体的正常发育和机能的发展；(2)促进学生在日常生活和劳动中所需要的身体基本活动能力和身体素质的全面发展；(3)使学生了解体育的重要意义，教给他们一些最基本的体育知识和锻炼身体的技能，养成锻炼身体的习惯；(4)通过体育教育学生热爱党、热爱祖国、热爱劳动，培养他们勇敢、坚毅、朝气蓬勃、服从组织、遵守纪律和集体主义等共产主义道德品质。20 世纪七八十年代学校体育课程目标：(1)根据少年儿童的年龄特点，有计划有组织地锻炼学生的身体，促进他们的生长发育和身体机能的发展；(2)使学生学习一些浅易的体育基础知识、基本技能和简单的技术，初步懂得用科学的方法锻炼身体；(3)结合体育教学特点，教育学生热爱党、热爱社会主义祖国，不断地提高他们为革命锻炼身体的自觉性，逐渐养成锻炼身体的习惯。

文章以上海学校体育课程目标的变化为线清晰地勾勒出我国学校体育目标嬗变的轨迹，即：目标主体由"国家意志"到"身体素质核心"再到"以学生发展为本"；目标维度由单一的身体发展到身(体)心(理)社(会)的三位一体；目标指向由知识和技能学习向过程与方法、情感态度价值观多向的转变；目标重点由提高身体素质发展个性到培养创新精神和实践能力。时间上跨越了从 20 世纪 50 年代到本世纪初的半个多世纪的演变过程。

最后，从上海学校体育课程目标的变化得到启示：首先，体育课程目标是社会文化发展要求和成果的投射，反映着社会文化变化的轨迹，是一个时期社会文化的代表和社会发展的综合反映；其次，体育课程目标是时代发展要求的体现，任何一个时期体育课程目标都符合时代发展的要求，带有明显的时代印记；最后，体育课程目标是社会发展的指示器，不仅反映当下社会需要，也预示着社会进步和教育发展的趋势和方向。

《体育科研》2009 年第 5 期

从心理学视角论体育与健康课程运动技能目标的价值定位

江　宇

文章指出心理学视野中运动技能属于知识范畴，如果在学校体育中确立了运动技能也是知识的观念，就不会有人提出淡化运动技能，技能是体育与健康课程的基础，通过运动技能练习而获得的身体认知是一切认知的本源。

该文从心理学视角解读了体育与健康课程的运动技能目标的价值定位，认为中和心理学和体育学的视角理解运动技能分类，可以尝试把运动技能分为基础技能、专门技能和专项技能，三者依次呈金字塔形，在最顶端的是专项技能(第三层次)，中间是专门技能(第二层次)，底部为基础技能(第一层次)。

第一个层次基础技能，位于运动技能的底端，是在先天遗传的基础上获得的生物性特征，可发展的，经过后天的教育而建立起来的时空、时序等方面协同发展的一系列的条件反射。这类技能是人们赖以生存、生活、休闲、工作、学习的基础。

第二个层次是专门技能，是通过后天学习和实践而获得的技能，这类技能是为了适应专业领域活动的需求，大部分人具备的技能，它包括了生活生存、生产劳动、医疗卫生、国际军事、休闲娱乐及体育运动等各特定领域的专门活动技能。如在体育运动领域中，以健身娱乐为目标的大众运动技能。这类运动技能关注的是健身性、娱乐性和人的发展性。

第三个层次是专项技能，也是通过后天学习和实践而获得的技能，但这类技能是为了适应专业领域活动的需要，经过特殊的专业训练，只有极少部分人能掌握的一类技能。如在竞技运动领域中，以发挥最大能力为特征，以正规比赛规则为根据，以竞争胜利为目标的高水平专项运动技能，这类运动技能是强调技能的高难度、高强度和激烈的对抗性。

学校体育教授的技能应该是第一和第二层次的技能。

文章最后指出，技能是体育与健康课程的基础，身体练习是体育课程的主要特征，这一特征规定了体育课程对学生的发展特殊教育意义，同时也突出了运动技能在体育课程中的特定地位。从这个意义来看，身体练习和运动技能是实现体育课程目标的载体，是实现人的发展的基础。

《北京体育大学学报》2009 年第 1 期

中小学体育运动技能目标实现途径研究

张良平

该文通过简析体育与健康课程标准的结构体系，讨论了运动技能学习领域与其他各学习领域的相互关系以及运动技能学习的价值。依据各学段学生的身心发育特征和各项素质与运动技能的“敏感期”，分析了各学段教学内容的选择。

文中详细阐述了各学段学生运动技能的“敏感期”及教学内容的选择：

在 7～10 岁(水平一、二学段)，男女学生的各项身体素质和运动技能的“敏感期”几乎没有差别。该学段的主要任务是，发展协调能力与基本运动能力。在教学内容的选择上应以少儿体育游戏、快速反应能力、动作频率、力量发展等方面优先。

11～12岁(水平三学段)的少儿在各项身体素质和运动技能发展的"敏感期"表现出了男女性别差异。绝对力量方面，男生11～13岁期间发展最快，女生10～13岁增长最快。相对力量、速度力量、反应速度、最高跑速方面，几乎是平行发展，区别不大，但是已经出现了性别差异的苗头。该学段的主要任务是，发展协调能力与基本运动能力和基本运动技术。

13～15岁(水平四学段)的男女生都已进入生长发育的高峰期。这一时期的男女生的绝对力量增长速度已经下降，发展绝对力量的效果远不如水平三学段，但仍然是可提高的阶段。该学段的主要任务是，发展协调能力、基本运动能力、多项运动技术和运动素质。在教学条件许可的情况下，应该考虑男女生分组教学，而且在选择教学内容时要慎重考虑各项身体素质与运动技能发展的"敏感期"。

到了16～18岁(水平五学段)，大部分男女生的生长发育基本完成，其身心发展达到了较高的水平。绝对力量发展缓慢，但仍有发展余地。相对力量发展平稳。速度力量增长速度下降。该学段的主要任务是，掌握多项运动技术、发展运动素质和培养专长。教学中的负荷量和强度可再度加大，对技术的要求也应该更规范化和精细化。

文章通过分析少儿生长发育与运动技能发展两者间的关系，指出要根据学生身心发育特点选择教材，最后得出结论：根据少儿身体生长发育特点，宜在各项身体素质和相应的运动技能的"敏感期"内，选择适宜的教学内容，并分别针对各个学段的学生进行教学。选择教学内容的原则为：低学段以培养运动兴趣、发展协调能力为主；中学段以发展基本运动能力和学习多项基本运动技术为主；高学段以发展运动素质和培养运动专长为主，通过多年的系统体育教学培养学生的运动技能。

《内江师范学院学报》2009年第6期

基于学生视角的中瑞体育教学的比较研究

陈雁飞

该文以中小学生对于体育课的认识为切入点，对中国、瑞典两国体育教学进行了比较。结果表明：中国和瑞典两国在体育教学的教学目标、课时安排、教学内容、组织形式、考核方法等方面都存在着较大的差异。

其中，从课程目标的整体比较看，中瑞两国存在着高度的一致：通过身体练习的手段，实现学生生理、心理及社会适应方面的全面发展。在此基础上，两国体育教学的目标也存在高度的相关，大致都包含了体育认知、技能掌握、发展体能和情感体验等几方面的内容。但在实际教学中，由于中瑞在各自学校体育发展历程中长期形成的教育思想的影响，体育教师在把握具体目标的实现时会有所侧重，从而造成中瑞两国体育教学中的各教学目标的达成度存在一定的差异。

此外，文章还指出，在情感目标的达成方面，两国都有接近2/3的学生认为通过体育课“缓解了学习压力”，这一信息提示有关人士在制定课程目标时要充分重视和深入挖掘体育课程的娱乐放松功能。

在体育教学内容方面，两国也有很大差异。课程改革后，瑞典新的体育课程教学计划以促进学生发展为基本点，突破了过去以生理学为主的锻炼内容(活动、练习、训练)，强调体育课在教学内容选择上更多地体现身体健康发展的价值，而对具体的教学内容没有特别明确的规定。因此，瑞典体育课教学内容非常广泛，除主要的球类运动、田径和体操等，还包括舞蹈、游戏、游泳、生存自救以及户外运动等。

相比而言，我国的体育教学强调学科的系统性，要求教师除要制订学年及学期计划外，还要有完整的单元教学计划，课前要准备教案，对每节课的教学内容有具体的规定，并制定非常具体的知识、技能及情感目标，这种课前的充分准备对于保障以技术教学为主的教学目标的达成非常重要。它的缺点是教学内容基本上由教师决定(或者由大纲决定)，学生在学习内容的影响力和选择余地很小，在内容的选择上过于强调整体，对个体的需求考虑较少。另外，受客观因素制约，中国很多地区的学生在接触体育项目的种类上要少于瑞典学生，这进一步减少了学生选择教学内容的空间。

最后，文中得出结论：第一，中国和瑞典在体育教学方面存在一些共同点，比如在课程目标上的高度一致，但体育教师对体育课不同的具体教学目标的侧重点和达成度等存在一定差异；第二，中国和瑞典在体育教学方面差异的存在与两国在经济发展、文化背景、教育思想与制度以及学校体育管理和体育课的教学内容及组织形式上等方面的差异有密切关系；第三，瑞典的体育教学注重运动负荷和体能锻炼，关注运动兴趣和锻炼习惯的培养，教学内容和组织形式关注学生个体需求和感受，考核手段具有多样性，这是瑞典学生体能和身体素质发展水平较高的主要原因。

《北京体育大学学报》2009 年第 3 期

中国、日本和泰国中小学体育教学比较研究

何卫东

该文通过对中国、日本和泰国中小学体育教学的比较研究，发现中、日、泰三国在指导思想、教学目标、教学大纲和教学方式等方面都存在较大的差异。

其中，在课程目标的制定方面三国各异：

中国　体育教学目标特别注重增强体质、掌握“三基”和对学生进行良好品德的教育，以增强体质为根本，整个教学过程都为此目标服务。同时，对学生指令性的集体行为和组织纪律方面的教育也有所偏重。

日本　通过合理的运动实践，使学生喜爱运动，理解身边的健康、安全问题，设法增强健康、发展身体素质，通过体育来实现自我价值，强调体育过程中的自律性、自立性和创造性，树立起愉快而明朗的生活态度。

泰国　体育教学目标不仅是增强体质，增进健康，更主要的是培养学生的能力、个性和德行。它们所说的能力，主要是指运动能力。

通过比较中、日、泰三国在体育教学诸方面的差异，文章最后建议：中国中小学体育教学在保持现有优势的基础上，积极开展阳光体育运动，提高学生身体素质，促进青少年健康成长；同时，应借鉴日本和泰国在体育与健康方面的成功经验，积极促进我国中小学体育教学的改革。

《山东体育学院学报》2009 年第 2 期

“阳光体育运动”背景下的中小学体育与健康课程改革

喻　坚

该文结合“阳光体育运动”的全面实施，对我国基础教育体育与健康课程改革进行了探讨，指出体育与健康课程改革主要不是去建立、证明一套技术体系，而是去传播新的体育理念、新的体育文化、新的行动方式。

文章认为，体育与健康课程改革必须在它完成的“使命”上进行适当“减负”，回归到它应有的轨道上去，不断改革和完善体育与健康课程，使之真正成为“以增进中小学生健康为主要目的的课程”和“突出健康目标的一门课程”。

《山东体育学院学报》2009 年第 1 期

论武术教学与中学生终身体育意识的培养

李远华

该文通过大量教学实践，详细阐述了武术教学在中学体育课的优势地位，以及武术教学对培养中学生终身体育意识的作用。强调壮内强外，身心兼修，激励兴趣；武术能使身体处于一个良好状态，有利于终身体育意识的培养；格斗防身作用能激发参与身体锻炼的动机；锻炼意志、培养道德情操，有利于锻炼习惯的养成。

最后文章总结，武术不仅是人们个体发展的需要，也是提高全民族体质的需要，更是人类社会发展的共同需要的体育项目之一。终身体育教育是当前中学教学中不可缺少的一个重要部分，只有认真抓好这一理念，端正人们对武术的正确认识，才能深刻理解武术对培养现代化人才和促进人的全面发展的重要作用。

《搏击(武术科学)》2009 年第 5 期

2009 年体育与健康课程教学实践研究重要论文概览(目标篇)

体育院校创新人才培养与课程体系和教学内容管理研究

王 兴

该文以体育院校培养创新人才为目标，以课程体系和教学内容为切入点，对创新人才的内涵，体育院校培养与创新人才相适应的课程体系和教学内容管理进行研究。

结果表明，创新人才由一般素质、创新素质和创新成果三部分组成，从逻辑关系上说，一般素质是基础，创新素质是关键，创新成果是核心；体育院校应注重学生个性发展，使学生知识结构合理、专业水平突出；增加限制选修课程数量，按一级学科设置限制选修课小板块，在确保体育学为核心学科基础上，增加一定比例其他一级学科课程和增加一定比例综合性课程。

《北京体育大学学报》2009 年第 7 期

对体育教学目标的反思

成聪聪

该文全面分析了体育教学目标，其中包括：对体育教学目标的表述、对体育教学本质的认识、体育教学与健康的关系、体育教学与运动兴趣培养之间的关系等。

文章最后指出，学校体育教学最本质的目标是向学生传授体育知识、使之掌握体育技能，进而促进学生体质增强，而不能把“增强学生体质”作为其直接目标；通过体育教学培养学生体育兴趣、培养学生的终身体育意识、使之健康等目标与其本质目标并不矛盾，中小学体育教师在体育教学过程中，要围绕体育教学的主要目标进行。

《山东体育科技》2009 年第 3 期

谈学生的健康是体育课程目标永恒的指向

母庆磊

该文首先阐述了《体育教学大纲》和《体育与健康课程标准》中课程及目标的锁定，然后分析了为了健康的目标与体育课程的构建，即：课程是为了学生的健康，是历史的需要，也是培养人才的需要；适应课程改革潮流，把目标深化为最有价值的增进学生健康的过程。

最后，文章概括：用课程的学科说、进程说、总和说破释体育的课程目标，从大中小学相衔接的体育课程目标的功能层面的立位中，认识课程融入社会，成为增强国民体质、通向健康的途径；通过教学改革，力求打破近年来现行的体育课程目标、架构、内容、组织的定势，把握目标、拓展课程的内涵和外延、挖掘、合理、平等利用课程资源，构建校园内的健康和谐。

《中国校外教育》2009 年第 3 期

课程改革后中小学体育教学的困惑及对策

闻力婕

该文运用文献资料、逻辑分析等研究方法，深度剖析新的社会转型期我国中小学体育课程改革过程中面临的问题，揭示出教学过程中存在的种种问题：体育课程改革过程中存在着不知如何安排教学内容；难以把握“放”与“收”的度；运动技能、技术教学要求不明确；大班教学与个别教学的矛盾；定性评价具体操作难等一系列的问题。

并通过大量教学实践和经验总结，提出了合理建议和对策：新时期中小学体育课程改革要打破传统教学模式的束缚，实行“开放式”教学；更新中小学体育课程的内容；改进传统的课程评价方式；加大课程和教材内容的选择自由度，以符合时代发展和现实背景的要求。

《科技信息》2009年第2期

面向全体学生——体育教学之解读

李彦芳

该文以新课标中提出的"学生是学习的主体，体育教学必须以学生发展为中心，关注个体差异与不同需求，确保每一个学生受益"为基点，深入探讨以学生为主体的、面向全体学生的教学方式。

文中指出，学生个体差异是一个客观存在；应寻求适合"每一个"的有效的教学方式；差异归类，让学生能够发展得更好；分类指导，使每一个学生都学有所得、学有所成；互补组合，全面提高体育教学质量；淡化攀比，激励全体学生。

最后文章总结，新课标和新理念下，教学方法不应拘泥于旧的模式。在我们对新课程逐步加深理解的过程中，作为体育教师必须转变教育观念，加强事业心和责任感，热心、耐心地加强对学生指导和帮助，设计出最适合每一个学生发展的有效的科学的教育教学方法，让每一个学生都受益。

《搏击(武术科学)》2009年第4期

教学方法研究

团体心理辅导应用于体育教学的探讨

唐仁洁

本文对团体心理辅导的教育功能，以及在体育教学中运用团体心理辅导进行了分析探讨，设计出"暖心、携手、播种、耕耘、收获、评价"的体育教学"团体心理辅导"模式，并提出具体的操作方法和注意问题。

该文认为，把团体心理辅导运用到体育教学中，能使学生彼此之间关系比较融洽，合作能力、学习兴趣、自信、集体荣誉感等得到增强，能形成互相接纳、互助互帮的学习氛围，收到比较好的教学效果，也是易行可操作的。但设计的模式、创设的情境以及采取的活动等等仍有许多不足，值得在今后的教学中去进一步改进和完善，以期取得更好的教学效果。

《武汉体育学院学报》2009年第10期

团体互助学习法在体育教学中的实验研究

陈俊青　李金珠

本文通过教学实验方法，对实验前后实验班与对照班学生的主要形态指标和身体素质进行对比分析，探讨了团体互助学习法在体育教学中的运用效果。

文章认为，团体互助学习法是贯彻素质教育目标，为适应新世纪人才培养要求孕育而生的教学方法。它是指在体育教学过程中为达到培养学生各种能力，实现教学内容，完成教学任务而进行的师生和生生相互合作的教学活动。它强调了教学过程不是单个的活动，而是群体的过程。在"团体"教学过程中，充分发挥学生的主体作用和创新能力，使学生在群体氛围中产生积极的情感体验，充分发挥集体的力量，进而创造性地解决问题；在教学环节上，重观摩、重讨论、重能力培养；在教学效果上要求学生既要"会"，又要"懂"，更要能举一反三，既要提高运动技能，还要提高自学能力和创新能力。师生在教学过程中，共同愉快而又创造性地完成教学内容和任务，真正达到体育课堂的培养目标，适应新世纪对社会人才提出的要求。

《教学与管理》2009 年第 11 期

体育教学中阶梯式教学法的运用

王永前

本文就阶梯式教学法的内涵，阶梯式教学法的作用及其运用三方面进行了分析研究。

该文分析探讨了阶梯式教学法的内涵，认为阶梯式教学法是根据教师和学生的实际教学情况，按体育教学的固有规律，合理地组合教学形式，循序渐进地、有系统地实现体育锻炼目的的一种教学途径。阶梯式教学法无论从系统上还是从控制上，都符合教学的发展规律。

并且，分析了阶梯式教学法在体育教学中的重要作用。认为阶梯式教学法在实践教学中发挥了它应有的作用。它对学生整体水平的提高有着实效功能，并从学生的实际出发，同智育教学一样一阶段接一个阶段地提高，符合教学规律。阶梯式教学法提高了学生的体育能力，使每一位同学都有实践的机会。使教学和竞赛、练习和锻炼等有机地结合了起来。使学生一步步地掌握了体育教育的真正内涵，理解了体育绝非是玩玩的事情。阶梯式教学法，发展了学生的非智力因素，从局部到整体，从枯燥到兴趣，从被动到主动，从导控到自控，全面达到一个新阶段，为增强学生体质和终生进行体育锻炼提供了良好的教学途径。

最后，文章还分析了阶梯式教学法在体育教学中的应用。阶梯式教学法的主要依据是循序渐进原则，根据这一原则把体育课时客观而科学地划分为七个教学阶段，从而形成了一个阶梯式的教学层次。包括：1. 技术、技能教学；2. 竞技教学；3. 能力教学；4. 能动教学；5. 兴趣教学；6. 选项教学；7. 处方教学7个方面。

这种阶梯式体育教学法，使学校体育教学成为一个有系统、有层次，由基础到复杂、由低级到高级的教学体系。证明了体育课也是一门严谨而系统的教学课程。

《教学与管理》2009 年第 9 期

体育“导式”教学法的实践与认识

李兴华

本文从“导式”教学法的理论依据、“导式”教学法的模式与内涵以及这一教学法的应用效果三方面进行了阐述。

体育“导式”教学法是在总结体育术科教学法改革成果的基础上，结合自己多年的教学实践，并吸收学导式教学法和传统讲授教学法的某些优点，综合而成的一种新的教学方法。它有三个主要特点：具有现代教学理念的思想特征、符合学习论的观点、满足三大基本原理。

文章提出体育“导式”教学法是从学生自学入手，实行教师引导、点拨、评价、小结和学生自学、试讲、自评、作业相结合的一种教学模式。它的教学实施过程一般分为四个阶段：引导自学、课堂讲授、正确评价、巩固提高；八个环节：提示、自学，试讲、点拨，自评、互评，小结、作业。这四个阶段、八个环节，是一个环环相扣的有机体，利于发挥学生的能动作用，较好地实现了教与学的辩证统一，将传授知识、发展智能与提高能力三者相统一。

应用“导式”教学法进行体育术科教学收到的效果是显著的，其主要表现在：一是增强了学生的学习信心；二是提高了学生的自学能力；三是培养了优生的探索能力；四是综合能力的提高。通过“导式”教学法四个阶段、八个环节的教学，学生的编写教案能力、课堂组织能力、语言表达能力、分析问题能力、解决问题能力、理论知识能力、裁判组织能力、组织协调能力、课后总结能力等素质得到综合提高。

《中国成人教育》2009 年第 22 期

合作学习法在体育教学中的应用

毕荣君 刘凤勇

本文从合作学习的定义、理论依据，合作学习的种类，合作学习的模式构建以及合作学习方法的应用等方面进行了分析研究。

文中指出，合作学习包含的内容相当广泛，由于人们认识的视角不同，对合作学习的理解也就不同。作者认为，无论是哪一种的合作学习都是以小组活动为主要组织形式，强调学生之间的沟通和交流，小组成员是一种相互帮助、相互促进的关系，同时承担个人责任共同完成学习目标，最终以个体发展和团体成绩为评价标准和奖励依据。

合作学习有着深厚而宽广的理论基础，主要包括主体教育理论、交往动机理论、动机理论、最近发展区理论、认知精制理论、奖励结构理论、教学工学理论、社会凝聚力理论 8 个方面。

合作学习的种类比较丰富，包括以“师师互动”为特征的合作学习、以“师生互动”为特征的合作学习、以“生生互动”为特征的合作学习、以“全员互动”为特征的合作学习 4 个方面。

文章还对合作学习的教学模式进行了构建。具体为：目标呈现定向激趣—小组预习合作讨论—组间交流适时点拨—小组评价反馈补救—巩固成果拓展创新。

最后，文章给出了合作学习在体育教学中应用的建议，一是加强引导，教会学生合作学习的方法；二是不能只重形式，要加强方法的研究，根据教材的特点选用科学的教学模式，不是所有的教材都可以采用合作学习模式；三是使用好合作学习这种教学模式的同时，应加强学生其他素质的培养；四是在合作学习过程中既要面向全体学生又要关注个体差异。在合作学习中，既要面向全体，又要关注个体差异。

《教学与管理》2009 年第 8 期

中学体育教学有效性策略研究

梁干强

本文就新课程背景下的中学体育教学现状，教学有效性的内涵以及如何实现教学有效性进行了分析研究。

该文认为，实施有效教学的策略主要包括：(1)激发学生学习动机的策略。体育教师首先应引发学生的好奇心和求知欲，在激发学生动机的时候要掌握一定的“度”。过分的刺激会使学生产生挫败感，对体育课的学习失去兴趣。其次，帮助学生体验成功，提高学生的成就动机。教师应创造机会使学生拥有成功的体验，使学生积极进行自我评价，提高自信心。再次，应引导学生正确归因。通过正确的引导使学生能够正确面对失败，不对个人能力产生怀疑，以促使其进行下一步的积极学习；(2)教师传授指导的策略。教师运用精确的语言向学生传达信息，注意传递内容的效率，注意时间和讲解内容的分配。教师运用正确合理的动作技术示范会极大程度提高教学的效果，如正面、背面、侧面、镜面示范等。教师在进行指导时应注意时机的选择，要在学生进行积极模仿和探索的基础上，对其进行适时指导，以培养学生自我学习和思考的能力和参与课堂学习的积极性；(3)引导学生探究的策略。体育新课程倡导培养学生的独立和自主性，即由原来的被动式学习方式转变为多样化的学习方式，让学生能够独立自主地参与学习，真正成为学习的主人，特别是创新力得到培养。教师应培养学生发现问题和提出问题的能力，开展不同形式的讨论活动，引导学生参与到探究中来。通过教师的正确引导，唤醒学生内在的潜能，促使学生真正全面地发展。

《教学与管理》2009 年第 27 期

中小学体育教学内容改造与教学方法创新的探讨

郭　胜　刘贵博

文章认为，实施体育新课程标准，教师应坚持“以人为本”的教学原则，拓展体育教学的广阔空间。紧密结合实际，改造教学内容，创新教学方法，更新教学形式，促进体育教学逐步进入科学化的轨道。《课程标准》要求我们在运动参与、运动技能、身体健康、心理健康、社会适应五个领域完成中小学体育教学任务，因而选用的教学方法和教学内容依据的对象发生了很大的变化。

改革体育教学方法，提高课堂教学效率，是全面提高教学质量，促进全体学生全面提高身体素质的重要措施之一，也是教学整体改革中极其重要的组成部分之一。

文章提出，改革创新体育教学方法要注意四个方面：一是正确地摆正教师与学生教与学的关系；二是因材施教、区别对待，关注个体差异与不同需求，确保每一个学生受益；三是注重情感效应，实行乐教、乐学；四是倡导探究，发展思维，充分发挥学生在教学中的创造性。

实施体育新课程标准，广大教师必须树立全新的教学理念，改造教学内容，创新教学方法，更新教学形式，是高效实现体育课程目标的保证。

《黑龙江科技信息》2009 年第 19 期

中小学武术教学内容与方法的调查分析

孙　静

文章针对中小学武术教学情况运用文献研究、问卷调查、访谈、数理统计等方法进行调查与研究。发现中小学武术教学存在的问题，提出了一些建议与想法，从而为中小学武术教学的改革与发展提供必要的理论支持。

研究结果显示，学生对武术课教学方法表示满意的占 31.9％，基本满意的占 49.2％，不满意的占 18.9％。体育教师教学能力和教法的运用直接影响着武术课教学效果和学生对武术的学习兴趣。通过调查发现，在武术教学过程中普遍存在教学方法陈旧单一问题，不少教师停留在传统教学方法上没有创新，"灌输式"和"填鸭式"教学方法在武术教学当中运用较普遍，武术教学成了教师对学生单向的"培养"活动。另外，教学过程中，武术的攻防本质被忽略，教师没有讲清动作内涵及运用，学生也没有领会动作的精妙，只是简单地进行肢体动作的模仿。因此教学显得枯燥乏味，于是教师与学生的"教"与"学"就陷入了尴尬之中，武术课教学也就进入了两难境地。

文章指出，新《体育与健康课程标准》指导下的武术教法的改革主要是对传统武术教法的扬弃和现代教育技术在武术教学中的应用。摆脱原来"基本功、基本动作、套路演练"的传统教学模式，应该定位在文化、趣味、攻防技巧三者结合。教学方法要从培养学生的兴趣和终身体育观念出发，朝着"启智、求知、调心、育人"的综合多样化方向扩展。从实际教学出发，教学过程中多采用情景教学、启发教学、合作教学、研究性教学等先进、科学的教学方法。

《搏击(武术科学)》2009 年第 8 期

2009年体育与健康课程教学实践研究重要论文概览(方法篇)

在体育课中应用竞赛法教学的实验研究

张国庆

本文通过对体育课运用竞赛法教学进行实验研究，即在体育课中采用竞赛法教学，把教学比赛系统地贯穿到各个教学阶段，使掌握基本技战术与运用基本技战术有机结合、同步进行。

研究结果表明，有利于激发学生学习兴趣，有助于他们对基本技术的掌握和战术配合的理解，使所学的技术在实践中能得到有效的运用，并能在运用中得到巩固提高，同时能有效地培养学生的规则意识和提高学生竞争与协同的心理素质。采用竞赛法教学，是发挥学生的潜力、满足学生学习需求、加速学生社会化进程的有效途径。

《教育导刊》2009年第8期

浅议“诱趣教学法”在中小学体育教学中的应用

梁海燕

本文阐述了“诱趣教学法”在中小学体育教学中的意义，并对“诱趣教学法”的实际应用方法进行较为深入的探讨，以培养学生对体育课的兴趣，提高中小学体育教学的质量。

“诱趣教学法”是教师在教学中从兴趣入手，通过诱导启发，引导学生深入地探求知识、寻求规律、发展思维、开发智力、提高能力和综合素质的一种教学方法。“诱趣教学法”强调的是运用富含趣味性的多样化教学方法来授课，目的是激发学生的学习兴趣。

研究结果表明：在中小学体育教学中采用“诱趣教学法”可以提高学生出勤率、促进师生互动、激发学生的创造力、突破教学重点与难点；“诱趣教学法”的应用包括差别教法诱趣、动作演示诱趣、体育游戏诱趣、情境诱趣和语言诱趣。

《金卡工程(经济与法)》2009年第9期

“快乐体育”在体育教学中的运用

柳波

本文通过对“快乐体育”教学实质及其内涵的解释，提出了

"快乐体育"教学的注意事项和具体的教学方法，以此推动中小学体育教学的改革和发展。

实施"快乐体育"的教学方法具体方法有三个方面，一是体育教师在教学中要充分调动学生的情感因素；二是教学内容、教学手段与方法要多样化；三是要通过观摩比赛、录像，提高学生体育欣赏水平和锻炼欲望。

文章提倡教学中要具有快乐的气氛，形成一个和谐的教学场景，从学生的兴趣爱好和体育需求着手，通过课程设计来逐渐培养学生自发自主进行体育锻炼的能力，理解体育锻炼的必要性，养成科学健身的良好习惯。

《西昌学院学报》2009 年第 6 期

新课程改革下的体育课教学

张建龙

文章指出，伴随着我国新一轮基础教育课程改革在世纪之交的启动和实施，学校体育教学从教育理念、课程目标、教学内容、教学方法与手段、课程评价体系等都经历着史无前例的改革与创新。

本文借鉴新的《体育与健康课程标准》和《高校体育课程教学指导纲要》的指导思想，并结合作者的教学实践经验，客观地分析了现行学校体育教学改革中涉及的相关问题与改进措施。

文中对体育教学方法的改革与创新进行了分析研究，认为，现行体育教学中的"传授式"的教学方法历来占统治地位，这种教学方法更多地是强调教师的教，却忽视了学生怎么学。近些年来我国的体育工作者引进和创新了一些体育教学法，并在实际教学过程中取得较好的效果。如"快乐"体育教学法、小集团教学法、体育情境导入法、发现式教学法、成功体育教学法等。这些新的体育教学方法的出现，为我们学校体育教学方法的改革与创新起到了抛砖引玉的作用。因此我们应当积极汲取和借鉴这些新教法的理论与实践经验，来为我们的教学服务。

《成功(教育)》2009 年第 7 期

面向全体学生——体育教学之解读

李彦芳　曹艳玲

本文是在新课标和新理念下，重新审视中小学体育教学。认为，在素质教学背景下实施体育教学改革，必须牢固树立健康第一的指导思想，转变教学方法；必须面向全体学生，尊重学生个体差异，因材施教。

文章认为，教学方法不应拘泥于旧的模式。在我们对新课程逐步加深理解的过程中，作为体育教师必须转变教育观念，加强事业心和责任感，热心、耐心地加强对学生的指导和帮助，设计出最适合每一个学生发展的有效的、科学的教育教学方法，让每一个学生都受益。

《搏击(武术科学)》2009 年第 4 期

2009 年体育与健康课程教学目标、方法研究论文索引

核心期刊

1. 梁干强. 中学体育教学有效性策略研究[J]. 教学与管理，2009(27)：147-148.

2. 唐仁洁. 团体心理辅导应用于体育教学的探讨[J]. 武汉体育学院学报，2009(10)：93-96.

3. 陈俊青，李金珠. 团体互助学习法在体育教学中的实验研究[J]. 教学与管理，2009(11)：155-156.

4. 王永前. 体育教学中阶梯式教学法的运用[J]. 教学与管理，2009(9)：149-150.

5. 李兴华. 体育“导学式”教学法的实践与认识[J]. 中国成人教育，2009(22)：150-151.

6. 张瑛玮. 快乐体育教学研究[J]. 体育文化导刊，2009(3)：100-101.

7. 毕荣君，刘凤勇. 合作学习法在体育教学中的应用[J]. 教学与管理，2009(8)：157-158.

8. 张国庆. 在体育课中应用竞赛法教学的实验研究[J]. 教育导刊，2009(8)：22-24.

9. 鲁勇，李险峰. 审美精神视角下体育教学模式的建构[J]. 山东体育学院学报，2009(2)：94-96.

10. 王兴. 体育院校创新人才培养与课程体系和教学内容管理研究[J]. 北京体育大学学报，2009(7)：72-75.

11. 陈雁飞. 基于学生视角的中瑞体育教学的比较研究[J]. 北京体育大学学报，2009(3)：102-122.

12. 何卫东. 中国、日本和泰国中小学体育教学比较研究[J]. 山东体育学院学报，2009(2)：85-87.

13. 喻坚. “阳光体育运动”背景下的中小学体育与健康课程改革[J]. 山东体育学院学报，2009(1)：77-79.

14. 曹可强，陈正. 上海市中小学体育课程目标一个甲子的嬗变[J]. 体育科研，2009(5)：68-72.

15. 江宇. 从心理学视角论体育与健康课程运动技能目标的价值定位[J]. 北京体育大学学报，2009(1)：92-95.

16. 翁志强，张军. 体育课程设计中的发展模式研究[J]. 北京体育大学学报，2009(9)：77-80.

17. 刘立兴. 心理健康教育在体育教学中的运用[J]. 教学与管理，2009(30)：156-157.

18. 唐炎，周登嵩. 体育教学社会环境的构成及其影响——关于体育教学的社会学分析[J]. 北京体育大学，2009(8)：71-74.

19. 赵红臣，马占菊，王晓枫. 体育教学中进行元认知教学的必要性和可行性[J]. 中国成人教育，2009(15)：147-148.

20. 姜霞. 体育课堂组织教学与管理的创新和实践[J]. 教学与管理，2009(11)：153-154.

21. 刘英杰，孙永泰. 体育课堂教学的细节研究[J]. 沈阳体育学院学报，2009(2)：72-81.

一般期刊

1. 梁海燕. 浅议“诱趣教学法”在中小学体育教学中的应用[J]. 金卡工程(经济与法)，2009(9)：230.

2. 郭胜，刘贵博. 中小学体育教学内容改造与教学方法创新的探讨[J]. 黑龙江科技信息，2009(19)：178.

3. 孙静. 中小学武术教学内容与方法的调查分析[J]. 搏击(武术科学)，2009(8)：67-68.

4. 柳波. “快乐体育”在体育教学中的运用[J]. 西昌学院学报，2009(6)：120-121.

5. 张建龙. 新课程改革下的体育课教学[J]. 成功(教育)，2009(7)：53.

6. 李彦芳，曹艳玲. 面向全体学生——体育教学之解读[J]. 搏击(武术科学)，2009(4)：91-92.

7. 张良平. 中小学体育运动技能目标实现途径研究[J]. 内江师范学院学报，2009(6)：109-112.

8. 李远华. 论武术教学与中学生终身体育意识的培养[J]. 搏击(武术科学)，2009(5)：56-58.

9. 成聪聪. 对体育教学目标的反思[J]. 山东体育科技，2009(3)：66-67.

10. 母庆磊. 谈学生的健康是体育课程目标永恒的指向[J]. 中国校外教育，2009(3)：145-146.

11. 任秀安. 浅析新课程标准背景下中小学体育教学中的情境教学模式[J]. 黑龙江科技信息，2009(15)：137-138.

12. 闻力婕. 课程改革后中小学体育教学的困惑及对策[J]. 科技信息，2009(2)：599-600.

教学内容研究

总体上看2009年有关教学内容研究的文章具体可以归类为以下几个方面：(1)体育课程内容资源的开发研究；(2)武术等传统体育项目作为体育教学内容的研究；(3)少数民族及地方特色体育游戏等作为体育教学内容的研究；(4)各省市对体育单项教学内容现状的调查及对策的研究；(5)特殊人群体育教学内容的研究；(6)体育教学中德育的培养等方面的研究；(7)不同理论视角下体育教学内容的设计、构建等方面的研究。

体育课程内容资源的开发研究

田菁等人在《体育教师是课程内容资源开发的关键》论文中认为，体育课程内容资源开发缘于新课程改革。体育教师是影响体育课程内容资源开发的关键，进而从体育教师的课程意识和课程开发能力加以讨论，并提出提高两者的途径。

该文章主要从4个方面进行了阐述：1. 体育课程内容资源开发研究的必要性；2. 体育课程内容资源开发的意义；3. 体育教师的课程意识和课程开发能力是体育课程内容资源开发的关键；4. 提高体育教师的课程意识和课程开发能力的途径。

关于体育课程内容资源的开发方面的研究还有，田菁在《体育课程内容资源开发的价值标准》的论文中关于价值标准的研究；吴健在《体育课程内容资源开发的理性思考》的论文中关于概念、主体、方法以及注意事项方面的研究；吴健在《体育课程内容资源系统的结构探析》的论文中关于知识资源、经验资源、身体练习资源构成的体育课程资源结构的研究等。

这几篇文章做了关于体育课程内容资源的各方面的研究，包括体育教师作为课程内容资源开发主体方面的研究；体育课程内容资源的价值标准方面的研究；体育课程内容资源的概念、主体等方面的理性思考研究；体育课程内容资源的基本机构方面的研究等。这比较全面地对体育课程内容资源方面做了研究。

武术等传统体育项目作为体育教学内容的研究

许之星在《中小学武术教学内容的主要缺失及改进思路》论文中的研究认为，武术的本质是技击，技击是武术成为独特文化的内在依据。而现代中小学武术教学内容中存在的忽略技击而空谈健身和修心的现象，不仅普遍让人们对武术产生了误解，而且使武术难以承担起传承民族文化的重任。针对武术教学内容改革的思路是：重拾武术的技击性，在教学中平衡武术的技击、健身、修心三个价值体系，并以回归武术的本质作为改革目标。

在传统体育项目方面的研究论文还有，左文泉在《中小学武术教学思考》论文中认为，武术被视为全面发展学生体质的重要手段，但传统的武术教学已不被大多数学生接纳，传入我国的跆拳道却蓬勃发展。并且在对云南省部分中小学武术教学现状调查结果显示，武术教学现状令人担忧。并且提出中小学武术教学理念有待更新等对策。关于舞龙舞狮方面的研究，辛宪军在《新课程标准下龙狮运动校本化的探究》的文章中认为，龙狮运动作为我国民族传统体育项目，集强身健体与文化传承于一体，且有深厚和广泛的民间基础，因而具有作为体育校本课程资源开发的潜力。作者通过走访龙狮运动专家、查阅大量文献以及结合《体育与健康新课程标准》理念深入探究了将其校本化的可行性，继而提出了其校本化过程中可能面临的困难和解决途径。关于民族传统方面的研究越来越多而且越来越深入，这很有利于民族传统体育项目走进校园，传承中华文化，保护传统文化。这些研究不断地揭示了当前我国传统体育项目作为体育教学内容中所面临的困难及不足，并且找出了一定的对策和出路，这些建议值得在课改中采纳并实施。这对体育教学来说也是很有帮助和借鉴意义的，有利于进步一完善和加快新课改的步伐。

少数民族及地方特色体育游戏等作为体育教学内容的研究

李燕强在《民间儿童体育游戏对于学校体育的意义》一文中认为，我国儿童民间体育游戏在学校中的开展尚未引起足够的重视。儿童民间体育游戏蕴涵着优秀的民族文化，其特性、价值对儿童身心健康的影响有着独到之处。课程内容的改革是基础教育体育课程改革的一个重要变革，这一变化为民间体育游戏更广泛地进入学校体育课堂教学提供了可能。民间儿童体育游戏立足于学校，对民族体育文化的传承和再发掘具有深远意义。

此外还有关于弹玻璃球、棋类、歌曲等内容作为体育教学内容方面的研究，如高晖在《弹玻璃球——地方校本课程可行性研究》一文中认为，弹玻璃球，中国十大经典游戏之一，在我国民间一直很流行，发展至今已有两千多年的历史，具有浓厚的华夏底蕴和广泛的群众基础。地处闽北山区经济实力相对落后，学校体育场地设施也相对落后，但山区有着丰富的泥土资源，是开展弹玻璃球运动很好的场所，同时弹玻璃球运动在中小学有着很好的基础，把其开发为地方课程是可行的，且符合国家三级课程管理体系和课程标准的精神。

关于弹玻璃球、棋类、地方传统游戏、歌曲等作为体育教学内容的研究，这说明随着课程改革的不断深入，原先一些没有被人们认识到的但是又作为体育教学内容的游戏等方面的研究开始不断地引进校园，并且有了一定的实证研究。

各省市对体育单项教学内容现状的调查及对策的研究

袁益民在《江苏省普通中学体操教学现状与对策研究》一文中运用文献资料、问卷调查和数理统计等研究方法对江苏省中学体操教学现状做了调查研究认为，体操是我国学校体育教学中的组成部分，在体育教学内容中占有重要地位。但是，在《体育与健康课程标准》实施后，中学体操教学进一步萎缩，难以正常开展。并且通过对影响体操教学的因素进行了分析，提出了促进中学体操教学健康发展的对策。

朱俊波等人对重庆市中学田径教学现状、汪玮琳等对江西省初中《体育与健康课程标准》内容标准达标情况、张中奇等对河南省中小学体操教学现状都做了调查和研究，找出了其中成功的方面和需要提高的方面，并且都给出了一些建议和对策。这对我国新课标下体育与健康课程教学有很大的帮助和提高。

目前，各省市对体育单项教学内容的研究不断地深入和扩大，这样有利于各省市找出目前体育教学内容方面的缺失及成功之处，针对当前的教学状况作出相应的调整与提高，改变各省市当前的体育教学内容的状况，提高体育教学内容的质量，保证学生完成课标的要求。

特殊人群体育教学内容的研究

吴燕丹等人在《关怀视野下普通中学特殊体育课程内容的设计与开发》中认为，从汶川抗震救灾到北京残奥会成功举办，关怀残疾人的生存状态已成为全民共识。中学特殊体育课程建设是基础教育改革不可忽视的重要内容，也是国家文明进步的标志。作者通过对有关文献的归纳梳理，从生命关怀取向对普通中学特殊体育课程内容进行理论建构，探讨特殊体育课程内容的选择标准，设计了运动技能、健康体适能、运动基础知识等6大领域，为我国普通中学特殊需要学生体育课程开发提供一种新的视野。

目前，关于特殊人群体育教学内容方面的研究还很少，汶川和玉树大地震等灾难造成了一些中小学生身体方面的残疾，体育课具有帮助他们强壮身体、改善心理、培养意志等多方面的功能。然而，现在关于这些特殊人群如何上体育课、上什么样子的体育内容、体育课的设计、内容标准等各方面的研究都还很少。这方面的研究是很有价值，也是很有必要的。

体育教学中德能的培养等方面的研究

周光辉等人在文章《体育教学中学生德能培养的内容和路径》一文中认为，体育是由教师向学生传授体育知识、技术与技能，有效地发展学生身体，增强学生体质，在教学过程中使学生从事各种身体活动，以身体练习为主，实践性很强的学科，是实现德育的重要手段。德育的目的是要引导学生把一定的社会道德规范内化为自身的需要，通过自觉地运用道德规范去识别善恶、是非、公私、荣辱；正确进行道德评价，并在实践中坚定履行道德义务，使之转化为自身的品德。德育在诸类教育中居主导地位，统领着体育教学。

该文从两个大的方面进行了论述：一、体育教学中孕育的德能内容。从体育可以培养学生坚强意志、竞争意识、合作意识、自我约束能力以及调节身心健康五个方面的内容进行了论述。二、体育教学中培养学生德能的方法及途径。这部分内容从教师的角度、教法的角度、指导思想等多个方面进行了阐述。

黄兆磊在《关于中学体育与健康课程教学中融入德育内容的思考》一文中，也对体育课教学中融入德育内容的途径与方法进行了相应的探讨。

随着我国教育制度和教育法规的不断完善，社会新现象、新问题的出现，人们迫切地感觉到德能教育在整个教育体系中的重要性。学校体育既要育体，还要育心。在体育教学中进行德能教育，对促进社会主义精神文明建设和提高体育教育的效果均有着积极的作用。

不同理论视角下体育教学内容设计、构建方面的研究

蒙万宁等人在《体育课程内容设计的生物学基础》一文中认为，体育课程的理论基础应该包括以下四个方面：生物学、社会学、心理学和知识论。这篇文章在对生物学等理论思想的历史予以简单回顾，并对它们在当代的最新发展进行全面把握的基础上，分析它对于我国体育课程内容设计研制所具有的理论意义，并结合我国当代体育教育的现状，就生物学基础对于我国体育课程内容设计的意义和价值进行深入探讨。

胡汉兴等人在《试论生态主义课程观下体育与健康课程的建构与实施》一文中从生态主义课程思想对体育教学内容进行了阐述。

从不同理论、思想、视角之下对体育教学内容的研究越来越多，这样有利于体育教学内容研究的深入和多样化，有利于丰富和完善体育教学内容，并且能够进一步地改革体育教学内容，打破传统的体育教学内容的条条框框，能够更好地适应当前课改的要求，满足学生的体育需求。

2009年体育与健康课程教学内容研究重要论文概览

我国基础教育初中阶段体育课程内容构建的基础

潘雪峰　尹小俭

该文通过分析我国基础教育初中阶段体育课程内容构建的特征、价值定位，认为在素质教育思想的指导下，学习者的企求、兴趣是决定课程的内容及教学过程的成效的主要因素，体育课程内在价值的正确判断则是构建体育教学内容体系的基础。同时在借鉴周兵教授对“体育课程的内在价值”论述的基础上，对运动技能进行了再认识，将运动技能分为“基础运动技能”和“专项运动技能”两个层面，以及对专项运动技能两个内涵(竞技与非竞技)进行分析，为体育课程内容构建提供一个新的视角。

这是一篇针对初中阶段体育教学内容的构建方面的研究。这篇文章主要从四个方面进行了研究：1. 素质教育与知识企求；2. 体育课程的内在价值；3. 对运动技能的再认识；4. 初中阶段学生的学段特征。在构建课程内容的时候要充分考虑初中阶段学生的生理特征和心理特征，初中阶段的课程内容构建就应该更多注

重与人的生物适应、行为适应高度相关的内容，即一些发展人的基础运动能力和非竞技性的专项运动能力方面的内容。在面向全体、注重基础的基础之上，还要关注到学生的个性发展的问题。

《沈阳体育学院学报》2009 年第 4 期

我国青少年武术教育现状的调查研究

黎桂华

作者通过选取北京、上海、天津、黑龙江、江苏、浙江、江西、湖北、广东、甘肃等 20 个省、直辖市 150 所中小学(50 所小学、50 所初中、50 所高中)部分学生和体育教师为研究对象进行调研。其对武术教学内容的研究认为，武术教材内容呈现 4 个特点：1. 武术教学内容在不断更新；2. 无论是基本功、基本动作和套路，武术教学内容的变化遵循由简到繁，由易到难的原则；3. 武术教学内容的竞技性逐渐淡化，武术套路的动作数量和动作难度也在减小。教学内容由原来用于比赛的各路长拳转向健身养性的基本功、基本动作和形神拳、太极拳；4. 武术教学内容逐渐向统一性、灵活性和多样性方向发展。

青少年武术教学内容的变化主要是武术套路的变化，武术作为我国传统体育的代表，仅以套路教学为学校武术教学的全部，既没有反映武术整体的技术体系，也没有突出武术的本质特征，而且没有反映出学生对武术教学内容的兴趣，同时也没有体现民族体育的群体性和娱乐性特征。

《武汉体育学院学报》2009 年第 9 期

小学生棋类教学研究

刘　颖

作者通过文献资料法、专家访谈法以及采用多阶段抽样的方法，对太原市 10 区(县、市)中的 1 440 名小学生家长和 102 名体育教师进行了问卷调查。经检验，证明问卷有较好的信度和效度。(由于低年级小学生年龄较小，问卷均由家长代答。)研究认为，小学生棋类项目教学需求旺盛，但由于教学人才的匮乏，导致小学棋类项目教学人才不能满足教学的需求。为解决教学需求之间的供需矛盾，建议各级教育主管部门应加大政策扶持力度，并与地方棋院合作，设立棋类项目教学人才培养基地；中国棋院与地方棋院应积极为培养棋类项目教学人才服务，并推行多样化的比赛规则；体育院校应根据社会需求调整优化课程设置；媒体应加大对棋类项目的教育功能和娱乐功能的宣传力度。

《体育文化导刊》2009年第8期

体育教学内容的自组织原理与策略

周红萍　苏家福

周红萍、苏家福等人运用系统原理、人本原理、逻辑原理分析体育教学内容的筛选过程，然后运用系统法、分层法、递进法、编排法自组织体育教学内容。结果表明：熟练掌握自组织原理与策略有利于教师掌握教学内容筛选和排列的方法，有利于形成内容的层次性，表现内容的科学性，突出内容的重点性。

该文作者认为，研究体育教学内容自组织策略，培养教师创新能力，已成为当前体育教育专家和学者面临的现实而艰巨的挑战和责任。该文的研究结论认为，自组织体育教学内容，要求教师必须有专业化水平。掌握体育教学内容自组织原理，有利于体育教师掌握体育教学内容筛选和排列的方法和步骤；将体育卫生保健知识、运动能力、运动素质、运动技术按等级划分，有利于形成内容的层次性；按照学生身心发展规律、认知规律和运动技能形成规律，将内容按照直线式、螺旋式、混合式纵向和横向串联或并联在一起，有利于表现出内容排列的科学性；将内容按照精学、粗学、锻炼、介绍4类分配学时，有利于突出内容的重点性；教学内容时代性、生活性、娱乐性，户内外相结合，有利于学生体验运动乐趣；将身体健康素质和身体运动素质贯穿于课程内容始终，分解到课时中去，有利于体育教学核心目标的实现。

《襄樊学院学报》2009年第11期

试论生态主义课程观下体育与健康课程的建构与实施

胡汉兴　潘绍伟

该文系统地阐述了生态主义课程思想发展历程，讨论了生态主义课程观的内涵及以其指导建构体育与健康课程的现实和理论依据，在此基础上将生态主义课程整体性、开放性、丰富性、和谐性、发展性理念运用到体育与健康的课程目标、课程内容、课程实施和课程评价领域，以期实现体育与健康课程的良性生态运行。

生态主义课程观下体育与健康的课程内容方面的研究作者认为，生态主义课程内容既包括一定的学科知识、学生的学习活动，也包括学生在学习过程中所获得的内部体验。但这些并不是它的全部内容，生态主义课程内容中另外一个重要的来源就是自然环境。在体育与健康课堂上，自然环境以外显或潜藏的方式构成体育与健康的重要课程内容。要通过一定的课程设计开发和利用自然环境的显性、隐性作用。生态主义课程内容选择强调形式多样、价值多维、平衡整合的特点，这要求我们在安排体育与健康课程内容时要遵循丰富性和整体性的原则。在课程内容开发过程中，要合理设计，发挥出多重价值。

《南京体育学院学报(社科版)》2009 年第 1 期

中小学武术教学思考

左文泉　彭　阳

作者在该文中研究认为，武术被视为全面发展学生体质的重要手段，但传统的武术教学已不被大多数学生接纳，传入我国的跆拳道却蓬勃发展。作者对云南省部分中小学武术教学现状调查结果显示，武术教学现状令人担忧。提出中小学武术教学理念有待更新等。

本文从三个方面进行了论述：一、传统武术教学模式；二、跆拳道与中华武术教学理念的对比；三、更新武术教学观念，恢复弘扬民族尚武精神。作者研究结果认为，在研究与开发传统武术时，我们要摆脱以往仅仅把武术作为体育竞技项目对待的局限，树立武术文化教育观念，总结武术文化理论，开发武术文化教育价值，开拓多层次的武术文化教育市场。经济一体化和信息网络化使现代社会是一个开放而统一的社会。经济的发展，人们生活水平的提高，对文化生活提出了更高的要求，教育理念和形式体制都面临新的挑战与革新，传统武术的发展也应顺其历史潮流，从文化教育功能出发自强整合，形成势力，整体推进；作为武术研究与教育工作者，我们也应立足自身，提高自己的文化素养，利用现代教育教学理论开发多种形式的武术教学与实践研究活动，打造新时代的武术文化品牌，逐步建立系统的武术文化教育制度，为武术在学校中切实发挥良好的民族文化与民族精神教育而努力。

《体育文化导刊》2009 年第 9 期

2009年体育与健康课程教学内容研究论文索引

核心期刊

1. 田菁，闫芬，等. 体育教师是课程内容资源开发的关键[J]. 北京体育大学学报，2009(7)：85-87.

2. 许之星. 中小学武术教学内容的主要缺失及改进思路[J]. 成都体育学院学报，2009(10)：92-94.

3. 胡汉兴，潘绍伟. 试论生态主义课程观下体育与健康课程的建构与实施[J]. 南京体育学院学报(社科版)，2009，23(1)：86-89.

4. 潘雪峰，尹小俭. 我国基础教育初中阶段体育课程内容构建的基础[J]. 沈阳体育学院学报，2009(4)：102-104.

5. 刘颖，李金龙. 小学生棋类教学研究[J]. 体育文化导刊，2009(8)：99-102.

6. 左文泉，彭阳，等. 中小学武术教学思考[J]. 体育文化导刊，2009(9)：85-86.

7. 袁益民. 江苏省普通中学体操教学现状与对策研究[J]. 体育与科学，2009，30(2)：91-94.

8. 袁勤. 武术传承方式的现代教学论诠释[J]. 体育与科学，2009，30(4)：97-100.

9. 黎桂华. 我国青少年武术教育现状的调查研究[J]. 武汉体育学院学报，2009，43(9)：65-68.

10. 吴燕丹，梅雪雄，等. 关怀视野下普通中学特殊体育课程内容的设计与开发[J]. 西安体育学院学报，2009，26(1)：112-116.

11. 赵聪，李俊敏. 民族体育资源在体育课程中的开发实践[J]. 云南大学学报(自然科学版)，2009，31(S1)：403-405.

12. 周光辉，张银江. 体育教学中学生德能培养的内容和路径[J]. 教学与管理，2009(10)：146-147.

一般期刊

1. 高晖. 弹玻璃球——地方校本课程可行性研究[J]. 吉林体育学院学报，2009，25(5)：132-133.

2. 朱俊波，杨伯亚，等. 对重庆中学田径教学现状及影响因素研究[J]. 山西师范大学体育学院学报研究生论文专刊，

2009(6)：48-50.

3. 吴健. 关于体育课程内容资源开发形式的研究[J]. 吉林体育学院学报，2009，25(4)：94-96.

4. 李燕强. 民间儿童体育游戏对于学校体育的意义[J]. 广东教育学院学报，2009，29(1)：99-103.

5. 田菁，等. 体育课程内容资源开发的价值标准[J]. 河北体育学院学报，2009，23(1)：43-48.

6. 杨钰. 体育游戏在排球教学中的运用[J]. 岱宗学刊，2009，13(2)：99-101.

7. 李秀玲. 在篮球教学中如何培养学生的学习兴趣[J]. 山西师范大学体育学院学报研究生论文专刊，2009(6)：43-44.

8. 张良平，吕晓亚. 中小学体育运动技能目标实现途径研究——依据学生身心发展特点选择教学内容[J]. 内江师范学院学报，2009，24(6)：109-112.

9. 周玉芳，丛燕，等. 中小学武术教学现状与发展对策[J]. 山东体育科技，2009，31(2)：81-82.

10. 蔡晓明. "接力跑中的传接棒技术"体育教学案例简析[J]. 教学研究，2009(8)：89.

11. 黄兆磊. 关于中学体育与健康课程教学中融入德育内容的思考[J]. 湖北广播电视大学学报，2009，29(12)：152-153.

12. 张中奇. 河南省中小学体操教学现状调查与分析[J]. 科技信息，2009.

13. 汪玮琳，徐宗昌. 江西省初中《体育与健康课程标准》内容标准达标情况与对策[J]. 赤峰学院学报(自然科学版)，2009，25(11)：102-105.

14. 陈晓明. 开发棒球课程凝炼校本特色[J]. 江苏教育研究，2009(11)：23-24.

15. 张敬壮. 器械体操在中学开展的现状与对策[J]. 内江科技，2009(10)：136.

16. 王海昌. 浅谈歌谣在小学体育教学中的作用[J]. 民营科技，2009(6)：75，163.

17. 康任侠，刘新晶. 浅析少数民族传统体育在学校体育中的开展[J]. 搏击·武术科学，2009，6(5)：73-74.

18. 陈建福. 让地方传统游戏走进校园[J]. 管理·德育广角，2009(11)：22-24.

19. 蒙万宁，刘伟俊. 体育课程内容设计的生物学基础[J]. 教学与管理，2009(2)：46-47.

20. 吴健. 体育课程内容资源开发的理性思考[J]. 南通航运职业技术学院学报，2009，8(2)：121-124.

21. 杨永强，张云波. 体育新课标教学内容与学生学习兴趣的结合性研究[J]. 科教论丛，2009：263.

22. 朱文杰. 新课标理念下排球教学改革的发展趋势[J]. 铜仁学院学报，2009，11(5)：92-93.

23. 冯世新. 新课标下对田径教学的探索[J]. 在线聚焦新课程，2009(10)：42.

24. 桑选民. 新课标下运动技能教学探索[J]. 湖北广播电视大学学报，2009，29(3)：156.

25. 辛宪军. 新课程标准下龙狮运动校本化的探究[J]. 搏击·武术科学，2009，6(10)：82-84.

26. 詹忠人. 新课程条件下体育教学内容的组织[J]. 黑龙江科技信息，2009：169.

27. 史善仓，张兆才，等. 中小学体育与健康课程内容相互衔接问题研究[J]. 铜陵学院学报，2009(4)：115-117.

28. 郭胜，刘贵博. 中小学体育教学内容改造与教学方法创新的探讨[J]. 黑龙江科技信息，2009：178，64.

29. 何剑. 中小学体育开展中武术课程的发展研究[J]. 搏击·武术科学，2009，6(6)：52-54.

30. 雷刚. 中小学羽毛球教学的现状与对策[J]. 教学与管理，2009(8)：113-114.

31. 胡志军. 中学体育与健康课程内容存在的问题与原因分析[J]. 科技资讯，2009(6)：186，188.

32. 成佩. 中学田径教学内容改革探讨[J]. 赤峰学院学报(自然科学版)，2009，25(2)：199-200.

33. 张博，王海荣. 研究型体育课程内容的选择与开发程序分析[J]. 科技信息，2009：5.

34. 孙静. 中小学武术教学内容与方法的调查分析[J]. 搏击·武术科学，2009，6(8)：67-69.

35. 谢金华. 谈学校体育教学内容[J]. 教材教法，2009：197，199.

36. 周红萍，苏家福，等. 体育教学内容的自组织原理与策略[J]. 襄樊学院学报，2009，30(11)：31-34.

37. 罗远东，李海英. 学校武术教学内容系统性初探[J]. 教育理论，2009：163-165.

学位论文

1. 马秀峰. 体育课程内容资源开发的理论研究[D]. 东北师范大学，2008.

2. 王芬. 小学体育课程增加健美操内容的可行性研究[D]. 河北师范大学，2009.

3. 姜敏. 中学体操教学内容的改革与开发策略研究[D]. 南京师范大学，2008.

4. 乔秀梅. 豫北地区中学体育校本课程内容资源开发的现状调查与对策研究[D]. 河南大学，2009。

教学评价研究

教学评价的研究概况

体育课程评价是体育课程改革的一个重要环节，体育课程评价关系到整个体育课程体系的发展，也关系到学生的全面健康成长。在 2009 年中国体育类核心期刊里有关基础教育体育与健康课程与教学评价的研究，宏观上可以归类为理论分析与实践应用。

理论分析又可概括为两个方面：主要是关于体育与健康课程评价存在问题的反思与建议(有 8 篇相关研究)；还有一方面分别是有关体育与健康课程与教学评价的元评价和教师评价(各只有一篇相关研究)。

有关体育与健康课程评价存在问题的反思与建议的研究主要从评价指标、主体、方法、体系等方面进行研究。王继帅[①]分别从体育课程评价内容与体育课程评价尺度和指标两个方面详细论述了体育课程评价存在的问题，并提出制定体育课程评价的出发点应该是学生的发展，学生的社会需要。在结果评价的基础上，要重视体育过程评价。体育课程评价体系如何构建，以及各指标的相互作用如何，需要进一步的研究。

有关体育与健康课程与教学评价的元评价和教师评价都各只有一篇相关研究。在新一轮基础教育体育课程改革中，《体育与健康课程标准》将制定体育学习评价方案和标准的权利下放给了

① 王继帅，樊炳有. 中小学体育课程改革相关研究及评价[J]. 体育学刊，2009，16(1).

各地、各校，甚至是体育教师。然而，各地、各校的体育学习评价方案和标准是否合理与有效，需要主管部门对此进行再次的评价，即体育学习元评价。汪晓赞①提出针对我国目前缺少体育学习元评价方面实证研究的现状，通过多种方法对中小学体育学习元评价进行探索性研究，明确“中小学体育学习元评价指标体系”，并研制出具有一定信度和效度的“中小学体育学习元评价量表”，为各地教育行政主管部门监控各校中小学体育学习评价的实施提供帮助，为进一步深入体育学习元评价方面的研究提供理论与实践支持。从教师教学评价来看，评价的内容宽泛，更缺乏教师教学质量成效评价量化指标，因而在实际教学管理工作中，无法客观评价教师教学的质量和水平。沈文敢②提出体育教学质量评价要多元化，从初中体育教学质量监测的评价方法上来看可以包括同行评价、学生评价、自我评价、领导评价。并认为提升初中体育课堂教学质量的必要性有三：一是保证初中学生体质健康的需要；二是体育课堂可持续发展的需要；三是体育教师队伍均衡发展的需要。

实践应用的19篇相关论文可概括为三个方面：一是8篇体育与健康课平时成绩的评定方法应用介绍，二是8篇即时评价的应用，三是3篇有关体育与健康课程评价效果的实验调查研究。

有关体育与健康课平时成绩的评定方法应用介绍的研究，文献主要从具体的实践操作层面进行了实验总结介绍。学生的平时表现是学生在学习过程中自我约束、自我监督和自我支配能力的体现。因此，郑平③提出在学校在评价学生的体育课平时成绩时，将平时成绩的评价指标确定为学习态度、自我锻炼、情意表现和合作精神四个部分，各部分的比例分配均为四分之一，平时成绩的分数占总成绩的40%。体育课的平时成绩在一定程度上可以反映出学生对所学动作技术的掌握程度，可以反映出学生的学习水平、学习态度，可以反映出学生身体素质的变化情况，同时也可以反映出教师的教学水平。如何才能使学生的体育课的平时成绩

① 汪晓赞，季浏，张军．中小学体育学习元评价指标体系的探索性研究[J]．天津体育学院学报，2009，24(1).

② 沈文敢．构建初中体育教学质量评价机制的研究[J]．中国学校体育，2009(11).

③ 郑平．体育课平时成绩评定体系的二要素[J]．中国学校体育，2009(4).

更加客观、真实地反映出上述各因素的现状呢？张旺[①]认为应该做到以下五个方面：提前告知、“教考统一”、多次测试、多元评价、及时总结。

有关体育与健康课程即时评价的研究，文献主要围绕即时评价的存在问题、即时评价内容指标的构建、体育课中即时评价方法、即时性评价的应用实例分析等方面进行了大量研究。即时性评价是根据课堂中师生的表现行为、完成学习内容的质量立即做出的评判。针对“课堂即时评价的有效性”，王振强[②]在研究过程中不仅注重寻求理论上的支撑，更注意诉求于在实践中发现问题并及时改进。并提出了引导性评价、管理评价、失误评价需回归。具体为先提出案例片断，再对案例中的评价的缺失进行剖析，最后提出即时评价回归的建议。宋万田[③]提出随着课程改革的不断深入，体育教师对课堂评价进行着积极的探索与实践，取得了可喜的成绩。但在评价的时机和运用的策略上还存在偏差。重在控制评价的层面，巧在把握评价的时机。作者从个别层面与群体层面的评价两方面论述了即时评价的运用时机，并把即时评价运用策略概括为真实性、导向性、鼓励性、趣味性。程娟[④]根据多年在体育课上的观察与摸索，总结出几种非语言性的即时评价方法。具体从手势、眼神、面部表情、点头、身体接触、掌声六个方面的运用方法提出了自己的观点。

有关体育与健康课程评价效果的实验调查研究，因此类研究属实证研究，文献检索只有3篇。随着新一轮基础教育体育课程改革的推进以及社会对人才培养观念的改变，传统体育学习评价已无法适应新课程的发展，但新的体育学习评价在具体实施与操作上也面临着一些问题与障碍。为了了解我国正在逐步推广实施的新的体育学习评价体系所产生的效果，汪晓赞[⑤]对熟悉和了解我国中小学体育课程改革与发展的一线体育教师进行了广泛的问

---

① 张旺．提高体育课平时成绩科学性的五点做法[J]．中国学校体育，2009(4)．

② 王振强，姜建明，丛树浩，丛培刚．即时评价的“缺失”与“回归”[J]．中国学校体育，2009(7)．

③ 宋万田．即时性评价的运用时机与策略[J]．中国学校体育，2009(8)．

④ 程娟．体育课中非语言性的即时评价方法[J]．中国学校体育，2009(1)．

⑤ 汪晓赞，季浏，金燕．我国中小学体育学习评价改革效果的调查研究[J]．北京体育大学学报，2009，32(1)．

卷调查。结果显示，经过一段时间的体育学习评价改革实验，一线体育教师无论是在评价观念上，还是在评价的具体实施上，都发生了明显的变化。体育教师开始尝试建立评价内容多元、评价方法多样、多主体参与的体育学习评价新体系，并极力拥护体育学习评价的改革，为体育学习评价改革的顺利推进提供了实践支持和人力支持。随着中小学体育课程改革的不断深入，我国中小学的体育学习评价发生了较大的变化，体育学习评价新体系已深入人心，一线体育教师极力支持和拥护体育学习评价的改革。然而，体育学习新评价的实施效果究竟如何，是否真正能够适应我国新一轮中小学体育课程的改革，需要我们通过长期的评价实践来予以证实，并不断完善相应的评价体系。汪晓赞①在查阅了大量文献资料，进行相关的理论研究基础上，对我国不同地区、不同类型中小学进行中小学体育学习评价新体系的教学试验，以总结中小学体育学习评价新体系的实施经验，了解体育学习评价新体系的实施效果，验证体育学习评价新体系对体育新课程的适应程度，从而进一步坚定中小学体育教育工作者进行体育课程改革的信心和决心。

2009年体育与健康课程教学评价研究重要论文概览

关于学生体育学习评价的沿革与发展

王金保

该文只对学生学习评价进行研究与探讨。《体育与健康课程标准》的实施极大地调动了体育教师的积极性，很多教师把过去的体育评价批判得一无是处。因此，该文首先通过回顾学生体育学习评价的发展历程，以澄清糊涂观念和模糊认识。然后笼统的叙述了传统的学习评价有些经验值得继承，并从四个方面详述了其不足之处。最后从领域(暂且称为领域)目标、评价内容和评价主体三个角度说明了无论从哪个角度来看，多元评价的指标都应该有所侧重。

《中国学校体育》2009年第2期

① 汪晓赞，季浏，秦海权，金燕. 体育学习评价方式对不同学段学生体能水平影响的实验研究[J]. 天津体育学院学报，2009，24(6).

用发展的眼光评价学生体育能力

徐向鸣

该文作者通过对新课标的理解，首先提出了新课标强调对学生进行发展性评价，学生需要我们用发展的眼光来评价。其次分别论述了对学生进行发展性评价的三要素的重要性。最后对侧重学生体育能力发展的评价提出了看法和建议。

《运动》2009 年 11 月第 3 期

浅谈体育教学中学生评价的应用

胡增国

该文提出了体育教学中一般采用教师评价的方式，学生评价在课堂教学中容易被忽视，将体育教学如何应用学生评价总结为评分法、比较法、记分法。并从三个方面论述了应用学生自评需注意的问题。

《中国学校体育》2009 年第 3 期

中小学体育学习元评价指标体系的探索性研究

汪晓赞　季　浏　张　军

该文提出在新一轮基础教育体育课程改革中，《体育与健康课程标准》将制定体育学习评价方案和标准的权利下放给了各地、各校，甚至是体育教师。然而，各地、各校的体育学习评价方案和标准是否合理与有效，需要主管部门对此进行再次的评价，即体育学习元评价。针对我国目前缺少体育学习元评价方面实证研究的现状，作者通过多种方法对中小学体育学习元评价进行探索性研究，明确“中小学体育学习元评价指标体系”，并研制出具有一定信度和效度的“中小学体育学习元评价量表”，为各地教育行政主管部门监控各校中小学体育学习评价的实施提供帮助，为进一步深入体育学习元评价方面的研究提供理论与实践支持。

《天津体育学院学报》2009 年第 24 卷第 1 期

我国中小学体育学习评价改革效果的调查研究

汪晓赞　季　浏　金　燕

为了了解我国正在逐步推广实施的新的体育学习评价体系所产生的效果，该文研究主要采用文献研究法、问卷调查法、数理统计法和比较分析法，在课改实验前向湖南、江西、湖北等 13

个省市的195名中小学体育教师进行了第一次问卷调查，两年后，又对这13个省市的182名中小学体育教师进行了第二次问卷调查。结果显示，经过一段时间的体育学习评价改革实验，一线体育教师无论是在评价观念上，还是在评价的具体实施上，都发生了明显的变化。体育教师开始尝试建立评价内容多元、评价方法多样、多主体参与的体育学习评价新体系，并极力拥护体育学习评价的改革，为体育学习评价改革的顺利推进提供了实践支持和人力支持。

《北京体育大学学报》2009年1月第32卷第1期

体育学习评价方式对不同学段学生体能水平影响的实验研究

汪晓赞　季　浏　秦海权　金　燕

该文以学生的多项体能水平作为主要的效果指标，对青岛、东莞、重庆、泉州、厦门和蚌埠等试验基地的小学、初中、高中共6所学校进行试验研究。结果显示，不论课改试验区还是非课改试验区，新的体育学习评价都能充分发挥其导向、激励和反馈功能，有效地提高中小学生的体能水平，从而有利于学生的健康发展；新的体育学习评价运用于课改试验区所获得的效果也明显好于尚未实施体育新课程的非课改试验区；尤其值得注意的是，新的体育学习评价对学生体能水平的提高程度呈现随年龄的增长而不断增大的趋势，高中生的体能水平进步幅度极为显著，且小学和高中女生的进步幅度也明显好于男生，建议在下一步的体育学习评价改革中进一步关注与重视初中女生的体育学习需要。

《天津体育学院学报》2009年第24卷第6期

即时评价的“缺失”与“回归”

王振强　姜建明　丛树浩　丛培刚

针对“课堂即时评价的有效性”，在研究过程中不仅注重寻求理论上的支撑，更注意诉求于在实践中发现问题并及时改进。该文提出了引导性评价、管理评价、失误评价需回归。具体为先提出案例片断，再对案例中的评价的缺失进行剖析，最后提出即时评价回归的建议。

《中国学校体育》2009年第7期

即时性评价的运用时机与策略

宋万田

该文提出随着课程改革的不断深入，体育教师对课堂评价进行着积极的探索与实践，取得了可喜的成绩。但在评价的时机和运用的策略上还存在偏差。即时性评价是根据课堂中师生的表现行为、完成学习内容的质量立即做出的评判。重在控制评价的层面，巧在把握评价的时机。作者从个别层面与群体层面的评价两方面论述了即时评价的运用时机，并把即时评价运用策略概括为真实性、导向性、鼓励性和趣味性。

《中国学校体育》2009 年第 8 期

体育课中非语言性的即时评价方法

程 娟

该文提出表扬和批评是大多数教师常用的即时评价学生的方法。随着学生年龄的增长，他们对这种评价方式几乎麻木。怎样的即时评价方法既容易被学生接受和认可，又简单易行？该文作者根据多年在体育课上的观察与摸索，总结出几种非语言性的即时评价方法。具体从手势、眼神、面部表情、点头、身体接触、掌声六个方面的运用方法提出了自己的观点。

《中国学校体育》2009 年第 1 期

多级评价的四步协调模式

杨慧兰 沈剑平 操宏高 C. 华菲尔德

该文以 W. K. 凯洛格基金会的释放资源倡议(Unleashing resources initiative)的评估工作为例，阐述了适用于协调多级评价的一般四步模式。作者检阅了相关文献，提出了协调对于多级评价的必要性，解释了四步模式，讨论了这一模式的优点，并提出了运用该协调模式时应注意的问题。

《华东师范大学学报(教育科学版)》2009 年 9 月第 27 卷第 3 期

日本中小学评价指南评析

沈晓敏

日本国立教育政策研究所课程研究中心于 2004 年推出的有关学生学习和课程实施状况的评价指南，根据“绝对评价”原则以及“兴趣和态度”、“思维和判断”、“技能和表征”、“知识和理解”四个评价维度，对照各学科的总目标、年级目标和各年级每条教学内容，构筑了一整套的评价要旨和评价标准，并通过列举一个单元的评价标准实例、教学与评价一体化计划，使基于课程新理念的评价标准具有很强的操作性，推动了新课程理念和目标的落实。

它包含各学科的评价标准，成为学校自制评价标准的指南。该评价指南既体现了与我国相一致的评价理念，又具有很强的操作性和弹性。该文以日本小学社会科为例，通过评价理念、评价标准、评价与教学的结合、评价结果的表述分析了该评价标准可资借鉴的特点。最后提出对我国课程评价的启示。

《课程·教材·教法》2009 年 5 月第 29 卷第 5 期

重新理解发展性教育评价：基于生存论视阈

龚孝华

该文提出发展性教育评价是以促进人的发展为目的的教育评价思想。生存论为理解发展性教育评价提供新的视阈。生存论视阈中的发展性教育评价，把促进人的发展理解为促进具体个人主动发展，个人与他人、与环境共同发展。

《课程·教材·教法》2009 年 3 月第 29 卷第 3 期

过程性评价：关于学习过程价值的建构过程

谢同祥　李　艺

该文试从与过程性评价相关的概念入手，通过对过程性评价的概念、特征、意义的本体审视，提出如下观点：过程性评价是关于学习过程价值的建构过程，具有双重的过程特征；过程性评价作为一种过程价值取向的评价，对学习者体现了价值关怀与价值教育的双重意义。

《电化教育研究》2009 年第 6 期(总第 194 期)

合作学习中的评价

赵永彬　曹金梅

教学评价是合作学习中一个重要组成部分，该文从实施评价的时间、主体、内容、原则等角度展开详细论述，探究合作学习中如何做好评价工作的问题。

《中国成人教育》2009 年第 16 期

基于发展性评价理念的课堂教学设计

刘　岗

该文分析了发展性评价的基本特征，并从课堂教学设计的视角论述了如何将评价融入教学过程的原则与策略。

《课程与教学研究》2009年第10期(总第198期)

教师评价改革的理性思考

田　莉

在教师评价改革中，有两种截然对立的观点。一种是“控制”的观点，指涉教学效能的教师评价；另一种是“发展”的观点，指涉专业发展的教师评价。从新近的研究趋势中可以看出绝大多数学者赞同后者。就此，该文作者试图从价值立场的选择、评价目标的定位、评价内容结构的侧重点、评价过程中主体间的关系、评价标准设计的立足点等几个方面对教师评价改革过程中充斥着的一些“非此即彼”、“二元对立”的简单化思维进行理性思考。最后作者提出，在教师评价改革的过程中，语境上的虚假繁荣与改革实践中的乏力现象，不得不督促我们对改革的思维方式重新做出反思：在实现从“控制”走向“自觉”的评价状态当中，更多的努力则需要在对改革的两极状态之间彼此拉动，在平衡的张力中，确保改革的生态化推进。

《教育理论与实践》2009年第9期

教育评价对象系统探析

魏志强

该文提出教育评价理论对教育评价对象问题的研究，在重视程度上有很大差异，在概念表述和内容限定上也有很大不同。有必要对教育评价对象问题进行更为深入的分析。教育评价对象系统研究有助于促进教育评价理论研究的完整性，提高教育评价理论体系的严密性，提高教育评价实践的科学性。根据教育活动的对象及影响教育活动因素的情况，以整个教育活动为评价对象的教育评价对象系统可以分成微观评价、中观评价、宏观评价和元评价四个层次。教育评价对象系统具有发展性、层次性、先决性等性质。目前教育评价理论在教育评价对象问题领域的研究还不够系统和深入，从而影响了教育评价理论的系统性和教育评价实践的科学性，该文试图对教育评价对象系统进行初步的探究性分析，以求有所启示。

《中国成人教育》2009年第8期

2009年体育与健康课程教学评价研究论文索引

体育学核心期刊

1. 武俊清. 促进学生发展的体育课堂教学即时评价内容指标的构建[J]. 体育教学，2009(1).

2. 张海平，余立军. 常态教学课时目标的细化和测评[J]. 中国学校体育，2009(2).

3. 杭波. 初中生体育学习成绩"学分式评价"模式的实验研究[J]. 中国学校体育，2009(2).

4. 谢亚素. 如何让课堂即时评价焕发出光彩[J]. 中国学校体育，2009(11).

5. 沈文敢. 构建初中体育教学质量评价机制的研究[J]. 中国学校体育，2009(11).

6. 王金保. 关于学生体育学习评价的沿革与发展[J]. 中国学校体育，2009(2).

7. 王振强，于文忠. 基于学生的真正发展的即时性评价[J]. 中国学校体育，2009(6).

8. 王振强，姜建明，丛树浩，丛培刚. 即时评价的"缺失"与"回归"[J]. 中国学校体育，2009(7).

9. 吕兵文，王占芬. 即时性评价的人文性与针对性的应用实例分析[J]. 中国学校体育，2009(8).

10. 宋万田. 即时性评价的运用时机与策略[J]. 中国学校体育，2009(8).

11. 孙斌. 利用"奖卡换学分"提高平时成绩计分科学性[J]. 中国学校体育，2009(2).

12. 郑平. 浅谈"概率加权评价法"在体育学习评价中的运用[J]. 中国学校体育，2009(3).

13. 胡增国. 浅谈体育教学中学生评价的应用[J]. 中国学校体育，2009(3).

14. 朱红琴. 深化过程评价帮助学生体验成长[J]. 中国学校体育，2009(3).

15. 张旺. 提高体育课平时成绩科学性的五点做法[J]. 中国学校体育，2009(4).

16. 郑平. 体育课平时成绩评定体系的二要素[J]. 中国学校体育，2009(4).

17. 程娟．体育课中非语言性的即时评价方法[J]．中国学校体育，2009(1).

18. 范运祥．论体育课堂教学中教师的动态无声评价[J]．中国学校体育，2009(11).

19. 彭学军．普通中学体育课程目标多元化对学生评价影响的研究[J]．中国学校体育，2009(11).

20. 周亚利．新课程改革体系下——对学生体育成绩评价模式改革的探究[J]．运动，2009(2).

21. 徐向鸣．用发展的眼光评价学生体育能力[J]．运动，2009(3).

22. 王继帅，樊炳有．中小学体育课程改革相关研究及评价[J]．体育学刊，2009(1).

23. 汪晓赞，季浏，张军．中小学体育学习元评价指标体系的探索性研究[J]．天津体育学院学报，2009(1).

24. 张学忠，乔梁，石高慧．对《体育与健康课程标准》几个问题的反思[J]．成都体育学院学报，2009(6).

25. 汪晓赞，季浏，金燕．我国中小学体育学习评价改革效果的调查研究[J]．北京体育大学学报，2009(1).

26. 汪晓赞，季浏，秦海权，金燕．体育学习评价方式对不同学段学生体能水平影响的实验研究[J]．天津体育学院学报，2009(6).

27. 潘家礼．体育与健康课程学习评价方法研究[J]．体育文化导刊，2009(7).

28. 谢福萍．中学体育与健康课程学习评价探析[J]．体育文化导刊，2009(7).

教育学核心期刊

1. 赵月东．成人学习指导评价体系的构建[J]．中国成人教育，2009(12).

2. 杨慧兰，沈剑平，操宏高，C. 华菲尔德．多级评价的四步协调模式[J]．华东师范大学学报(教育科学版)，2009(3).

3. 单志艳．多主体评价小学生缺点的调查研究[J]．中国特殊教育，2009(6)(总第 108 期).

4. 谢同祥，李艺．过程性评价：关于学习过程价值的建构过程[J]．电化教育研究，2009(6)(总第 194 期).

5. 赵永彬，曹金梅．合作学习中的评价[J]．中国成人教育，2009(16).

6. 刘岗．基于发展性评价理念的课堂教学设计．课程与教学研究，2009(10)(总第198期).

7. 田莉．教师评价改革的理性思考[J]．教育理论与实践，2009(9).

8. 于千桐，经萌．教学评价与校本课程开发的互动关系[J]．教育理论与实践，2009(6).

9. 魏志强．教育评价对象系统探析[J]．中国成人教育，2009(8).

10. 王红．课堂教学质量：来自学生的评价——以美国东门罗大学学生课堂教学评价为例[J]．中国成人教育，2009(18).

11. 司福亭．论发展性教师评价与教师专业发展[J]．教育理论与实践，2009，29(8).

12. 余明友．论和谐课堂教学的审美视角评价[J]．中国成人教育，2009(23).

13. 沈晓敏．日本中小学评价指南评析[J]．课程·教材·教法，2009，29(5).

14. 龚孝华．我国学校教育评价的困境与出路[J]．教育研究与实验，2009(4).

15. 王旭，李淑杰，曹静．学生课堂参与程度的评价方式[J]．中国成人教育，2009(2).

16. 龚孝华．重新理解发展性教育评价：基于生存论视阈[J]．课程·教材·教法，2009，29(3).

课程资源开发与利用

体育与健康课程资源开发与利用研究概况

根据不同的标准和根据，课程资源可以分为不同的类别。体育课程资源也有多种分类方法。我国学者一般都是根据体育课程资源的功能与特点、空间分布、性质、存在方式、管理要素将体育课程资源进行分类。在2009年有关体育与健康课程资源的研究文献只有为数不多的几篇对体育与健康课程资源的开发与利用进行理论研究，其余大多围绕体育与健康课程资源的开发的五个方面(人力资源的开发、体育设施资源的开发、课程内容资源的开发、课外和校外体育资源的开发、体育信息资源的开发)对体育与健康课程资源的开发与利用进行了实践应用层次的研究。

一、有关体育与健康课程资源中人力资源开发与利用的研究

体育与健康课程资源中人力资源主要包括体育教师、学生、班主任、校医、社会体育指导员、学生家长等人力资源。而在2009年相关文献中只找到一篇有关体育教师的文献。田菁①在体育教师是课程内容资源开发的关键中论述了体育课程内容资源开发释义和意义，认为：体育教师是影响体育课程内容资源开发的关键，进而从体育教师的课程意识和课程开发能力加以讨论，并提出提高两者的途径。

二、有关体育与健康课程资源中体育设施资源开发与利用的研究

由于各地区、各学校的情况不同，体育设施资源也不尽相同。根据器材特点开发其多种功能和用途，是解决器材品种少的好办法。牛宏亮②提出：在场地器材功能的开发与利用方面，实践证明，体育教师只要转换视角和思维方式，根据器材的特点便可开发出多种用途，进而挖掘出许多丰富有趣的健身活动内容，充实课堂教学内容，提高教学质量。并根据所在地城乡结合的特点，对传统体育器材和自制体育器材的功能与作用以及与其他教材的迁移链接进行研究，并将研究结果以表格方式清晰地进行了举例归类。

为了激发学生的学习兴趣，提高教学效率，我们要根据学校实际情况合理地利用简易器材，因地制宜地提高其利用价值，以改善教学条件。比如，李志军③提出编织袋在平时的生活中比较常见，体育教师可以利用这些编织袋来弥补学校体育器材严重不足的问题，并能提高学生学习的兴趣，使学生的身体进一步得到锻炼。并从练习名称、练习目的、练习方法、练习规则四个方面分别举例说明了编织袋在走、跑教学和投掷教学中的应用。何山亮④经过实践总结了一些利用废报纸在投掷课上吸引学生注意力和兴趣的方法，并提出生活中还有很多资源可以挖掘，特别是对于来源于生活的体育而言，只要体育教师勤思考，多钻研，必然能够从生活中发现体育的素材，打造魅力体育课堂。

---

① 田菁，闫芬，刘春燕．体育教师是课程内容资源开发的关键[J]．北京体育大学学报，第32卷第7期，2009年7月．

② 牛宏亮．合理开发体育器材功能[J]．中国学校体育，2009()4)．

③ 李志军．编织袋在农村学校体育教学中的应用[J]．中国学校体育，2009(7)．

④ 何山亮．利用废报纸上好一年级投掷课[J]．中国学校体育，2009(3)．

自己动手制作体育器材，不仅能有效解决体育器材短缺和不足的问题，还能节约资金、改善教学与训练条件、激发学生的运动兴趣。王建杰[①]提出在制作体育器材的过程中必须注意以下三个方面的问题：制作方式应量力而行、制作方法应突出仿制和研制的特点、功能评判应重视安全和实用。张书梅[②]提出，在实践中，自制体育器材的方法包括对常规体育器材的改造、发明新的体育器材、直接加工与利用废物等几种方法，但无论采取何种方法进行自制体育器材，都应遵循以下五点要求：安全性、科学性、环保性、经济性、多用性。

三、有关体育与健康课程资源中课程内容资源开发与利用的研究

在课程内容资源的开发与利用上，应该对现有的传统运动项目进行改造，减少竞技性项目的学习。可以进行简化规则、简化技战术、修改内容、降低难度要求、改造场地器材等。龙伟健[③]改变了羽毛球竞技运动项目的比赛规则，介绍了十三种羽毛球的的另类玩法。

引进新兴运动项目，课程内容要根据本地、本校的实际情况适当选用健美操、拳击操、轮滑、橄榄球、三人街头篮球等新兴运动类项目。同时还可对新兴运动项目进行改造，使其更符合学生身心发展的特点。李韬[④]从课标、学生、教学、项目特点等方面多角度地说明了腰旗橄榄球运动引入中学体育教学的行。并详细说明了研究计划及实施过程。在这个基础上总结了作者在课程开发中获得的一些认识，并对项目引进实践中存在着的问题提出了解决方法。

充分利用和开发宝贵的民族、民间体育类项目资源，体现体育课程的民族特色。姜必祥[⑤]提出“莲湘花鼓”是我国民族民间舞蹈，具有较强的锻炼价值，作为校本课程资源进行开发有其现实意义。对此，作者摘选了两例笔者与教研组其他体育教师共同开发出了“莲湘操”校本体育课程，对其从预备动作和练习方法两方面进行了详细的介绍。

① 王建杰. 制作体育器材的注意事项[J]. 中国学校体育，2009(4).

② 张书梅. 自制体育器材应遵循的原则[J]. 中国学校体育，2009(4).

③ 龙伟健. 羽毛球的另类玩法[J]. 中国学校体育，2009(7).

④ 李韬. 腰旗橄榄球运动引入中学体育教学的行[J]. 运动，2009(1).

⑤ 姜必祥. “莲湘操”学校体育校本课程的开发[J]. 中国学校体育，2009(5).

四、有关体育与健康课程资源中课外和校外体育资源以及体育信息资源开发与利用的研究

目前课外体育资源的开发的文献主要是围绕阳光体育运动展开了一定研究。而校外体育资源开发与利用也仅是围绕在学校体育与社区体育相结合的理论研究上，在实践操作上还没有研究。有关体育信息资源的研究在 2009 年文献中尚未检索到相关研究。

2009 年体育与健康课程资源开发与利用研究重要论文概览

课程资源开发与利用的问题与对策

邓友平

该论文提出合理开发和利用课程资源是新课程改革的基本条件，也是教师专业权利的基本体现。然而，许多中小学校和教师在课程资源的认识上存在误区，在课程资源的开发和利用方面存在诸多实际问题。要解决这些问题，除了强化课程资源意识，使丰富多样的自然资源和社会资源成为有效的课程资源外，更为关键的是，改革目前的课程与教学评价体系。

《课程·教材·教法》2009 年 3 月第 29 卷第 3 期

体育与健康课程资源的开发与利用

吴彦春

该论文提出体育与健康课程资源是与教学活动联系起来的资源，它能够反映地方的经济和文化特点，符合学校体育教学的实际情况。学校在开发和利用体育与健康课程资源时应考虑资源的教育性、健康性、趣味性和发展性的因素。一般来说，体育课程资源的开发大致有以下五个方面：人力资源的开发、体育设施资源的开发、课程内容资源的开发、课外和校外体育资源的开发、体育信息资源的开发。在实际教学中，这些方面并不是截然分开的，而是有机地整合在一起的。

《教育理论与实践》2009 年第 4 期

体育课程教学资源的运用与开发

李　健　陈　光　齐　超　马雪涛

该论文作者首先论述了体育课程教学资源的概念和分类，在这个基础上通过教学片断的介绍和分析对体育课程教学资源的运用与开发从自然环境、物质资源、人文资源、学校其他课程资源四个方面详细地做了介绍。并对体育教师运用和开发体育教学资源的条件进行了分析总结。

《中国学校体育》2009 年第 1 期

校本课程发展中的几个问题

刘晓惠

该论文提出教师应具备课程资源开发与利用的三种能力：第一，要具备遴选、鉴别的能力；第二，要具备组合、变通的能力；第三，要具备协调、沟通的能力。并认为开发和利用校本课程资源的主要途径是：学生资源、教师资源、环境资源的开发。

《中国成人教育》2009 年第 4 期

农村中学自制体育器材的五个原则

左永慧

该论文提出在农村中学的教学中，为解决学校体育器材不足的实际困难，很多教师根据实际，自己动手或与学生共同制作了一些体育器材，这一过程不仅培养了学生的动手能力更有效地满足了体育教学之用，又物尽其用、节约了开支，但在自制体育器材的过程中，一定要注意五个问题：经济性、耐用性是自制器材的指针；实用性、适用性是自制器材的目标；创新性是自制器材的灵魂；安全性是自制器材的生命；拓展性是自制器材的归宿。作者分别举例详细说明了怎么注意自制体育器材的五个原则。

《中国学校体育》2009 年第 4 期

制作体育器材的注意事项

王建杰

该论文提出在教学实践中，传统意义上的基本体育器材，已经不能满足当前教学、训练、大课间活动的需要，而自己动手制作体育器材，不仅能有效解决体育器材短缺和不足的问题，还能节约资金、改善教学与训练条件、激发学生的运动兴趣。但在制作体育器材的过程中必须注意以下三个方面的问题：制作方式应量力而行，制作方法应突出仿制和研制的特点，功能评判应重视安全和实用。

《中国学校体育》2009 年第 4 期

自制体育器材方法三则

穆乃国　吕纪霞

该论文提出体育器材是提高教学质量、保持学生学习兴趣、增进学生健康的有力保障。但是，当前部分学校因为器材缺乏（尤其是欠发达地区和边远的农村中小学），使得体育课的教学质量严重下降。为有效解决这些问题，体育教师应从学生的需要和实际情况出发，因地制宜地开发和自制体育器材。作者对自制体育器材提出了三点看法：借鉴民间传统项目、学生动手、器材组合。

《中国学校体育》2009 年第 4 期

自制体育器材应遵循的原则

张书梅

该论文提出通过自制体育器材不仅能解决体育器材不足的难题，还能培养学生的动手和创造能力；既可节约开支，又能物尽其用；不仅能充分激发学生对体育活动的兴趣，调动学生的参与积极性，还能丰富教学内容，提高教学效果。作者认为，在实践中，自制体育器材的方法包括对常规体育器材的改造、发明新的体育器材、直接加工与利用废物等几种方法，但无论采取何种方法进行自制体育器材，都应遵循以下五点要求：安全性、科学性、环保性、经济性、多用性。

《中国学校体育》2009 年第 4 期

中小学场地器材短缺的原因及解决对策

袁志欢

该论文作者从学校和教师两方面分析了中小学场地器材短缺的原因，并分别从资金、器材、场地、教学设计等七个方面论述了怎样解决中小学场地器材短缺的办法与对策。

《中国学校体育》2009 年第 9 期

“莲湘操”学校体育校本课程的开发

姜必祥

该论文提出“莲湘花鼓”是我国民族民间舞蹈，具有较强的锻炼价值，作为校本课程资源进行开发有其现实意义。对此，作者摘选了两例笔者与教研组其他体育教师共同开发出了“莲湘操”校本体育课程，对其从预备动作和练习方法两方面进行了详细的介绍。

《中国学校体育》2009年第5期

编织袋在农村学校体育教学中的应用

李志军

该论文提出编织袋在平时的生活中比较常见，体育教师可以利用这些编织袋来弥补学校体育器材严重不足的问题，并能提高学生学习的兴趣，使学生的身体进一步得到锻炼。作者从练习名称、练习目的、练习方法、练习规则四个方面分别举例说明了编织袋在走、跑教学和投掷教学中的应用。

《中国学校体育》2009年第7期

废旧羽毛球拍的妙用

陈利路　葛卫增　贾华静

为了能改变体育器材室的环境，又能使废旧羽毛球拍服务于课堂教学，该论文作者对废旧羽毛球拍进行了改造，详细介绍了开发捡球网和球杆两种适合学生活动的体育器材的过程方法。

《中国学校体育》2009年第5期

合理开发体育器材功能

牛宏亮

该论文提出：在场地器材功能的开发与利用方面，实践证明，体育教师只要转换视角和思维方式，根据器材的特点便可开发出多种用途，进而挖掘出许多丰富有趣的健身活动内容，充实课堂教学内容，提高教学质量。作者根据所在地城乡结合的特点，对传统体育器材和自制体育器材的功能与作用以及与其他教材的迁移链接进行研究，并将研究结果以表格方式清晰地进行了归类。

《中国学校体育》2009年第4期

利用废报纸上好一年级投掷课

何山亮

在农村及一些偏远学校，沙包不够用是常有的事，影响了学生对投掷课的兴趣。笔者经过实践总结了一些利用废报纸在投掷课上吸引学生注意力和兴趣的方法，并提出生活中还有很多资源可以挖掘，特别是对于来源于生活的体育而言，只要体育教师勤思考，多钻研，必然能够从生活中发现体育的素材，打造魅力体育课堂。

《中国学校体育》2009 年第 3 期

巧用篮球场进行弯道跑教学

高　洁

对于有室内场馆的学校，风雨天气体育课受到的影响相对较小，该论文作者根据室内 200 米田径场弯道一般以 15 米或 21 米为半径，而篮球场宽 15 米的特点，巧用篮球场地设计了一堂弯道跑教学课，将教学过程通过圆周接力跑练习、小半径弯道跑练习、扩大半径弯道跑练习、直道接弯道跑练习这四种练习过程进行了介绍。

《中国学校体育》2009 年第 4 期

羽毛球的另类玩法

龙伟健

该论文作者改变了羽毛球竞技运动项目的比赛规则，介绍了十三种羽毛球的另类玩法：颠球比赛、捡球打准比赛、踢“羽式”毽球、对墙击球比赛、“三式”挥拍击球练习（仰卧或跪式和坐式）、“打猎”、抛接球比赛、手腕击垂直高球比赛、搓球比赛、“羽式”投篮比赛、多角传球练习、步法练习、掷远比赛。

《中国学校体育》2009 年第 7 期

腰旗橄榄球运动引入中学体育教学的行

李　韬

该论文作者从课标、学生、教学、项目特点等方面多角度地说明了腰旗橄榄球运动引入中学体育教学的行。并详细说明了研究计划及实施过程。在这个基础上总结了作者在课程开发中获得的一些认识，并对项目引进实践中存在着的问题提出了解决方法。

《运动》2009 年 9 月第 1 期

2009年体育与健康课程资源开发与利用研究论文索引

体育类核心期刊

1. 杜学森. 编织袋在体育测试中的巧用[J]. 体育教学，2009(2).

2. 李开唐，赵帮万. 高跷的制作与开发应用[J]. 体育教学，2009(2).

3. 尚文进. 民间舞蹈跳马伕校本课程开发的实践[J]. 体育教学，2009(6).

4. 叶海辉. 排球的教练球制作与使用[J]. 体育教学，2009(4).

5. 王应，盖鸿宏. 墙壁在乒乓球教学中的妙用[J]. 体育教学，2009(4).

6. 袁秋晴. 趣味板羽球的制作及运用[J]. 体育教学，2009(3).

7. 戴小斌. 自制排球扣球器[J]. 体育教学，2009(6).

8. 吴纪安，邓波. 拓展类体育游戏——竹子系列器材的新运用[J]. 体育教学，2009(5).

9. 曹学艺. 网兜和橡胶带在排球教学中的巧妙应用[J]. 体育教学，2009(4).

10. 张铁君，陈雪萍. 妙趣横生的布毽游戏——掷布毽[J]. 体育教学，2009(4).

11. 王继帅，樊炳有. 中小学体育课程改革相关研究及评价[J]. 体育学刊，2009(1).

12. 汪文胜. 中学简化太极拳教学思考[J]. 运动，2009(1).

13. 李韬. 腰旗橄榄球运动引入中学体育教学的行[J]. 运动，2009(1).

14. 田菁，闫芬，刘春燕. 体育教师是课程内容资源开发的关键[J]. 北京体育大学学报，2009(7).

15. 张铁君，王春红. 布毽的制作及游戏. 体育教学，2009(1).

16. 龙伟健. 另类的足球游戏. 体育教学，2009(2).

17. 朱保荣. 武术趣味游戏. 体育教学，2009(2).

18. 俞峤宁. 魅力杠绳. 体育教学，2009(2).

19. 关愧秀. 如何改造和创编游戏教材. 体育教学，2009(2).

20. 付国超. 长绳带在体育教学中的妙用. 中国学校体育 2009(2).

21. 姜必祥. “莲湘操”学校体育校本课程的开发[J]. 中国学校体育，2009(5).

22. 刘连山. “轮胎”健身游戏的花样玩法[J]. 中国学校体育，2009(6).

23. 陈华. “扔沙包”游戏的新玩法[J]. 中国学校体育，2009(2).

24. 丁阳. “跳竹竿”学校体育校本课程的开发[J]. 中国学校体育，2009(2).

25. 王兴发，郑二建，王文强，苏军，江春晓，彭立富. “橡皮筋游戏”体育校本课程实施纲要[J]. 中国学校体育，2009(3).

26. 李志军. 编织袋在农村学校体育教学中的应用[J]. 中国学校体育，2009(7).

27. 王军. 标志桶在体育课堂中的妙用[J]. 中国学校体育，2009(5).

28. 潘星台. 废旧篮球百变现身[J]. 中国学校体育，2009(7).

29. 丁敏奎. 废旧轮胎功能的延伸与拓展[J]. 中国学校体育，2009(10).

30. 陈智勇. 废旧轮胎在体育教学中的应用[J]. 中国学校体育，2009(7).

31. 陈利路，葛卫增，贾华静. 废旧羽毛球拍的妙用[J]. 中国学校体育，2009(5).

32. 李诗瑜. 废旧自行车在力量练习中的巧妙应用[J]. 中国学校体育，2009 年 12 月.

33. 牛宏亮. 合理开发体育器材功能[J]. 中国学校体育，2009(4).

34. 王红. 接力棒的妙用[J]. 中国学校体育，2009(4).

35. 赵晓霞，李宪匣，沈允明. 接力棒趣味游戏两例[J]. 中国学校体育，2009(4).

36. 胡家权，谭海林. 竞技运动教材的创新教法[J]. 中国学校体育，2009(5).

37. 徐会珍. 篮球的妙用[J]. 中国学校体育，2009(4).

38. 潘星台. “篮球式”腰旗橄榄球项目的研发[J]. 中国学校体育，2009(5).

39. 何山亮. 利用废报纸上好一年级投掷课[J]. 中国学校体育，2009(3).

40. 张书梅. 利用小体操垫丰富教学内容[J]. 中国学校体育，2009(1).

41. 丰建明. 利用自然地形的四类训练方法[J]. 中国学校体

育，2009(8).

42. 张永璟. 利用自然地形训练的五个“有利于”[J]. 中国学校体育，2009(8).

43. 穆乃国，董昌水. 轮胎游戏五例[J]. 中国学校体育，2009(12).

44. 左永慧. 农村中学自制体育器材的五个原则[J]. 中国学校体育，2009(4).

45. 李莉. 巧用“小垫子”资源，丰富课堂教学内容[J]. 中国学校体育，2009(8).

45. 李志勇. 巧用标记教跨栏[J]. 中国学校体育，2009(10).

46. 周丽俊. 巧用单杠，消除学生心理障碍[J]. 中国学校体育，2009(3).

47. 高洁. 巧用篮球场进行弯道跑教学[J]. 中国学校体育，2009(4).

48. 宫莉. 巧用沙瓶发展低年级小学生上肢力量[J]. 中国学校体育，2009(7).

49. 赵晓安，杨喜胜. 巧用沙瓶提高体育教学质量[J]. 中国学校体育，2009(4).

50. 党宏伟. 巧用跳皮筋增强学生腿部力量[J]. 中国学校体育 2009(7).

51. 王智. 巧用小场地开展有效田径教学[J]. 中国学校体育，2009(10).

52. 姜玉华. 巧用小体操垫[J]. 中国学校体育 2009(3).

53. 梅黎明. 巧用自行车旧外胎进行障碍赛跑[J]. 中国学校体育，2009(8).

54. 王瑞亭，王建杰. 如何利用校园地形开展体育活动[J]. 中国学校体育，2009(8).

55. 殷从建，王裕林. 如何在小场地更好地完成 2000 米跑——“蛇群衔接跑”的尝试. 中国学校体育，2009(1).

56. 林婷玉. “蛇皮袋”游戏两则[J]. 中国学校体育，2009(5).

57. 袁志欢. 体操棒在小学单杠教学中的运用[J]. 中国学校体育，2009(3).

58. 燕涛. 体育教学中的废物利用[J]. 中国学校体育，2009(2).

59. 李健，陈光，齐超，马雪涛. 体育课程教学资源的运用与开发[J]. 中国学校体育，2009(1).

60. 吴裕华. 体育课巧用自行车钢圈[J]. 中国学校体育，2009(9).

61. 黄建萍. 体育课容易忽视的教室的作用[J]. 中国学校体育，2009(9).

62. 黄春. 跳箱在体育课中的妙用[J]. 中国学校体育，2009(3).

63. 林浩. 弯道跑教学中的“六盘”游戏[J]. 中国学校体育，2009(1).

64. 陈跃妹. 玩转瓶盖[J]. 中国学校体育，2009(8).

65. 刘功明. 橡皮筋、气球在原地双手正面前抛实心球教学中的应用[J]. 中国学校体育，2009(3).

66. 杨光荣. 橡皮筋标志带在田径教学、训练中的应用[J]. 中国学校体育，2009(5).

67. 王兴发，郑二建. 橡皮筋游戏四则[J]. 中国学校体育，2009(4).

68. 许玲君，袁海飞. 橡皮筋在排球教学中的妙用[J]. 中国学校体育，2009(12).

69. 陈辉. 小学棒垒球趣味练习方法介绍[J]. 中国学校体育，2009(9).

70. 于文忠，于鹏飞. 小学体育教学妙用小体操垫[J]. 中国学校体育，2009(9).

71. 周万征. 鞋盒在体育教学中的应用[J]. 中国学校体育，2009(7).

72. 夏兴明. 以数学的思维创新体育游戏[J]. 中国学校体育，2009(1).

73. 徐志刚. 因地制宜，合理开发田径教学资源[J]. 中国学校体育，2009(2).

74. 刘桂强. 用现有器材进行“珍珠球”的教学[J]. 中国学校体育，2009(10).

75. 龙伟健. 羽毛球的另类玩法[J]. 中国学校体育，2009(7).

76. 王应，闵爱娟，彭琪. 再谈“双截棍”的制作[J]. 中国学校体育，2009(10).

77. 姜军，李跃. 在体育教学中妙用体操棒[J]. 中国学校体育，2009(2).

78. 王建杰. 制作体育器材的注意事项[J]. 中国学校体育，2009(4).

79. 何远辉，曹强. 竹竿在单杠教学中的巧妙应用[J]. 中国学校体育，2009(9).

80. 侯云胭. 追逐游戏“黄河长江”游戏改编[J]. 中国学校体育，2009(2).

81. 施洪源. 自动返回式排球训练器的制作及应用[J]. 中国学校体育，2009(8).

82. 刘骏. 自制“纸足球”在教学中的使用[J]. 中国学校体育，2009(3).

83. 吕井存. 自制乒乓球集球网[J]. 中国学校体育，2009(10).

83. 穆乃国，吕纪霞. 自制体育器材方法三则[J]. 中国学校体育，2009(4).

84. 张书梅. 自制体育器材应遵循的原则[J]. 中国学校体育，2009(4).

85. 俞峤宁. 自制小杠铃及小哑铃[J]. 中国学校体育，2009(4).

86. 丁创东. 走农村特色的“阳光体育运动”之路[J]. 中国学校体育，2009(4).

87. 武长河. 废旧球的再利用. 中国学校体育，2009(2).

88. 王建杰. 就“近”取材，按需支配，为目标服务. 中国学校体育，2009(2).

89. 李松. 巧用小体操垫进行跨栏跑教学. 中国学校体育，2009(11).

教育学核心期刊

1. 孟祥玲，胡立业. 开展校本课题研究解决教育教学实际问题[J]. 中国成人教育，2009(13).

2. 邓友平. 课程资源开发与利用的问题与对策[J]. 课程·教材·教法，2009(3).

3. 吴彦春. 体育与健康课程资源的开发与利用[J]. 教育理论与实践，2009(4).

4. 刘晓惠. 校本课程发展中的几个问题[J]. 中国成人教育，2009(4).

学生体质健康研究

2009 年学生体质健康研究概况

对《国家学生体质健康标准》的研究

郑殷珏，方爱莲等在《〈国家学生体质健康标准〉与〈学生体质健康标准(试行方案)〉的比较研究》一文中通过对 6 517 名大学生的身高标准体重、肺活量、坐位体前屈、台阶试验、立定跳远等测试项目进行《学生体质健康标准(试行方案)》(简称《老标准》)与《国家学生体质健康标准》(简称《新标准》)的评价比较，探讨了《新标准》在测试项目、权重系数、评价等级、评分标准等方面的合理性与科学性。结果表明，《新标准》中测试内容更加丰富，但选测项目仍然分类不清；重系数的分配更加合理；评价等级的调整幅度较小，但评分标准大幅提高，学生的体质健康测试数据反映出新老标准间的各等级通过率存在非常显著的差异，采用《新标准》评价的不及格比例明显增大，从原来的 0.3% 提高到 23.9%，而优良比例却由原来的 60.2%降低到 27.5%。因此，建议对《新标准》中部分项目的评分标准进行进一步的完善和优化。

李建国，吴秋林在《〈国家学生体质健康标准〉评价指标的实施试验》一文中以宁波大学 2006 级学生 2006 年和 2007 年的测试数据为研究样本，通过对测试数据在新、旧两种评价标准下的比较，探讨《国家学生体质健康标准》评价指标的合理性。结果发现：新标准增大了评价指标的选择范围，提高了新标准的可行性和适用范围；新标准采用百分制，细化了评分标准，比旧标准更加合理、科学；部分评价指标没有充分考虑男女生生理差别和评价起点不一致带来的影响，选测不同测试项目对成绩有较大影响。建议：进一步完善评分标准，减小男女生生理差异、评价起点不一致和选测不同项目对成绩的影响，采用横向和纵向对比相结合的评分方法，按照 5 个等级划分成绩。

张宗国在《影响〈国家学生的体质健康标准〉测试结果的主客观因素分析》一文中以广东省 5 所高校 500 名学生为调查对象，惠州学院 60 名学生为测试对象，通过问卷调查和实验方法，探讨影响《国家学生体质健康标准》测试结果的主、客观因素。结果为：主观因素：1)准备活动因素：实验结果表明，准备活动后所测的肺活量指数、握力指数、立定跳台、台阶指数分别为 52.00±12.60、60.85±14.08、186.48±37.26cm、68.85±14.08，与未作准备活动所测结果相比显著提高(P≤0.01)；2)测试顺序因素：在人为控制的测试顺序中，肺活量在“台阶试验→肺活量→握力→立定跳远→身高→体重”测试顺序中所测成绩最低，为 2430.08±660.58ml；立定跳远在“台阶试验→立定跳远→握力→肺活量→身高→体重”顺序中所测成绩最差，为 171.80±37.86cm，两项结果和其他 3 个控制顺序所测成绩相比均呈显著性差异(P≤0.05)；身高、体重、握力和台阶实验成绩在不同的测试顺序中相互比较均未呈显著性差异；3)测试的态度和认知水平因素：调查显示，只有 56.2%的同学重视每年一次的体质健康测试；近 70%的同学对测试的要求和方法漠不关心；近一半的同学运动保健常识比较薄弱。客观因素：仪器设计的科学性和精确度、测试环境温度的较大变化、测试时间安排的时段差异、测试项目选择的异同等都对测试成绩和等级产生一定影响。综合以上研究结果，提出提高测试成绩等级的合理化建议。

学生体质下降问题研究

郭卫、刘仁憨等在《西北五省学生体质下降相关问题的调查研究》一文中通过采用问卷调查、文献资料调研、数理统计等方法，调查分析西北五省市学生参加体育活动的现状、体育活动动机因数及面对学生体质下降学校管理者和家长所持的态度，从而揭示学生体质下降同就业、高考之间的关系。研究结果表明，学生体质下降与高考、就业之间存在很多必然联系，值得我们认真反思，针对这种现实状况，提出切实增强学生体质的若干建议。

学生体质状况比较研究

欧阳林、陈佩杰等在《甘肃省东乡族与汉族学生体质状况比较分析》一文中通过对甘肃省东乡族学生的身体形态、机能、身体素质及肥胖度等指标进行处理，并与同龄汉族学生进行对比分析。结果显示：东乡族学生的整体发育水平低于同龄的汉族学生，发育年龄迟于汉族学生 1－2 年；东乡族与汉族学生身体形态的差异具有年龄阶段性，在青春发育期，东乡族学生的身体形态较汉族学生瘦；东乡族学生的心肺功能较汉族学生差，且突增年龄较汉族学生迟 1 年；东乡族学生的速度、力量、耐力和柔韧等身体素质明显低于汉族学生，且突增年龄较汉族学生迟 1－2 年；甘肃省学生整体肥胖度为正常偏瘦，东乡族学生的整体肥胖度低于同年龄组汉族学生($P<0.01$)，且在青春发育期更为突出。

学生体质健康评价标准研究

谢波飞在《中美日新学生体质健康评价标准研究》一文中通过对中、美、日、新西兰四个国家体质健康测试指标及其演变的比较，提出完善我国学生体质健康标准的一些参考意见，例如：在我国小学一、二年级增加踢毽子这个项目，显得有些过早，过度从事这个运动项目，对小学生的腿部形态是否发生不良变化还有待观察；皮脂厚度、身体密度指数直接反映学生的肥胖程度，但在我国的《新标准》中没有这个项目，需要引起注意。

学生体质健康状况影响因素研究

张瑛秋、孔垂辉在《不同锻炼习惯学生群体体质健康状况及锻炼习惯养成模式》一文中通过对北京市海淀区 3 172 名初一和初二的男女学生采用问卷调查与体质测试相结合的方法，对不同体育锻炼习惯的人群按照能否自觉体育锻炼、体育锻炼的频度、每次体育锻炼的时间进行分组，比较组间学生在形态、身体素质、机能、心理健康、社会适应能力等方面的差异，提出该年龄段体育锻炼的最佳模式及其体育锻炼习惯养成的策略，从而为有关部门制定相关政策提供依据，为实现《全民健身计划纲要》中的国民体质监测提供科学数据，进而提高国民的体质，为实施阳光体育运动的活动提供理论依据。

特殊需要学生体质研究

陈满平、谢相和在《不同教学模式对特殊需要学生体质影响的实验研究》一文中通过将基本情况相当的四川大学 2005 级特殊需要学生 72 名，其中男生 37 人，女生 35 人，随机分为 2 组(A 组、B 组)，A 组开设保健体育课，B 组同学分散随各自所在体育教学班随班上课的方法，探讨随班就读体育教学与保健体育教学对特殊需要学生身体形态、机能及素质的影响。经 1 学年的教学实验，结果：A 组、B 组的身体机能和素质不同幅度的变化，具有显著意义($P<0.05$)或($P<0.01$)，且 B 组所测多项指标变化更明显($P<0.01$)。结论：随班就读和保健体育教学对特殊需要学生身体机能及素质产生了积极影响，随班就读体育教学的影响效果更显著，是特殊需要学生增强体质，提高运动能力的有效教学形式，随班就读是特殊需要学生体育教学值得进一步探索和研究的一种教学模式。

研究发展综述研究

黄丽芳在《近 15 年我国学生体质研究发展综述》一文中通过对中国期刊全文数据库中论文和专业期刊的统计整理，对论文主要基于数量和内容二个维度进行分析，认为我国学生体质研究的主要问题包括：指导思想、《学生体质健康标准》、动态分析、学校体育、影响因素等。这些问题的研究让体质下一步的研究视角更加宽广，对研究深度和广度提供更可靠的空间，有着深远的价值和意义。最终，论文建议相关科研人员，根据文献资料与实际相结合，对下一步的研究视角、深度和广度进行全面研究，只有这样我国体质研究发展才会更深入更全面。论文还认为对于少数民族学生的体质状况的研究仍还比较欠缺，而少数民族地区学生体质的影响因素分析还停留在文献资料层面上，对当地实际情况的因素影响的了解和分析还需要进一步深入。

2009年学生体质健康研究重要论文概览

《国家学生体质健康标准》的结构指标解析——对《国家学生体质健康标准》的解读之二

吴嘉玲　平　越

该论文论述了新《标准》结构指标的构成，新《标准》结构指标的特点，新《标准》测试项目和评价指标解析以及新《标准》测试项目选择与评价指标及运用四个方面。

其中，新《标准》测试项目和评价指标解析包括：1)新标准测试对象分组、评价指标及各项指标的权重分配；2)评价等级结构的调整；3)测试项目解析：身体形态项目、身体机能项目、身体素质项目、运动能力项目。

综上所述，新《标准》指标体系中包含了身体形态、机能指标、身体素质和运动能力等人体体质健康结构中的各个方面，能够全面系统地反映人体体质健康的基本状况，新《标准》各项测试项目结构合理、测试数据客观可靠，具备一定的可选择性和较强的可操作性，有极强的教育功能和引导作用。

《教学与管理》2009年第3期

学校实施《国家学生体质健康标准》的组织与操作——对《国家学生体质健康标准》的解读之三

吴嘉玲　平　越

该论文论述了学校实施《国家学生体质健康标准》(以下简称《新标准》)的组织，学校实施《新标准》的操作，学校实施《新标准》的总结与表彰，学校实施《新标准》的安全措施，并对学校实施《新标准》的测试结果进行研究、分析与运用。

其中，学校实施《新标准》的组织包括：1)加强领导、明确责任；2)建立制度、制定方案；3)加强宣传、促进锻炼。

学校实施《新标准》的操作包括：1)测试前的准备；2)测试人

员的培训；3)测试工作的组织形式；4)测试工作的时间安排；5)测试工作的组织与控制；6)测试结果和评分成绩的登记与上报。

《教学与管理》2009 年第 6 期

学生体质健康状况 5 年跟踪调查研究

李 江 李 刚

该论文采用测试方法、统计方法、资料方法对《国家学生体质健康标准》测试结果 5 年跟踪调查后认为：体重偏轻和超重是大学生身体形态方面存在的主要问题。耐力跑测试仍然是一种国际趋势。坚持跑步锻炼是提高学生体质健康水平测试成绩的一种全能方法。提出养成健康生活习惯、加强学生体育课内与课外的锻炼指导，以及实施工作方面的建议。

其建议包括：1)引导学生合理膳食，适量运动，戒烟限酒，按时作息，保持心理平衡，养成健康的生活习惯，加强学生科学养生的健康意识；2)取消台阶试验，改测中长跑项目，课内外结合，便于引导学生课余参加阳光体育运动，重视跑步等有氧代谢运动，并持之以恒，从而增强心肺功能，锻炼意志，改善身体机能和肌肉的力量，增进健康；3)各高校设立专门的测试机构，由专人负责组织实施，逐步开展网上测试预约、成绩查询、网上健康咨询等。

《北京农学院学报》2009 年第 2 期

把握运动负荷提高学生体质

田常根

运动负荷是体育课程教学中的一个重要内容，现行教学往往重视技术教学，忽视了体育课中的运动负荷，导致学生在技能的运用时体力及协调性严重不足。合理安排体育课运动负荷，能有效地增强学生体质，提高学生技能水平。论文包括：认知运动负荷；合理安排体育运动负荷，提高学生体质；把握体育课中运动负荷的实施。

其中，合理安排体育运动负荷，提高学生体质包括：1)教师在安排体育课的运动负荷时，首先要考虑的是根据人体生理机能能力活动变化规律和心理变化规律、教材特点、学生的实际情况以及器械、气候等因素合理确定体育课的运动负荷曲线；2)运动负荷的安排要循序渐进；3)不同目标的体育课程对于运动负荷的安排要有所差异，不能“一刀切”。

把握体育课中运动负荷的实施包括：1)大多数学生能主动克服生

理和心理上的惰性，积极配合教师完成体育课中的运动负荷，提高身体素质和技能；2)运动负荷在实际实施过程中要因人而异；3)教师在体育教学中不仅要在课前周密地安排运动负荷，在教学实践中更要把握好运动负荷，根据不同学生的身体反应，及时进行调整。

《体育世界(学术版)》2009 年第 1 期

开展阳光体育运动增强青少年学生体质

付太山

该论文运用文献资料法和逻辑推理法，分析了制约青少年学生体质健康发展的社会因素和当前学校体育教育体制内部存在的问题。提出了加强营造重视青少年体育的舆论环境，加强体育设施建设和体育经费投入，树立完整的体育课程观念，建立突出学生主体参与性的课外体育活动体系，建立与课程改革目标相一致的评价体系。

《中国体卫艺教育》2009 年第 3 期

国家体育锻炼标准制度发展下的学生体质测试体系衍变

张　松

国家体育锻炼标准是我国一项基本的体育制度，兼有促进人们参加体育锻炼、增强体质和对体质进行评价的功能，其实施对象主要是学生。《国家体育锻炼标准》发展到现在，经历了四个阶段，与其耦合的学生体质测试体系也随之发生了深刻变化。运用文献资料法和比较分析法对其二者间的耦合性进行分析，对于理清二者发展脉络及梳理相关概念都有重要意义。

《潍坊学院学报》2009 年第 2 期

对学校差体质学生增多现象的若干思考

刘生利

随着我国经济的高速发展，人民生活水平日益提高，但广大青少年学生的体质健康状况则令人担忧，学校差体质学生在不断增长。本文简述学校差体质学生增多的现象及特点和分析此现象的原因，并最终提出一些针对建议。

学校差体质学生增多原因：自然环境原因，社会环境原因，教育原因，教育政策原因。相关建议：1)国家要改革现在的教育体制，尤其是改革只看重学习成绩的升学体制；2)加大学校体育师资和体育设施场地的投入力度，使得广大的学生都有更好的条件参加体育锻炼；3)加强体育锻炼宣传力度；4)加大青少年学生饮食结构和饮食习惯的普及宣传；5)国家加大环境保护和污染治理的投资力度。

《科教文汇》2009 年第 1 期

浅论新中国学生体质健康标准发展概况

于燕山　孙　凯

该论文认为开展学生体质与健康监测工作是贯彻《中华人民共和国体育法》、《中国儿童、青少年发展纲要》，实施《全民健身计划纲要》的具体体现，分析我国学生体质测试的变化和发展历史情况，探寻我国学生体质研究指标体系的发展趋势，对于完善新一轮学生体质健康调研指标体系，修订《国家学生体质健康标准》具有重要的意义和价值。

《考试周刊》2009 年第 39 期

选项教学模式下提高学生体质健康水平的对策研究

袁鸿祥　何　刚

该论文通过课程目标的重新审视，以及选项教学在增强学生体质中存在问题的分析，提出加强体育与健康基础知识的教学；确保体育课堂教学的有效性；有针对性地安排身体素质练习；发展耐力素质；主项与副项相结合的、有效地提高青少年学生体质健康水平的对策。

《体育世界(学术)》2009 年第 3 期

对学生体质测试指标体系演进历程的思考

冀晓斌　徐　佳

面对学生体质健康水平不断下降的情况，针对目前体质健康监测现状中存在的问题，提出通过学校、社区和家庭的力量，建立健康记录卡、体育教师编制健康指导手册和网络平台以及学生健康状况告知制度等干预手段，以期为更好发挥学生体质健康监测和干预的效果提供有价值的操作指导。

《西安文理学院学报(自然科学版)》2009 年第 3 期

对学生体质健康监测现状存在的问题与干预手段的研究

朱　云　李凤芝

该论文通过对我国颁布实施的三个主要学生体质测试体系的

发展、变化的因素，以及这些时期体质健康的研究状况进行了分析，探讨了测试指标变迁的社会原因，探寻了学生体质健康测试体系的发展趋势，旨在帮助人们提高对《国家学生体质健康标准》的认识和理解，从而促进学生体质健康测试体系更加科学、完善。

《阜阳师范学院学报(自然科学版)》2009 年第 2 期

对实施《国家学生体质健康标准》体系的探索与思考

陈伟芬

《国家学生体质健康标准》旨在促进学生积极参加体育锻炼，养成良好的锻炼习惯，提高体质健康水平。研究发现《国家学生体质健康标准》和健康的相关度不高，应增加健康指示的内容；测试指标存在相关性差，难度不适当，测试项目的选择和替代性总是还值得研究；分值跨度较大，细化不够；台阶试验和有氧耐力项目的测试不尽合理；测试仪器的质量问题和误差问题有待进一步提高。

《体育科技文献通报》2009 年第 9 期

论学生体质健康水平与中华民族的繁衍发展

丁英俊　朱　冀

学生体质健康关系着祖国的未来，决定着中华民族的发展前途。随着我国人民经济生活水平的不断提高，20 年来我国青少年学生的体质健康状况却出现了持续下滑的趋势，在某些形态机能方面出现了退化现象。科技飞速发展，社会竞争激烈，就业压力逐渐加大，工作节奏日益加快，没有强健的体魄作基础是很难在社会上立足的。分析学生体质健康水平下降的原因，采取措施提高中华民族的整体素质和繁衍发展水平是本文着力探讨的问题。

青少年学生体质下降原因：1)现代生活方式的转变，健康的观念、全民健身的氛围尚未形成，不正确的人才观、教育观严重制约着青少年的健康成长；2)一些地方的教育主管部门对青少年体质健康问题缺乏应有的关注和重视，导致学校体育工作的开展受到严重的影响；3)学校体育又因顾及出现伤害事故而停滞不前；4)学校的体育资源匮乏，很多学校达不到教育部所规定的体育场地器材配置要求。

《山西师大体育学院学报》2009 年第 4 期

2009年学生体质健康研究论文索引

核心期刊

1. 郑殷珏，方爱莲，蔡金明，邓蜀李.《国家学生体质健康标准》与《学生体质健康标准(试行方案)》的比较研究[J]. 体育科学，2009，29(7)：92-96.

2. 李建园，吴秋林.《国家学生体质健康标准》评价指标的实施试验[J]. 体育学刊，2009，16(9)：68-73.

3. 张瑛秋，孔垂辉. 不同锻炼习惯学生群体体质健康状况及锻炼习惯养成模式[J]. 北京体育大学学报，2009，32(6)：44-46.

4. 欧阳林，陈佩杰. 甘肃省东乡族与汉族学生体质状况比较分析[J]. 上海体育学院学报，2009，33(6)：62-66.

5. 郭卫，刘仁憨. 西北五省学生体质下降相关问题的调查研究[J]. 成都体育学院学报，2009，35(4)：80-83.

6. 张宗国. 影响《国家学生体质健康标准》测试结果的主客观因素分析[J]. 体育科学，2009，29(9)：86-91.

7. 谢波飞. 中美日新学生体质健康评价标准研究[J]. 体育文化导刊，2009(8)：92-94.

8. 唐东辉. 1985－2005年北京市7－18岁学生体质发展状况与分析[J]. 沈阳体育学院学报，2009，28(5)：75-78.

9. 吴嘉玲，平越.《国家学生体质健康标准》的结构指标解析——对《国家学生体质健康标准》的解读之二[J]. 教学与管理，2009(3)：65-67.

10. 吴嘉玲，平越. 学校实施《国家学生体质健康标准》的组织与操作——对《国家学生体质健康标准》的解读之三[J]. 教学与管理，2009(6)：65-66.

11. 房淑珍. 从青少年学生体质下降现象反思学校体育改革[J]. 教学与管理，2009(9)：82-83.

一般期刊

1. 张亚平. “强化训练教学法”对学生体质健康影响的实验研究[J]. 辽宁省交通高等专科学校学报，2009，11(5)：72-75.

2. 钱振宇，王颖.《国家学生体质健康标准》中有氧耐力评定指标的合理性质疑[J]. 四川体育科学，2009(1)：110-114.

3. 李红果.《国家学生体质健康标准》中有关问题的探讨[J]. 知识经济，2009(13)：102-103.

4. 李焕玉，周福贵.《国家学生体质健康标准》试行方案与实施方案比较研究[J]. 长江大学学报，2009，6(2)：115-118.

5. 任利敏.《国家学生体质健康标准》测试结果分析与研究[J]. 重庆三峡学院学报，2009，25(3)：152-154.

6. 任利敏.《国家学生体质健康标准》测试不及格学生情况分析研究[J]. 科技创新导报，2009(15)：247.

7. 陈更晓.《国家体育锻炼标准》与《学生体质健康标准》的对比分析[J]. 内蒙古财经学院学报(综合版)，2009，7(6)：74-77.

8. 乐立新，肖若心.《赣南采茶戏》对学生体质健康的实验研究[J]. 科技资讯，2009(34)：168-169.

9. 孙茂奎.《国家学生体质健康标准》测试中出现的问题及对策[J]. 吉林省教育学院学报，2009，25(11)：85-86.

10. 杜尚勇.《国家学生体质健康标准》的探讨[J]. 内蒙古体育科技(季刊)，2009，22(4)：138-139.

11. 田常根. 把握运动负荷提高学生体质[J]. 体育世界(学术版)，2009(1)：108-110.

12. 章笑来，郑贺，薛鹏. 安徽省高中学生体质评价的科学化研究[J]. 四川体育科学，2009(2)：108-111.

13. 孙健，周美如，莫少强. 2000－2005 年广西学生体质变化及原因分析[J]. 体育科技，2009，30(4)：69-71.

14. 关海涛. 2000－2004 年我国学生体质健康监测结果分析[J]. 体育世界(学术)，2009(9)：55-56.

15. 裴铁兵. 51 块金牌的体育强国与学生体质健康[J]. 新课程(小学版)，2009(3)：70.

16. 蒋燕.《学生体质健康标准(试行方案)》与《国家学生体质健康标准》的比较研究[J]. 安徽体育科技，2009，30(5)：55-58.

17. 邱晓霞，王国鹏.《国家学生体质健康标准》的研究综述[J]. 宜春学院学报，2009，31(2)：140-142.

18. 朱建军. 对《国家学生体质健康标准》测试工作的思考[J]. 华章，2009(20)：67-68.

19. 李浩然. 对《国家学生体质健康标准》的分析与建议[J]. 体育世界(学术版)，2009(2)：109-110.

20. 孙大永，高伟博. 当前我国学生体质健康存在的问题与对策[J]. 中国校医，2009，23(5)：586-587.

21. 徐宏升. 从学生体质看我国基础教育变革的迷茫[J]. 教

育研究与实验，2009(5)：69-72.

22. 陈玮君. 从青少年学生体质健康水平持续下降透析学校体育现状[J]. 体育科技文献通报，2009，17(6)：10-11.

23. 梁勇勇. 从教育部推广学生冬季长跑引出的争论探讨中学生体质健康[J]. 时代教育，2009(2)：81.

24. 杨丹丹. 朝鲜族农村学生 20 年间体质健康状况比较研究[J]. 宁德师专学报(自然科学版)，2009，21(4)：386-390.

25. 吴业锦. 不同年龄阶段在校学生体质与体重指数的关系研究[J]. 华章，2009(12)：64.

26. 陈满平，谢相和. 不同教学模式对特殊需要学生体质影响的实验研究[J]. 四川体育科学，2009(1)：117-121.

27. 汤庆华，谭磊. 不同教学模式对病残学生体质影响的实验研究[J]. 湖南理工学院学报(自然科学版)，2009，22(3)：84-89.

28. 朱云，李凤芝. 对学生体质健康监测现状存在的问题与干预手段的研究[J]. 阜阳师范学院学报(自然科学版)，2009，26(2)：89-91.

29. 陆军. 对学生体质持续下滑的反思[J]. 新课程学习，2009(7)：122.

30. 冀晓斌，徐佳. 对学生体质测试指标体系演进历程的思考[J]. 西安文理学院学报(自然科学版)，2009，12(3)：115-117.

31. 罗贤强，宋琳. 对我校学生体质状况的分析[J]. 青年科学，2009(5)：63-64.

32. 胡沛永. 对我国实施《国家学生体质健康标准》测试的认识与反思[J]. 内江科技，2009(4)：40.

33. 吴东霞. 对我国青少年学生体质健康现状的思考[J]. 网络财富，2009(5)：199-201.

34. 罗晨. 对苏州市民工子弟学校 7～12 岁年龄段学生的体质健康状况分析[J]. 科技信息，2009(28)：181-182.

35. 陈伟芬. 对实施《国家学生体质健康标准》体系的探索与思考[J]. 体育科技文献通报，2009，17(9)：88-90.

36. 尹林. 对实施《国家学生体质健康标准》问题的几点思考[J]. 成都电子机械高等专科学校学报，2009，12(3)：94-98.

37. 孟元桥，伏献颖. 对实施《国家学生体质健康标准》几点问题的质疑[J]. 体育教学，2009(12)：54-55.

38. 李增民. 对青海土族青春晚期学生 1985-2006 年体质状

况的比较分析[J]. 青海民族研究，2009，20(4)：33-36.

39. 聂卫东，姜迅. 对《国家学生体质健康标准》初中生身高标准体重评价标准[J]. 体育教学，2009(2)：52-53.

40. 丁建岭. 对《国家学生体质健康标准》测试作弊现象的思考[J]. 体育师友，2009(2)：57-59.

41. 卢成旺. 目前学生体质下降的原因分析与对策[J]. 新作文(教育教学研究)，2009(7)：57.

42. 哈森高娃，肖剑岚. 蒙古族6~18岁学生体质指数20年趋势分析[J]. 中国校医，2009，23(3)：272-274.

43. 钱亢. 略谈《国家学生体质健康标准》测试中存在的问题[J]. 体育教学，2009(12)：53.

44. 丁英俊，朱冀. 论学生体质健康水平与中华民族的繁衍发展[J]. 山西师大体育学院学报，2009，24(4)：81-83.

45. 陈曙，朱建伟. 论青少年学生体质下降成因及对策[J]. 沧桑，2009(4)：136-137.

46. 付太山. 开展阳光体育运动增强青少年学生体质[J]. 中国体卫艺教育，2009(3)：15-16.

47. 杨娜. 开展阳光体育运动增强青少年学生体质[J]. 中国校外教育，2009(S2)：150.

48. 张丽梅. 开展体卫工作专项督导促进学生体质全面提高[J]. 辽宁教育，2009(4)：28-29.

49. 黄丽芳. 近15年我国学生体质研究发展综述[J]. 体育科技文献通报，2009，17(4)：112-113.

50. 黄铎，徐叶彤. 健康体适能与《国家学生体质健康标准》评价指标的比较研究[J]. 天水师范学院学报，2009，29(2)：110-112.

51. 唐国团. 加强体育课管理，提高学生健康体质[J]. 新课程学习，2009(4)：32-33.

52. 马秀梅. 基于学生体质健康的利益博弈[J]. 天津市教科院学报，2009(4)：17-19.

53. 李晖，李韵. 基于数学锥体的学生体质健康MCM研究[J]. 统计与决策，2009(9)：95-96.

54. 杨建文，郑慧芳. 基于课改视角的学生弱体质原因分析[J]. 职业时空，2009(10)：128-129.

55. 原儒建. 基于EXCEL函数的学生体质健康评价[J]. 河北北方学院学报(社会科学版)，2009，25(5)：90-92.

56. 彭彦萍，韦忠建. 贺州市农村学校实施《国家学生体质健康标准》现状及对策研究[J]. 贺州学院学报，2009，25(2)：115-120.

57. 胡波. 河南省儿童、青少年学生体质、健康现状与对策[J]. 郑州大学学报(医学版)，2009，44(5)：1061-1063.

58. 陈伟芬，郭际. 国内外学生体质健康评价标准发展研究综述[J]. 中国科技信息，2009(24)：198-201.

59. 张松. 国家体育锻炼标准制度发展下的学生体质测试体系衍变[J]. 潍坊学院学报，2009，9(2)：134-137.

60. 薛斌，朱永莉.《国家学生体质健康标准》耐力素质可替代性分析[J]. 云南大学学报(自然科学版)，2009，31(S2)：555-558.

61. 张德利，张平. 高中学生体质与心理健康状况调查[J]. 现代教育管理，2009(8)：5-7.

62. 谢清梅. 高淳漆桥中学学生体质健康测试结果的分析与研究[J]. 科技信息，2009(12)：268-270.

63. 刘静，孟昭琴. 放弃数据浮夸还原学生真实体质——对学生体质测试过程及结果不规范因素的分析[J]. 牡丹江大学学报，2009，18(5)：127-129.

64. 刘生利. 对学校差体质学生增多现象的若干思考[J]. 科教文汇，2009(1)：41.

65. 谢玉清. 对学生体质下降的原因分析及对策[J]. 新课程学习，2009(7)：46.

66. 陈小斌，程传银. 对学生体质健康下降原因与对策的思考[J]. 南京体育学院学报(自然科学版)，2009，8(4)：91-92.

67. 赵英俊. 实施《国家学生体质健康标准》的研究与实践[J]. 宁波工程学院学报，2009，21(3)：51-55.

68. 刘杰. 山西省农村中学学生体质调查[J]. 山西师大体育学院学报研究生论文专刊，2009，24(12)：141-142.

69. 王鑫，高洁. 人大附中初中学生体质健康水平现状分析和建议[J]. 考试周刊，2009(36)：156-157.

70. 王德富，刘斌. 让冬季长跑成为增进学生体质健康的关键一步[J]. 中国学校体育，2009(12)：30-31.

71. 李海燕. 全面推进阳光体育运动切实提高学生体质健康水平——天津市学校体育工作采访侧记[J]. 体育教学，2009(11)：16-17.

72. 沈建华. 全国学生体质健康研究高层论坛综述[J]. 体育教学，2009(11)：4-5.

73. 陈玮君. 青少年学生体质健康水平下降的原因探析[J]. 体育科技，2009，30(2)：13-15.

74. 李威. 青少年学生体质持续下降的原因分析及对策[J]. 广东教育，2009(5)：50-51.

75. 李涛. 青海省土族、撒拉族女学生体质状况的比较分析[J]. 福建体育科技，2009，28(4)：56-58.

76. 安志红. 浅析影响学生体质与健康变化的因素[J]. 内江科技，2009(1)：42.

77. 赵晓翠，秦大伟. 浅析学生体质健康标准演变的过程[J]. 林区教学，2009(1)：97-99.

78. 刘英. 浅谈学生体质下降的原因与应对措施[J]. 搏击(体育论坛)，2009，1(4)：66-67.

79. 石成柱. 浅谈学生体质下降的原因与对策[J]. 搏击(体育论坛)，2009，1(6)：9-10.

80. 张秀荣. 浅谈如何增强女学生的体质[J]. 牡丹江师范学院学报(自然科学版)，2009(3)：53-54.

81. 于燕山，孙凯. 浅论新中国学生体质健康标准发展概况[J]. 考试周刊，2009(39)：140-141.

82. 江沛. 剖析学生体质状况下降的成因与对策[J]. 考试周刊，2009(48)：148-149.

83. 熊新辉. 农村初中学生体质下降的原因分析及对策[J]. 现代中小学教育，2009(4)：62-64.

84. 姜全林. 宁波市江东区中学2008年实施《国家学生体质健康标准》结果分析报告[J]. 内蒙古师范大学学报(教育科学版)，2009，22(10)：131-134.

85. 顾云芳. 南通市农村中学学生体质健康调查分析研究[J]. 考试周刊，2009(33)：136-137.

86. 任智. 学生体质健康测试与体育课堂教学有效结合的研究[J]. 新课程(教研版)，2009(11)：211-212.

87. 李永在. 学生体质健康测试系统的设计与实现[J]. 计算机应用与软件，2009，26(9)：165-167.

88. 李平斌，李蓓. 学生体质健康测试网络平台的设计与实现[J]. 湖北体育科技，2009，28(4)：378-379.

89. 王作灿，张士伟. 学生体质健康测试数据的Excel统计处理研究[J]. 红河学院学报，2009，7(2)：90-92.

90. 孙兵. 学生体质检测标准应用定位的发展趋势[J]. 教科文汇，2009(12)：61.

91. 王文斌，李绍山. 学生体质及健康状况研究进展[J]. 疾病监测与控制杂志，2009，3(2)：127-128.

92. 王儒松. 学生体质测试分析和体育教学对策[J]. 教师(理论研究)，2009(12)：20-21.

93. 袁鸿祥，何刚. 选项教学模式下提高学生体质健康水平的对策研究[J]. 体育世界(学术)，2009(3)：16-17.

94. 于燕山. 新中国学生体质健康标准发展概况[J]. 考试周刊，2009(32)：122-123.

95. 洪梅. 新课程背景下学生体质与健康教育实施策略新探[J]. 少年体育训练，2009(6)：100.

96. 蒋跃飞. 新课程背景下对《国家学生体质健康标准》的两点质疑[J]. 内蒙古教育(理论研究版)，2009(9)：67-68.

97. 李宁，郭新艳. 西藏 17 岁城市藏族学生 20 年体质变化特征分析[J]. 中国学校卫生，2009，30(8)：741-742.

98. 杨永立. 无锡地区学生体质健康状况调查与分析[J]. 黑龙江科技信息，2009(36)：304.

99. 彭圣堂. 我校学生体质健康状况与对策研究[J]. 科技信息，2009(9)：23-24.

100. 方海涛，李胜英. 我校临床学生体质健康现状与对策研究[J]. 首都医科大学学报(社会科学版增刊)，2009(00)：324-326.

101. 吴承飞. 我县初中学生体质健康状况分析[J]. 科技创新导报，2009(2)：157-158.

102. 姚志英. 我国学校体育异化与学生体质下降的思考[J]. 体育世界(学术)，2009(3)：64-65.

103. 姚大林. 我国学生体质健康状况下降的社会学研究[J]. 哈尔滨体育学院学报，2009，27(1)：68-71.

104. 李月红，汪辉. 我国青少年学生体质下降的原因剖析[J]. 山西师大体育学院学报，2009，24(S2)：138-140.

105. 李浩然. 完善《国家学生体质健康标准》准确评价学生体质[J]. 体育科技文献通报，2009，17(8)：79-80.

106. 张轩，李新科. 投资学视域下义务教育阶段学生体质的研究[J]. 玉林师范学院学报(自然科学)，2009，30(3)：107-110.

107. 马小云. 提高耐久跑在增强学生体质过程中的价值研究[J]. 考试周刊，2009(3)：188.

108. 张小江. 提高耐久力在增强学生体质过程中价值的研究[J]. 读与写杂志，2009，6(6)：189.

109. 万鸿亮. 谈如何更好地实施《国家学生体质健康标准》[J]. 华章，2009(1)：59-60.

110. 陈慧婧，朱亦堃. 太原市某初中学生体质量指数与空腹血糖的调查分析[J]. 山西医药杂志，2009，38(8)：721-722.

111. 陈润，陈绍坤. 四川省私立中学学生体质健康状况[J]. 中国学校卫生，2009，30(7)：621-622.

112. 黄津虹，齐玉刚. 树立科学理念增强学生体质健康教育的思考[J]. 中国轻工教育，2009(增刊)：147-149.

113. 李继文. 实施《国家学生体质健康标准》的测试与建议[J]. 山西煤炭管理干部学院学报，2009(4)：219-220.

114. 刘安龙. 重视体育课程提高学生体质[J]. 黑河教育，2009(5)：61.

115. 张朝法. 中医体质与《国家学生体质健康标准》关系探究[J]. 职业与健康，2009，25(4)：433-434.

116. 李君艳. 政策对学生体质健康教育影响作用的研究[J]. 哈尔滨体育学院学报，2009，27(2)：38-40.

117. 谢志勇. 正确分析《学生体质健康测试》的结果是增强学生体质的有效手段[J]. 体育教学，2009(2)：53-54.

118. 宋琳，周莉. 增强我校学生体质的可行性方法及措施[J]. 青年科学，2009(5)：110.

119. 王剑. 在校学生体质下降的分析与研究[J]. 内江科技，2009(12)：171-172.

120. 白雪. 在体育课中不同的教学内容和方法对学生体质的影响[J]. 考试周刊，2009(18)：128-130.

121. 李海. 运动时间的保证是改善学生体质状况的关键——谈布置体育作业给学生带来的好处[J]. 体育师友，2009(6)：51-52.

122. 姚迎春，潘峰. 运动和营养措施对我国青少年学生体质影响[J]. 经营管理者，2009(23)：389.

123. 朱永莉，夏文. 云南省6个少数民族学生与汉族学生体质健康标准测试结果对比分析[J]. 思想战线，2009，35(S1)：186-189.

124. 孙雪峰，刘月柏. 有氧运动处方——增强学生体质健康水平的有效手段[J]. 体育教学，2009(5)：61.

125. 于斌. 由学生体质健康标准测试引发的分析与思考[J]. 体育世界(学术)，2009(3)：21-23.

126. 赵丽霞. 义务教育阶段学生体质健康的专题调研[J].

天津市教科院学报，2009(3)：50-52.

127. 管庆富. 以学生体质健康测试结果来制定体育锻炼计划[J]. 吉林教育(综合)，2009(12)：22.

128. 卢成旺. 学生体质下降的原因分析与对策[J]. 新作文(教育教学研究)，2009(12)：54.

129. 董捷. 学生体质下降的因素分析[J]. 科技信息，2009(8)：362.

130. 黄世军. 学生体质下降的“坚冰”为何久攻不破[J]. 体育师友，2009(1)：70-71.

131. 李江，李刚. 学生体质健康状况5年跟踪调查研究[J]. 北京农学院学报，2009，24(2)：67-69.

132. 张俊杰. 学生体质健康的调查分析[J]. 青海师专学报(教育科学)，2009(5)：122-123.

学位论文

1. 吴蓓蓓. 城镇化进程中留守儿童健康状况及其改善政策研究[D]. 安徽农业大学，2009.

2. 金海娜. 三个月耐力锻炼对小学四年级学生有氧能力为主的体质指标的影响[D]. 上海师范大学，2009.

3. 王攀东. 陕西省中学生体质健康影响因素与促进中学生运动参与的对策研究[D]. 陕西师范大学，2009.

4. 李卫民. 新疆塔吉克族7～18岁青少年体质健康研究[D]. 新疆师范大学，2009.

5. 张新秀. 新疆区内初中班学校体育与学生健康情况研究[D]. 新疆师范大学，2009.

6. 乔冀闽. 大庆市八百垧学区小学生近视状况调查及分析[D]. 吉林大学，2009.

7. 土小红. 从我国青少年体质连续下降反思我国学校体育教育[D]. 西北师范大学，2009.

8. 边玉臣. 保安族中小学生体质健康状况研究[D]. 西北民族大学，2009.

9. 郭磊. 重庆市中学生体质健康调查研究[D]. 重庆大学，2009.

10. 丁凡. 中学生生活方式、心理健康与体质健康的调查及相关性研究[D]. 华东师范大学，2009.

11. 彭彦. 湘西土家族、侗族、苗族与汉族学生体质健康状况比较研究[D]. 湖南师范大学，2009.

12. 苏晓明. 1985—2005年间朝鲜族学生体质健康状况动态分析[D]. 东北师范大学，2009.

13. 黄丽芳. 广西瑶族中学生体质状况调查研究[D]. 北京体育大学，2009.

体育中考

2009年体育中考研究概况

体育中考改革研究

李雪梅的论文《对现行中考体育改革的若干思考》一文倡导树立"健康第一"的思想，加强学校体育工作，通过改变现行的中考体育测试模式，完善中考体育的管理制度，在中考体育中逐步加大体育成绩在学生综合素质评价和中考成绩中的分量，改善农村学校的体育设施设备，让每一个孩子健康成长。

论文认为学校体育改革应：(1)学校教育要树立"健康第一"的思想；(2)以关注学生身体健康为着眼点，改变现行的中考体育测试模式；(3)完善中考体育的管理制度，确保考试公平、公正；(4)要积极改善农村学校的体育设施与教学条件。

体育中考现状研究

刘明海的论文《中招体育考试现状研究及对策》一文对河南省部分地市中招体育考试的现状进行分析与研究。旨在进一步提高中招体育考试的实施质量，使中招体育考试更科学地促进中学体育教学的开展。

中招考试的综合成效有：(1)提高了体育在学校教育工作中的地位；(2)体育教师工作的积极性普遍提高；(3)体育场地设施得到了进一步建设与发展；(4)形成了积极锻炼的良好氛围。而存在的问题有：(1)考试内容不能较好体现教学的基本任务；(2)形成了"应试教育"的不良循环；(3)"应试考试"影响了正常的体育教学；(4)考试操作方法有待改进提高。据此，对策为：(1)要获取各级领导的重视与支持；(2)建立中招体育考试题库；(3)实施人性化的考试微调措施；(4)考试办法进一步现代化，提高考试成绩的透明度；(5)认真贯彻执行体育教学大纲，加强课外体育活动全面开展。

体育中考训练方法研究

黄鸿欣的论文《无锡市体育中考力量类项目的训练方法介绍》一文依据训练对象的面广、群体性强和训练的非专业化等特点，结合近几年中考的辅导实践，本文作者对该市体育中考项目中的引体向上的技术原理进行了探讨，得出了较为科学的训练方法。

论文列举的训练项目与方法分别有：

(1)立定跳远：蛙跳；行进间单腿跳；原地单、双腿轻跳；台阶；各种跳绳练习；跳起空中分腿两手触脚；跳起屈膝抱腿；肋木悬垂收腹举腿。

(2)a. 男生的引体向上：同学帮助法、振杠法、负重练习法；

b. 女生仰卧起坐：外力帮助法、限时快起法、计数法。

(3)30 秒跳绳：限时快速跳法、计数法、2 分钟计时跳。

(4)掷实心球：快速俯卧撑，每组 25～30 次，3 组；快速两头起：仰卧，手臂和脚同时翘起，手臂碰脚；负重 20 千克蹲立、蹲跳，每组 20～30 次，5 组；“坐姿”双手头上掷实心球(限制腰部以下肌肉用力)；“直立”双手头上掷实心球(限制腿部肌肉用力)；原地“开立”双手头上掷实心球。

体育中考效果研究

宋超美、李玉英的论文《科学规范有效推进——2008 年厦门市初三升学体育考试的效果分析与对策研究》一文以 2008 年厦门市初三升学体育考试为例，就一项必考和五项选考的效果进行分析，对存在的问题提出探讨与对策。

论文从考试项目、评分标准、组织工作三方面对 2008 年厦门市初三升学体育考试情况回顾，并对考试效果进行分析与提出对策：(1)科学的测试标准的制定，使中考体育测试达到了预期的效果；(2)体育教师在平时教学和课外训练中应规范要求并强化训练；(3)充分调动各方面积极因素，全方位促进学生身心的有效锻炼。

体育中考认识研究

胡传庆、夏建斌等的论文《对体育中考的认识误区及对策研究》一文拟从学校、体育教师、家长和学生对于实施体育中考的认识及存在的误区，提出相应对策，以完善体育中考制度，促进学生身心全面发展。

论文针对各方面对体育中考认识的误区，提出如下对策：

(1)教育行政部门要科学、合理地评价学生的体育中考成绩；(2)体育教师要调动学生体育学习兴趣，培养学生自觉锻炼的意识和习惯；(3)家长要树立全面发展的观念，关注学生的身心健康发展；(4)学生要明确体育中考的目的，养成自觉地参与体育锻炼的习惯。

体育中考创新研究

钟伟权的论文《如何创新中考体育考试》一文针对在中考体育考试中，少数学校出现的考什么、教什么、学什么、练什么的"应试"现象，分析了体育与健康新课程标准与中考体育考试之间存在的矛盾关系，提出了中考体育考试要走出应试教育的框架、评价目的必须与学生体质健康标准评价的目的相一致、中考体育项目设置必须多元化的观点，为初中毕业生升学体育考试健康的发展提供参考。

论文认为：(1)中考体育考试要走出应试教育的框架；(2)中考体育考试评价目的必须与学生体质健康标准评价目的相一致；(3)中考体育考试项目设置应该多元化。

2009年体育中考研究重要论文概览

试析新课程改革下的福建省体育中考实施方案

李 元

该论文通过文献综述，系统整理和归纳多年来诸多专家、学者、一线教师对体育中考的观点和看法，提出新课程下福建省体育中考发展的对策。

论文认为体育中考实施方案存在以下不足：(1)体育考试项目设置以体能项目为主；(2)偏重于速度素质的提高；(3)体育成绩在中考成绩中的比重不大；(4)与健康相关的身体素质的评价指标不足。据此，改进建议如下：(1)巩固体育中考在中考中的位置；(2)针对学生耐力素质和柔韧性素质大幅度下降的现状，开展学生欢迎的耐力项目和柔韧性项目；(3)在进行体育成绩评价时，应以健康素质作为成绩评价的重要指标，尽可能地结合《体育与健康课程标准》制定评分标准；(4)学校建立学生体育锻炼的监督机制，把学生锻炼和教师监督相结合。

《科技创新导报》2009年第10期

对中考体育加试十年来的沉思

魏　硕　夏远群

该论文通过对中考体育加试实行十年来的回顾，梳理其发展过程中的成绩和不足，发现问题，分析存在的原因，有针对性地提出相应的对策和建议，真正使中考体育考试工作制度化、现代化、标准化、规范化、透明化。

论文认为中考体育加试的现状为：(1)应试教育模式下的中考体育加试动因；(2)学校领导的管理理念偏颇；(3)体育教师随波逐流；(4)社会的认可度下降是中考体育的羁绊。造成现状的原因为：(1)应试教育的弊端凸显；(2)社会不良习气的恶性循环；(3)中考指挥棒的陋习使然；(4)指导思想的偏激导致体育加试的突击化。提出相应对策：(1)国家出台新的政策是中考体育加试的保障；(2)深入落实终身教育的理念是贯彻执行中考体育加试的基础；(3)走出应试教育的泥潭是中考体育加试的出路。

《中国教师》2009 年第 S2 期

用制度维护中考体育的信度

武云飞　石冰冰

该论文认为在应试教育体制下，常常会出现舞弊、出错的现象，久而久之使中考体育的信度降低，甚至动摇中考体育的地位。为此，杜绝中考体育中“假”和“错”的现象刻不容缓。根据多年组织县级中考体育的实践经验，笔者总结出“用制度维护中考体育信度”的做法。即：培训制度、系统监督执考制度、公示查漏补缺制度。

《中国学校体育》2009 年第 3 期

多元化分段教学提升初三女生体育中考成绩的研究

缪云云

该论文认为提高初三女生体育中考成绩，是众多家长与学生亟待解决的问题。广大体育教师力图通过多种有效的教学路径与方法，意想达到理想的目标。在多年的初三体育教学中，运用多元化分段教学的方法。在提升初三女生体育中考成绩中获得了显著效果。本文通过教学的经验总结和数据比较，找出多元化分段教学的最佳方法，为今后初三体育教学工作，提供有效的有价值的参考依据。

《新课程研究(基础教育)》2009 年第 11 期

对提高体育考生100米跑成绩的训练方法研究

卢启奇　石　俭

该论文认为100米跑是体育高考术科考试中必考的一个项目，体育考生进入高三后，重点在抓自己的文化学习，体育专项的训练就受到影响。在这种情况下要提高100米跑成绩，抓好反应速度、动作速度、位移速度、跑的正确技术是主要途径，通过采用科学的有针对性的训练方法和手段以提高没有经过系统训练而渴望考出成绩来的考生。

《体育世界》2009年第3期

浅谈体育教师在中考体育测试中的指导作用

曹立亮

该论文认为体育教师在中考体育测试中的指导作用至关重要。要通过宣传教育，使学生、家长及社会各界进一步了解考试体育的重要意义、考试内容和要求，引导他们正确认识和对待体育考试，消除影响考试成绩的不良因素，掌握一些考试方法技巧，只有这样，才能保证中考体育取得理想成绩，促进学生健康成长。

论文认为体育教师在中考体育测试中的指导作用有：(1)指导考生结合自身的特点，减轻压力，坚定信心；(2)引领考生做好考试场地及各种环境条件下的适应性训练；(3)考前指导考生注意身体健康和生活规律；(4)考试时作好准备活动和放松运动；(5)辅导考生合理运用考试战术。

《中国校外教育》2009年第8期

浅谈中考体育耐久跑教学的一些体会

吕　亮

该论文认为改变目前中学生耐久跑能力普遍不高，耐力素质相对较差的现状，就在于采用科学、丰富、趣味性强的教学手段和教学方法。其具体方法有：对照法、重复法、限制法、选择法、变换法、追逐法、交替法、计时法、竞赛法、游戏法。

《科技风》2009年第7期

浅议中考体育中的应试问题

杨晓兰　张　敏

该论文认为中考体育中的应试问题既制约体育中考的发展，

又损害学生身心健康，影响素质教育的进程和学校体育的健康发展，所以要改变考试模式与方法、改变单调的教学模式。

论文认为存在的应试问题有：(1)学校片面追求中考体育成绩，只重视文化课的学习；(2)教师围绕体育中考项目进行教学；(3)学生为取得好成绩，放手一搏。据此，论文建议：首先，针对考什么，教什么，练什么的应试情况，改变考试内容，可以选用“题库制”，即把体育教学大纲中的重要教材和发展身体素质的一些项目作为题库内容，在考前一段时间，由主管体育领导当众抽签决定本年度的考试项目，这样可以在一定程度上避免单纯的“应试”现象。其次，各地市要严格按照国家教育部要求——中考成绩要结合平时体育课、体育锻炼成绩进行综合评定来执行，促使学生在初一、初二阶段就加强对体育的重视，养成自觉锻炼的习惯，以免出现“临时抱佛脚”的情况。最后，体育教师要改变单调、枯燥的教学模式，转变教学思想，培养和激发学生参加体育锻炼的兴趣，教育学生养成锻炼身体的习惯，促成学生终身体育意识的形成。

《科学大众》2009 年第 5 期

体育中考有关问题研究

翟玲丽

该论文对体育中考相继暴露出来的种种弊端进行剖析，并提出相应的改革方向以期为体育中考制度不断完善提供借鉴。

论文认为体育中考存在的问题有：(1)中考体育项目有待完善；(2)学校“应试教育”的错误导向；(3)考试中的人为因素较多。体育中考改革发展的方向为：(1)体育考试要与健康教育相结合；(2)体育考试要与学校体育教学改革相结合；(3)健全体育中考法规。

《吉林省教育学院学报》2009 年第 12 期

正确应对中考体育，大力促进健康成长

安津瑛

该论文科学分析了初中毕业生升学考试体育的必要性、性质；提出了操作这种考试的合理化建议以及应对措施。

论文认为要制定合理的考试制度、内容与方式，应注意：(1)端正思想认识，正确对待考试是基础；(2)协调教考过渡，实行综合评估是途径；(3)综合评估标准，施行科学管理是保证；(4)应对中考体育的新型教学模式。

《新课程(教育学术版)》2009 年第 1 期

2009年体育中考研究论文索引

一般期刊

1. 李雪梅. 对现行中考体育改革的若干思考[J]. 科技教育创新，2009(21)：224-225.

2. 刘明海. 中招体育考试现状研究及对策[J]. 体育世界，2009(3)：38-39.

3. 黄鸿欣. 无锡市体育中考力量类项目的训练方法介绍[J]. 考试周刊，2009(42)：9.

4. 宋超美，李玉英. 科学规范有效推进——2008年厦门市初三升学体育考试的效果分析与对策研究[J]. 厦门教育学院学报，2009，11(2)：74-77.

5. 胡传庆，夏建斌，许国芳. 对体育中考的认识误区及对策研究[J]. 中国学校体育，2009(12)：82-83.

6. 钟伟权. 如何创新中考体育考试[J]. 考试周刊，2009(42)：7-8.

7. 李元. 试析新课程改革下的福建省体育中考实施方案[J]. 科技创新导报，2009(10)：162.

8. 魏硕，夏远群. 对中考体育加试十年来的沉思[J]. 中国教师，2009，(S2)：476-478.

9. 武云飞，石冰冰. 用制度维护中考体育的信度[J]. 中国学校体育，2009(3)：13.

10. 缪云云. 多元化分段教学提升初三女生体育中考成绩的研究[J]. 新课程研究(基础教育)，2009(11)：98-100.

11. 卢启奇，石俭. 对提高体育考生100米跑成绩的训练方法研究[J]. 体育世界，2009(3)：54-55.

12. 曹立亮. 浅谈体育教师在中考体育测试中的指导作用[J]. 中国校外教育，2009(8)：199.

13. 吕亮. 浅谈中考体育耐久跑教学的一些体会[J]. 科技风，2009(7)：76.

14. 杨晓兰，张敏. 浅议中考体育中的应试问题[J]. 科学大众，2009(5)：39.

15. 翟玲丽. 体育中考有关问题研究[J]. 吉林省教育学院学报，2009，25(12)：93-94.

16. 安津瑛. 正确应对中考体育，大力促进健康成长[J]. 新课程(教育学术版)，2009(1)：185-187.

17. 尚文进. 对体育中考实践的再思考[J]. 考试(中考版)，2009(8)：54-55.

18. 顾宗菊. 浅谈体育中考的考前动员和辅导[J]. 中学教学参考，2009(24)：69.

19. 柳夕浪. 考试改革中的非理性倾向——以体育中考为例[J]. 人民教育，2009(24)：39-40.

20. 谢卓峰. 桂林市推进体育中考的措施与策略[J]. 体育教学，2009(5)：13-14.

21. 周为松. 关于初中毕业升学体育考试的断想[J]. 体育教学，2009(5)：14.

22. 柳剑. 关于提高我校体育中考成绩的反思与策略[J]. 考试周刊，2009(52)：9.

23. 林曾余. 发挥体育中考的导向作用，促进学校体育课堂教学质量[J]. 成才之路，2009(20)：66-67.

24. 朱爱勤. 对中考体育考试的几点认识[J]. 中小学电教，2009(4)：131.

25. 向子辉. 中考体育项目“耐久跑”训练点滴谈[J]. 课程教材教学研究(教育研究版)，2009(2)：77-78.

26. 邹小更，邹相国. 中考体育考试应注意的细节[J]. 中国学校体育，2009(9)：35.

27. 潘星台. 浙江省部分地区体育中考项目调查[J]. 体育教育，2009(5)：12.

28. 杨铁刚，阮鸽飞. 优化体育中考策略促进学生全面发展——绍兴市体育中考的实践与思考[J]. 体育教学，2009(12)：49-50.

29. 汪小宝. 学校有效应对体育中考的九项措施[J]. 中国学校体育，2009(2)：82.

30. 顾宗菊. 体育中考增加球类合作项目初探[J]. 吉林教育，2009(3)：45.

31. 欧土德. 体育中考的应对与实施策略研究——以一中四年体育中考组织为研究案例[J]. 中国教师，2009(S2)：239-240.

32. 段岢明. 谈中考体育备考训练[J]. 课程教材教学研究(教育研究版)，2009(1)：4-5.

33. 徐伟. 谈体育中考背景下如何提高学生上体育课的兴趣[J]. 课程教材教学研究(中教研究)，2009(Z2)：70-71.

学位论文

1. 李元. 新课程改革下福建省体育中考的发展及其对策研究[D]. 华东师范大学，2009.

2. 冯耀. 呼和浩特市区中考体育的现状分析与对策研究[D]. 内蒙古师范大学，2009.

3. 朱建红. 常州市体育中考实施现状与对策研究[D]. 苏州大学，2009.

课外体育活动

课外体育活动研究概况

部分省市课外体育活动开展状况的研究

刘丽、陈俊衡、黄涛、夏志的《吉安市学生课外体育活动调查研究》通过对吉安市重点中学学生课外体育活动现状及影响因素进行调查和分析得出主要结论是：吉安市重点中学学生参加课外体育活动的形式多样，其中课间体育活动和班级体育活动开展状况较为理想，学生参与率较高。但是课外体育活动项目较集中，分布不均衡，有些项目(网球、游泳等)几乎空白，而且项目选择存在男女差异；学生参加课外体育活动的频度较高，但是参与活动的时间相对不足；绝大多数学生对课外体育活动感兴趣，但有多种因素影响中学生参加课外体育活动，其中客观因素主要是升学压力和场地问题，主观因素主要是缺乏合适的活动伙伴。

该文主要采用文献资料法、问卷调查法和访谈法等研究方法从吉安市课外体育活动的开展形式、课外活动的开展项目、中学生参与课外体育活动的频度和时间、影响中学生参与课外体育活动的主要因素四个方面对吉安市重点中学学生课外体育活动现状及影响因素进行调查和分析。

课外体育活动是学校体育的重要组成部分，是贯彻“健康第一”指导思想和培养学生终身体育的重要途径，同时也是阳光体育工程的重要组成部分。该文通过调查，明确吉安市重点中学的课外体育活动开展现状及影响因素，并探讨发展吉安市中学课外体育活动的对策，为推动吉安市重点中学体育发展和“阳光体育工程”的顺利实施提供理论依据与实践指导。

韩春英、迪力夏提·买买提、刘锋的《新疆维吾尔族中小学生课外体育活动现状的调查研究》通过分析新疆维吾尔族青少年参加课外体育活动的动机、兴趣、密度、持续时间，以及参加课外体育活动项目情况；提出培养学生的爱好，发展维吾尔族体育项目、多渠道筹措资金、充分利用公共体育资源发展学生体育运动等对策。

该文采用文献资料、调查访问法、问卷调查等研究方法从维吾尔族青少年参加课外体育活动的现状、动机、频率、每次参加课外体育活动的持续时间、参加课外体育活动的兴趣五个方面对新疆维吾尔族中小学生课外体育活动现状进行分析得出结论：(1)大部分学生对于课外体育活动的态度明确。体育教师在课堂教学中应着重培养学生的健身意识，帮助维吾尔族学生掌握多种简单有效的健身方法和手段，培养其自觉参与课外体育锻炼的能力；(2)课外体育活动应以维吾尔族学生的个性发展和本体需要为出发点，培养维吾尔族学生的兴趣和爱好，养成良好的体育锻炼习惯；(3)多数学生参加课外体育活动的强度和次数不足。这种现象主要由师资力量和数量以及学校场地器材等限制，而课业负担重是影响学生参加课外体育活动的主要因素；(4)在对自己感兴趣的项目的选择上，男女生表现出有较大的不同特征。现代体育运动对传统体育项目的冲击越来越大。使传统体育运动项目失去其原有的魅力和风采，同时新疆维吾尔族学校开展民间传统体育活动不够。

针对调查的结果，该文作者提出相应建议：以学生的身心健康发展与需求为原则，培养学生的兴趣与爱好。推广为多数学生喜欢的维吾尔族式摔跤、健美操、跳绳、拔河、球类等能够于健身性、娱乐性、竞技性为一体的运动项目；发展维吾尔族体育项目，体现民族性。在新疆民族学校中，广泛开展维吾尔族传统体育活动；多方位筹集资金，改善基础设施。发展社会力量共同办学，不断增加投入渠道；要充分利用多种体育资源发展学生体育运动，譬如，在冬天开展一些同学们较感兴趣的滑雪运动项目，夏季可以组织学生开展徒步运动。公共体育设施建设要与学校体育设施建设相结合，充分利用多种体育资源为学生体育运动服务。

“阳光体育运动”和大课间开展状况及与课程改革联系的研究

陈力全、魏军的《“阳光体育运动”与中小学体育课程改革的融合》从“阳光体育运动”培养现代教育思想理念、“阳光体育运动”弘扬人本精神、“阳光体育运动”弥补传统体育教学的不足、“阳光体育运动”培养参与意识和创新精神四个方面对“阳光体育运动”与中小学体育课程改革进行研究，提出相应的四个措施：中小学校体育教学应体现“玩中学，学中玩”的学习氛围；体育教师应尊重学生个性，给学生更多的自由发展空间；应将德、智、美贯穿于中小学体育教学；要发挥体育特长，在体育课堂教学中体现现代教育的全面性。

学校体育工作是贯彻党的教育方针、实施素质教育的重要组成部分，也是实施《全民健身计划纲要》的重要基础。学校体育是全民健身活动的重点、起点和基点。增强青少年体质、促进青少年健康成长，是关系国家和民族未来的大事。中小学生是祖国的未来和希望，他们处于身心不成熟和身体迅速成长阶段，认知能力、心理特征和心理过程的可塑性都非常强，这些自然特征决定了中小学体育具有很多特殊的规律和方法，要求教育教学必须符合青少年的身心发育规律。学校体育在新的形势下要进一步提高学生的健康素质，使之养成良好的健身习惯，是我国学校体育教育教学改革所面临的迫切任务，也是体育课程改革所要研究的重要内容。

王宏、张五平的《四川省中小学“阳光体育”工程开展现状与达标对策》通过对四川各地区中小学两年来开展“阳光体育运动”进行了广泛调查，着重了解“阳光体育活动”开展中的认知、行为和态度情况，分析了“阳光体育运动”开展过程中存在政策指向笼统、重视度不够、宣传和监督力度不够，场地器材和体育教师急缺等问题，并据此提出相应的对策。

该文采用问卷调查法、访谈法和统计分析法等研究方法从中小学教师对开展“阳光体育运动”的认知情况、四川省中小学开展“阳光体育运动”的施行情况、四川省中小学教师对改善现行“阳光体育运动”开展情况的态度三个方面对四川省中小学“阳光体育”开展现状进行广泛调查分析得出结论。首先从认知上：各校对开展“阳光体育运动”的重视度不够，危机感不强，宣传力度不够，缺乏真正落实“阳光体育运动”的意识；其次从行为上：学校体育与“阳光体育运动”的开展除缺少必要人员、场地和资金等物质条件外，学校对开展“阳光体育运动”的要求执行不严格，教育和体育行政部门监管不力，教师和学生维护自身权利的自觉性不高也是制约有效开展的重要原因；最后从态度上：各类中小学的教师对改善开展“阳光体育运动”现状态度积极，100%的教师赞同将学生体质达标与毕业、升学挂钩，增加体育设施和器材的投入，提高体育教师的待遇，提高体育师资队伍数量与质量。

该文对四川省中小学阳光体育工程的开展与达标提出相应的对策：各类学校不能孤立地推广"阳光体育运动"，必须结合学校体育课程标准和学生体质标准开展工作。借鉴建立学生运动与健康档案和做好体质测评的工作经验，加强监管力度；同时要加强体育教师的培养和培训工作，建立健全体育教师培训、考核制度，确保教师主体的数量和质量，提高中小学教师待遇，以爱和责任，扎扎实实推进"阳光体育运动"，促进达标验收；各级教师应规范体育课教学行为、探讨学生喜欢的教学形式。只有学校主体与社会各界共同努力，才能真正改变学生体质持续下降的局面。

刘锦瑶、张运亮、王建华的《"阳光体育运动"下中小学大课间体育活动开展模式探析》通过对天津市中小学大课间体育活动进行研究。调查发现当前大课间活动的开展不能满足学生的需要，在分析各方面因素的基础上，构建出适合中小学生特点的大课间体育活动模式，为大课间体育活动的更好开展提供参考。

该文运用文献资料、问卷调查、专家访谈等方法从大课间体育活动的现状(大课间体育活动的内容现状、时间安排现状、学生对大课间体育活动的态度)和大课间体育活动的模式设计(大课间体育活动模式构建的理论依据、大课间体育活动的内容选择、形式选择、模式构建、评价体系)两大方面对"阳光体育运动"下中小学大课间体育活动开展模式进行研究，得出结论：在实施中应本着因地制宜的原则，结合学生特点和学校特色，选择适合的活动内容和活动形式。作为大型课题的一部分，本研究仅在微观层面对模式进行了初步的分析和研究，且模式的可操作性有待进一步深化；另外，模式的理论提升和模式的推广、后续验证性研究皆需要深入开展。

自"阳光体育运动"开展以来，各级各类教育部门和中小学校都积极响应，采取各种形式确保实现每天活动 1 小时的目标，其中大课间体育活动是各级学校广泛利用的手段之一。由于中小学生的体育课程无法完全满足学生锻炼身体的需要，大课间体育活动时间能否有效利用就在很大程度上影响了"阳光体育运动"目标的实现。大课间体育活动能使学生上课时思维中枢神经细胞的兴奋性得到抑制，能加快心脏的搏动，增加呼吸深度，促进血液循环，加速体内新陈代谢过程。此外，还可使学生的不良情绪得以宣泄，形成良好的心理品质，从而使学生在前两节课中积累的疲劳更快消除。

喻坚的《“阳光体育运动”与中小学体育课程改革》结合“阳光体育运动”的全面实施，对我国基础教育体育课程改革进行探讨。认为：体育课程改革主要是传播新的体育理念、新的体育文化、新的行动方式，能极大地冲击体育教师的教学观，并使其发生明显变化；运动负荷仍应作为评价体育课教学效果的重要指标；体育课程改革必须在它完成的使命上进行适当减负，才能有效地促进中小学生体质健康水平的提高。

该文采用文献资料法、访谈法和逻辑分析等方法从体育课程改革目的、运动负荷是实现体育课程改革目标、落实“阳光体育运动”的根本保证、体育课程改革方法三个方面对“阳光体育运动”与中小学体育课程改革进行研究得出结论：我们只有在“阳光体育运动”中旗帜鲜明地举起“健康第一”这面大旗，并将其作为我们体育课程改革的主导思想，不断改革和完善体育课程，才能使之其真正成为“以增进中小学生健康为主要目的的课程”和“突出健康目标的一门课程”。

开展“阳光体育运动”是新时期加强青少年体育意识、增强青少年体质健康的战略举措。学校体育教学是贯彻实施“阳光体育运动”和《国家学生体质健康标准》的主要途径。体育课程是学校体育目标实现的主要渠道。因此，在“阳光体育运动”背景下，对我国基础教育中小学体育课程重新审视和改革，无疑对于处在生长发育阶段的青少年的体质健康问题，具有十分重要的现实和理论意义。

农村留守中小学生课外体育活动与心理健康相关性的研究

黄永飞、康辉斌的《农村初级中学留守学生课外体育活动与心理健康的相关性分析》对农村初级中学留守学生的课外体育活动现状及心理健康状况分别进行了测量，以探讨课外体育活动与留守学生心理健康的相关性。结果表明：留守学生的心理健康不良倾向检出率为44．5%；留守生在性别之间和年级之间的心理健康水平存在显著性差异，男生心理健康水平好于女生，初一、二年级学生心理健康状况好于初三年级学生；留守学生的课外体育活动主要状况与心理健康各维度上存在明显的相关性。

该文采用问卷调查法，以自编《课外体育活动问卷》及王极盛教授编制的《中学生心理健康量表》为测量工具，从留守与非留守学生参加课外体育活动状况、留守与非留守学生心理健康状况、留守生课外体育活动状况与心理健康的相关性分析得出结论并提出建议：农村初级中学的留守学生参加课外体育活动明显不足，虽然大部分学生有参加课外体育活动的意愿，但学校没有促进学生参加体育活动的措施和营造良好的校园体育文化氛围。因此，学校领导应深刻认识到学校体育在培养学生身心健康中的重要作用，重视学校体育工作，为开展学校课外体育活动创造良好的硬件和软件环境，遵循学校体育工作的规律，科学安排体育教学与课外体育活动，保证学生每天有充足的时间参加课外体育活动。学校应特别加强对留守学生参加课外体育活动的引导和管理，保证留守学生体育活动从时间到运动负荷的积累，促进留守学生的健康成长；农村初级中学的留守与非留守学生心理健康不良倾向检出率都较高，但留守生的心理健康不良倾向检出率更高。从留守生参加课外体育活动的状况与心理健康水平的相关性可知，经常参加课外体育活动的学生的心理健康水平明显好于很少参加课外体育活动的学生，这表明课外体育活动对于提高学生的心理健康水平具有积极的作用。农村初级中学的大量留守学生已成为一个特殊的群体，留守学生的心理健康问题需要特别关注。为了改善学生的心理健康状况，学校应开展丰富多彩的课外体育活动，促进学生的身心健康发展。

城乡分割的二元社会结构和农村大量剩余劳动力，使大量农民工涌入城市。城市的发展和建设已经离不开农民工群体。作为城市中的弱势群体，虽然农民工问题受到党和政府的高度重视，但农民工子女的健康成长及教育问题却日益凸显。农民工长期在外，把还未成年的子女留在农村老家成为留守孩。留守孩已成为教育对象里的一个新群体，特别是在相对落后的农村学校，留守孩的比例高达 41％。由于父母远离家乡长期在外打工，不能正常陪伴孩子的成长，导致留守孩子在成长过程中出现了一系列的问题，心理问题就是其中之一。近年来，有研究表明，留守孩的心理健康不容乐观。初中时期是学生个体生理发展的第二高峰期，也是学生心理发展的关键时期，这一时期个体身心的顺利发展对于学生一生的心理健康起着奠基性作用。心理健康依赖于自身、家庭、社会支持。有研究表明，参加体育锻炼不仅可以增强体质，改善情绪，而且能够减轻或消除心理疾病的症状。

2009 年课外体育活动研究论文索引

一般期刊

1. 李晓克．平顶山市中学生课余体育活动现状调查分析[J]．

和田师范专科学校学报，2009(3).

2. 石小健，施克进. 武汉地区大学生每天一小时体育锻炼的现状调查与分析[J]. 赤峰学院学报(自然科学版)，2009(6).

3. 张东材. 山西省大同市部分大学生体育课外活动态度的调查研究[J]. 搏击(体育论坛)，2009(3).

4. 张炳辉. 城区小学课外体育活动组织的创新与实践[J]. 科教文汇(中旬刊)，2009(4).

5. 李培. 周口市中小学课外体育活动现状调查与对策[J]. 赤峰学院学报(自然科学版)，2009(5).

6. 杨文龙. 衡水市中小学课外体育活动现状调查与分析[J]. 今日南国(理论创新版)，2009(3).

7. 杨文龙. 河北省衡水市农村小学课外体育活动现状研究[J]. 法制与社会，2009(6).

黄东兴. 论课外体育活动对学生终身体育意识的影响[J]. 新课程研究(下旬刊)，2009(4).

8. 周金文. 宣城市部分小学学生课外体育活动开展现状的调查与分析[J]. 安徽体育科技，2009(4).

9. 陈红戈. 中学课外体育锻炼体系存在的问题及对策[J]. 时代教育(教育教学版)，2009(2).

10. 刘丽，陈俊衡，黄涛，夏志. 吉安市学生课外体育活动调查研究[J]. 体育文化导刊，2009(12).

11. 梁勇，金玉淑. 农村中小学开展课外体育活动现状与对策初探[J]. 吉林体育学院学报，2009(4).

12. 曹建承. 北京市中学生参加课外体育活动现状的调查分析[J]. 考试周刊，2009(34).

13. 曾元芳. 初中课外体育活动模式的探索与实践[J]. 新课程(中学版)，2009(7).

14. 刘振波. 浅谈中学课外体育活动[J]. 新教育，2009(2).

15. 蔡小彬. 调动学生参加课外体育活动的积极性[J]. 科教文汇(下旬刊)，2009(6).

16. 钱勇. 温州市高中学生课外体育活动现状调查与分析[J]. 中国科教创新导刊，2009(27).

17. 郭世彬. 长沙市中小学生参加阳光体育活动现状调查及对策研究[J]. 长沙铁道学院学报(社会科学版)，2009(1).

18. 宁晨曦，王佳琦. 开展学校“阳光体育”运动的理性思考[J]. 边疆经济与文化，2009(4).

19. 郑君亚. 农村学校开展阳光体育运动的对策分析[J]. 中

国科教创新导刊，2009(9).

20. 高勇伟，吴雅琴，吴雅芳，张荷玲，白伦菲．“阳光体育”对中学生体育达标的影响研究[J]．搏击(体育论坛)，2009(2).

21. 姚志强，陈颖瑜．关于中学生开展阳光体育运动的雏论——以增城市为例[J]．甘肃科技，2009(23).

22. 张利，丁亚兰．皖西北地区农村初级中学阳光体育运动实施效应与发展对策研究[J]．淮北煤炭师范学院学报(自然科学版)，2009(4).

23. 周文卫．“阳光体育运动”实施现状及长效机制对策研究[J]．中国学校体育，2009(S2).

24. 丁峰．影响学校开展“阳光体育运动”的因素与对策研究[J]．河南教育学院学报(自然科学版)，2009(4).

25. 高海利，杨芳，靳浩．颜元体育思想与阳光体育[J]．运动，2009(3).

26. 臧云辉．浅谈素质教育体制下的中小学阳光体育运动[J]．运动，2009(4).

27. 宁晨曦，王佳琦．开展学校“阳光体育”运动的理性思考[J]．边疆经济与文化，2009(4).

28. 王怀虎，杨芳，魏玉琴．甘肃省中小学校开展“阳光体育”现状调查及发展对策研究[J]．甘肃联合大学学报(自然科学版)，2009(1).

29. 王莉莉．江西省青少年阳光体育运动开展现状的调查与分析[J]．第一健身俱乐部，2009(12).

30. 苏端飞，肖柳，李秀峰．“阳光体育”内涵及发展探析[J]．军事体育进修学院学报，2009(3).

31. 掌玉宏．江苏省中学生参与阳光体育活动状况的调查分析[J]．内蒙古体育科技，2009(3).

32. 许之屏，邱小梅．我国学校“阳光体育运动”的阻滞因素与对策[J]．安徽体育科技，2009(6).

33. 张仕．探讨“阳光体育运动”在践行中的问题与对策[J]．体育世界(学术版)，2009(11).

34. 蒋海龙．苏州市中学开展阳光体育运动现状的调查与研究[J]．中国学校体育，2009(1).

35. 张书梅．阳光体育活动在洛阳市中学开展情况的调查研究[J]．魅力中国，2009(5).

36. 魏玉琴，朱杰，王军．实施阳光体育运动影响因素分析及对策研究[J]. 体育科技文献通报，2009(11).

37. 陈晓. 关于“阳光体育运动”本质的再思考[J]. 考试周刊，2009(49).

38. 喻坚. 阳光体育运动与中小学体育课程改革[J]. 体育文化导刊，2009(6).

39. 郑振友. 论《体育之研究》对“阳光体育运动”指导意义[J]. 北京体育大学学报，2009(9).

40. 张辉，徐英微. 论现行“阳光体育”实施中的形式主义倾向及其系统应对策略[J]. 南京体育学院学报(社会科学版)，2009(4).

41. 刘平. “阳光体育”：体育课程发展模式及影响因素研究[J]. 宁夏社会科学，2009(6).

42. 王宏江，张五平. 四川省中小学阳光体育工程开展现状与达标对策[J]. 成都体育学院学报，2009(9).

43. 唐克己. 山东省高校阳光体育运动开展现状调查与对策研究[J]. 山东体育学院学报，2009(7).

44. 陈力全，魏军. “阳光体育运动”与中小学体育课程改革的融合[J]. 教学与管理，2009(24).

45. 刘惠芳，杨成，丁士良. 普通中学“阳光体育运动”的实施现状及建议[J]. 教学与管理，2009(21).

46. 刘锦瑶，张运亮，王建华. 阳光体育运动下中小学大课间体育活动开展模式探析[J]. 首都体育学院学报，2009(6).

47. 鲁飞，李小刚，秦勇，张艳群. 科学发展观指导下的阳光体育工程[J]. 山西师大体育学院学报，2009(4).

48. 张天宏. “阳光体育运动”的实施及其时代意义[J]. 搏击(武术科学)，2009(10).

49. 左臣伟. 阳光体育开展过程中的几个难点分析[J]. 内江科技，2009(10).

50. 王琴. 西部地区中学开展阳光体育活动的现状调查及对策——以川东北地区为例[J]. 新西部(下半月)，2009(9).

51. 王冰洁，朱勇. 长沙市中小学阳光体育运动实施的现状调查与分析[J]. 湖南医科大学学报(社会科学版)，2009(5).

52. 周济. 以爱与责任，扎扎实实推进阳光体育运动[J]. 中国学校体育，2009(6).

53. 高勇伟，吴雅琴，吴雅芳，张荷玲，白伦菲. “阳光体育”对中学生体育达标的影响研究[J]. 搏击(体育论坛)，2009(2).

54. 刘惠芳，杨成，丁士良. 普通中学“阳光体育运动”的实施现状及建议[J]. 教学与管理，2009(21).

55. 侯昕. 浅谈如何合理组织高中“大课间阳光体育”活动[J]. 中国校外教育，2009(S3).

56. 刘辉阳，朱勇，王冰洁. 浅谈阳光体育运动背景下的农村中小学大课间体育活动[J]. 湖南医科大学学报(社会科学版)，2009(4).

57. 王宏江，张五平. 四川省中小学阳光体育工程开展现状与达标对策[J]. 成都体育学院学报，2009(9).

58. 苏端飞，肖柳，李秀峰. 阳光体育之特征与发展[J]. 四川体育科学，2009(3).

59. 裴兵. 如何使体育课变成阳光体育活动的主战场[J]. 中国校外教育，2009(S3).

60. 张鹏飞，陆晶晶. 建构“阳光体育运动”可持续发展机制的研究[J]. 山西师大体育学院学报，2009(S1).

61. 王建锋. 全员行动，让大课间活动真正阳光起来[J]. 吉林教育，2009(14).

62. 杨成文，杨鑫. “阳光体育”在武汉——以武汉市育才小学、青少年宫小学为例[J]. 考试周刊，2009(32).

63. 刘平. “阳光体育”：体育课程发展模式及影响因素研究[J]. 宁夏社会科学，2009(6).

64. 申克才，洪迎春. 大课间活动的有效指导[J]. 中国学校体育，2009(2).

65. 穆乃国. 让大课间活动注重实效[J]. 中国学校体育，2009(5).

66. 吴冬杰. 浅谈如何开展好大课间体育活动[J]. 成才之路，2009(12).

67. 陈武. 影响大课间体育活动有效开展的原因及策略[J]. 教学与管理，2009(28).

学位论文

1. 徐勤荣. 中小学开展阳光体育运动的现状和对策[D]. 首都体育学院，2009.

2. 刘毅. 一汽开发区中学生参加课外体育活动现状与影响因素分析[D]. 东北师范大学，2009.

3. 李爽. 大连市 14～17 岁城市青少年参加课外体育锻炼的现状调查与分析[D]. 辽宁师范大学，2009.

4. 陈军．淄博市初中学校开展“阳光体育运动”的调查研究[D]．山东师范大学，2009.

5. 刘梦杨．乌鲁木齐市中学阳光体育运动实施现状分析[D]．新疆师范大学，2009.

6. 宋冬寒．大连市中学开展“阳光体育运动”的现状分析与对策研究[D]．辽宁师范大学，2009.

7. 周红霞．山西省中小学校“阳光体育”实施现状与对策研究[D]．山西师范大学，2009.

8. 娄国．江苏省本科院校开展“阳光体育运动”现状调查及发展对策研究[D]．江西师范大学，2009.

9. 马超．沈阳市中小学“阳光体育运动”的实施和发展研究[D]．东北师范大学，2009.

10. 唐武松．“阳光体育运动”与湖南省中学体育教师队伍培养的研究[D]．湖南师范大学，2009.

11. 尹治国．“阳光体育运动”背景下青少年心理健康的调查研究[D]．湖南师范大学，2009.

12. 徐兴国．关于镇江市中小学青少年体育俱乐部的研究[D]．苏州大学，2009.

课余体育训练

课余体育训练研究概况

作为我国竞技体育的基石，学校课余体育训练工作是我国整个运动训练工作的一个重要环节，它在很大程度上影响甚至决定着一个国家的竞技体育能否健康、可持续发展。同时，作为学校体育和教育的重要组成部分，它又担负着实现育人总目标的重任，对于促进学生身体生长发育、增进健康、增强体质，培养学生良好的道德意识、道德品质和行为，弥补体育课堂教学的不足，从而保证学校体育目标的实现起着不可估量的作用。而将“体教合一”的竞技运动的训练体制融入到学校体育中，使得竞技运动训练成为课余体育训练的重要组成部分。

2008 年北京奥运会的成功举办，为我国的学校体育发展造就了一个绝好的环境。在这个特定的后奥运时代，广大体育工作者就我国学校课余体育训练发展的方向进行了一定的思考分析，在研究内容和深度方面作了进一步的拓宽。从学校课余体育训练发展的实际出发，认为学校课余体育训练的发展应该以学生学习过程和感受为主，帮助学生建立主动自觉的训练和锻炼习惯。而运动训练队的建立应以激发学生兴趣爱好、提升学生运动技能为主要目的，帮助他们享受体育的成功。学校课余体育训练从以上两方面进行了改革修正，以帮助学生建立科学正确的课余体育训练观念，养成自觉锻炼的习惯，为他们的终身体育奠定良好的基础。

通过对2009年有关我国中小学课余体育训练的相关文献的归纳、整理，宏观上主要从以下几个方面进行研究：1. 中小学课余体育训练的体制发展改革方向；2. 中小学课余体育训练现状、存在的问题调查及发展对策研究；3. 农村基层中小学课余体育训练工作现状及制约因素分析。微观上主要从中小学课余体育训练的教练员、学生、各具体运动项目的开展状况、运动疲劳的消除与体能恢复，以及后备人才培养模式5个方面对中小学课余体育训练进行了进一步的研究。

中小学课余体育训练的体制发展改革研究

陈磊在论文《体教结合——学校课余训练体制发展的主流倾向》中认为，学校课余训练是学校体育的一个重要领域，也是学校教育的组成部分，还是校园文化建设的重要内容。课余训练与体育课相互配合共同完成学校体育的目标任务，它是实现学校体育目标任务的基本途径之一，也是培养全面发展的体育人才的重要途径之一。因此研究学校课余训练体制意义重大。新中国成立以来，学校课余训练体制随着我国运动训练体制与教育体制的改革而不断发展和完善，先后经历了不同的历史发展阶段，见证了我国学校课余运动训练体制逐步走向成熟的发展历程，同时也丰富了素质教育的内涵。

本文认为从解放后到现在，我国的学校课余训练体制的发展可以归纳总结为如下的三个历史阶段："体教分治"时期、"体教联合"时期和现阶段学校课余训练体制的发展主流——"体教结合"时期。从这三方面进行了分析、探讨，认为随着基础教育体育课程改革的推进，作为学校课余训练体制历史发展的必然和现阶段学校课余训练的发展主流，"体教结合"系统将与时俱进，不断趋向成熟与完善，为我国竞技体育后备人才的培养提供了强有力的保障。

中小学课余体育训练现状、存在的问题调查及发展对策研究

吴斌在其论文《试论中学课余训练的影响因素及其对策》中认

为，学校体育是国民体育的基础工程，学校体育工作中的学生课余训练是一项最基础的培养体育后备人才与体育活动骨干的教育活动。然而这项活动并不像理论上讲的，教育思想和体育思想所期待的那样健康和生动。学生参加“课余训练与文化知识学习，存在着多年的严重冲突”，而且中学生学习年限短，越逼近毕业，冲突越甚。为此，作者试图从影响中学生参加课余训练的因素来分析，从而有针对性地来探讨一些解决办法。通过分析有关影响因素：1. 观念的片面性；2. 对竞技体育在学校体育中的作用认识不够。提出了提高课余训练质量的对策：1. 要转变观念，摆正位置；2. 取得学生家长的支持；3. 正确处理好“三育”之间的关系；4. 帮助解决后顾之忧。

余涛在其论文《试论中学课余训练存在的问题及对策》中通过采用文献资料研究法、调查访问法，认为中小学的课余训练有了较大的发展，但也存在一些问题，并对当前学校课余训练中表现出来的问题作一剖析，并探索了解决的对策。存在的问题包括：1. 轻培养输送，重比赛名次；2. 追求升学率，课余训练得不到保证；3. 家长不支持，造成业余体校生源不足；4. 训练制度不健全，缺乏科学性和系统性；5. 竞赛问题。提出的对策与建议包括：1. 端正指导思想，进一步明确课余训练的任务；2. 处理好课余训练与文化学习的关系；3. 加强教师队伍建设，提高科学化训练水平；4. 明确竞赛目的，深化体制改革，充分发挥杠杆作用；5. 广开集资渠道，弘扬体育的社会性 5 个方面的参考建议。

农村基层中小学课余体育训练工作现状及制约因素分析

葛新在《我国农村学校体育发展道路的初探》一文中，认为我国农村学校体育的现状主要是体育场地、器材、经费严重不足，师资结构不合理。农村学校体育要在逆境中求生存、求发展，除了寻求国家的扶持，还必须要依据自身的改革。我国有近 80%的学校在农村，超过 80%的中小学生在农村接受义务教育。因此，要抓好我国的学校体育工作必须首先抓好农村学校体育，而只有把农村学校体育的问题解决好，才能从真正意义上根本抓好学校体育。总结出制约农村学校课余体育发展的主要困难因素包括：1. 体育场地、器材、经费严重短缺；2. 体育师资缺乏、结构不合理。在学校中的竞技体育主要表现在课余体育训练，而大众体育主要表现在体育课与课外体育活动。课余训练这些年也被许多学校忽视了，或者说有意回避，唯恐别人说自己学校发展“精英体育”，与学校体育改革的方向不符。其实，竞技体育与大众体育是一种相互促进、相得益彰的关系，学校中课余训练与体育课、课外体育活动也是一种相互促进的关系。因此发展课余训练，可以带动整个学校体育全面发展。提出的对策有：农村有天然的山地、湖泊、平原，可以利用这些自然条件进行课余训练，可以以田径类的中长跑、短跑、跳跃、定向运动等为主，其他的如武术、游泳等项目也可以进行。通过发展课余训练，有机会参加一些比赛，不仅为学校赢得荣誉，还往往会因为这些荣誉而获得对学校体育建设的投资。

李江在论文《我国农村学校课余体育现状述评》中采用文献资料法和逻辑归纳法，对我国农村学校课余体育的开展状况以及农村课余体育的地位进行了探讨，发现农村学校领导的偏见、学生对课余体育的理解偏差、场地器材的匮乏、课余体育管理的缺陷等是影响课余体育开展的主要因素。据此，提出了提高农村课余体育水平的几点看法。并以“课余体育”为检索词，在中国知网数据库中检索到自 1979－2009 年的相关文献 266 篇。然后以“农村”为检索词，在结果中进行二次检索，共获得 6 篇相关文献。最后以“农村”为检索词，在结果中进行二次检索，共获得 22 篇相关文献。总的来看，农村学校课余体育研究只占课余体育研究的 2.24%，认为关于农村学校课余体育训练的研究起步较晚，但随着农村教育的发展，农村课余体育的研究在逐年增加，从总体来说，农村课余体育的研究还比较薄弱。

中小学课余体育训练的教练员的研究

高明在《乌鲁木齐市中学篮球教练员现状的调查研究》一文中，为了全面了解乌鲁木齐市中学篮球教练员现状，促进中学篮球运动的发展，为国家培养更多优秀篮球后备人才，作者研究采取随机抽样的调查方法，在乌鲁木齐市中学中抽取了 50 所中学，以这些学校的学生、篮球教练员和学校领导为调查对象，采用文献资料、问卷调查、数理统计等研究方法对教练员的年龄结构、运动经历分析、学历结构、业务培训情况、从事篮球训练的专业能力、学生对教练员训练能力的评价、福利待遇进行了深入研究，并针对其存在的问题提出了合理建议。

黄智在其论文《浅析徐州市中小学足球课余训练师资状况的调查与研究》中，采用文献资料、问卷调查、访问座谈等方法对徐州市的 29 所中学、40 所小学足球课余训练的师资状况进行了调查研究，研究结果显示：徐州市中小学对于足球训练项目重视程度不够，投入热情明显不够，但开展了课余训练，中学投入的师资力量比较宽裕，课余训练开展比较顺利，而小学方面投入的师资力量明显不足，课余训练受到一定限制，总体看来，徐州市体委、足协及徐州市中小学对于足球运动项目的重视程度不够，投入的热情明显不足。

对中小学课余体育训练学生的研究

范仁贵在论文《浅谈小学生的课余体育训练工作》提出，在素质教育的指引下，体育课余训练是体育教育的必要补充，小学如何充分挖掘潜力，发挥优势，搞好课余体育训练工作，此问题一直是广大体育教师关注的热点。认为让队员体现自我价值给学生展示才能与实现自我价值的机会和平台，满足学生展示才能、实现自我价值的需要，是提高学生对体育训练的兴趣，促使有发展潜力的学生向训练队靠拢的重要条件。总结了需要协调好几个方面关系：1. 协调学生学习、生活、训练之间的关系；2. 拉近师生心理距离，提高队员思想认识，在训练队中，致力营造一种广开言路的民主氛围，给队员充分的自主权，培养他们的责任感；3. 针对个体特点进行训练，创竞赛佳绩。

中小学课余体育训练各具体运动项目的开展状况研究

靳鲁芳在《江苏省青少年业余乒乓球训练现状及应对策略研究》一文中，运用文献资料法、专家访谈法、数理统计法对江苏省 13 个市业余乒乓球训练及输送情况进行研究，根据调研结果发现江苏省业余乒乓球训练存在影响其发展的诸多因素，可概括为：(1)运动员因素；(2)教练员因素；(3)训练设施因素；(4)体制因素。为解决江苏省业余乒乓球训练中出现的各种问题，本文结合系统论，提出推进江苏省业余乒乓球发展的六大系统应对策略：(1)发挥体教结合作用，解决运动员训练的后顾之忧；(2)重视业余训练网络建设，完善和扩展业余训练网络；(3)科学运用竞赛杠杆，正确引导和促进业余训练；(4)定期进行业务培训，提高基层教练的执教水平；(5)成立专门管理机构，加强业余乒乓球工作管理；(6)加强省体校的建设，发挥业余训练的龙头和高端平台作用。

高宏达在论文《浅谈体育游戏在小学生篮球训练中的应用》中指出，通过把体育游戏应用到小学生的篮球训练中，不仅丰富了课余篮球训练的内容，也提高了小学生篮球训练的积极性。在小学生篮球训练中运用体育游戏具有极其重要的教育价值，能够激发学生的学习动机，培养学生集体主义精神，培养学生遵守纪律、团结互助，巩固提高运动技术技能，培养学生的创新思维和能力以及敢于拼搏的竞争精神等。总结了体育游戏在小学生篮球训练中的具体运用：1. 体育游戏在热身活动中的运用；2. 体育游戏在小学生篮球技战术训练中的运用；3. 体育游戏在小学生篮球训练结束部分的运用，并提出了一些在应用过程中需要注意的问题。

中小学课余体育训练中运动疲劳的消除与体能恢复的研究

王炳伟在《课余训练中运动疲劳的消除与体能恢复》中认为，在课余运动训练结束后，参加运动训练的学生会产生运动疲劳。因此，体育教师对运动疲劳产生的原因及其影响应有足够的认识，同时对学生的体能要及时进行诊断和测定，并采取有效措施消除运动疲劳，迅速恢复体能，以避免造成运动损伤。通过分析运动疲劳产生的原因及其影响，以及运用教育学观察法、心理学测量、生理测量、生化测量并辅以运动医学检查的方法进行运动疲劳的诊断与测定，总结出在日常课余训练中运动疲劳的消除措施：1. 运用心理学方法通过调节大脑皮层和神经系统的机能，达到消除疲劳的目的；2. 教育学恢复方法(准备活动、整理活动)；3. 补充多种营养物质；4. 其他消除运动疲劳的方法：睡眠恢复法、温水疗法。

中小学课余体育训练后备人才培养模式的研究

马江萍在《对中学课余运动训练管理模式的研究》中认为，如何科学地管理中学校运动队，提高运动成绩，是中学课余训练一个重要问题。多年来，通过对运动队实施目标管理，根据学校的实际情况，采取了运动队组建有明确的目标，运动队训练的目标管理、运动员的目标管理、教练员的目标管理等。通过建立管理组织体系，制定和实施有效的目标管理办法等一系列具体措施后，取得良好的训练效果。一、运动队的组建有明确目标。运动队的组建工作是整个课余训练的前提和关键点，而运动员选材的好坏是训练管理工作的重点；二、运动队训练的目标管理模式包括训练方式、运动训练的过程模式以及检查评定。同时介绍了运动员和教练员的目标管理模式。

2009年中小学课余体育训练研究重要论文概览

上海中小学学校体育课余训练的发展回顾与展望

夏菊锋

论文认为2008年北京奥运会的成功举办以及2010年即将在上海召开的世界博览会，使中国的国际地位与影响力不断提升，也使上海面临着新一轮的发展机遇和挑战。上海体育作为建设现代化国际大都市不可或缺的组成部分，已成为融经济文化、社会事业发展为一体的综合性事业，更成为上海展示国际化形象的名片。而中小学学校体育课余训练既是整个上海教育发展战略的组成部分，又是上海体育实现“大发展、大跨越”的基础。

论文从4个阶段回顾了新中国成立60年以来上海市中小学体育课余训练的发展历程，从运动成绩、体育后备人才输送率、青少年俱乐部等方面阐述了新中国成立以来所取得的主要成绩，并对新中国成立以来上海市中小学体育课余训练的总体发展特点进行分析。

《体育科研》2009年第5期

改革开放时期学校体育政策法规的文本解读

彭雪涵

该文采用文献资料的方法和逻辑论证的方法，对改革开放时期学校体育政策法规进行分类整理，从学校体育的功能与任务的视角对我国改革开放时期学校体育政策法规进行解读。

该文发现改革开放时期学校体育教育政策法规的重心已从早期小范畴的“增强体质”向大概念的“健康第一”转变，这一转变使学校体育教育目标更加丰富，学校体育教育内涵更加深刻，学校体育教育理念更加科学；学校课余体育训练政策法规的重心已从单一竞技性目标向教育与竞技性复合目标的转变，这一转变将有利于稳步实现我国竞技体育、学校体育和群众体育三者可持续发展的战略。同时改革开放时期学校体育政策法规总体特点体现为主动适应改革开放的发展、法制思想进一步加强、以人为本的理念三个方面。

《北京体育大学学报》2009年第5期

体育运动学校转型的困惑与对策研究

王昆仑

该文简要介绍了体育运动学校的现状，分析了其在转型过程中出现的困惑、问题及成因。

该文根据加强和改进新时期体育运动学校的建设为目标，提出了正确处理“三个关系”：1. 正确处理办学规模与效益的关系；2. 正确处理投入和产出的关系；3. 正确处理成材率和淘汰率的关系。切实抓好“三个统筹”：1. 统筹协调竞技体育与群众体育及相关部门职能；2. 统筹调控高层和基层的赛事活动；3. 统筹划分行政管理与事业管理的事权。总结了合力推进“五个联合”的对策与建议：1. 联合制定体校办学资质和社会办训准入条件；2. 联合制定当地赛事活动计划；3. 联合制定倾斜政策；4. 联合落实制度规范；5. 联合实施“基地”认定工作。

《广州体育学院学报》2009 年第 6 期

江苏省竞技体育后备力量培养布局结构与特征研究

刘国富　史　峰　刘　青

该论文以江苏省竞技体育后备人才运动项目和全省各地级市省属体育传统项目学校以及教体结合学校为研究对象，运用数理统计法，从项目结构和效益两个维度出发，分析本省体育后备力量培养中运动项目结构和区域布局的非均衡特征，并对项目效益进行量化分析。

该论文通过研究表明，江苏省竞技体育后备人才培养的区域布局与普及率失衡，项目结构与本省优势项目存在偏差，项目整体效益偏低；提出调整项目结构，提高训练效益，深化体制改革，加强宏观调控，是提高竞技体育后备力量培养整体效益的有效途径。

《南京体育学院学报(自然科学版)》2009 年第 1 期

我国竞技体育后备人才资源分析

徐向军

论文旨在揭示我国竞技体育在后备人才培养上存在的国家包办包管过多等问题，提出进一步发挥培养单位积极性等建议。

论文从我国人口政策、文化教育、家长对竞技体育的认知态度、竞技体育本身的职业特点、培养体系和体制方面对影响我国竞技体育后备人才资源供给进行分析，提出学校业余体育训练是体育后备人才培养的主要形式，参加学校业余体育训练的学生运动员是我国竞技体育后备人才的主要来源，而我国在校学生总人数的下降在一定程度上影响参加业余体育训练的学生运动员的数量。阐述了影响我国竞技体育后备人才资源的六个方面内容：1. 适龄青少年人口总量的下降导致体育后备人才资源量的减少；2. 文化教育成为制约独生子女选择竞技体育训练的主因；3. 家长对竞技体育的认知态度决定子女的取向；4. 竞技体育的职业特点对后备人才择业观的影响；5. 培养体系的不完善影响竞技体育后备人才的合理利用；6. 竞技体育管理体制对后备人才培养的影响。

《体育文化导刊》2009 年第 6 期

城市中学生课余田径训练开展状况与发展对策

孙华义

本文以市级初、高级中学的课余田径训练队为调查对象，研究运动员训练动机、等级、生源状况以及场地设施等，提出了中学生课余田径训练的发展对策。

本文通过调查分析提出：在训运动队自然情况分析——性别比例合理，运动员等级不高；在训运动员训练动机分析——兴趣爱好、健康意识在运动员心里占主导地位；在训运动员生源状况分析——令人担忧；场地设施的现状——不适合中学生的身心发展和专项水平的提高；训练效果及管理情况调查——师生沟通效果不佳，部分教练疏于对运动员的管理。强调通过多种途径增加对课余田径运动训练的资金投入，改善训练设施条件。各级教育管理部门和各级、各类学校都应加大对学生及家长的体育意识培养，营造良好的课余运动训练氛围。呼吁尽快建立教练员进修、培训制度和教练员考核制度，鼓励教练员参加在职培训，提高训练管理水平和体育理论知识水平以及用科学理论指导训练实践的能力等发展对策。

《教学与管理》2009 年第 33 期

2009 年中小学课余体育训练研究文献索引

著　　作

1. 金钦昌. 学校体育学[M]. 北京：高等教育出版社，1995，4.

2. 杨铁黎，陈钧. 学校课余训练改革新视野[M]. 北京体育大学出版社，2003.

3. 学校课余体育训练手册，1991.

4. 杨铁黎，宋尽贤. 关于我国学校课余体育训练发展战略研究[M]. 北京体育大学出版社，2003.

5. 曲宗湖，杨文轩. 课余体育新视野[M]. 人民体育出版社，1999.

6. 李伟民. 课余体育新视野[M]. 人民体育出版社，1999.

核心期刊

1. 焦建军. 秦巴山区中小学课余体育训练现状调查与分析[J]. 西安体育学院学报，2009，26(2)：187-189.

2. 姜传银. 上海市田径后备人才培养现状及影响因素研究[J]. 成都体育学院学报，2009，35(1)：24-27.

3. 彭雪涵. 改革开放时期学校体育政策法规的文本解读[J]. 北京体育大学学报，2009，32(5)：76-79.

4. 夏菊锋. 上海中小学学校体育课余训练的发展回顾与展望[J]. 体育科研，2009，30(5)：96-99.

5. 潘前. 美国中学生体育运动发展现状探析[J]. 上海体育学院学报，2009，33(3)：75-79.

6. 董永利. 浙江省体育运动学校竞技体育后备人才可持续发展研究[J]. 成都体育学院学报，2009，35(12)：91-94.

7. 王昆仑. 体育运动学校转型的困惑与对策研究[J]. 广州体育学院学报，2009，29(6)：102-105.

8. 刘国富，史峰，刘青等. 江苏省竞技体育后备力量培养布局结构与特征研究[J]. 南京体育学院学报(自然科学版)，2009，8(1)：1-5.

9. 王凯珍. 深化“体教结合”构建运动员文化教育新体系[J]. 首都体育学院学报，2009，21(2)：129-137.

10. 孙华义. 城市中学生课余田径训练开展状况与发展对策[J]. 教学与管理，2009，33：66-67.

11. 李琳. 健美操运动对中小学生人格发展的影响[J]. 中国体育科技，2009，45(5)：116-121.

12. 徐向军. 我国竞技体育后备人才资源分析[J]. 体育文化导刊，2009，6：50-53.

13. 靳鲁芳. 江苏省青少年业余乒乓球训练现状及应对策略研究——从系统论视域透视江苏省青少年业余乒乓球训练[J].

南京体育学院学报，2009，23(5)：19-23.

14. 朱昌荣. 陕西省中学生击剑运动发展现状研究[J]. 西安体育学院学报，2009，26(5)：551-561.

一般期刊

1. 王艳. 乌鲁木齐中学课余田径训练环境的社会学分析[J]. 搏击(体育论坛)，2009，1(4)：39-41.

2. 吴斌. 黄石市中学田径课余训练的现状调查与对策研究[J]. 科教文汇(上旬刊)，2009(11)：213-214.

3. 姜国钢. 浙江省中学课余运动训练现状分析及发展对策研究[J]. 杭州师范大学学报(自然科学版)，2009，8(5)：396-400.

4. 李江. 我国农村学校课余体育现状述评[J]. 贵州体育科技，2009(3)：14-16，60.

5. 高宏达. 浅谈体育游戏在小学生篮球训练中的应用[J]. 中国校外教育，2009(82)：148.

6. 张小军. 对甘肃省基层学校课余训练制约因素的分析——以定西地区为例[J]. 新课程研究，2009(10)：115-116.

7. 范仁贵. 浅谈小学生的课余体育训练工作[J]. 科学大众(科学教育)，2009(10)：76.

8. 葛新. 我国农村学校体育发展道路的初探[J]. 消费导刊，2009(19)：169-170.

9. 高明. 乌鲁木齐市中学篮球教练员现状的调查研究[J]. 各界，2009(10)：43-45.

10. 王炳伟. 课余训练中运动疲劳的消除与体能恢复[J]. 新乡教育学院学报，2009，22(4)：165-166.

11. 徐彦祥. 浅谈我校体育特长生课余体育训练[J]. 科学大众，2009(8)：81.

12. 倪必武. 莆田市中学课余田径训练现状研究[J]. 湖北广播电视大学学报，2009，29(9)：149-150.

13. 戚玉楼. 安徽省青少年儿童短式网球运动开展现状研究[J]. 安徽体育科技，2009，30(4)：37-42.

14. 余涛. 试论中学课余训练存在的问题及对策[J]. 成功，2009(6)：54.

15. 郑先常. 河南高中篮球课余训练开展现状及发展对策[J]. 河南教育学院学报(自然科学版)，2009，18(2)：80-82，91.

16. 陆建豪. 刍议进一步提高体育传统校办学质量[J]. 科学大众(科学教育)，2009(7)：46-47.

17. 陈磊. 体教结合——学校课余训练体制发展的主流倾

向[J]. 体育世界(学术版)，2009(6)：111-112.

18. 包小强. 新疆少数民族中学篮球课余训练调查研究[J]. 新疆师范大学学报(自然科学版)，2009，28(2)：15-18.

19. 包小强. 新疆中学生篮球课余训练现状与对策研究[J]. 体育科技文献通报，2009(6)：2-3，7.

20. 江华. 试论开展高中竞技运动的意义[J]. 哈尔滨体育学院学报，2009，29(2)：105-109.

21. 郭廷. 浅谈聋校课余体育训练[J]. 才智，2009(6)：80.

22. 宋林. 吉林省中学课余训练中存在的问题及其对策研究[J]. 吉林体育学院学报，2009，25(2)：147-148.

23. 甄子会. 哈尔滨市中学课余速度滑冰训练队现状调研[J]. 高师理科学刊，2009，29(2)：98-101.

24. 段丙郑. 哈尔滨市中学生参加课余田径训练的调查[J]. 高师理科学刊，2009，29(1)：96-99.

25. 马江萍. 对中学课余运动训练管理模式的研究[J]. 科技信息，2009(6)：255-256.

26. 黄智. 浅析徐州市中小学足球课余训练师资状况的调查与研究[J]. 体育世界(学术版)，2009(2)：90-92.

27. 汤鸿波. 运动负荷在体育教学与训练中的应用[J]. 内江科技，2009(11)：148-149.

28. 张华. 课余体育在青少年学生成长中的作用分析[J]. 商丘师范学院学报，2009，25(8)：121-122.

29. 钱飞云. “阳光体育”背景下学生参与课余体育现状调查报告[J]. 科技创新导报，2009(5)：172-173.

30. 焦坤明. 中小学课余体育训练特点浅析[J]. 甘肃教育，2009(3)：39.

31. 桂奇，王岩. 1993－2008 年我国学校竞技体育研究现状[J]. 体育成人教育学刊，2009，25(6)：55-57，63.

32. 钟珉. 浅析学校课余体育训练对教练员的素质要求[J]. 四川体育科学，2009(4)：36.

33. 毕建邦. 论我国中小学课余体育训练的现状与发展[J]. 新课程学习(学术教育)，2009(8)：31-33.

34. 学校课余体育训练研究之一——短跑运动员训练初探[J]. 中学教育网，2009(8)：67-69.

35. 吴斌. 试论中学课余训练的影响因素及其对策[J]. 科技信息，2009(32)：295.

36. 王开广. 课余耐力运动训练给予补糖干预的相关研究[J]. 山西大同大学学报，2009，25(5)：69-72.

37. 王振生. 邢台市农村中小学体育资源配置的现状调查与分析[J]. 邢台学院学报，2009，25(4)：91-92.

38. 龚云娥. 云南省体育试点学校运动员文化学习现状及对策研究[J]. 科技信息，2009(8)：571.

39. 项亚光. 安徽省城乡中学体育现状差异研究[J]. 皖西学院学报，2009，25(5)：129-134.

40. 郝跃芬. 搞好农村初中田径课余训练之我见[J]. 田径，2009(9)：2.

41. 钟育新，叶文桥，曹群海. 深圳市中学田径课余训练发展的现状分析[J]. 知识经济，2009，2.

42. 王巧玲. 中学体育田径课余训练的对策研究[J]. 中国科教创新导刊，2009(36)：233.

43. 孟庆利. 中学课余田径训练方式探讨[J]. 少年体育训练，2009(2)：13.

44. 陈晓鹏. 后奥运时代学校体育工作重心发展断想[J]. 体育教学，2009(11)：49-50.

博士论文

1. 于芬. 对高水平学生运动员培养体系的探讨[D]. 北京体育大学，2009.

硕士论文

1. 郭飞. 哈尔滨市初中田径业余训练的现状调查及对策研究[D]. 东北师范大学，2009.

2. 顾坤. 开封市中小学课余体育训练可持续发展的研究[D]. 河南大学，2009.

3. 李永明. 河南省田径传统项目小学课余训练现状分析[D]. 河南大学，2009.

4. 杨学东. 北京市中学排球课余训练状况及对排球竞技后备人才的作用[D]. 北京体育大学，2009.

5. 朱鹏鸿. 陕西省足球传统项目学校课余训练开展状况调查研究[D]. 北京体育大学，2009.

6. 丁永玺. 淄博市中学课余排球训练状况调查分析[D]. 北京体育大学，2009.

7. 杨忆南. 对河北省中学篮球后备人才(13～17 岁)现状调查及发展对策研究[D]. 河北师范大学，2009.

8. 冯学东. 唐山市乡镇初级中学课余体育活动现状的调查分析[D]. 河北师范大学，2009.

学　科　动　态

概　况

周济在教育部2009年度工作会议上的讲话以北京奥运会为契机，全国亿万学生阳光体育运动广泛开展，每天锻炼一小时的要求逐步落实，学校体育卫生工作得到全面加强。周济在关于2009年教育重点工作中指出：巩固和发展实施素质教育三项重要成果，广泛开展亿万学生阳光体育运动，全面落实好每天锻炼一小时的要求。牢固树立“健康第一”的思想，让广大青少年学生走向操场、走进大自然、走到阳光下，跑起来、跳起来、动起来，强身健体，磨炼意志，快快乐乐地成长。引导学生养成健康的生活方式和良好的卫生习惯，抓好科学营养和预防近视工作，促进青少年学生健康成长。

教育部2009年工作要点中指出：切实推进素质教育，着力培养学生创新精神和实践能力，广泛开展亿万学生阳光体育运动，确保学生每天锻炼一小时，切实落实《国家学生体质健康标准》。抓好预防近视和科学营养工作。加强学校体育、卫生和艺术课程建设。

来源：http://www.cbe21.com，中国基础教育网

教育部组织的会议、培训与交流活动

国家教育督导团关于对河北等八省市中小学体育卫生工作专项督导检查的公报

2009-03-02

为增强青少年体质、促进青少年健康成长，2007年5月，中共中央、国务院印发了《关于加强青少年体育增强青少年体质的意见》(中发[2007]7号，以下简称“中央7号文件”)。中央7号文件明确规定，“各级政府和教育部门要加强对学校体育的督导检查”。为此，2008年11月下旬至12月中旬，国家教育督导团组

织国家督学和专家，对河北、山西、浙江、安徽、福建、广东、重庆、甘肃8省市学校体育卫生工作进行了专项督导检查。督查组随机抽查了16个市、32个县(市、区)、158所中小学校。

通过听取政府汇报、召开座谈会、查阅资料、个别访谈、问卷调查等方式，督查组对8个省市的中小学体育卫生工作进行了全面的了解。总体上，8省市政府认真贯彻落实中央7号文件精神，加强领导，采取了一系列扎实有效的措施，因地制宜地在中小学广泛开展了形式多样的体育运动，学生每天一小时体育锻炼时间基本得到保证，学校卫生管理工作及面貌有了明显变化，各地探索了一些好的做法和经验。现就这次督导检查情况公报如下：

一、8省(市)落实中央7号文件精神所取得的主要成绩

1. 加强领导，健全机制，认真贯彻落实中央关于加强青少年体育工作的要求。中央7号文件印发后，浙江、安徽、重庆3省(市)高度重视，结合当地实际，研究制定了贯彻落实中央7号文件的实施意见，并以省(市)委、省(市)政府名义印发。浙江、重庆、甘肃省(市)委省(市)政府专门召开会议，河北省召开全省学校体育工作会议，全面部署落实工作。山西、浙江、重庆、福建4省(市)建立了在省(市)委、省(市)政府领导下，教育、体育、卫生、财政和共青团组织等部门为成员的联席会议制度，明确各部门责任，形成了多部门合作、齐抓共管和统筹协调解决青少年体育工作重要问题的机制。

2. 广泛开展阳光体育运动，努力保证学生每天锻炼一小时。所查学校基本能按照国家课程标准的要求开设体育课，全面实行大课间体育活动。在没有体育课的当天，学校安排在下午课后组织学生集体体育锻炼，寄宿制学校坚持每天出早操，努力保证学生每天一小时的体育锻炼时间。同时，各地还结合实际，开展丰富多彩的体育活动。如浙江省组织开展“万班千校篮球联赛”，全省有85%的中学班级和77%的学生参与了联赛活动。广东省采取小学一、二年级“2+1+1”(两节常规体育课、一节传统或特色体育课、一节形体课)和中学“2+1”(两节常规体育课、一节传统或特色体育课)教学模式，既保证了体育课的落实，又体现了面向全体学生的常规体育课和学校体育传统项目特色的校本课程，形成了普及与提高共进的体育特色。福建省永春县华侨中学把地方拳种——白鹤拳创编成白鹤拳操列入大课间操，深受全校师生的喜爱。河北省通过举办学校体育节和青少年阳光体育运动现场促进会，推动全省中小学体育活动的开展。

3. 积极采取措施，加强中小学体育卫生师资队伍建设。福建省委、省政府把加强体育教师队伍建设作为教师队伍建设的重点，2008 年 11 月，省政府印发了《关于进一步加强中小学教师队伍建设的意见》，着力解决包括体育教师在内的全省中小学教师队伍建设的重点、难点问题，前 3 年全省先核增 6 500 个编制，优先用于补充农村小学音、体、美等紧缺学科教师。甘肃省针对农村中小学缺少体育卫生教师的实际情况，对农村义务教育阶段富余教师进行转岗培训，以缓解体育卫生教师紧缺的矛盾，同时将体育教师培训纳入本省六大教育工程，举办多种形式的体育教师和卫生专干培训班，不断提高教育教学水平。广东省从 2008 年开始，计划用 3 年时间采取多种培训形式，对全省农村中小学校专(兼)职卫生人员 3600 多人进行全员培训，2008 年已经完成 1200 人的培训任务。

4. 努力增加投入，不断改善学校体育卫生办学条件。8 省市都把改善学校体育卫生设施作为加强学校体育卫生工作的重要举措，努力增加投入，加强学校体育场地设施建设，配备体育卫生器材，使学校体育卫生条件基本满足教育教学需要。重庆市 2008 年投入 4000 万元专项资金，为全市农村小学配备体育器材。广东省从 2008 年开始，每年安排体育卫生专项资金 3000 万元，全部用于东西两翼及粤北山区学校体育卫生器材设备的购置与补充。山西省阳城县 2007 年投入 4700 万元修建了 30 个较高标准的中小学操场，2008 年又投入 300 多万元为部分学校配备了体育设备。

5. 建立有效评价机制，促进学校体育卫生工作健康发展。一是认真实施《国家学生体质健康标准》，努力提高学生体质健康水平。广东省除积极实施《国家学生体质健康标准》外，还结合本省实际实施了《广东省学生体能素质评价标准》和监测制度。二是积极实施初中毕业生升学体育考试制度，逐步建立符合素质教育要求的考试评价制度。三是加强对学校体育卫生工作的督导。浙江、广东、安徽 3 省将学校体育卫生工作作为评选“教育强县”或对县级政府教育工作督导评估的重要内容，将学校体育卫生工作督导评估结果作为对县级主要领导干部政绩考核的重要依据。安徽省在对示范性中学的督导评估中，将每天一小时体育锻炼时间、初中升学体育考试成绩和学生体质健康达标情况作为重要内容。

二、督导检查中发现的主要问题

1. 学校体育卫生师资缺乏，兼职教师相对较多。督查发现，8 省市农村中小学体育卫生教师普遍缺乏，体育教师兼职比例过大，有的省份达到70%。大部分学校没有配备卫生教师或保健人员。

2. 部分省份农村中小学体育卫生办学条件达不到国家基本标准。大部分省份农村中小学体育卫生设施设备严重短缺，所查学校中绝大多数农村中小学没有医务室。少数省份农村中小学体育场地和器材达标率分别低于40%和50%。

3.《国家学生体质健康标准》执行情况不容乐观。8省市所查学校中不少学校特别是农村中小学，由于经费短缺，体育卫生教师不足，不能全面实施《国家学生体质健康标准》，学生体质健康测试工作没有完全落实。

三、针对存在的问题国家教育督导团提出的整改要求

1. 要重视农村中小学体育卫生教师短缺问题，结合实际，采取有效措施，逐步配齐中小学体育卫生教师，同时加强培训工作，提高其专业水平，进一步推动中小学体育卫生工作的全面开展。

2. 进一步加大农村中小学体育卫生设施设备的投入。重点建设和改造学校运动场地、卫生室、食堂、饮水设施、厕所等，逐步使农村中小学体育卫生设施设备配备达到国家基本标准，满足教育教学的基本需要。

3. 进一步贯彻落实中央要求，加大工作力度，全面实施《国家学生体质健康标准》。全面开展学生体质健康测试工作，建立测试报告书制度，及时掌握学生体质健康情况，定期上报和公布学生体质健康状况。测试报告书要作为中小学生成长记录或中小学生素质报告书的重要内容。

2009年2月，国家教育督导团对河北等8省市人民政府印发了中小学体育卫生工作专项督导检查的意见，提请8省市人民政府根据《意见》中提出的问题和整改要求，研究制定整改方案，采取措施，切实解决存在的问题，于3个月内向国家教育督导团报送整改意见和进展情况，国家教育督导团将视整改情况决定复查和通报。

全国亿万学生阳光体育运动推进会

5月14日在重庆举行。教育部部长周济出席会议并讲话。他强调，要深入分析研究形势，及时总结交流经验，进一步行动起来，以新的高度、新的思路和新的举措抓好学校体育工作，使这项工作切实取得战略性突破和实质性进展，继续把阳光体育运动推向新的高潮。

周济说，自2007年5月7日，中共中央、国务院颁布《关于加强青少年体育　增强青少年体质的意见》以来，青少年学生体育工作得到各级党委政府的高度重视，各地认真学习贯彻中央文件精神，采取多种措施加强学校体育工作，形成了多年来少有的全国上下重视青少年体育的氛围，形成了多部门合作、齐抓共管和统筹协调解决学校体育工作重要问题的机制。各地以亿万学生阳光体育运动为载体，以全面实施《国家学生体质健康标准》为基础，根据本地区的实际情况，积极组织广大青少年学生开展了丰富多彩的体育活动，创造了大量新鲜有效的经验。经过两年多的扎实工作，每天锻炼一小时已经深入人心，亿万学生阳光体育运动深受青少年学生欢迎，形成了强大声势。如今，孩子们走向操场、走进大自然、走到阳光下，跑起来、跳起来、动起来，已经蔚然成风。

周济指出，在新的形势下，我们要深刻认识学校体育工作的重要性、紧迫性和现实针对性。学校体育工作是教育工作的大事，直接关系到亿万青少年的健康成长，关系到千家万户的幸福生活，关系到国家和民族未来的长远发展，是实施素质教育、促进学生全面发展的内在要求，是提高教育质量、办好人民满意教育的现实需要，是建设人力资源强国、提高全民族健康素质的必然选择。我们要以新的高度、新的思路和新的举措抓好学校体育工作，使这项工作切实取得战略性突破和实质性推进，从而让“健康第一”指导思想在学校教育中确立起牢固的地位。

周济强调，要以爱与责任，扎扎实实推进阳光体育运动。他说，今年是各级各类学校贯彻落实中央7号文件的关键之年。各地要以学习实践活动为契机，把贯彻落实中央7号文件作为一项重要而持久的任务，进一步增强使命感、责任感、紧迫感，更加突出学校体育工作的重要地位，下更大的决心，采取更有力的措施，把学校体育工作抓得再狠些，做得再实些。各级教育行政部门和学校要认真执行国家课程方案，坚持健康第一，不挤占体育课等教学时间，依法保障学生的休息权利，确保每天锻炼一小时，不断把学校体育工作推向前进。要充分调动学生、教师和学校的主观能动性和积极性。要针对青少年的特点和爱好，进一步唱响亿万学生阳光体育运动主旋律，努力开发丰富多彩、新颖多样的体育活动形式，吸引广大青少年普遍参与到体育锻炼中来。要因地制宜，大胆创新，努力形成百花齐放、异彩纷呈的学校体育新局面。要大力开展群众性校园体育活动，让体育活动覆盖到每一个班级、每一个学生，做到“人人有体育项目、班班有体育活动、校校有体育特色”。同时，各地要采取有力措施，为学校体育工作创造良好条件。教育行政部门和学校要积极主动争取政府进一步加大对学校体育的投入和支持。要大力推动国家学生体质健康标准、政府购买意外伤害校方责任险，以及学校卫生疫情监测和防控机制等各项制度的落实。要积极探索体育教学改革，逐步建立符合素质教育要求的体育考试评价制度，将体育科目测试成绩作为学生综合素质评价和学校录取的重要指标，充分发挥体育考试的积极导向作用。要加强宣传，及时总结和推广学校体育工作的经验与做法，形成全社会共同关心支持青少年健康成长的良好氛围。

会议由教育部副部长陈小娅主持。国家体育总局副局长冯建中、共青团中央书记处书记周长奎分别讲话。重庆、天津、内蒙古、江苏、河南、浙江、湖南七省(区、市)介绍了贯彻落实中央7号文件、开展阳光体育运动的经验。重庆市人大常委会副主任陈雅棠、重庆市副市长谢小军及教育部相关司局负责人、各省(区、市)教育厅负责人出席会议。会后，与会代表现场观摩了重庆市各中小学校开展阳光体育运动的情况。

(记者　李小伟)

牢固树立“健康第一”教育理念　努力开创学校体育工作新局面

——周济在全国亿万学生阳光体育运动推进会上的讲话

2007年5月7日，中共中央国务院颁布了《关于加强青少年体育　增强青少年体质的意见》(中发[2007]7号)，我国学校体育工作从此进入了新的历史阶段。两年来，教育系统会同体育、共青团等相关部门，认真学习、坚决贯彻党中央、国务院的决策部署，切实加强学校体育工作，大力开展全国亿万学生阳光体育运动，取得了积极进展。这次会议是第二次全国亿万学生阳光体育运动推进会，会议的主要任务是，深入分析研究工作形势，总结交流经验，进一步推动中央7号文件的贯彻落实，进一步推动阳光体育运动的广泛深入开展。这次会议既是一次现场会，也是一次推进会。重庆市委、市政府，特别是薄熙来同志非常关心青少年的成长，对加强体育工作树立了很好的榜样，阳光体育运动在重庆开展得非常好，充满了生机和活力，使我们受到了深刻的教育，受到了深切的感动。刚才，7个省区市作了发言，谈了很多好的经验。我相信这次会议一定会把阳光体育运动推向新的高潮。在这里我谈三点意见和体会。

一、贯彻落实中央7号文件取得积极进展，初步形成了加强学校体育工作的大好局面

党和政府始终高度重视青少年体育工作，关心青少年的健康成长。中央7号文件是首次以党中央、国务院名义发布的关于学校体育工作的文件，是新时期我国学校体育工作的重要里程碑，充分体现了党中央、国务院对广大青少年学生的亲切关怀，是全面贯彻党的教育方针、进一步推进素质教育的重大决策。中央7号文件发布后，受到了教育系统的衷心拥护和亿万师生的热烈欢迎。去年5月，教育部在江苏张家港召开了“迎奥运全国亿万学生阳光体育运动推进会”，中共中央政治局委员、国务院委员刘延东同志出席会议并作了重要讲话。在党中央、国务院的高度重视和正确领导下，各地认真学习贯彻落实中央7号文件，切实把体育工作摆在了学校工作的重要位置，广泛开展亿万学生阳光体育运动，采取多种措施加强学校体育建设，形成了多年来少有的全国上下重视青少年体质健康的氛围，阳光体育运动蓬勃发展、方兴未艾，学校体育工作呈现出了崭新的面貌。

第一，青少年学生广泛参与体育锻炼的良好局面初步形成。中央7号文件推动形成了加强学校体育工作、促进广大青少年积极参加体育锻炼的热潮。按照中央7号文件的要求，许多省份在切实减轻学生过重课业负担、保障体育课课时、落实学生每天锻炼一小时时间等方面制定了行之有效的措施，保证每一个学生都能参加到体育锻炼中来。如天津对中小学书面家庭作业作了明确的时间限制，以确保中小学生的体育锻炼、课外活动和睡眠时间；浙江要求每周减少一节地方课时，相应增加一课时用于学生课后集体体育锻炼；湖北把学生每天一小时体育锻炼时间列入作息时间表；上海的新课程方案明确将“体育三课、两操、两活动”纳入总课时。各地以亿万学生阳光体育运动为载体，以全面实施《国家学生体质健康标准》为基础，根据本地区的实际情况，积极组织广大青少年学生开展了丰富多彩的体育活动。从去年10月开始启动的全国中小学冬季长跑活动，有6000多万大中小学生踊跃参加，效果之好出乎预料，活动开始之初的一些质疑一扫而空。各级各类学校充分利用学校运动会或体育文化节，积极组织形式多样、特色鲜明、锻炼效果好的群众性体育比赛活动，要求人人参与、班班比赛，极大地激发了孩子们的参与热情。如浙江以“万班千校篮球赛”为重点，全省97％的中学、85％的班级和77％的学生参与了联赛活动，让广大中学生体验到了体育运动的快乐与魅力，充分体现了学校体育运动广泛群众性的特点，有力地推动了学校体育文化的形成。中国教育电视台联合各地教育、体育部门和电视媒体举办的《阳光伙伴》集体体育竞赛活动，直接参与师生16万人，影响同学、家长400万人，电视收视人群上亿人次。经过两年多的扎实工作，"每天锻炼一小时"已经深入人心。广大青少年学生参加体育锻炼的积极性、主动性不断增强，从"要我锻炼"转变为"我要锻炼"。如今，孩子们走向运动场、走进大自然、走到阳光下，跑起来、跳起来、动起来，已经蔚然成风。热爱体育、参加锻炼、崇尚运动已经成为广大青少年的时尚，成为许多校园的亮丽风景。与两年前相比，学校体育工作的面貌发生了很大的变化。

第二，青少年学生体质健康状况得到改善。中央专门颁布7号文件加强青少年体育工作，也是针对我国一段时期以来青少年身体素质和健康状况出现的新问题作出的重大决策。两年来学校体育工作的加强，已显现出明显的政策效应，广大青少年的身体素质和健康水平出现了明显改善，学生体质健康状况正在向令人欣喜的方向发展。一是学生体质进一步增强。2008年，全国近9万所学校的测试结果表明，达到《国家学生体质健康标准》及格及以上标准的学生占85.94%，总体情况好于2007年。二是学生健康状况和精神面貌大为改善。一些地方的校长和老师们反映，通过阳光体育运动，过去集体活动时有出现的学生晕倒的现象少了，孩子们的精力更加旺盛了。许多家长发现，参加阳光体育运动之后，孩子的胃口好了，个头长高了，精神状态更加朝气蓬勃了。同时，坚持参加体育锻炼还让孩子们结交到了更多的朋友，使他们的性格更加活泼开朗。三是学生的学习效率明显提高。老师们反映，运动时间的增加并没有影响学习，学生的求知欲更加旺盛，学习持续性明显增强，课堂反应速度也有了较大提升。四是学生的意志品质不断增强。许多学生反映，刚开始参加长跑的时候跑一圈就累了，现在一次跑三圈也不会有难受的感觉。根据团中央有关机构对15所学校的调查结果，有93.56%的学生感觉现在的长跑能力比以前进步明显；对冬季长跑活动带来的益处，有91.95%的学生认为能够强健体魄，84.32%的学生认为能培养意志力，72%的学生认为能缓解压力，这从一个侧面说明了加强学校体育的效果。

第三，学校体育工作涌现了大量新鲜经验。基层和群众的首创精神，是学校体育工作实践创新的动力之源。在推进学校体育工作的过程中，许多地区积极探索，大胆实践，创造了许多好的经验和做法。许多地方和学校坚持因地因校制宜，充分利用现有条件落实好各项政策措施。有的学校克服体育场地狭小的困难，在“螺蛳壳”里做道场，千方百计让孩子们充分动起来，在小操场上跑出“大天地”。有的学校给长跑配上背景音乐，激发学生的运动热情。有校长说得好：“只要肯动脑筋，就肯定有办法；只要你想跑，就肯定能找到地方。”在很多地方，学校体育活动走向了经常化、制度化；有的地区提出“活动过程管理课程化”，把“大课间活动”纳入了学校课程安排；保障学生参加体育活动的制度各有特色。

第四，促进青少年学生健康成长的社会共识初步形成。在中央 7 号文件的指导和推动下，加强学校体育工作取得了突破性的进展，赢得了广大青少年的热烈欢迎和人民群众的广泛支持。实践有力地说明，党中央、国务院关于加强青少年体育、增强青少年体质的决策是非常英明的。当前，“健康第一”的理念被越来越多的人接受，“每天锻炼一小时，健康工作五十年，幸福生活一辈子”更加深入人心，逐步形成共识，重视青少年体育、促进青少年健康成长成为全社会的共同行动。共青团、少先队、妇联组织充分发挥各自的优势和特色，开展了多种形式的课外体育锻炼活动。青少年活动中心、少年宫等其他校外教育机构开展了丰富多彩的校外体育活动和团队活动，把更多的青少年吸引到了健康向上的体育活动中。学校、社区和家庭的沟通与合作进一步加强，组织开展了多种多样的学校体育活动，形成了学校、家庭和社区的合力。许多广播、电视、报刊、新闻网站等媒体大力宣传普及科学的教育观、人才观、健康观，大力宣传加强学校体育工作、推进素质教育的经验，大力宣传社会各界支持学校体育工作的做法，大力宣传各地开展阳光体育运动的成效，为推动学校体育工作树典型、鼓干劲、添动力，营造了良好的舆论环境，全社会珍视健康、重视体育的氛围日益浓厚。

第五，青少年学生体育工作得到各级党委政府的高度重视。中央 7 号文件下发以来，各级党委政府和有关部门从贯彻落实科学发展观的高度出发，按照中央 7 号文件的要求，树立“健康第一”的指导思想，把学校体育工作摆上重要议事日程。北京等 21 个省市以党委和政府的名义下发了贯彻落实中央 7 号文件的实施意见，对加强学校体育工作提出了针对性很强的具体政策和措施。为切实加强对全国学校体育工作的领导和协调，中央 7 个部门共同建立了加强青少年体育部际联席会议制度，许多省(自治区、直辖市)也建立了相应的联席会议制度，形成了多部门合作、齐抓共管和统筹协调解决学校体育工作重要问题的机制。很多地方加大了对学校体育工作的投入力度，学校体育设施特别是中小学的体育教育教学条件进一步改善。如北京、山东等地将中小学体育设施配置作为推进中小学办学条件达标工程的重要内容，安排专项资金予以统筹解决；内蒙古明确规定每学年每生体育卫生经费不低于生均公用经费的 10%；新疆在区财政设立专项资金，解决开展阳光体育运动和学生体质健康监测等所需经费；宁夏、河南等地投入资金改造学校体育场地和配备相关器材。体育教师队伍特别是农村体育教师队伍建设得到加强。浙江、河南等省明确了专职体育教师的配备标准和福利待遇；福建省在核增教师编制中优先补充农村小学体育学科教师。学校体育的专项督导制度初步建立。国家教育督导团对 8 省市中小学体育卫生工作进行了专项督导检查，广东、安徽等地将学校体育卫生作为县级领导政绩考核的重要依据，陕西、湖南等地将学生每天锻炼一小时的落实情况作为评选先进“一票否决”指标。由于各级党委政府和有关部门的高度重视，青少年“健康第一”的指导思想通过各地的实际行动正在得到切切实实地落实，学校体育正在得到全面加强。

总之，中央 7 号文件颁布两年来，学校体育工作全面加强，青少年健康水平不断提高，取得了令人欣喜的成绩。但是，对已经取得的成绩还不能估计过高，必须清醒地看到，这些成果还只是初步的，实现学校体育工作战略性突破的任务还远远没有完成，距中央 7 号文件的要求还差得很远。在一些地方和学校，对加强学校体育工作的认识不到位、措施不得力、进展没起色的情况仍然存在，“健康第一”的思想观念仍然很不牢固，学生体质健康测试工作没有完全落实，少数学校仍然存在削减、挤占体育课的现象。在实际工作中，学校体育工作也还面临着许多困难，如对学校体育的经费投入仍有待增加，部分学校体育条件仍达不到国家基本要求，特别是农村学校体育师资数量严重不足，体育场地设施器材短缺，等等。总之，加强学校体育工作、促进青少年健康成长任重而道远，我们必须正视存在的问题和困难，充分估计做好学校体育工作的长期性和艰巨性，进一步采取切实有效的措施，推动学校体育工作迈上新台阶。

二、深入贯彻落实科学发展观，进一步深化对学校体育工作的认识

2007 年，胡锦涛总书记深刻地指出，增强青少年体质、促进青少年健康成长，是关系国家和民族未来的大事，需要各级党委和政府的高度重视、全社会的关心支持。中央 7 号文件强调：“广大青少年身心健康、体魄强健、意志坚强、充满活力，是一个民族旺盛生命力的体现，是社会文明进步的标志，是国家综合国力的基础。”又指出：“青少年的体质健康水平，不仅是个人健康成长和实现幸福生活的根基，而且是整个民族健康素质的基础，并直接影响到我国人才培养的质量。”今天，我们重温这些重要论述，更加深刻地感受到，必须始终把加强青少年体育摆在贯彻落实科学发展观的高度来认识，摆在关系国家未来前途命运的高度来认识，摆在关系亿万人民群众切身利益的高度来认识。中央关于加强青少年体育工作的重大决策，顺应了时代发展的要求，符合广大人民群众的愿望，也极大地促进了教育事业的发展。

以毛泽东、邓小平、江泽民同志为核心的三代中央领导集体和以胡锦涛同志为总书记的党中央，都非常重视学校体育工作和青少年学生的健康成长。毛泽东同志早在青年时期，就在《新青年》杂志上发表了一篇名为《体育之研究》的论文，全面深刻地阐述了体育对青少年健康成长和民族健康发展的重要意义，指出，“今世百科之学，无论学校独修，总须力能胜任。力能胜任者，体之强者也。不能胜任者，其弱者也”。他深刻阐述了体育对于德育和智育的重要作用：“体育一道，配德育与智育，而德智皆寄于体，无体是无德智也”，“体育之效，至于强筋骨，因而增知识，因而调感情，因而强意志”。他对学校体育进行了专门的论述，指出“小学之时，宜专注重于身体之发育，而知识之增进、道德之养成次之”，“中学及中学以上，宜三育并重，今人则多偏于智”，最早提出了学生“健康第一”的思想。毛泽东同志的这些论述，在今天仍然有极其重要的指导意义。在新中国成立之初，毛泽东同志明确指出：“要注意健康第一，学习第二。”改革开放后，邓小平同志要求，“要把学校体育工作搞好”。江泽民同志多次强调，体育是关系人民健康的大事，体育水平是一个民族文明进步的重要标志。2007 年，在胡锦涛同志亲自主持下，经中央政治局常委会、中央政治局会议先后讨论，通过了 7 号文件。毛泽东、邓小平等老一辈革命家、中央领导同志都身体力行，坚持锻炼，热爱运动，他们在青少年时代练就的健康体魄，为他们保持坚强的革命意志和乐观的人生态度奠定了坚实的基础。

在新形势下，学校体育工作是教育工作的大事，直接关系到亿万青少年的健康成长，关系到千家万户的幸福生活，关系到国家和民族未来的长远发展。我们提出“每天锻炼一小时，健康工作五十年，幸福生活一辈子”，也正是从这样一个高度提出来的。健康的身体，是学习生活不可缺少的载体。学生有了健康的体质，才能够有旺盛的精力和体力投入到学习中去。没有健康的体魄，即使品德再好，本事再大，也不能大有作为，也谈不上有自己的幸福生活。千好万好，身体好是第一位的。身体好是工作好的基础，是学习好的本钱，是幸福生活的前提。这是一个浅显的道理。我们要从这样一个起点出发，站在全面实施素质教育、办好人民满意教育和建设人力资源强国的高度，进一步提高对做好学校体育工作重要意义的认识，以更加坚定的自觉性贯彻落实好中央 7 号文件精神。

第一，要从实施素质教育、促进学生全面发展的内在要求出发提高认识。当前，全党上下正在广泛开展深入学习实践科学发展观活动。科学发展观的核心是以人为本，促进人的全面发展。全面贯彻党的教育方针，全面实施素质教育，促进学生全面发展和健康成长，是教育工作落实科学发展观的必然要求。胡锦涛总书记指出，全面实施素质教育，核心是要解决好“培养什么人、怎样培养人”的重大问题，这应该成为教育工作的主题。身心健康是学生全面发展的重要基础，体育在素质教育当中占有非常重要的位置，其本身就是一个育人的过程，是教育的本质功能之一。所以我们提出，要把体育作为全面推进素质教育的重要突破口，作为教育工作的主要方面之一。这是符合教育方针要求的。我们也深切地体会到，推进阳光体育运动、抓好青少年的体质就是落实科学发展观的实际行动。我们希望在推进落实学习实践科学发展观活动的时候，把阳光体育运动做得好不好、学校体育工作做得好不好，也作为科学发展观贯彻落实得好不好的一个重要方面。

就个人发展而言，体育在提高学生的健康素质的同时，还能砥砺他们的意志品质和人格精神。学生经历的每一次体育活动和竞赛都在潜移默化地教育熏陶他们，培养他们团结、合作、坚强、献身和友爱的高尚情操。对于今天独生子女一代，体育更是培育他们自强不息精神和吃苦耐劳意志的有效途径。可以说，加强学校体育工作，促进青少年健康成长，是教育本质的回归。忽视青少年身心健康，忽视学校体育工作，就谈不上全面贯彻党的教育方针，谈不上全面实施素质教育。近年来的实践已经充分证明，加强学校体育，确确实实成为了全面实施素质教育的重要突破口。凡是那些阳光体育活动开展得有声有色的地方和学校，素质教育都找到了行之有效的抓手，办学思想得到了进一步的端正，形成了青少年热爱体育、崇尚运动、健康向上的校园体育氛围，学生的精神面貌和体质状况有了明显的改善，综合素质有了很大的提高。经验也告诉我们，很多政策措施往往牵涉方方面面的利益，抓起来不是那么容易，而抓体育容易形成共识，带动工作。很多地方落实学生每天锻炼一小时要求的同时，带动了一系列有利于推进素质教育措施的出台，切实减轻了学生过重的文化课业负担。我们要坚持不懈地牢牢抓住这个战略突破口，牢固树立"健康第一"的指导思想，面向全体学生，咬定青山不放松，把学校体育工作推向新的水平，从而为每一个青少年充分发展，健康工作五十年、幸福生活一辈子奠定坚实基础。

同时我们必须认识到，由于日益加剧的社会就业和竞争压力以及片面追求升学率倾向的影响，学生课业负担过重、学校体育被弱化或边缘化的趋势在一些地方和学校仍然不同程度地存在。这与全面贯彻党的教育方针、全面实施素质教育的要求是背道而驰的。这种状况如果不能得到根本的扭转，我们将有愧于教育工作的神圣职责，有愧于党和人民的重托，有愧于国家和民族的未来。必须以对人民群众高度负责的态度，把学校体育工作摆到突出的位置，采取切实措施，达到中央 7 号文件提出的工作目标和要求。

第二，要从提高教育质量、办好人民满意教育的现实需要出发提高认识。当前，我国教育改革和发展站在了一个新的历史起点上。在新时期新阶段，提高教育质量，是教育工作的中心任务。我们不仅要让孩子们能上学，还要上好学。加强学校体育工作、促进学生体质健康，是提高教育质量不可缺少、不可替代的重要组成部分。离开了体育的教育，是不全面、不可持续、质量不高的教育。同时，青少年健康又直接关系人民群众的切身利益，有了健康才能有幸福生活，才有每个家庭的和谐安宁。让我们的孩子身心健康、人格健全、一生幸福，是每个家庭的愿望。开展体育活动，增进身心健康，孩子们喜欢，家长赞同，社会欢迎，可操作性强，很容易达成共识。人民群众把孩子送到学校来，不仅希望他们学到科学文化知识，也希望他们的身心在学校里得到良好发展，养成体育锻炼的习惯，具有蓬勃的朝气、健全的体魄，为他们一生快乐工作、幸福生活奠定重要的基础。加强学校体育工作，促进学生健康成长，不仅关系到中华民族的未来，同时也关系到每个家庭的幸福。这也是我们办好人民满意教育的重要体现。我们一定要以对人民群众高度负责的精神，把这件直接关系亿万学生、亿万家庭的大事办实办好。

第三，要从建设人力资源强国、提高全民族健康素质的战略高度出发提高认识。党的十七大提出了建设人力资源强国的奋斗目标，建设人力资源强国，不仅要求全体国民具有良好的思想道德和科学文化素质，也需要全体国民具有强健的体魄和精神。提高全民族的健康素质，关键在于提高青少年的健康素质。一个国家、一个民族，只有它的下一代健康成长、体魄强健，才可能呈现出旺盛的生命力和不竭的创造力。一个"民族之体质日趋轻细"的国家是不可能自立于世界强大民族之林的。青少年的健康是国家的财富，是国家生产力和竞争力的基础。许多国家从基础教育起，就把体育放在教育的突出位置。中华民族在几千年的劳动和斗争中形成了丰富多彩的以健身修身为特点的民族传统体育文化，创造出强健民族体魄和精神的灿烂文明，也有在半封建半殖民地的旧中国因积贫积弱而被称为"东亚病夫"的耻辱。在中国共产党领导下的新中国，正是由于党和国家高度重视体育工作，高度重视开展群众性体育活动，坚持"发展体育运动，增强人民体质"，经过新中国成立 60 年来几代人的不懈努力，才有了北京奥运会的辉煌，实现了中华民族的百年梦想。当今中国正在以前所未有的姿态昂然自立于世界，中华民族正在以无比的自信走向伟大的复兴，培养具有强健体魄、健康心理、坚强意志和昂扬精神的青少年一代就具有更为重要而深远的历史意义。我们要从建设人力资源强国的战略高度，深刻认识增强青少年体质健康对提高全民族健康素质的重要作用，以对未来国家和民族高度负责的态度，切实把学校体育工作放到更加重要的位置。

总之，我们要深刻认识学校体育工作的重要性、紧迫性和现实针对性，以新的高度、新的思路和新的举措抓好学校体育工作，使这项工作切实取得战略性突破和实质性推进，从而让"健康第一"的教育理念在学校教育中确立起牢固的地位。

三、以爱与责任，扎扎实实推进阳光体育运动

我们常说，没有爱就没有教育，没有责任就办不好教育。加强学校体育工作，是对学生的爱和责任的具体体现。凡是热爱青少年的同志们，都必然关心和爱护学生的身体健康；凡是忠诚于党的教育事业的同志们，都应该倡导和参与阳光体育运动，都应该抓好学校体育工作。各级教育行政部门和学校，要以对青少年学生深沉的爱、以对他们健康成长和一生幸福高度负责的态度，乘着阳光体育运动的东风，认真抓好中央 7 号文件的贯彻落实。

一是认清形势，明确目标，进一步增强使命感、责任感和紧迫感。今年是各级各类学校贯彻落实中央 7 号文件的关键之年，也是深入开展学习实践科学发展观活动之年。贯彻落实科学发展观，促进教育科学发展上水平，必须把学校体育工作摆在突出位置。各地要以这次学习实践活动为契机，把贯彻落实中央 7 号文件作为各级教育行政部门的一项重要而持久的任务，把加强学校体育工作作为推动教育事业科学发展的重要抓手，不断把学校体育工作推向前进。

中央7号文件提出，“通过5年左右的时间，使我国青少年普遍达到国家体质健康的基本要求，体能素质明显提高”。现在距离中央7号文件提出的工作目标和要求只有3年左右的时间了，各级教育行政部门和各级各类学校必须进一步增强加强学校体育工作的使命感、责任感和紧迫感，在已有工作的基础上，更加突出学校体育工作的重要地位。要下更大的决心，采取更有力的措施，抓得再狠一些，做得再实一些，在较短的时间内把阳光体育运动推向新的高潮，努力开创学校体育工作的新局面。各级教育行政部门要全面了解本行政区域内学校体育工作开展情况，掌握第一手资料，积极争取党委、政府的支持，主动配合发展规划、财政、体育等相关部门，为学校多解难题、多办实事。要结合本地区的实际，进一步明确目标，落实责任，强化措施。要认真总结加强学校体育工作的好经验、好做法，深入分析学校体育工作的薄弱环节，积极采取措施，切实解决制约推进学校体育工作的瓶颈问题。校长是学校体育工作第一责任人，要用更多的精力、采取更有力的措施，千方百计抓好学校体育工作。最近，教育部公布了《关于当前加强中小学管理规范办学行为的指导意见》，要求各级教育行政部门和学校认真执行国家课程方案，坚持“健康第一”，不挤占体育课等教学时间，依法保障学生的休息权利。各地要认真执行文件要求，保质保量上好体育课，确保学生每天锻炼一小时，任何人不得以任何理由和方式，削减、挤占体育课和体育活动时间。在这里我要重申，落实学生每天一小时锻炼时间，是对学校的最低要求，是一项硬指标，不仅要深入人心，还要身体力行。

二是要充分调动学生、老师和学校的主观能动性和积极性。教育以育人为本，以学生为主体；办学以人才为本，以教师为主体。加强学校体育工作，发挥学生、教师和学校的主观能动性和积极性是关键。加强学校体育、参加体育锻炼，是广大青少年学生的内在需求和强烈期盼。要唱响“我参与、我运动、我快乐”的阳光体育主旋律，激发青少年参加体育锻炼的积极性、主动性，让青少年做自己健康成长的主人。中小学班主任、高校辅导员、体育教师是学校体育活动的重要组织者和推动者，要充分发挥好他们的作用。要进一步加强学校体育师资队伍建设，配足配齐体育教师，强化现有体育教师特别是农村中小学体育教师的培训力度，充分调动他们的积极性。要发挥学校开展学生体育活动的积极性和创造性，特别是校长要亲自动员和号召学生参加体育锻炼，千方百计为学生体育锻炼创造条件。各级各类学校要因地制宜，大胆创新，努力形成百花齐放、异彩纷呈的学校体育新局面。体育条件较好、设施齐全的学校要开设具有时代特点的体育项目并逐步形成自身的体育特色，农村学校要根据校园环境和地域特点设计体育课程。要大力开展群众性校园体育活动，让体育活动覆盖到每一个班级、每一个学生，做到“人人有体育项目、班班有体育活动、校校有体育特色”，形成强身健体、阳光运动的校园体育文化。

三是采取有力措施，为学校体育工作创造良好条件。各地教育行政部门和学校要积极主动争取政府进一步加大对学校体育的投入和支持，把学校体育卫生工作专项经费纳入年度教育经费预算内予以保障，并随着教育经费的增长同步增长。要大力推动国家学生体质健康标准、政府购买意外伤害校方责任险，以及学校卫生疫情监测和防控机制等各项制度的落实，教育部已经就此会同有关部门下发了一系列配套文件，各地要认真抓好各项配套政策的落实。要积极探索体育教学改革，逐步建立符合素质教育要求的体育考试评价制度，将体育科目测试成绩作为学生综合素质评价和学校录取的重要指标，充分发挥体育考试的积极导向作用。要重视体育活动中的安全教育和管理，既要加强安全防范工作，提高安全意识，消除体育活动中的安全隐患，也要防止因噎废食、削弱体育活动的倾向。各级教育督导部门要把中小学的体育工作列入督导计划，依法开展学校体育工作的专项督导，把督导重点放在体育课时、每天一小时体育活动时间、学生体质健康标准实施情况上。督导报告要向全社会公布，要把学校体育工作状况，特别是开展“阳光体育运动”的情况作为评价地方和学校教育质量和办学水平的重要指标。

四是加强舆论宣传，及时总结和推广学校体育工作的经验与做法。良好的社会氛围是做好学校体育工作的重要保证。教育行政部门和学校要加强与新闻媒体的合作，宣传学校体育工作和青少年体质健康的重要性，宣传开展阳光体育运动的典型和成效，形成正确的舆论导向和全社会共同关心支持青少年健康成长的良好氛围，为学校体育工作的开展创造有利的社会环境。近两年来，在贯彻落实中央 7 号文件的过程中，许多地区和学校已经取得了好经验，树立了好典型。这些经验和典型来源于生动的实践，贴近教师和学生的实际，对于推动学校体育的具体工作具有重要的启发意义和参考价值。各级教育行政部门负责同志要经常深入学校第一线，及时总结这些好经验、好做法，同时组织学校开展多种形式的交流和学习工作，真正发挥这些经验的典型示范作用。我再强调一下，我们要突出阳光体育运动，进一步完善它、唱响它，把这些口号唱得更响一些，真正做到家喻户晓、深入人心。

青年兴则国家兴，青年强则国家强，青年有希望，未来的发展就有希望。同志们，让我们立即行动起来，进一步贯彻落实好中央 7 号文件，坚定信心，真抓实干，切实加强学校体育工作，掀起"全国亿万学生阳光体育运动"的新高潮，让广大青少年学生在阳光下快乐、健康地成长。

全国青少年校园足球活动启动建立小学至大学四级联赛制度

2009-06-11

由教育部、国家体育总局联合推出的全国青少年校园足球活动 6 月 10 日在北京回民中学举行启动仪式。教育部副部长陈小娅出席并讲话，教育部、国家体育总局及 31 个省、自治区、直辖市教育和体育部门的相关负责人出席了会议。

陈小娅说，足球运动深受广大青少年喜爱，广泛开展青少年校园足球活动既能丰富学校体育活动的内容，也对进一步推动学生阳光体育运动，使广大青少年走向操场、走进大自然、走到阳光下，积极参与体育活动起到重要的推动作用。

陈小娅指出，开展青少年校园足球活动，青少年学生是主体，要吸引广大青少年学生参与到足球活动中来，形成青少年热爱足球、积极参与的良好风气。要通过开展青少年校园足球活动，使学生学习基本的足球知识、掌握基本运动技能、养成良好的品质，使足球活动在学校广泛普及，夯实青少年足球运动基础，为逐步建立符合我国国情的足球人才培养体系作出积极探索和努力。

据了解，将从北京等 44 个城市中选择 1470 所小学和 776 所初中作为首批开展此项活动的学校，国家将拨出专项资金加以推动。为此，教育部、国家体育总局制订了专门的实施方案，要求从今年 6 月开始建立和完善小学、初中、高中和大学四级足球联赛。方案规定，每个学生每周将至少保证有两个小时进行足球运动的时间。

（记者　李小伟）

第十届全国中运会科报会闭幕共收录论文 2193 篇，录用 801 篇

第十届全国中学生运动会科学论文报告会暨第五届中国学校

体育科学大会，经过为期 3 天的大会报告、墙报展示和书面交流等活动，8 月 16 日在长沙湖南师范大学附属中学闭幕。教育部副部长陈小娅出席闭幕式并讲话。

陈小娅指出，目前我国学校体育科研工作已经有了比较广泛的群众基础，但是，具有突破性高质量的学校体育科研成果还不多见，对开展学校体育科研工作的重视程度还不够，需要各方面加大支持，进一步提高学校体育科研的整体水平。

陈小娅对学校体育科研工作提出几点希望：各级教育行政部门和学校的领导要重视学校体育科研工作，深化体育课程与教学改革，提高学生体质健康水平，培养学生终身体育的意识和能力，开展卓有成效的学校体育科学研究；要围绕贯彻落实中央 7 号文件开展学校体育科研，把开发适应青少年时代特点的锻炼项目和健身方法的研究作为重点，为青少年体育锻炼提供科学指导；要努力创建具有中国特色的学校体育科学体系，努力提高学校体育科研的学术水平与应用价值；要坚持科学严谨的学风，不断提高科研水平。

据了解，第十届全国中运会科报会暨第五届中国学校体育科学论文报告会，共收到全国 34 个省、自治区、直辖市和新疆生产建设兵团，以及我国香港、澳门特别行政区的论文共计 2193 篇。经大会学术委员会的认真评定，共录用论文 801 篇，其中，大会报告 52 篇、墙报交流 288 篇、书面交流 461 篇。

（记者　李小伟　柴葳　李伦娥）

第三届亿万学生冬季长跑活动启动形成强身健体阳光运动氛围

11 月 1 日上午，北京飘起了今冬第一场雪，第三届全国亿万学生阳光体育冬季长跑活动全国暨北京市起跑仪式在北京市第四中学举行。教育部副部长陈小娅等参加并讲话。

陈小娅要求："各级各类学校要把开展冬季长跑活动作为学校体育活动的重要内容，结合学校体育场地和学生年龄、体质等实际，制订切实可行的实施方案，充分利用体育课、大课间和课外体育活动组织学生进行冬季长跑。在长跑活动中，要加强安全教育，制定安全预案，防止发生安全事故。"

共青团中央书记处书记汪鸿雁向学生代表授予第三届全国亿万学生阳光体育运动冬季长跑主旗。

据介绍，本届冬季长跑活动以"阳光体育与全民健身同行"为主题，指导思想以深入贯彻落实中央 7 号文件、广泛开展阳光体育运动为宗旨，以宣传实施《全民健身条例》为契机，通过开展冬季长跑活动，培养青少年热爱体育、崇尚运动的健康观念和良好习惯，逐步形成强身健体、阳光运动的校园长跑活动氛围，不断提高学生身体素质和意志品质。从今天开始，全国各省、市、自治区将陆续举行起跑仪式。

启动仪式上还对在第二届阳光体育冬季长跑活动中表现突出的北京市等18个省级单位和北京市怀柔区等420个地、市、县、区优秀组织单位进行了通报表扬。

（记者　赵正元）

摘自：《中国教育报》2009年11月2日

各省、市、自治区组织的会议、培训与交流活动

北京市

本市中小学推行学生阳光体育证书制度

本市在6月12日召开的2009年学生阳光体育推进会上宣布，从今年年底开始，全市中小学校将实行“学生阳光体育证书”制度，依据学生测试《国家学生体质健康标准》的达标情况颁发相应级别的证书。副市长黄卫出席会议并讲话。

从今年开始，本市每年对所有学生进行国家学生体质健康标准测试。对成绩合格的学生颁发一星级学生阳光体育证书，成绩良好的将获得二星证书，优秀的获三星证书，测试成绩满分的学生获得四星证书，而连续三年测试成绩均为满分的学生将获得最高的五星证书。

黄卫要求各级教育行政部门要高度重视青少年体育工作，进一步减轻学生课业负担，大力开展群众性校园体育活动，切实落实学生每天锻炼一小时，促进青少年健康成长。要引导学生积极参与体育锻炼，珍视健康，热爱生命，全面发展，切实提高青少年体质健康水平，为社会主义建设事业培养更多更好的接班人。

（记者　刘昊）

来源：北京日报

北京教育信息网网址：http://www.bjedu.gov.cn

（北京市教育委员会）

我市召开2009年学生阳光体育推进会

6月12日，由市教委举办的2009年北京市学生阳光体育推

进会在北京工业大学奥运羽毛球体育馆召开。副市长黄卫、市委副秘书长李福祥及教育部、国家体育总局、市教委、市政府教育督导室、市人大、市体育局等单位的领导出席会议。各区县政府、教委、各高校的主管领导以及大中小学生共1000余人参加大会。

市教委副主任郑萼详细介绍了我市推进学生阳光体育工作采取的系列举措。

副市长黄卫在讲话中要求各级政府、学校、家庭和社会都要高度重视青少年体育工作，共同关注青少年的健康成长，引导青少年学生积极参与体育锻炼，珍视健康，热爱生命，全面发展，切实提高青少年体质健康水平，为社会主义建设事业培养更多更好的接班人作出首都应有贡献。

会上，7所大中小学的学生进行了行进管乐、花样跳绳、花样篮球、绑腿跑、团体操等阳光体育活动展示，北京工业大学、密云县教委、海淀区育英学校分别介绍了开展“学生阳光体育运动”的工作经验。海淀区、北京外国语大学等39家单位获“2008年国家学生体质健康标准测试结果优秀区县和高校”，海淀区、北京工业大学等28家单位获“2008年北京市大中小学阳光体育联赛优胜单位”。

北京教育信息网网址：http://www.bjedu.gov.cn

（北京市教育委员会）

我市出台措施推进学校体育工作

我市出台措施推进学校体育工作：一是改革体育考试制度。从2010年起将初中生毕业升学考试总成绩中的体育分数提高为40分，包括30分现场体育考试和10分过程性体育考核。二是探索建立阳光体育运动长效机制。从2009年年底开始，在全市中小学校实行“北京市学生阳光体育证书”制度，同时将体育测试成绩优秀和体育考核成绩良好以上纳入市“三好学生”评选标准。三是统筹推进体育卫生软硬件建设。不断加大各级政府财政投入，确保2010年学校体育卫生办学条件优先达到《北京市中小学校办学条件标准》。

北京教育信息网网址：http://www.bjedu.gov.cn

（北京市教育委员会）

北京市出台措施推进学校体育工作

2009-07-13

为进一步提高学生健康水平，促进学校体育工作，北京市在出台《关于加强青少年体育增强青少年体质的实施意见》的基础上，按照首都学校体育工作的总体目标，再次推出一系列政策措施，努力营造全社会关注学生体质的良好氛围，全面推进学生阳光体育工作。

一是2010年开始改革体育考试制度。从2010年起将初中学生毕业升学考试总成绩中的体育分数提高为40分，包括30分现场体育考试和10分过程性体育考核。通过增加过程性考核体育的改革，引导督促学生积极参加体育活动，改善身体健康状况。制定下发《关于加强中小学体育课程教学的意见》，让学生“掌握至少两项体育技能”成为体育课程教学的目标之一，不断促进教师改进教学能力水平，提高体育课堂教学质量。

二是探索建立阳光体育运动长效机制。从2008年起，我市已将全年所有学生体育比赛活动，纳入学生阳光体育联赛系列活动中，对在阳光体育联赛中优胜区县和高校给予表彰。全面推广实施国家学生体质健康标准，从2009年年底开始，在全市中小学校实行“北京市学生阳光体育证书”制度，根据学生体质健康测试的达标情况颁发相应的“北京市学生阳光体育证书”，同时将体育测试成绩优秀和体育考核成绩良好以上纳入市“三好”学生的评选标准。通过探索建立阳光体育运动长效机制，切实推动群众性的体育比赛广泛深入开展。

三是统筹推进体育卫生软硬件建设。不断加大各级政府财政投入，完善学校体育卫生工作经费保障机制，加快学校体育场地设施的建设步伐，确保2010年学校体育卫生办学条件优先达到《北京市中小学校办学条件标准》。积极推动学校体育设施在课余时间和节假日向学生、社区居民开放，促进社会公共体育场馆向周边学校提供便利，力争城八区的每一所中小学都能联系一所公共体育场馆，努力解决学校生均体育活动面积不足的问题。合理配备中小学体育教师编制，通过开展专业技能基本功考核、教学成绩评优和师资交流培训等途径，不断提高体育教师队伍建设的质量和水平。

http://www.moe.edu.cn

教育部

300名西部小学体育教师在京受训

京报网讯：西部小学体育骨干教师国家级培训计划日前在京启动，300名来自西部的小学体育教师将在北京教育学院接受为期8天的系统培训。

参加此次培训的教师来自西藏、内蒙古、云南等12个西部省、市、自治区及新疆生产建设兵团，涵盖了24个民族，平均年龄34岁，其中最小的21岁，最大的48岁。

教育部相关负责人表示，西部中小学体育教师紧缺，而且培训机会有限。此次培训将缓解西部学校体育教育相对薄弱的现状，解决西部体育教师的问题与困惑。

（实习生 毛振华）

北京教育信息网网址：http://www.bjedu.gov.cn

（北京市教育委员会）

黄卫副市长出席第十届全国中学生运动会北京代表团总结表彰会

9月6日上午，第十届全国中学生运动会北京代表团表彰会在清华附中隆重召开。北京市副市长、北京代表团名誉团长黄卫同志出席大会并发表讲话。

在本届中学生运动会中，北京中学生体育代表团共获得了30枚金牌、9枚银牌、11枚铜牌，11人次打破中运会记录、团体总积分783.5分，各项排行不但位居榜首，而且遥遥领先；体育科学论文报告会也取得了优异的成绩。北京市第一次在全国学生运动会上夺得金牌和总分第一名，并且摘得体育道德风尚奖，实现了历史性突破。

黄卫副市长首先向在本次运动会中取得优异成绩的运动员、教练员和付出艰辛劳动的工作人员表示热烈的祝贺，并鼓励大家再接再厉，保持首都中学生应有的精神风貌和竞技运动水平，做好参加2011年中学生运动会的准备。黄卫副市长要求全市各级各类学校要坚持面向全体学生开展阳光体育活动，关注每一位学生的健康成长，努力把学校体育作为推进素质教育的突破口，开展丰富多彩的课外体育活动，走出一条有首都特色的学校培养体育后备人才之路，努力实现全体学生健康成长和竞技体育水平不断提高的良性发展趋势。

市教委副主任、北京代表团团长郑萼代表北京代表团做总结，市委副秘书长李福祥、市政府副秘书长鲁勇、市委教育工委常务副书记刘建、市体育局副局长李丽莉、市财政局副局长吴素芳、团市委副书记沈千帆、全国中学生体育联合会副秘书长张燕京以及教育部的有关领导出席表彰大会。北京市体育代表团的近400名师生参加了会议。

大会为优秀运动员、优秀教练员、优秀体育科研论文获奖者和优秀校长颁发了奖励证书，并表彰了为本次中运会北京代表团作出突出贡献的区县和学校。

北京教育信息网网址：http://www.bjedu.gov.cn

（北京市教育委员会）

第三届学生阳光体育冬季长跑活动起跑仪式在京举行

11月1日，首场大雪覆盖京城，第三届全国亿万学生阳光体育冬季长跑活动全国暨北京市起跑仪式在北京四中热烈举行。教育部副部长陈小娅、市教委主任刘利民、副主任郑萼出席仪式，奥运冠军杨扬、杨凌和横渡英雄张健等参加了起跑仪式。

本届冬季长跑活动以“阳光体育与全民健身同行”为主题，启动仪式由教育部、国家体育总局、共青团中央共同主办，市教委承办。启动仪式上，北京四中的学生进行了丰富多彩的阳光体育活动展示。

北京教育信息网网址：http://www.bjedu.gov.cn

（北京市教育委员会）

内蒙古自治区

内蒙古以“33211工程”为抓手　大力加强农村牧区学校体卫艺工作

2009-02-02

2008年11月，内蒙古最后10个农村牧区旗县的“33211”工程通过自治区政府教育督导团的验收，至此，全区85个农村牧区旗县全部通过了“33211工程”的专项督导。“33211”工程是内蒙古从2001年开始实施的一项旨在推动农村牧区中小学体卫艺工作的工程。内容包括3课（体育与健康教育课、音乐课、美术课）、3操（早操、课间操、眼保健操）、2活动（体育锻炼活动、科技文体活动）、1会（每年举办一届以田径为主的运动会）、1节（每年举办一届艺术节）。2001年，内蒙古自治区教育厅在调研中发现，全区中小学，尤其是农村牧区学校，师资不足、器材设施短缺等现象十分突出，早操、课间操、课外文体活动开展不够普遍。据数据统计，2001年全区农村牧区体育课的开课率仅达到

83%，音乐课开课率为57%，美术课开课率为54%。如何有效地促进农牧区学校体卫艺工作成为内蒙古实施素质教育的一大瓶颈。

2001年下半年，内蒙古启动“33211工程”，由自治区政府教育督导团牵头，教育厅负责组织，坚持面向全体，以农村牧区为重点，对各农村牧区、旗县政府组织实施学生音体美的教育水平进行严格评估考核。按照规划，到2010年前全区所有农村牧区、旗县全部接受验收。在《评估督导细则》中，除了按照国家课程计划，严格考核学校3课、3操、2活动、1会、1节的开展情况，更重要的是对旗县政府在学校体卫艺工作的支持力度、设备投入、师资配备等方面有着详细的考核标准。

内蒙古“33211工程”最大的特点是突出政府行为，变以往的教育行政部门内部督导评估的方式，由自治区督学对各级政府进行评估督导。进一步推动各级党委、政府重视和支持学校体卫艺工作。在评估中每个旗县被检的学校数量都不少于总数的三分之一，确保验收结果真实准确。自治区本级财政每年安排50万～60万元购置体卫艺器材，用于奖励评估验收成绩优秀的旗县。

2007年，内蒙古下发《关于贯彻落实中发[2007]7号文件的实施意见》，提出把“33211工程”作为贯彻中央7号文件的载体，加大《国家学生体质健康标准》的推广和阳光体育运动的开展力度，大力提倡各地各校自编自创具有地方特点、民族特色的校操和集体艺术操，广泛开展体育竞赛和形式多样的活动，扩大“33211工程”的外延。同时，要求各级政府要把学校体育卫生工作纳入重要的议事日程，所需经费列入财政部门年度预算，每学年体育卫生经费不低于公用经费的10%。此外，在内蒙古准备实施的中小学学校标准化建设工程中，对体卫艺的场地、器材、设施等提出了具体标准。

据统计，从2001年至2007年，“33211工程”实施的前七年中，各级政府累计投入约2.3亿元，体育、艺术师资队伍得到了加强，学历大幅度提高，数量不断增加，截至2008年，全区音体美专职教师分别达到11047人、6842人、6273人，比2001年分别增加了2022人、578人、828人。截至2007年，体音美开课率分别达到99.76%、91.35%、98.99%，比2001年分别提高了16.56%、33.95%、34.29%。99.48%的学校按要求开展课外体育活动；98.95%的学校每年举办一届运动会，在工程的带动下，目前全区各级各类学校体育设施不断完善，体育课程与教学改革不断深入，中小学体育教育的环境正在不断改善。

http://www.moe.edu.cn

教育部

2009年全区学校体育卫生艺术与国防教育工作会议在巴彦淖尔市召开

3月5日，2009年全区学校体育卫生艺术与国防教育工作会议在巴彦淖尔市召开，教育部体育卫生与艺术教育司司长杨贵仁、内蒙古自治区高校工委书记、教育厅厅长李东升出席会议并分别讲话，会议由教育厅何瑞芝副厅长主持。全区各盟市教育局分管领导、科长和部分高校代表参加了会议。

会议中，杨贵仁司长总结了改革开放30年来，全国学校体卫艺工作的发展与进步，充分肯定了我区学校体、卫、艺工作取得的成绩，并根据2009年教育部工作部署提出了要求。

李东升厅长在会上简要总结了2008年全区教育工作和体育卫生艺术教育工作情况，并从学习实践科学发展观的角度对今后学校体卫艺工作提出了要求。

http://www.nmgov.edu.cn

内蒙古自治区教育厅

内蒙古自治区中小学校体育卫生与艺术教育工作水平进一步提高

2009-05-20

2008年，内蒙古自治区教育厅以继续贯彻落实中央7号文件为核心，以"33211工程"为抓手，以学校教育"健康第一"为宗旨，广泛深入开展阳光体育运动和艺术活动，狠抓饮食安全环节，实现了学校食品卫生全年无重大事故，学校体育、卫生、艺术教育师资队伍建设得到了进一步加强，场地设施条件得到了进一步改善，体卫艺各项工作富有成效。

一是落实中央7号文件工作有了新的进展。2008年年初，内蒙古自治区教育厅制定下发了《关于贯彻落实内政发[2007]101号文件的实施细则》，对中央7号文件和自治区101号文件进行了进一步的解释和细化。巴彦淖尔市政府专门召开了工作会议，率先出台了实施方案，并将保证学生每天锻炼一小时列为对旗县教育部门目标考核的重要内容。各盟市采取多种措施，结合本地实际制订方案，出台文件，采取行动。

二是圆满完成了"33211工程"农村牧区旗县验收。全区85个农村牧区旗县参检率和合格率都达到100%，优秀率达到76%，有力地提高了各级政府对学校体、卫、艺工作的重视程度，推动了学校尤其是农村牧区学校体、卫、艺工作条件的改善和工作水平的提高。

三是《国家学生体质健康标准》实施力度进一步加大。截至

2009年1月，全区成功上报达标数据的学校达1814所，达到全区学校数25%以上，名列全国第9位。其中呼伦贝尔市、赤峰市排在各盟市的前两位，上报学校数都在50%以上，实现了区域内半数以上学校普及《标准》。

四是初中毕业升学体育考试发挥了积极的导向作用。2008年，初中毕业升学体育考试工作在全区101个旗县全面实施，促进了学校体育工作的发展，引起了社会的广泛关注，营造了全社会共同重视学生体质健康工作的氛围。呼和浩特市周密细致部署了全市的考试工作，并由市教育局具体组织了市四区的考务工作，排除了各种干扰，坚持了公开、公正、公平的原则，出色地完成了工作任务，受到了家长学校社会的好评。

五是阳光体育和艺术活动丰富多彩。第二套广播体操和冬季长跑活动在全区推广普及，大课间活动内容进一步丰富，每天一小时体育锻炼得到了进一步保证。在全国阳光体育展示活动中，进行了典型经验介绍，受到了教育部和兄弟省份的好评。“佳艺奖”全区少儿书画大赛取得令人满意的成绩。

六是课余体育竞赛活动有声有色。一年来，依托自治区大中学生体协，学生体育竞赛活动广泛开展，组织各项体育竞赛活动20余次，有力促进了课余体育活动。全区第十一届中学生运动会在包头市举行，学生体育运动水平得到了进一步提高。包头市教育局精心部署，周密安排，投入了大量的人力、物力，确保了运动会各项比赛的顺利进行。鄂尔多斯市为筹办下届中运会，投入了大量资金，用于改善学校体育场馆、运动设施，学生体育锻炼和课余训练条件明显改善，学校体育工作呈现了良好局面。

七是学校卫生工作逐步规范。继续加强学校卫生人员培训工作，并将处置突发公共卫生事件的能力培训延伸到寄宿制中小学校校长，逐步扩展到学校管理层，全年全区学校没有发生食物中毒事故。锡林郭勒盟圆满完成了全盟年度食堂从业人员上岗卫生知识培训，通辽市、乌海市和阿拉善盟在食品卫生专项整治工作中，密切配合当地卫生部门，认真细致地开展工作，进一步排除了学校食品卫生隐患，确保了学生健康安全。

http://www.moe.edu.cn

教育部

内蒙古鄂尔多斯市以巩固提高“33211工程”为抓手推动学校体、卫、艺工作上新台阶

2009-06-18

“33211”工程是内蒙古自治区从2001年开始实施的一项旨在

推动全区中小学体、卫、艺工作的工程，内容包括 3 课(体育与健康教育课、音乐课、美术课)、3 操(早操、课间操、眼保健操)、2 活动(体育锻炼活动、科技文体活动)、1 会(每年举办一届以田径为主的运动会)、1 节(每年举办一届艺术节)。近年来，鄂尔多斯市深入实施“33211 工程”，并以此为抓手，学校教育以“健康第一”为宗旨，广泛开展阳光体育运动和艺术活动，主要通过以下几方面的措施，大力推进素质教育，促进了学生的全面健康发展。

一是加强领导，为实施“33211 工程”构建起扎实的组织屏障。实施“33211 工程”是全面推进素质教育的重要举措，长期以来，市委、市政府高度重视，把实施“33211”工程摆到重要议事日程，将学校体、卫、艺工作纳入市对旗区的教育督导评估中。还制定印发了《鄂尔多斯市“33211 工程”实施方案》，实行“33211 工程”专人负责制，定期自评自查或不定期由教育局组织检查，健全了学校体、卫、艺教育工作领导机构和工作制度，确立了以课堂教学为主、第二课堂为辅的实施思路。同时，各旗区教育局均成立了体、卫、艺股、办，多数旗区配备了两名以上体、卫、艺工作人员，做到层层有人抓，事事有人管。为深入实施“33211 工程”构建起扎实的组织屏障。

二是加大投入，全面改善学校体、卫、艺教学条件。实施“33211 工程”以来，鄂尔多斯市在全面改善校舍的基础上，2007 年以来，全市共投入 2.2 亿元用于改善学校体、卫、艺教育设施，25 所学校建成了塑胶场地，占全市中小学校总数的 12%，建成标准体育馆 5 个(全市现共有体育馆 9 个)。目前，全市体、卫、艺器材配备均达到了自治区器材配备规定标准的 80%以上，满足了教育教学工作的需要。

三是完善制度，确保“33211 工程”有序推进。进一步完善管理制度，使学校体、卫、艺教育工作向科学化、规范化、制度化方向发展。首先建立、健全了检查制度，按照年初制定的责任目标，进行定期或不定期的检查，发现问题及时解决。还建立了一把手负总责、全员参与的工作制度，全面推进各中小学体、卫、艺工作深入开展。此外，建立了体、卫、艺教师培训制度。2008 年全市选派 1 名教师参加了全国篮球教练员培训、6 名教师参加了自治区广播体操、新版眼保健操培训，2009 年年初，全市的广播体操、新版眼保健操培训工作全部完成。同时制定《全市学校食堂从业人员培训方案》，定期选派人员参加培训。并且重点落实《学校食堂与学生集体用餐卫生管理规定》，确保学校师生食品卫生和饮水安全。

四是突出重点，积极探索"33211 工程"教学新模式。目前，全市音乐、体育、美术开课率达到 100%，体育课重视提高学生基本的体育技能，更重视学生自主活动，广泛开展"全国亿万学生阳光体育运动"，鼓励学生走向操场、走进大自然、走到阳光下，形成青少年体育锻炼的热潮。全市所有的中小学都实行了 25～30 分钟的大课间活动，学生每天上下午各做一次眼保健操；积极开展国防教育工作。组织学生学习爱国主义和国防教育知识，并对初一、高一、中专一年级新生进行军训，邀请武警官兵深入学校进行现场指导，提高学生的国防知识水平。达拉特旗从 2008 年开始，由旗教育局体、卫、艺股牵头成立田径、排球、足球、乒乓球等训练组，各个项目分工负责，责任到人，形成梯队式的训练格局；准格尔旗教育局从小学、初中开始举办足球、排球比赛，为高一段的学校选送优秀体育人才。市第一中学、市蒙古族中学结合实际，组建篮球、毽球、排球、搏克等训练队，创办体育特长班。每年举办全市中学生田径运动会，全市蒙古族中学男篮、女排、搏克、蒙古象棋和"腾格尔—蒙古人"艺术展演活动，全市中小学生艺术展演等活动，丰富校园文化生活。

几年来，鄂尔多斯市始终将"33211 工程"作为推进素质教育的一项重要工程来抓，全市学校体、卫、艺工作实现跨越式发展。目前，全市 8 个旗区全部接受了验收，其中 5 个旗区获得优秀，打造了乌审旗牧区特色，达拉特旗农区特色，市第一中学城市特色的场地器材配备样板学校，为推进"33211 工程"起到了示范作用，形成了以点带面、整体推进的良好局面。

http://www.moe.edu.cn

教育部

四 川 省

省政府教育督导团到巴中市检查指导中小学体育卫生工作

4 月 20 日至 22 日，省教育厅党组成员、省教育厅总督学刘东等一行五人在巴中市人民政府副市长经纬宪、市政府副秘书长王良钊、市教育局党委书记、局长魏智燚和南江县、巴州区政府分管教育工作的领导、教育局负责人的陪同下，通过"看、访、问、听"等方式对全市学校体育卫生工作进行了检查评估。

4 月 20 日下午，督导团刘东一行首先听取了巴中市人民政府副市长经伟宪关于巴中市加强体育卫生工作的情况汇报，经伟宪汇报说，长期以来，市委、市政府高度重视学校体育卫生工作，将学校体育卫生工作纳入了重要议事日程，纳入了各级政府目标管理的重要内容，纳入了学校教育的综合评估；规范了体育卫生工作管理，建立、健全了联席会议、学校体育卫生工作巡查、体育卫生工作评价和学生体质健康的各项制度；市、县(区)政府均加大了对体育工作的投入，不断加强了教室、学校、厕所等建设的体育卫生达标工作；抓好全市中小学校体育专兼职教师的配备工作，强化了体育教师培养和培训；同时，全面实施了《国家学生体育健康标准》，切实抓好了课外体育活动和阳光体育运动，开创了全市学校体育工作的新局面。

4 月 21 日，刘东一行冒着大雨，先后深入到南江县下两中学、小河职中、南江县第二小学和巴州区恩阳中学、恩阳一小、巴中龙泉外国语学校、巴中中学等学校进行检查，他们每到一所学校，都深入体育场馆、教室、体育器材室、师生食堂、医务室，认真检查了学生体育卫生课程课时开设情况、体育场馆和器材利用使用情况、食堂卫生管理情况、学生开展大课间活动的情况以及学生体质监测、卫生防疫等情况。

4 月 22 日上午，督导团对督导情况进行了通报。刘东在通报会上指出，巴中各级党政高度重视教育工作，在抓教育工作中充分发扬了“巴中精神”，进一步强化了学校体育卫生工作，认真贯彻落实了中共中央、国务院[2007]7 号文件要求，全市中小学体育卫生工作的教育管理到位，中小学校体育卫生的条件得到了极大改善，学生的体质得到明显提升，特别是全市学生的视力不良率非常低。同时，他要求巴中市各级党政、教育行政主管部门和学校要认真做到“四个更加重视”：一是要更加重视教育资源极为短缺的问题，认真落实政府办教育的主体责任，加大对教育的投入；二是要更加重视教师队伍建设，破解师资短缺的瓶颈，特别是要加强各学科专职教师的培养和培训工作；三是要更加重视解决好“大班额”问题，确保每一名学生在学校安全、健康、快乐成长；四是要更加重视校园文化建设，营造优美的育人氛围，使学生在潜移默化中接受教育、陶冶情操，进一步提升学校的办学品位，促进学生全面发展，全面实施素质教育，推动全市教育又好又快发展。

http://www.scedu.net/structure/dtnews/jy/xxnr? infid=1971

来源：四川省教育厅

何绍勇出席2009年阳光体育科学健身校园行活动启动仪式

4月27日，由国家体育总局主办，省教育厅、省体育局承办的2009年阳光体育科学健身校园行活动全国启动仪式在双流县华阳中学举行。国家体育总局群体司副司长续川、省教育厅副厅长何绍勇、省体育局副局长温建，奥运冠军高敏出席启动仪式。

举行2009年阳光体育科学健身校园行活动，旨在贯彻落实中共中央、国务院《关于加强青少年体育 增强青少年体质的意见》精神，推动“全国亿万青少年阳光体育运动”的深入而广泛地开展，促进全国校园体育的发展，培养学生对体育运动的兴趣和爱好，进一步增强学生体质。

何绍勇在仪式上致词。他说，2009年阳光体育科学健身校园行活动，是继去年阳光体育冬季长跑活动后，深入学习实践科学发展观，全面推进素质教育，以“健康第一”的指导思想促进青少年学生和谐发展的一项具体行动。这次活动，通过开展健康知识讲座，普及体育锻炼知识，将有助于青少年学生科学健身，进一步增强体质，促进学校体育的发展。

何绍勇指出：青少年体质健康水平，不仅关系个人健康成长和千家万户的幸福，而且关系到整个民族的希望和未来。我们必须以加强青少年体育活动为突破口，把促进青少年学生身心健康，改革、深化素质教育作为主攻方向，大力开展“阳光体育”活动，组织学生到操场上、到阳光下、到大自然中锻炼身心，增强体质，使学校体育活动蓬蓬勃勃地开展起来，使国家规定的体育课标准，学生体质健康标准落实到每个青少年的身上。

该项启动仪式后，今年我省还将在成都市锦江区和什邡市红白镇分别举行“阳光体育与祖国同行”和“阳光体育走进灾区”系列活动。

http://www.scedu.net/structure/dtnews/jy/xxnr? infid=1987

来源：四川省教育厅

“海滨青少年运动会”隆重开幕

7月30日晚20时45分，“海滨青少年运动会”在“海洋”全俄儿童中心音乐喷泉广场隆重开幕。来自中国、俄罗斯、日本、朝鲜四个国家的1000多名孩子在俄罗斯辅导员们的带领下参加了开幕式。

开幕式上，疗养团的四川舞龙队首先闪亮登场，伴随着《龙之少年》的嘹亮音乐，2条长约20米的金色巨龙在四川少年舞龙队孩子们的手中翻飞起舞。全场观众顿时沸腾，掌声、欢呼声此起彼伏。22 名舞龙少年用超乎常人的毅力和辛勤的汗水，完美地演绎了这场对于成年人来说都颇具难度的表演，令现场观众倍受感动。

中国运动员代表队第一个入场，全场掌声雷动，经久不息，全体观众起立为运动员呐喊、喝彩。来自中国、俄罗斯、日本、朝鲜四国的 300 名青少年运动员将参加田径、篮球、排球、羽毛球、乒乓球、游泳、柔道等多个项目的比赛。俄罗斯联邦国家杜马主席格雷兹诺夫、俄罗斯总统驻远东联邦区代表伊沙耶夫、俄大学生体育联合会主席马德欣、全俄体育志愿者协会主席洛特妮娜、俄体育旅游与青年政策部部长穆特科为运动会发来贺信。4 名来自中国、俄罗斯、日本、朝鲜的青少年运动员分别代表本国运动员宣誓。来自四川剑阁中学的梁婧同学代表中国运动员庄严承诺，要遵守比赛规则，尊重裁判，尊重对手，友好比赛，赛出风格，赛出水平。随后，四国运动员代表护卫着火炬绕场一周，点燃圣火，传承“更高、更快、更强”的奥林匹克精神。开幕式在优美动人、热情奔放的俄罗斯舞蹈中落下帷幕。

http://www.scedu.net/structure/dtnews/jy/xxnr? infid=2292

来源：四川省教育厅

成都市成华区突出特色不断创新　统筹推进学生艺体教育

2009-07-06

近年来，成都市成华区把学校体育艺术教育作为实施素质教育的重要载体，科学规划，统筹推进，重普及、抓提高、铸特色，在全区初步形成了“人人有特长、班班有特点、校校有特色”的学校体育、艺术、科技教育大格局。全区学校体育、艺术普及率 100%，实施面 100%，整体素质教育水平大幅提升。2009 年，该区被列为全国首批中小学生综合素质测评实验区。

一、创新管理机制，保障科学运行

(一)加强统筹，科学规划。制定实施区中小学体育艺术教育“十五”、“十一五”发展规划，明确提出在抓好课堂教学的基础上，大力实施“2＋2”普及教育，即普及武术、短式网球、书法、竖笛教育。区委、区政府成立了艺体领导协调小组，统筹协调教育、体育等多个部门共同推进，确保学校体育艺术教育各项工作落实。

(二)加大投入，完善设施。坚持把学校艺体教育工作专项经费纳入年度教育经费预算，并将学校公用经费按一定比例专项用于艺体教育。几年来，该区用于中小学体育场地建设、教学器材配备经费达5000多万元，区教育局每年专项艺术体育的教育工作活动经费100多万元。全区各中小学校均配足配齐了艺体器材，全面铺设了塑胶操场。

（三）完善机制，加强管理。建立督查机制，制定专项督导检查评估细则和标准，组织定期和不定期专项督查、推动学校体育艺术工作深入持续发展；建立评价机制，制订艺体学科考查方案，同时，将评价结果作为衡量学校办学业绩、教师教学质量、学生全面发展的重要依据；建立激励机制，区政府三年评选命名一次艺体特色学校和艺术团体，并实行动态管理和年度目标考核，加大对艺体特色学校的奖励力度，设立专项奖励基金，每年对艺术体育教育成果突出的单位和个人予以表彰奖励。

二、创新课堂教学，提高教学质量

（一）改革课程设置。严格执行课程标准，开足开齐艺体教育课程。同时，按比例开足艺体普及项目课时，要求每学年武术、短式网球不得少于20课时，书法不得少于32课时，竖笛不得少于音乐课总课时的30％。

（二）创新授课模式。针对传统艺体课课时分散、耗时低效的弊端，打破班级界限，将每班每周三次课课时结构“1＋1＋1”模式，调整为“1＋2模式”，即体育基础课（1节）＋专长培养课（2节）。体育基础训练课由原授课教师进行，专长培养课为2节连堂上，三名体育教师三个教学班按专长分项培养，引导学生学习一技之长，为学生终身锻炼打好基础。

（三）重视课题研究。该区先后承担了教育部、中央教育科研所“九五”、“十五”全国学校体育卫生科研规划重点课题的研究并取得较好成果。“十五”课题《体育与健康课评价实验研究》获教育部“十五”体育科研一等奖。

三、创新教师研修，打造名师梯队

（一）构建教师研修共同体。2004年，成立了“成华区中小学教师继续教育模式改革实验研究”组，开展“构建教师研究性学习小组的实践研究”，形成了以“小组模式·专题研修·共同成长”为特色的教师研修模式，并在全国教师教育改革与发展论坛上做了经验交流。

（二）变革研修内容和模式。在研修内容和模式上力求体现“三个超越”、“四个联动”，即：超越教育、超越学科、超越技术，同校同科联动、同校异科联动、异校同科联动和异校异科联动，以大教育观、大研修观引领艺体教师专业素质综合发展。

（三）统筹艺体教师资源。实施“名师走校帮带”，区级学科带头人以上的名师和艺体优秀教师每周到薄弱学校“走校”半天帮带教师，或到薄弱学校定岗指导教育教学工作一年以上。同时，通过艺体论坛、名师工作站等信息化平台促进优质教师教育资源全区共享。

四、创新学习平台，促进多元交流

（一）创新大课间，创建小社团。将体育与德育、智育，规范化与趣味性，体育与艺术紧密结合起来，在大课间做实眼保健操、国家统一推广操和学校自编自创的校操、校舞、韵律操、特色操等。根据学生兴趣，组建了近300个学生社团，制定了详细的学生社团建设计划和标准，层层推进学生社团活动，给学生提供学习提高的空间。

（二）立足节会强锻炼。全区中小学普遍建立、健全了校级综合运动会、单项体育活动月（周）制度；改革竞赛机制，打破学校体育竞赛以金牌为主，少数人参与的局面，把竞赛的重心转向面向全体学生，重在参与、“健康第一”；坚持每年举办全区中小学生综合运动会、艺术节及各类艺体单项竞赛，并积极组队参加省市举办的各类体育、艺术表演和比赛。

（三）走向社会勤实践。结合重大庆典活动，各中小学校组织少先队进社区、进军营，开展宣传、慰问表演、代表街道参加演讲比赛等活动，为社区老人送去欢乐，与消防官兵共庆节日。2009年春节，中央电视台学校优秀节目展播，全国15个节目脱颖而出，四川获选4个节目全部花落成华。今年，学校节目参加了全省纪念“5·12”汶川地震周年纪念演出，充分展示了学校艺体教育的成果。

（四）内引外联广交流。成华区开创了由政府主导、社会团体运作的艺体教育社团发展模式，成立了“成华区新东方少儿艺术团”和“成华区学生体育、卫生、艺术协会”，以此为载体，积极参与国内外交流活动，学生艺术团队多次赴我国澳门、我国台湾、韩国、日本、欧洲交流，取得了丰硕的成果。近日，又有3所学校节目被确定参加2009年7月海峡两岸文化交流活动。

http://www.moe.edu.cn

教育部

新疆维吾尔自治区

伊犁州重视培训学校卫生工作人员

伊犁州近年来高度重视中小学健康教育工作，针对目前从事健康教育管理和教学工作队伍整体素质亟待提高以及能够独当一面开展健康教育和管理工作的专业教师比例偏低等问题，大力开展中小学健康教育培训工作。3月7日至8日，伊犁州教育系统举办了一期中小学近视防控、口腔健康、青少年保健知识培训班，对各县市202名中小学卫生工作人员进行专业培训。

这次为期两天的培训，邀请了伊犁州友谊医院眼科主任李勤以及白求恩医学院眼视光专业验光师吴志辉分别做了题为《预防近视珍爱光明》、《近视眼预防控制知识》的讲座；邀请高露洁公司讲师开展了口腔健康教育；特邀南京市中小学保健所所长徐苹做了有关学校安全管理和学生常见病防治以及中小学学生长期心理援助的讲座；邀请南京市妇幼保健院副院长徐芾做了关于青春期性健康教育的专题讲座。

培训专家为使培训更有针对性，此前专门调查走访了伊宁市部分学校，对调查中了解到的情况以及学生及家长反映的问题向培训班的学员进行了反馈，并与培训班的学员现场互动，答疑解惑。广大学员一致认为通过参加培训，对今后做好学校卫生工作起到积极作用。

http://www.xjedu.gov.cn/10000/10010/2009/17860.htm

来源：新疆维吾尔自治区教育厅

焉耆县2500名小学生进行广播操比赛

11月13日下午，焉耆县第一小学里举行了“耐博尔杯”我与祖国同行广播体操比赛，2500多名学生以年级为单位进行了比赛，最终评出了一二三等奖，焉耆县耐博尔物业公司为比赛提供了篮球、羽毛球拍等奖品，并为十名育智班的儿童赠送了书包、文具等学习用品。

（天山网讯）

http://www.xjedu.gov.cn/10000/10009/2009/26125.htm

来源：新疆维吾尔自治区教育厅

宁夏回族自治区

第十届宁夏中学生运动会在银川市开幕

“神宁杯”第十届全区中学生运动会昨天在宁夏六盘山高级中学开幕，来自 5 市 27 个单位的近千名中学生运动员将在两个多月的比赛中，进行篮球、足球和田径项目的角逐。自治区领导于革胜、冯炯华、安纯人参加开幕式。

据悉，我区每三年举办一次全区中学生运动会，目前已成功举办了九届。本届运动会由六盘山高级中学承办，共设田径、篮球、足球(7 人制)3 个大项，共 27 个单位、近千名运动员参赛。7 人制足球赛和篮球赛已于 4 月 26 日开赛。

开幕式上，宁夏六盘山高级中学、宁夏育才学校、银川唐徕回中和银川六中分别进行了广播操、健美操和阳光体育大课间展示。

（记者　沙志鸿 冯舒玲）

来源：宁夏日报

甘肃省

临泽一中被命名为国家级青少年体育俱乐部

近日，国家体育总局命名了 426 所学校为 2009 年国家级青少年体育俱乐部，临泽一中名列其中。

为了进一步推动青少年体育俱乐部建设，积极鼓励和引导广大青少年参加体育健身活动，为青少年的健康成长创造良好的条件。按照国家体育总局《关于申报 2009 年青少年体育俱乐部的通知》有关要求，经相关学校申报，县、市体育部门审核上报，省体育局评审并经总局批准，临泽一中被国家体育总局命名为 2009 年国家级青少年体育俱乐部。

据悉，在今后的三年中，国家体育总局和省体育局将为国家级青少年体育俱乐部投入 18 万元建设资金，组织广大青少年开展各种形式的体育活动和培训，以适应不同层次青少年参加体育活动的需要。

信息来源：未来导报

http://www.gsedu.cn/structure/jyxw/jyxwnr? infid=807

来源：甘肃省教育厅

天水市麦积区首届中学生运动会隆重开幕

在国庆到来之前，天水市麦积区举办庆祝新中国成立 60 周年暨麦积区首届中学生运动会，来自全区城乡 40 多所学校的 1100 多名运动员将在为期三天的比赛中进行球类、体操、田径等项目的角逐。

近年来，麦积区学校体育工作在教育、体育部门的共同努力下，各学校积极创造条件，体育基础设施不断改善，实施“2＋1”工程和“阳光体育运动”，保证学生 1 个小时的体育活动时间的同时组织多种(类)传统项目比赛，使体育教育达到课内外结合、校内外结合，学生的体育达标率逐年提高，竞技体育水平显著得到提升，不仅增进师生了友谊、活跃了校园文化生活，而且培养和发现一批体育特长人才，在天水市两届中学生运动会上取得了奖牌总数第一，金牌第一的优秀成绩，也为高等学校和体校输送了一大批优秀专业人才。在举国上下喜迎中华人民共和国 60 华诞之际，为全面展示全区中学生体育风采，进一步提高广大学生体育强身意识，增强学生身体素质，展现全区青少年团结奋进、自强不息精神，促进全区各中学校际间相互交流、相互学习，推进学校精神文明建设，麦积区委、区政府决定举办麦积区首届中学生运动会，推动全区学校体育工作和全民健身运动不断向纵深发展。

http://www.gsedu.cn/structure/jyxw/jyxwnr? infid＝1517

来源：甘肃省教育厅

西藏自治区

西藏自治区第九届中学生运动会 8 月 4 日在拉萨胜利闭幕

为全面贯彻教育方针，推动学校体育工作的开展，根据自治区领导的批示精神，西藏自治区第九届中学生运动会于 2009 年 8 月 2 日在拉萨隆重开幕。本届运动会由自治区教育厅、自治区体育局、共青团西藏自治区委员会三家单位主办，共设田径、篮球、足球三个大项目，56 个小项目，100 多个赛事。全区共有 10 个代表团 600 多名运动员参加各项目的角逐。

本届运动会是一次全区综合性的中学生运动会，是我区中学生运动会历史上参赛人数最多、规模最大的一次运动会，是我区在中华人民共和国成立 60 周年和西藏民主改革 50 周年大庆之际召开的一次体育盛会。

本届运动会球类比赛于 7 月 27 日开始进行，7 月 31 日圆满结束。田径比赛于 8 月 2 日至 4 日进行。8 月 2 日上午 9：30 在自治区拉萨中学体育场举行了西藏自治区第九届中学生运动会开幕式，出席开幕式的领导有：中共西藏自治区党委常委、自治区人民政府常务副主席吴英杰，自治区人大副主任新杂·单增曲扎，自治区政协副主席刘庆慧以及自治区相关部门领导。

经过两天半的激烈角逐，本届运动会在隆重、热烈、安全、文明的气氛中胜利闭幕，得到自治区领导的高度评价。在本届运动会上有 2 个代表团、5 个代表队、75 名运动员和裁判员获得了体育道德风尚奖；有 46 人次打破了 14 项西藏自治区田径记录。山南地区、林芝地区分别获得了团体甲乙组总分第一名；民院附中和拉萨市分别获得团体甲乙组第二名；昌都地区和山南地区分别获得了团体甲乙组第三名。

信息来源：西藏自治区教育厅信息中心

http://www.xzedu.com.cn/dongtai/info/20090806165528.shtml

重庆市

重庆市第一届“健康校园杯”学生运动会开幕

10 月 24 日，重庆市第一届“健康校园杯”学生运动会在西南大学第二运动场开幕。中共中央政治局委员、市委书记薄熙来，中央巡视组组长、原中纪委书记刘锋岩，市委副书记、市长王鸿举、市人大常委会主任陈光国、市政协主席邢元敏，市委常委、市政府常务副市长黄奇帆，市委常委、宣传部部长何事忠，市委常委、市纪委书记徐敬业，市委常委、市委秘书长范照兵，市政府副市长谢小军，市政协副主席陈万志等领导出席开幕式。市委办公厅、市政府办公厅、市人大办公厅、市委宣传部、市教委、市卫生局、市财政局、市体育局、团市委等部门负责人、各区县(自治县)及各普通高校代表团团长及 2200 名运动员、3600 名学生演员、6000 多名学生观众参加了开幕式。重庆市第一届“健康校园杯”学生运动会由重庆市“健康重庆”建设领导小组主办，重庆市教育委员会、重庆市体育局、西南大学、北碚区人民政府承办。

薄熙来书记宣布运动会开幕。黄奇帆副市长代表市委、市政府讲话。他表示，举办本届运动会是贯彻落实《市委、市政府关于建设“健康重庆”的决定》精神的具体体现，是全面贯彻党的教育方针、进一步推进素质教育的重要举措，也是近年来我市对学校体育工作的一次集中检阅。他希望我市广大青少年学生积极响应“走向运动场，走进大自然，走到阳光下”的号召，用实际行动为祖国而锻炼，为美好的生活而锻炼，做德、智、体、美全面发展的社会主义事业的建设者和接班人。谢小军副市长主持开幕式。奥运会裁判员郭立亚代表全体裁判员宣誓，全运会跳水铜牌得主西南大学运动系学生施廷懋代表全体参赛运动员宣誓。

本届运动会是市委、市政府召开建设“健康重庆”动员大会以后，举办的首个全市综合性学生体育运动会，也是我市学生运动会历史上竞赛项目和参赛学生最多的一届运动会。本届运动会共设田径、足球、篮球、游泳、排球、羽毛球、广播体操7个比赛项目，有8600余名运动员参加比赛，其中广播体操第一次进入学生运动会。本届运动会所有比赛场馆和运动员接待都安排在高校和普通中学，整个比赛项目将于12月13日在重庆大学结束。

http://www.cqjw.gov.cn/html/cqjwportal/jiaoydt/2009－10－26/Detail_1998.htm

来源：重庆市教育委员会

我市举办首届中等职业学校“健康校园杯”学生田径运动会

11月15日至17日，我市首届中等职业学校“健康校园杯”学生田径运动会在重庆旅游学校举行。市政协副主席陈万志，市政协原副主席、市职教学会会长窦瑞华，市委副秘书长周传航，市人大教科文卫委副主任张维仑，市政府办公厅副主任游贤勇，市政协科教文卫体委主任赖邦凡，市委教育工委书记、市教委主任彭智勇，市人保局党组副书记、副局长卢建辉和大渡口区委书记刘本荣等出席开幕式。刘本荣书记、卢建辉副局长、彭智勇主任先后讲话，陈万志副主席宣布运动会开幕。开幕式由市教委副主任赵为粮主持。开幕式后，举行了大型团体操表演。

本届中等职业学校“健康校园杯”学生田径运动会以“健康校园、活力青春”为主题；由市教委、人保局主办，市职教学会、重庆旅游学校承办；分男女组，各设14个比赛项目。重庆女子职业中学、江南职业学校和开县职教中心分获女子团体一、二、三名；北碚职教中心、行知职业技术学校和渝北职教中心分获男子团体一、二、三名；重庆旅游学校、合川职教中心等16个学校获得优秀组织奖。

11 月 17 日晚 7 点，窦瑞华会长宣布运动会闭幕。

http://www.cqjw.gov.cn/html/cqjwportal/jiaoydt/2009－11－23/Detail_2060.htm

来源：重庆市教育委员会

广西壮族自治区

自治区高校工委、教育厅参加“万人健身走”活动

2009 年 8 月 8 日是我国第一个全民健身日。自治区人民政府于 8 月 8 日举办“2009 广西体育节”并在南宁主会场组织“万人健身走”活动。自治区高校工委、教育厅组织了机关 60 多名干部职工参加了“万人健身走”活动。

http://202.103.252.84/2009/8－18/92426.html

来源：广西壮族自治区教育厅

广 东 省

贯彻教育部《中小学学生近视眼防控工作方案》视频会议举行

按照广东省教育厅《转发教育部关于印发〈中小学学生近视眼防控工作方案〉的通知》要求，为做好我市学生近视眼防控工作，市教育局在 12 日下午召开了宣传贯彻教育部《中小学学生近视眼防控工作方案》视频会议。

各镇区教科文卫办体卫专干、各中小学主管卫生工作领导、体育科组长、校医(保健教师)参加了会议。会议主要解读了教育部印发的《中小学学生近视眼防控工作方案》，并部署了中山市落实《中小学学生近视眼防控工作方案》行动计划(2009－2013 年)的工作任务，最后还进行了新版《眼保健操》的培训推广。

本次会议采用视频会议方式进行，中心会场设在市教育局一楼会议室，各镇区、市直属中小学及有关民办学校设分会场。

据了解，为实现《中共中央国务院关于加强青少年体育　增强青少年体质的意见》(中发[2007]7 号)提出的“通过 5 年左右的时间，使我国青少年近视的发生率明显下降”的工作目标，教育部印发了《中小学学生近视眼防控工作方案》。要求各级教育行政部门和学校要充分认识做好保护视力、预防近视工作的重要性，把“防近”工作作为贯彻落实中央 7 号文件，推进素质教育，促进

青少年身心健康的重要内容，按照《中小学生近视眼防控工作方案》要求，切实将“防近”工作抓实、抓细、抓出成效。

http://www.zsedu.net/news/
2009/02/13/101631—19833—1.html
来源：广东省教育厅

“中国移动杯”中山市首届中小(幼)学生智力运动会新闻通报会

11月5日，在教育局召开了“中国移动杯”中山市首届中小(幼)学生智力运动会新闻通报会。市教育局局长刘传沛，副局长左海燕，中国移动中山分公司副总经理顾学伟，综合部经理罗军，体育局和中山棋协的代表参加了会议。

会上，刘传沛局长介绍了举办此次智力运动会的背景、目的、影响力与筹备情况。他说，举办智力运动大会，目前在国内尚属首次。它向学校、家长和社会传递了“以智力运动为抓手，推动校园体育蓬勃发展”的信号，有着重大的现实意义和深远的历史意义。首先能锻炼学生的意志品质，陶冶学生的品德；其次，吸引越来越多的学生参与“三棋三球三节”活动，推动我市素质教育的开展。再次，进一步促进家庭教育水平提高，让家庭更和睦，社会更和谐，家长和孩子共成长。

作为冠名单位——中国移动中山分公司副总经理顾学伟在会上说，赞助此次智力运动会旨在回报社会，承担社会责任。青少年是祖国的未来，只有他们在身体、智力上健康发展，祖国的强大才会有坚实的基础。

据了解，参加此次比赛的选手共有2151人，其中年龄最小的运动员为5周岁，可见，教育局要将智力运动会从娃娃抓起，达到全市学子齐参与的目的。

http://www.zsedu.net/news/
2009/11/05/121135—55223—1.html
来源：广东省教育厅

中山市首届中小(幼)学生智力运动会火热开赛

11月8日上午，随着唐颖副市长宣布“中山市第一届中小(幼)学生智力运动会”开幕。中山市首届以“三棋”(围棋、中国象棋、国际象棋)为比赛项目的学生智力运动会在市一中高中部正式拉开了序幕。大会邀请了国际象棋特级大师、世界冠军谢军，围棋九段、世界冠军马晓春和象棋特级大师、世界冠军吕钦。开幕式上，三位棋界大师以“车轮战”的方式与中山的小棋手们进行棋艺切磋，为现场大屏幕前的嘉宾和观众奉献了一场精彩的比赛。“棋逢高手，当仁不让”，中山的小棋手们举棋若定，沉稳谨慎，紧逼大师的棋步，让大师们连连称赞。选手们的精彩表现充分展现了中山学子聪明自信、健康活泼的精神风貌及精湛高超的棋艺。“冰冻三尺，非一日之寒”，全市中小学、幼儿园的“三棋”活动在市教育局的推动下开展得如火如荼。“三棋”活动的开展促进了中山学子身心全面健康发展，达到了“以棋载德、以棋促智、以棋怡情”的目的，让中山学子更健康、更聪明、更快乐！本届智力运动会共有2151名中小(幼)学生参赛，其中有342位是幼儿园小朋友，年龄最小的为5周岁。比赛分幼儿、小学甲、小学乙、初中、高中五个组别展开，每个组别将分别角逐出男女个人前八名、团体总分前八名及“体育道德风尚奖”等奖项。

中山市副市长唐颖，教育局局长刘传沛、省教育厅体卫艺处处长莫宝光等及市教育局、体育局等单位的有关领导出席了开幕式。

http://www.zsedu.net/news/2009/11/09/085928－55543－1.html

来源：广东省教育厅

围棋场上决胜负　智运会再掀头脑风暴

继中山市首届中小(幼)学生智力运动会之中国象棋比赛结束一个星期之后，11月15日，本届智运会的围棋大战在市一中高中部继续上演。阴冷的天气丝毫没有影响场上小棋手们的心情，高涨的热情，沉稳的落子，严密的布阵，尽显中山学子的精湛棋艺、睿智自信。

经过数场激烈的争夺，开发区一中的孙晓恩、张丽等同学脱颖而出，分别获得中山市首届中小(幼)学生智力运动会围棋比赛初中女子组等各自组别的前八名。东升镇、石岐区等镇区及市直属学校分获各自组别的团体总分前八名。赛后，获奖的同学纷纷表示，他们对围棋有着浓厚的兴趣，在下棋中锻炼了智力，对学习的帮助很大，尤其是在数学方面。获得初中女子组第一名的孙晓恩同学说，她在很小的时候就开始接触围棋，参加过多次比赛并获得优异的成绩，此次比赛获得第一名是对她莫大的鼓励，也激发了她继续学习围棋的动力。

中山市教育局局长刘传沛，副局长左海燕，中山市棋牌协会副会长李锐泓等领导出席了颁奖仪式并为获奖的个人及团体颁奖。

http://www.zsedu.net/news/2009/11/16/144246－57125－1.html

来源：广东省教育厅

中山市首届中小(幼)学生智力运动会圆满落幕

11月22日下午，市一中高中部的体育馆内欢呼声、喝彩声连成一片，在全市2151名中小(幼)学生的共同参与下，经过7528盘的对弈搏杀，中山市首届中小(幼)学生智力运动会圆满结束。闭幕式由市教育局副局长左海燕主持，中山市副市长、市体育总会会长郝一峰，市教育局局长刘传沛，市体育局局长曹周桥，市政府办公室副主任吴杰祥，市教育局副局长程向红等领导、嘉宾出席了闭幕式。刘传沛局长在大会上致闭幕词。他说，此次智力运动会的规模盛大，参与面广，影响力大，赛事的亮点纷呈，得到了中国教育报、人民网等国内主要媒体的争相报道。此次盛会充分展示了我市中小(幼)参赛选手的高超棋艺及市教育局大力推广阳光体育、大课间活动的成果。同时，他还表示市教育局以后将继续大力推广“三球三棋和三节”活动，全面开发学生的智力和潜能，让中山学子在积极向上、文明和谐的校园中健康、聪明、快乐地成长，感受美好童年，奠基美丽人生。石岐区、开发区、小榄镇、市一中、三乡镇、石岐中心小学、古镇镇、东区获得本届智力运动会的团体总分前八名。石岐区、东区、小榄镇等镇区及市直属学校获得体育道德风尚奖。同时，闭幕式上还为本届智运会之国际象棋比赛的获奖单位颁奖。

http://www.zsedu.net/news/2009/11/23/105421—58072—1.html

来源：广东省教育厅

湖北省

省政府召开第一次湖北省青少年体育工作联席会议

为了贯彻落实中央7号和省委省政府《关于加强青少年体育增强青少年体质的实施意见》(鄂发[2008]10号)文件精神，在省政府领导下，第一次湖北省青少年体育工作联席会议于2009年6月3日在省教育厅召开。省政府副省长郭生练同志出席会议并作重要讲话。省发改委、省财政厅、省人事厅、省编办、省卫生厅、省农业厅、省教育厅、省物价局、省体育局、省食品药品监督管理局、省保监局、省妇联、团省委等13个部门的负责同志参加了会议。联席会议讨论明确了《落实省委省政府〈关于加强青少年体育增强青少年体质的实施意见〉职责分工》(以下简称《职责分工》），并研究了农村中小学体育艺术设施配备的有关问题。

郭副省长指出，近一年来，各部门认真学习、贯彻落实中央和省委文件精神，深入推进素质教育，落实国家对学校体育提出的各项任务，切实加强了青少年体育的工作，青少年“健康第一”的指导思想得到了较好的落实，青少年体育工作得到了全面加强。但从目前的工作情况来看，加强青少年体育工作、促进青少年健康任重而道远。

郭副省长强调，关心广大青少年的身心健康，是贯彻落实科学发展观、以人为本的真正体现。成立青少年体育工作联席会议是贯彻中央 7 号和省委 10 号文件精神的重要措施，非常有必要，是深入推进素质教育发展，关心广大青少年学生健康成长的具体措施。省青少年体育工作联席会议将作为一项工作制度，每年召开联席会议，定期通报工作情况，共同研究解决青少年体育工作面临的困难和问题。同时，希望联席会议各成员单位，按照落实省委 10 号文件的《职责分工》，结合部门工作实际，把青少年体育工作纳入事业发展规划，制定配套政策，加大投入力度，加强监督检查，确保各项措施与任务落实到位。让“每天锻炼一小时、健康工作五十年、幸福生活一辈子”的口号，家喻户晓，深入人心。用强烈的责任意识，用无私的爱，去关心广大青少年学生，让他们在阳光下健康、快乐地成长！

http://www.hbe.gov.cn

来源：体卫艺[文号]　湖北省教育厅

福 建 省

国家教育督导团公布福建等八省市中小学体育卫生工作检查报告

为增强青少年体质、促进青少年健康成长，2007 年 5 月，中共中央、国务院印发了《关于加强青少年体育　增强青少年体质的意见》(中发[2007]7 号，以下简称“中央 7 号文件”)。中央 7 号文件明确规定，“各级政府和教育部门要加强对学校体育的督导检查”。为此，2008 年 11 月下旬至 12 月中旬，国家教育督导团组织国家督学和专家，对河北、山西、浙江、安徽、福建、广东、重庆、甘肃 8 省市学校体育卫生工作进行了专项督导检查。督查组随机抽查了 16 个市、32 个县(市、区)、158 所中小学校。

通过听取政府汇报、召开座谈会、查阅资料、个别访谈、问卷调查等方式，督查组对 8 个省市的中小学体育卫生工作进行了全面的了解。总体上，8 省市政府认真贯彻落实中央 7 号文件精神，加强领导，采取了一系列扎实有效的措施，因地制宜地在中小学广泛开展了形式多样的体育运动，学生每天一小时体育锻炼时间基本得到保证，学校卫生管理工作及面貌有了明显变化，各地探索了一些好的做法和经验。现就这次督导检查情况公报如下：

一、8 省(市)落实中央 7 号文件精神所取得的主要成绩

1. 加强领导，健全机制，认真贯彻落实中央关于加强青少年体育工作的要求。中央 7 号文件印发后，浙江、安徽、重庆 3 省(市)高度重视，结合当地实际，研究制定了贯彻落实中央 7 号文件的实施意见，并以省(市)委、省(市)政府名义印发。浙江、重庆、甘肃省(市)委、省(市)政府专门召开会议，河北省召开全省学校体育工作会议，全面部署落实工作。山西、浙江、重庆、福建 4 省(市)建立了在省(市)委、省(市)政府领导下，教育、体育、卫生、财政和共青团组织等部门为成员的联席会议制度，明确各部门责任，形成了多部门合作、齐抓共管和统筹协调解决青少年体育工作重要问题的机制。

2. 广泛开展阳光体育运动，努力保证学生每天锻炼一小时。所查学校基本能按照国家课程标准的要求开设体育课，全面实行大课间体育活动。在没有体育课的当天，学校安排在下午课后组织学生集体体育锻炼，寄宿制学校坚持每天出早操，努力保证学生每天一小时的体育锻炼时间。同时，各地还结合实际，开展丰富多彩的体育活动。如浙江省组织开展“万班千校篮球联赛”，全省有 85％的中学班级和 77％的学生参与了联赛活动。广东省采取小学一、二年级“2＋1＋1”(两节常规体育课、一节传统或特色体育课、一节形体课)和中学“2＋1”(两节常规体育课、一节传统或特色体育课)教学模式，既保证了体育课的落实，又体现了面向全体学生的常规体育课和学校体育传统项目特色的校本课程，形成了普及与提高共进的体育特色。福建省永春县华侨中学把地方拳种——白鹤拳创编成白鹤拳操列入大课间操，深受全校师生的喜爱。河北省通过举办学校体育节和青少年阳光体育运动现场促进会，推动全省中小学体育活动的开展。

3. 积极采取措施，加强中小学体育卫生师资队伍建设。福建省委、省政府把加强体育教师队伍建设作为教师队伍建设的重点，2008 年 11 月，省政府印发了《关于进一步加强中小学教师队伍建设的意见》，着力解决包括体育教师在内的全省中小学教师队伍建设的重点、难点问题，前 3 年全省先核增 6500 个编制，优先用于补充农村小学音、体、美等紧缺学科教师。甘肃省针对农村中小学缺少体育卫生教师的实际情况，对农村义务教育阶段富余教师进行转岗培训，以缓解体育卫生教师紧缺的矛盾，同时将体育教师培训纳入本省六大教育工程，举办多种形式的体育教师和卫生专干培训班，不断提高教育教学水平。广东省从 2008 年开始，计划用 3 年时间采取多种培训形式，对全省农村中小学校专(兼)职卫生人员 3600 多人进行全员培训，2008 年已经完成 1200 人的培训任务。

4. 努力增加投入，不断改善学校体育卫生办学条件。8 省市都把改善学校体育卫生设施作为加强学校体育卫生工作的重要举措，努力增加投入，加强学校体育场地设施建设，配备体育卫生器材，使学校体育卫生条件基本满足教育教学需要。重庆市 2008 年投入 4000 万元专项资金，为全市农村小学配备体育器材。广东省从 2008 年开始，每年安排体育卫生专项资金 3000 万元，全部用于东西两翼及粤北山区学校体育卫生器材设备的购置与补充。山西省阳城县 2007 年投入 4700 万元修建了 30 个较高标准的中小学操场，2008 年又投入 300 多万元为部分学校配备了体育设备。

5. 建立有效评价机制，促进学校体育卫生工作健康发展。一是认真实施《国家学生体质健康标准》，努力提高学生体质健康水平。广东省除积极实施《国家学生体质健康标准》外，还结合本省实际实施了《广东省学生体能素质评价标准》和监测制度。二是积极实施初中毕业生升学体育考试制度，逐步建立符合素质教育要求的考试评价制度。三是加强对学校体育卫生工作的督导。浙江、广东、安徽 3 省将学校体育卫生工作作为评选“教育强县”或对县级政府教育工作督导评估的重要内容，将学校体育卫生工作督导评估结果作为对县级主要领导干部政绩考核的重要依据。安徽省在对示范性中学的督导评估中，将每天一小时体育锻炼时间、初中升学体育考试成绩和学生体质健康达标情况作为重要内容。

二、督导检查中发现的主要问题

1. 学校体育卫生师资缺乏，兼职教师相对较多。督查发现，8 省市农村中小学体育卫生教师普遍缺乏，体育教师兼职比例过大，有的省份达到 70%。大部分学校没有配备卫生教师或保健人员。

2. 部分省份农村中小学体育卫生办学条件达不到国家基本标准。大部分省份农村中小学体育卫生设施设备严重短缺，所查学校中绝大多数农村中小学没有医务室。少数省份农村中小学体育场地和器材达标率分别低于40%和50%。

3.《国家学生体质健康标准》执行情况不容乐观。8省市所查学校中不少学校特别是农村中小学，由于经费短缺，体育卫生教师不足，不能全面实施《国家学生体质健康标准》，学生体质健康测试工作没有完全落实。

三、针对存在的问题国家教育督导团提出的整改要求

1. 要重视农村中小学体育卫生教师短缺问题，结合实际，采取有效措施，逐步配齐中小学体育卫生教师，同时加强培训工作，提高其专业水平，进一步推动中小学体育卫生工作的全面开展。

2. 进一步加大农村中小学体育卫生设施设备的投入。重点建设和改造学校运动场地、卫生室、食堂、饮水设施、厕所等，逐步使农村中小学体育卫生设施配备达到国家基本标准，满足教育教学的基本需要。

3. 进一步贯彻落实中央要求，加大工作力度，全面实施《国家学生体质健康标准》。全面开展学生体质健康测试工作，建立测试报告书制度，及时掌握学生体质健康情况，定期上报和公布学生体质健康状况。测试报告书要作为中小学生成长记录或中小学生素质报告书的重要内容。2009年2月，国家教育督导团对河北等8省市人民政府印发了《中小学体育卫生工作专项督导检查的意见》，提请8省市人民政府根据《意见》中提出的问题和整改要求，研究制订整改方案，采取措施，切实解决存在的问题，于3个月内向国家教育督导团报送整改意见和进展情况，国家教育督导团将视整改情况决定复查和通报。

http://www.fjedu.gov.cn

来源：福建省教育厅

我省规定：残疾学生每天锻炼一小时

2009-03-28

今年我省将召开第四届特殊奥运会，明年第五届全国特奥会也将在福州举行。省教育厅昨日通知，提出促进残疾学生积极参加体育锻炼，养成良好的锻炼习惯，提高体质健康水平。要确保残疾学生每天锻炼一小时，特殊教育学校每天上午统一安排25～30分钟的大课间体育活动。根据规定，特教学校要开足并上好体育课，确保盲校1～9年级每周2课时；聋校1～6年级每周3课时，7～9年级每周2课时；培智学校中、低年级每周3～4课时，高年级每周 2～3 课时。高中阶段可根据实际情况安排课时，原则上每周不得少于 2 课时。

http://www.fjedu.gov.cn
来源：福建省教育厅

首届福建省希望工程快乐体育运动会举办

“乔丹杯”首届福建省希望工程快乐体育运动会今天在福州结束，来自全省 405 所希望小学的师生参加了为期两天的比赛。为纪念希望工程 20 周年，此次以福建全省希望小学为主体的大型公益体育活动，由团福建省委、福建省青少年发展基金会和捐资 100 万元的乔丹(中国)有限公司联合主办，旨在让农村孩子与生活在城市里的孩子一样，共享体育运动带来的快乐和感动。

http://www.fjedu.gov.cn
来源：福建省教育厅

安徽省

我省全面实行大课间体育活动现场会在马鞍山召开

5 月 19 日，我省全面实行大课间体育活动现场会在马鞍山召开，省教育厅副厅长江春，马鞍山市副市长陈苏汉出席现场会。各市教育局分管局长和主管科室负责人、各县(区)教育局分管局长近 200 人参加了会议。江春在讲话中指出，大课间阳光体育活动，是保证学生每天一小时体育锻炼时间的重要保证，是增强学生体质健康水平，促进学生全面发展的重要载体和有效举措，是推动学校体育工作，落实健康第一的思想，实施素质教育的重要突破口。全面推进大课间阳光体育活动，这是学校教育工作必须坚持常抓不懈的一项极为重要的工作。江春要求各级教育行政部门和中小学校高度重视这项工作，立即行动起来，把全面推进大课间阳光体育活动摆上议事日程，加强对这项工作的领导。要积极推广马鞍山等地开展中小学大课间体育活动的经验，认真研究本地区中小学大课间体育活动工作的思路、措施、方法，研究制订不同地区、不同类型学校开展大课间体育活动的规划和计划。要加强分类指导，全面推进，切实保证大课间阳光体育活动在每一所学校都能够得到落实。江春强调，全面推进大课间阳光体育活动，必须要抓好几个关键环节。一要切实保证活动时间不少于 25 分钟，充分发挥大课间在确保学生每天锻炼一小时，促进学生体质健康中的作用。二要落实活动内容。既要积极推行亿万学生阳光体育冬季长跑活动，校园集体舞、第三套中小学生系列广播体操等国家规定的活动内容，又要结合本地本校实际，形成自己的特色。三要抓好制度建设。要落实好体育督导检查制度、健康体检制度，完善学校体育管理特别是安全管理。四要保证必要的场地、器材和师资。要加强体育教师队伍的建设，改善学校体育的场地条件和设施条件，提高体育教学水平，为开展大课间阳光体育活动提供必要的保障。当天，参会人员分两组实地考察了马鞍山市山南小学等 8 所学校的大课间体育活动现场。各校结合校情，精心选取体育活动内容，从传统的太极拳到现代的韵律操，从球类运动到优美的舞蹈，无不给在场的考察组成员留下了深刻印象。

http://www.ahedu.gov.cn

来源：安徽省教育厅

开展阳光体育运动　让广大青少年学生在阳光下快乐、健康成长

10 月 31 日，省教育厅、省体育局、团省委、合肥市人民政府联合举行安徽省暨合肥市第三届学生阳光体育冬季长跑活动起跑仪式。省教育厅副厅长江春、省体育局副局长高唯岭、团省委副书记王琦、合肥市人民政府副市长杨增权共同为起跑仪式鸣枪。

江春指出，青少年身心健康，体魄强健，意志坚强，充满活力，是一个民族旺盛生命力的体现，是社会文明进步的标志，是国家综合实力的重要方面。党和政府始终关心青少年学生的健康成长，高度重视青少年体育。当前，我省青少年体育工作进入了一个新的发展阶段，阳光体育运动蓬勃进展、方兴未艾，学校体育工作呈现出了崭新的面貌。10 月 1 日正式颁布实施的《全民健身条例》，必将会进一步激起广大青少年学生参加体育锻炼的热情。我们要借此东风，广泛开展全国亿万学生阳光体育运动，形成青少年学生热爱体育、崇尚运动、健康向上的良好氛围。

江春强调，冬季长跑活动是开展阳光体育运动，提高学生体质健康水平特别是耐力素质水平的有效手段。长跑活动在学校具有较好的群众基础，锻炼效果好，不受太多条件限制，简便易行。各级教育、体育行政部门和共青团组织要高度重视，认真组织实施，推动冬季长跑活动的广泛深入开展。各级各类学校要积极动员和组织学生坚持长跑运动，坚持体育锻炼，形成制度。并要把确保学生安全放在首位，避免发生交通等安全事故，让广大青少年学生在阳光下快乐、健康成长！

全国亿万学生阳光体育冬季长跑活动自 2007 年启动以来，得到了我省各级教育、体育行政部门和共青团组织以及广大学校的积极响应和广泛参与。两年来，我省各级各类学校学生踊跃参加长跑运动，在校园中形成了青少年学生热爱体育、崇尚运动的良好风气，不仅培养了学生体育锻炼的习惯和健康的生活方式，而且较好地促进了青少年学生的体质健康素质，特别是耐力素质的提高。各地结合实际、因地制宜，充分利用现有条件开展长跑运动，创造了许多冬季长跑的好经验、好做法。

省教育厅、省体育局、团省委号召全省广大青少年学生要积极投身到冬季长跑活动中来，走向操场，走进大自然，走到阳光下，在运动中展示青春才华和时代风貌，进一步掀起阳光体育运动的新高潮。

http://www.ahedu.gov.cn

来源：安徽省教育厅

浙江省

全省学生阳光体育运动经验交流会在杭举行

2009-01-19

1月 15 日至 16 日，全省学生阳光体育运动经验交流会在杭州举行。省教育厅副厅长鲍学军出席了会议。全省 12 个市和地区教育局的有关负责人参加了会议。会议全面总结了 2008 年全省各地开展学校体育卫生艺术与国防教育工作的经验，部署了 2009 年的重点工作。

鲍学军说，2008 年全省教育系统高度重视开展阳光体育运动，认真贯彻《中共中央国务院关于加强青少年体育　增强青少年体质的意见》，全面加强学校体育工作，命名了 11 个首批省级中小学生课外文体工程示范区和 155 所省级体育特色学校，通过典型示范，整体推进学校体育、艺术教育工作。以“万班千校”中学生篮球联赛为代表掀起了全省学生阳光体育运动的热潮。

鲍学军要求，2009 年要继续全面组织学习和认真贯彻有关文件精神，大力加强学校体育工作，不断提高青少年学生的体质健康水平；要进一步开展中小学课外文体活动示范区和体育、艺术特色学校的建设；进一步落实体、卫、艺课程基本要求，积极深化教学改革，不断提高教学质量；广泛开展丰富多彩的阳光体育、艺术等活动，进一步转变理念，攻难克艰，推进各项改革顺利进行；要借鉴首届中学生篮球联赛的成功经验，办好第二届篮球联赛，启动乒乓球联赛，筹备足球联赛，逐步形成具有浙江特色的三大学生赛事，深入推进学生阳光体育运动。

12个市和地区教育局的相关负责人也通过此次会议介绍了各地的成功经验，讨论了存在的问题，为我省更好地推进阳光体育运动出谋划策。

http://www.zjedu.gov.cn

来源：浙江省教育厅体卫艺处

南浔区启动中小学“读书、科技、体育、艺术”四节主题活动

2009-03-06

为深入实施素质教育，全面推进“体育、艺术2+1”项目，促进青少年健康快乐和谐成长，3月5日，湖州市南浔区教育局、文体局联合举行中小学“读书、科技、体育、艺术”四节启动仪式，提出要做深做优“读、写、唱、动”四篇文章，以巩固提高省课外文体活动工程示范区建设水平。

做好“读”字文章，建设书香校园。以“沐浴书海、香溢校园”为主题，组织开展好书推介、美文赏析、亲子共读、文学沙龙、作文比赛、读书报告会等活动，引导学生多读书、读好书，让读书成为习惯；落实课程改革要求，在综合实践活动中，每周安排一节阅读课，同时将读书活动纳入中小学语文教学过程；开展图书漂流、建设班级图书角活动，提高图书使用率和学生阅读量；组织经典诵读、校园剧展演、“书香班级、书香校园”评比等活动，推动中小学读书活动深入开展。

做好“写”字文章，建设笔墨校园。依托湖笔之都教育资源丰厚的优势，以传承为己任，按照小学每天半小时、中学每天一刻钟的要求，区域整体开展《练字练人》写字教学，一笔一画练写字，一生一世做真人，让笔墨飘香校园。

做好“动”字文章，建设活力校园。以让每位学生至少掌握两项运动技能为目标，全面开展阳光体育运动，切实保障学生每天锻炼一小时；在全区层面重点组织实施好中小学校园吉尼斯挑战赛及中小学乒乓球、篮球、足球四项联赛，巩固省首批课外文体活动工程示范区创建成果。

做好“唱”字文章，建设雅韵校园。以让每位学生至少掌握一项艺术技能为目标，每天开展“唱响300秒”活动；组织校园文化艺术节，给学生搭建展示自我的舞台；举办全区性校歌大赛、文艺汇演活动，让艺术之花绽放每一个校园。

据悉，该区为保障四节活动有效有力实施，今年安排专项经费达 280 万元。

http://www.zjedu.gov.cn

来源：浙江省教育厅湖州市南浔区教育局

我省学生阳光体育运动推进会在富阳举行

在《中共中央国务院关于加强青少年体育　增强青少年体质的意见》颁布两周年之际，6 月 1 日，浙江学生阳光体育运动推进会在杭州富阳市召开。会议全面总结交流中央 7 号文件下发以来我省各市贯彻落实文件精神和开展阳光体育运动所取得的成绩和经验，分析存在问题，研究部署进一步加强学校体育工作、深入开展阳光体育运动的措施和意见。

省委书记赵洪祝发来贺信。原浙江省省长沈祖伦，省政协教科文卫委员会常务副主任、省社科联主席胡祖光，省教育厅副厅长鲍学军，省体育局副局长应祖明，杭州市教育局副局长沈建平，以及富阳市有关领导出席了开幕式，并一起观看了全省学生阳光体育运动图片展和学生阳光体育运动现场展示。

近年来，教育部、体育总局、团中央共同组织实施的全国亿万学生阳光体育活动，是加强青少年体育工作的一项重要举措。这项活动以健康第一为指导思想，让青少年做到每天锻炼一小时，掌握两项日常锻炼的体育技能，培养良好的体育锻炼习惯，强身健体，提高健康素质。两年来，在省委省政府的高度重视和正确领导下，各市认真学习、坚决贯彻党中央、国务院的决策部署，高度重视学校体育工作，大力开展学生阳光体育运动，加大投入，加快改造和建设学校场地设施，加强体育教育队伍建设，完善工作机制，有力地推动了我省学校体育工作的发展。

各地各学校广泛动员，认真组织，积极倡导“人人关注、人人参与、人人受益”的理念，以开齐开足体育课时、每天锻炼一小时为基础，统一组织大课间活动和课外体育活动，把广大青少年学生吸收到生动活泼、丰富多彩的阳光体育运动中来，让每个学生都走向操场、走进大自然、走到阳光下，逐步形成了人人参与、个个争先、生龙活虎、生机勃勃的校园体育氛围。如今，热爱体育、参加锻炼、崇尚运动已经成为广大学生的时尚，成为许多校园一道亮丽的风景线。

专门为全省学生阳光体育运动搭建的浙江省“万班千校”中学生篮球联赛，从去年开始，已连续举办了两届，获得巨大成功。这项赛事以“面向全体、全员参与”为原则，通过多种篮球比赛形式吸收了中学生，首届全省 2 351 所中学的 47 298 个班级 209 万名中学生直接参加到联赛中，也就是全省 97.8%的中学、85.3%的班级、77.4%的中学生参与了联赛活动。第二届由于受赛制调整等因素，全省同样有 2 000 多所学校的 40 000 余个班 140 万学生参加了联赛。联赛让广大中学生体验到了体育运动的快乐与魅力，有力地推动了学校体育文化氛围的形成。今年和明年，省教育厅还将陆续推出全省中小学生乒乓球和足球联赛，逐步构建全省中小学生“三大联赛”体系，努力打造我省学生阳光体育运动品牌赛事。

与此同时，我省还积极开展“省中小学生课外文体活动工程示范区”创建工作。该项工作即以县(市、区)为单位，在中小学全面实施“体育艺术 2＋1”项目，广泛组织学校文体活动，鼓励每一位学生积极参与到课外体育、艺术活动中去，通过达标和争优活动，要求每一位学生在义务教育阶段学习熟练掌握两项体育运动技能，并有一项艺术特长。目前，我省已拥有国家级示范区 1 个，省级示范区 25 个，省级试点区 33 个，占全省县(市、区)的 64.4%。这一活动要求统一规范学校课程，集体减轻学生课业负担，扩大体育、艺术活动空间；同时，由于是区域内统一组织，全面实施，整体推进，不仅大大丰富了校园文化活动，提升了学生综合素质，推进了素质教育；还有效构建了校长、老师、学生家长的安全感，受到社会的普遍欢迎。目前已成为我省学生阳光体育运动的又一重要载体和特色。

通过阳光体育的开展，我省学校已呈现出“人人有体育项目、班班有体育活动、校校有体育特色”的可喜局面。我省广大青少年学生的身体素质和健康水平得到了明显改善，学生体质健康状况正在向令人欣喜的方向发展。根据我省高校新生的体质测试数据分析显示：学生的耐力、肺活量、柔韧性和速度等身体机能、素质指标都有不同程度的改善和提高。

在推进会总结讲话中，鲍学军对两年来我省学生阳光体育运动取得的成绩给予了充分肯定：一是学校体育工作得到各级党委政府的高度重视；二是青少年学生广泛参与体育锻炼的良好局面初步形成；三是青少年学生体质健康状况得到改善；四是促进青少年学生健康成长的社会共识初步形成。并对今后一个时期贯彻落实中央 7 号文件、加强学校体育工作、深入开展学生阳光体育运动工作进行了部署。

各市、各中小学生课外文体工程示范区(试点区)教育局主要负责同志、体育特色学校的代表及有关学校领导参加了会议，杭州、宁波、温州、台州、义乌、安吉、富阳等地在会上作了经验交流发言。

推进会上举行的我省学生阳光体育运动现场展示中，来自全省各地的 2 000 多名中小学生参加了各类项目的展示，整个展示会场面热烈生动，内容丰富多彩，体现了我省开展学生阳光体育运动以来取得丰硕成果。

http://www.zjedu.gov.cn
来源：浙江省教育厅

江苏省

江苏工业学院与常州市武进区共建体育馆

日前，江苏工业学院与常州市武进区政府签署共建体育馆协议。常州市委书记范燕青，市委常委、武进区委书记沈瑞卿，常州市副市长王成斌等领导出席仪式。该校党委书记王雪峰，院长、党委副书记陈志刚，副院长孙小强、丁建宁、王卫星及有关职能部门负责人出席仪式。院长陈志刚、武进区政府区长徐伟南分别在协议书上签字。常州市委书记范燕青指出，地方与高校共建体育馆是资源共享、合作共赢的大好事，是高校和地方全面合作的有益尝试，市委、市政府将给予大力支持。市委常委、武进区委书记沈瑞卿表示将全力支持体育馆的建设，将全方位加强与学校的交流、合作。江苏工业学院体育馆(又名武进体育馆)位于该校武进校区东区。体育馆用地面积为 36 800 平方米，建筑面积 18 155 平方米，建设周期为 2009 年 5 月至 2010 年 8 月，工程总投资约 1 亿元(其中武进区政府投资 2 300 万)。体育馆建成以后，可举办地区性和全国单项体育比赛，同时具备文艺演出、师生集会以及各种会展等功能。主馆场地长 47.2 米，宽 38.4 米，可进行手球、篮球、排球、羽毛球、乒乓球等体育比赛。主馆可容纳观众 4 998 人，其中固定座位 3 622 个，活动坐席 1 376 人。副馆位于主馆东侧，为篮球训练馆。副馆北侧为游泳馆，泳池为 25 米×16 米的温水短池。另设有健身房、乒乓馆、斯诺克等锻炼用房。(江苏工业学院)

http://www.ec.js.edu.cn
来源：江苏省教育厅

南通全面启动体育、艺术课外文体活动“2+1 项目”工程

2009-03-12

为切实增强学生体质、促进学生健康成长，南通市教育局在

继续组织全市学生阳光体育冬季长跑活动的同时，今年全面启动体育、艺术课外文体活动“2+1项目”工程，促进学生德智体美劳全面、整体、和谐发展。“2+1项目”是通过学校组织的课内外体育教育和艺术教育活动，让每个学生在九年义务教育阶段能够掌握两项体育运动技能和一项艺术特长。体育、艺术课外文体活动“2+1项目”工程，面向全体学生，坚持普及与提高相结合，培养学生的艺术特长。“2+1项目”实验工作实施步骤为：2009年春季新学期开始，在各县(市、区)、市直学校试点，2009年秋季新学期开始，各县(市、区)的义务教育阶段乡镇中心学校和城区学校推行；2010年春季新学期开始，全市所有义务教育阶段中小学校实施。为确保此项工程的顺利实施，南通从中考方案等方面完善评价制度，引导各地各学校通过艺术课、举办艺术展演和艺术节等活动，不断开阔学生的艺术文化视野，提高学生的审美能力，促进全体学生全面发展。同时，加大监督力度，联合教育督导室对各地各校的体育艺术教育工作进行专项督查，狠抓各项工作的落实。

http://www.ec.js.edu.cn

来源：江苏省教育厅

教育部“十一五”规划重点课题《我国中小学校体育器材设施建设促进学生体质健康发展的实证性研究》开题报告会暨课题研究培训会在南京举行

2009年4月11日，教育部“十一五”规划重点课题《我国中小学校体育器材设施建设促进学生体质健康发展的实证性研究》开题报告会暨课题研究培训会在南京举行。教育部体卫艺司司长杨贵仁、教育部全国教师发展基金会副秘书长季克异等出席开题报告会并作重要讲话，总课题组组长、江苏省教育装备与勤工俭学管理中心主任陈峥嵘同志作开题报告，总课题组成员、全国学校体育教学研究专家刘德佩、吴健、郭尉尉、李华丰、贾志勇、王正伦、张耀辉、陈融、刘炜、王爱丰以及江苏省、上海市、湖南省、河南省等教育装备系统代表出席了开题报告会，江苏省课题研究项目学校近200名老师参加了课题研究培训会。

面对我国中小学生体质持续20年下滑这一严重问题，课题组从深入研究学校体育器材设施建设与学生体质健康关系入手，探讨学校体育器材设施建设的基本规律、基本原则和学校体育器材设施建设的方法学体系。这些研究将填补学校体育方法学理论在学校体育器材设施建设方面的空白，同时具有重要的实践指导意义。江苏、上海、湖南、河南、吉林五省市共有 170 所高中、初中、小学和幼儿园参与本课题的研究工作。作为课题研究牵头单位，近年来，江苏省教育装备与勤工俭学管理中心把研究作为教育装备工作的基石和推动事业可持续发展的动力，以省市县校为网络，以江苏省中小学实验教学研究中心为平台，以课题为抓手，逐步构建起全省教育装备理论研究体系。此次教育部“十一五”规划重点课题的开题和研究，必将带动全省教育装备的研究工作，为教育装备更好地保障教学、服务教学、促进教学提供强有力的基础。

http://www.ec.js.edu.cn

来源：江苏省教育厅

盐城市开展千名中小学体育教师培训工作

根据省体育局、省教育厅《关于组织实施江苏省万名中小学体育教师培训工程的通知》(苏体竞[2008]67 号)要求，7 月 11 日，第一期培训班开学典礼在盐城师范学院教学主楼隆重举行，盐城市教育局、盐城市体育局、盐城师范学院的领导出席开学典礼并讲话，对本次培训工作提出了具体的目标与要求。承担本次培训工作的盐城师范学院体育学院院长姚为俊教授表示，在省教育厅和省体育局的正确领导下，在盐城市教育局和体育局鼎力配合下，一定要做好本次培训的各项工作，出色地完成体育教师培训任务，为盐城市培训出教学能力强和理论水平高的体育教师队伍，为盐城地方经济建设服务。盐城师范学院体育学院承担了盐城市近千名中小学体育教师培训的工作。每个参加培训的学员将接受体育教育教学理论、专项实践课和国内外青少年业余体育训练等方面业务知识的培训，培训结束还将对每个参训学员进行考核，考核合格的学员将由省教育厅和省体育局联合颁发结业证书。培训班共举办七期，历时近一个月。

(盐城市教育局)

中国台北高中体育总会代表团来我省访问

根据教育部学校体育两岸交流计划，中国台北高中体育总会代表团周朝松会长一行 14 人于 10 月 24 日至 31 日来我省访问。期间将考察南京、无锡、苏州、扬州及宜兴等地的中学体育工作情况。10 月 24 日下午，在厅 302 会议室，省学生体协、南京市学生体协与中国台北高中体育总会代表团进行座谈。会上，省教育厅副厅长、省学生体协主席丁晓昌简要介绍了我省教育概况和学校体育的总体情况，重点介绍了省学生体协近三年的相关工作。台方周朝松会长也较为详细地介绍了台湾省学校体育的课程设置、中学体育课外活动和竞技体育等情况。教育部中学生体协薛彦青副秘书长，南京市教育局张也可副局长及相关处室负责同志出席了会议。

http://www.ec.js.edu.cn

来源：江苏省教育厅

南通市召开学生阳光体育运动和体育艺术现场推进会

10月27日至28日，南通市召开学生阳光体育运动和体育、艺术"2＋1项目"现场推进会，与会人员们现场观摩了崇川区、港闸区、市直学校学生的阳光体育运动和体育、艺术"2＋1项目"汇报表演。南通中学的社团活动、南通一中的太极拳、市三中的排球操、通师二附的艺术展演、通师一附的乒乓操、实验小学的校园瑜珈，新桥中学的韵律操、实验中学的武术操、港闸区6所小学的校园集体舞等独具特色、精彩纷呈的体育、艺术表演，给与会代表们留下了深刻的印象，充分展示了近年来我市体艺工作取得的显著成果。近年来，南通市深入贯彻《中共中央国务院关于加强青少年体育　增强青少年体质的意见》、《关于加强中小学艺术教育的意见》、教育部《关于开展"体育、艺术2＋1项目"实验工作的通知》等文件精神，大力开展"学生阳光体育运动"、"体育、艺术2＋1项目"。全市各学校已形成了人人健身、天天锻炼的良好氛围，师生普遍养成了良好的体育锻炼的习惯，青少年学子们在体育运动的阳光沐浴下正健康快乐地成长。

（南通市教育局）

上海市

崇明县教育局召开2009年学校体艺科工作会议

近日，崇明县教育局召开2009年崇明县学校体艺科工作会议，各中小学、职校的分管校长、艺术科技总辅导员、体育教研组长、体艺科先进教师个人代表及青少年活动中心、少年之家有关教师，教师进修学校有关教研员参加会议。会议对2008年崇明县学校体艺科工作作了总结，播放了2008年体艺科工作电视短片，表彰了2008年度体艺科工作30名先进个人和体育竞赛年度积分前三名的学校。崇明县教育局副局长黄慧在讲话中对2009年学校体艺科工作提出了3点要求：一要再塑工作理念；二要再构学校行为；三要再建行政文化。会上，获 2008 年市级以上体艺科优秀获奖作品进行了表演和展示，堡镇小学、城桥中学、进修学校作了交流发言。

www. shmec. gov. cn

来源：上海市教育委员会

宝山区推进学校体育资源向社区开放工作

为落实科学发展观要求，最大限度地发挥教育公共资源的作用，满足人民群众健身锻炼的需求，日前，宝山区教育局进一步推进学校体育场地向社区开放工作，做到开放学校信息“三公开”：一是公开学校的校名校址；二是公开学校开放的场地名称；三是公开开放的时间。此次场地开放信息内容将同时在宝山区政府门户网站、区教育局宝教网、区体育局网站网上公开，接受社区群众的监督。凡是到社区居委办理社区居民健身卡的社区居民在开放时段都可以方便地去学校进行健身锻炼。同时，各开放学校将与街道、居委进一步密切合作，完善开放的管理机制，逐步规范开放时间，加强开放的管理人员配置，强化社区居民文明健身的宣传教育，落实开放设施的维护和保养，确保开放工作更加安全有序。

www. shmec. gov. cn

来源：上海市教育委员会

上海市小学阳光体育松江行专题活动举行

近日，由上海市教委体卫艺科处、上海市教委教研室、松江区教育局联合主办，松江区教师进修学院协办，松江区泗泾小学承办的“健康迎世博，磨炼促成长，精彩在泗小”上海市小学阳光体育松江行专题活动在泗泾小学顺利举行。市教委体卫艺科处副处长丛海鹰、松江区教育局副局长杨桂龙、区体育局副局长李江、区教师进修学院副院长杨斌伟观摩了活动，区教育局基教科、体育局竞训科、教师进修学院研训部相关人员及来自全市 19 个区县的教研员、体育老师共计 250 多人参加了活动。本次活动由阳光体育大课间活动展示、“同课异构”教学研究及大会集中交流三个部分组成。活动中，有关专家对两节“同课异构”教学课作了精彩点评，区教师进修学院介绍了近几年松江区学校体育工作情况，泗泾小学校长就学校体育工作的开展作交流发言。整个活动充分展示了松江学生健康阳光、活泼向上的精神面貌。近年来，松江区教育局坚持“健康第一”办学理念，要求各校采取切实有效措施，通过各种有效手段，大力开展形式多样、趣味性强、内容丰富的校园体育活动，确保“每天锻炼一小时，健康生活一辈子”的口号落到实处。

www. shmec. gov. cn

来源：上海市教育委员会

市小学体育与健身学科奉贤区专题活动举行

5月19日，由市教委体卫艺科处、市教委教研室、奉贤区教育局主办，奉贤区教师进修学院协办，奉贤区教师进修学院附小承办的“点燃成长激情，营造健康校园”市小学体育与健身学科奉贤区专题活动隆重举行。活动中，区教师进修学院附小学生现场展示了广播操、武术表演、自主游戏等。附小两位体育教师先后上了同课异构的体育展示课。孩子们与老师轻松、和谐、欢乐的氛围，得到了在场专家、听课老师的一致肯定与好评。市教委体卫艺科处处长王从春、奉贤区教育局局长陆新以及各区县的体育教研员与教师等一行200多人参加了本次专题活动。

www. shmec. gov. cn

来源：上海市教育委员会

黄浦区第三轮体育名师工作室研究教学实验工作

9月2日，黄浦区第三轮体育名师工作室的学员和导师、黄浦学校和市南中学的全体体育教师齐聚市南中学，举行“黄浦区体育名师工作室教学实验研究工作会议”。区教师进修学院副院长、区教研室主任邢至晖、区体育教研员、黄浦学校和市南中学的副校长等参加了会议并发言。第三轮名师工作室在新学期的工作重点在于进行教学实践、教学研究和培养人才，体育名师工作室在开学的第二天就积极地展开工作，与黄浦学校、市南中学这两所蹲点学校的教师和领导直接对话，倾听学校教师对名师工作室进驻学校指导教学的期望和想法，了解学校的体育教学状况。会议中，体育特级教师工作室导师朱德明转达了区教育局领导对工作室开展新学期工作的重视和期望，向全体与会教师提出了要求：今年的工作要做到八个抓，即抓认识和观念的转变、抓常规和细节、抓计划的完善和落实、抓备课和教案的规范、抓日常课堂教学、抓教师专业技能的发展、抓教材教法学法的研究、抓教育教学的展示与交流以及抓人才的培养。第三轮名师工作室要与学校共同探讨和研究，发展两校的体育学科，提升体育教师的专业水平，在实践中寻求共同进步。本次会议对新学期即将开始的第三轮名师工作室进学校起到了有效的推进、指导作用。

www. shmec. gov. cn

来源：上海市教育委员会

闵行区举办“华漕杯”小学生民间体育游戏大赛

为了大力弘扬中华民族民间体育文化精髓，培养小学生参与体育锻炼的意识和习惯，闵行区教育局、闵行区体育局、华漕镇政府近日联合举办了闵行区“华漕杯”小学生民间体育游戏大赛。闵行区教育局、体育局、华漕镇政府的有关领导，市、区教育部门的部分体育专家应邀出席了开幕式。本届大赛全区共有 48 所中小学的 800 多名学生参加了开幕式表演和比赛项目。在华漕镇地区的上海台商子女学校、上海国际学校、纪王幼儿园的 80 多位中外小学生和幼儿也受邀参加了开幕式和比赛活动。大赛设立了造房子、斗鸡、滚铁环、夹豆子、踢毽子 5 项团队项目和花式短绳、打陀螺 2 项个人项目。部分学校还各自带来了具有创意性的团队项目。不少来宾和家长饶有兴趣地观看了比赛全程，参与了赛事评比。民间体育游戏历来是许多中小学生喜爱的弄堂娱乐活动之一，对平时缺少体育锻炼及社区交流活动的小学生，组织他们开展这样的比赛活动，有利于其身心健康发展，有利于增强合作、交流、竞争的意识。闵行区两局一镇联合举办的以民间体育游戏为项目的“华漕杯”赛事，是一次拓展中小学体育教育、促进学生全面发展的探究性实践。比赛的成功举办进一步丰富了全区小学生体育锻炼的内容与形式，推动了全区学校阳光体育运动的蓬勃开展。

www. shmec. gov. cn

来源：上海市教育委员会

上海市学生阳光体育冬季长跑活动启动

11 月 21 日，“人人参与奔向世博”上海市学生阳光体育冬季长跑活动启动仪式暨 2009 年上海市大学生冬季长跑比赛在上海第二工业大学举行。在 2009 年 11 月至 2010 年 4 月期间，全市将组织各级各类学校、近二百万学生广泛参与阳光体育冬季长跑活动。

此次活动根据《教育部、国家体育总局、共青团中央关于开展第三届全国亿万学生阳光体育冬季长跑活动的通知》(教体艺函[2009]7 号)的要求，旨在号召各学校和广大学生抓住冬季锻炼大好时段，因地制宜、循序渐进、创新方法，广泛开展冬季长跑等阳光体育运动，切实增强学生体质，促进学生健康成长。

启动仪式上，市教委副主任李骏修宣布冬季长跑活动正式启动。市体育局副局长韩秀芳发令鸣枪，来自18个区县、40余所高校的2000余名学生在十一届运动会男排冠军队成员、上海运动员方颖超的带领下，揭开了本市学生阳光体育冬季长跑活动的序幕。

仪式后，市教委、市体育局、团市委召开上海市学生阳光体育冬季长跑工作会议，对今年的冬季长跑工作作了具体部署，对获得“第二届全国亿万学生阳光体育冬季长跑优秀组织单位”称号的宝山、徐汇、嘉定、奉贤、卢湾、普陀等6个区县进行表彰。

www. shmec. gov. cn

来源：上海市教育委员会

吉 林 省

通化市开展体育卫生工作专项督导

2009-12-23

为增强青少年体质、促进青少年健康成长，落实中共中央国务院印发的《关于加强青少年体育增强青少年体质的意见》(中发[2007]7号)精神，推动学校体育卫生工作的积极开展。通化市人民政府教育督导室、通化市教育局体艺卫科、市教育学院联合组成通化市体育卫生专项督导组，于2009年9月21日至11月3日对市直21所中小学进行体育卫生工作专项督导。

专项督导具体内容为4项，即学校体育卫生工作的组织领导、条件保障、工作实施、学生素质。督导组依据指标体系，本着“坚持标准、实事求是、全面考核、总体评价、服务学校”的原则，采取查阅相关资料，随堂听课，个别访谈师生，实地查看等多种方式，对学校体育卫生工作进行了全面的了解。从督导情况看，各学校能够加强领导，对青少年体育工作的重视程度有较大提高，积极落实省、市相关文件精神，采取了一系列扎实有效的措施，因地制宜地开展了形式多样的体育运动，学生每天一小时体育锻炼时间基本得到保证，学校卫生管理工作及面貌有了明显变化，各学校探索了一些好的做法和经验，基本形成学校领导重视、教师重视体育健康教育、学生喜爱体育锻炼活动、家长支持孩子健康成长良好氛围。同时，督导组对检查过程中存在着体育设施基础薄弱，体育卫生管理不够规范等问题提出整改意见，责令整改，有力地促进了体育卫生工作的开展。

http://www. jledu. gov. cn

来源：吉林省教育局

辽 宁 省

全省 600 万学生“长跑”5 个月

11 月 9 日，随着一声清脆的发令枪响，沈阳市第十一中学的千余名学生在教师带领下开始了长跑运动，由此拉开了“第三届全国亿万学生阳光体育冬季长跑活动”的序幕。本次活动由省教育厅、省体育局、团省委共同举办。当日，我省各地中小学纷纷以不同形式同时启动了这项活动。

今冬长跑的主题是“阳光体育与全民健身同行”。从即日起至明年 4 月 30 日，全省 600 多万名大中小学生将按要求参与其中。据了解，按照国家教育部等部门通知的要求，学生每天长跑距离(参考)基数为：小学生 1000 米，初中生 1500 米，高中生、高校学生 2000 米。冬季长跑总里程以 60 千米为基数，小学生为 120 千米，初中生为 180 千米，高中生、高校学生为 240 千米。

有关负责人介绍，冬季长跑活动是培养学生体育锻炼习惯和健康生活方式的重要内容。在流感易发的秋冬季节，坚持长跑锻炼也是增强身体素质、抵御病毒侵袭的有效方式之一。同时，冬季长跑活动还可以培养青少年学生吃苦耐劳、团结拼搏的精神。

省教育部门要求，各学校长跑活动要与体育课、早操、大课间体育活动和课外体育活动有机结合，不但要保证学生在校期间的长跑，还要督促学生在节假日期间也不放松锻炼。

省教育厅、省体育局、团省委共同举办

辽宁省教育厅教育信息中心

http://www.lnen.cn

来源：辽宁省教育厅

校园健身操沈阳比武

11 月 1 日，沈阳市第五中学体育馆里人声鼎沸，由沈阳市教育局和百胜餐饮(沈阳)有限公司联合主办的“2009 肯德基全国青少年校园青春健身操大赛”沈阳赛区决赛在此开赛。自年初开赛以来，共有 102 所学校的万余名学生参与到青春操的推广和学习中，最终有 27 支代表队进入总决赛。经过激烈的角逐，沈阳第 11 中学和沈阳翔宇中学各获得两项特等奖。

http://www.lnen.cn

辽宁省教育厅教育信息中心

天津市

本市艺术、体育类高级中等学校招生咨询大会3月22日举行

2009-03-18

为了更好地服务考生，增进社会对艺术、体育类高级中等学校招生工作的了解，市中招办定于3月22日(星期日)上午9:00—11:30，在天津科学技术馆(河西区隆昌路94号)，召开2009年天津市艺术、体育类高级中等学校招生咨询大会。届时，我市将有20余所艺术、体育类普通高中、普通中专、职业高中(职专)、技工学校的招生工作人员以及市中招办工作人员现场接受考生和家长的咨询，并提供有关服务。

在3月22日至25日艺体招生报名期间，招生学校还将在本校开展招生宣传咨询服务活动，为考生提供形式多样的咨询服务，考生可实地了解学校招生情况。

欢迎广大考生和家长前往咨询。

参加咨询单位有：和平艺术中学、天津美术中学、美院美术高中、第七十二中学、南开艺术中学、第八十中学、五十一中学、瑞景中学、天津音乐学院附属中等音乐学校、市第二体育运动学校、市体育运动学校、天津工艺美术职业学院附属天津工艺美术学校、市艺术学校、中国北方曲艺学校、美术中等专业学校、现代艺术职业中等专业学校、天津市工程高级技工学校、天津市汇才技术学校、天津市美术学校、天津市工商技术学校、天津市新闻出版技术学校、天津市服装技术学校。

http://www.tjmec.gov.cn

天津市教育委员会

副市长张俊芳视察和平区中小学"阳光体育"活动

2009-05-19

2009年5月14日下午，副市长张俊芳视察和平区中小学学生"阳光体育"活动，市政府办公厅副主任殷向杰、市教委副主任林炎生，和平区委、区政府有关负责同志陪同视察。

张俊芳一行观看了和平区九十中学、和平区中心小学学生"阳光体育"活动，随后召开座谈会。会上，张俊芳听取了上述两所学校及和平区教育局负责同志有关开展阳光体育活动的情况汇报，对和平区投入大量资金，增加体育设施，狠抓体育课程教学等给予充分肯定。她指出，学校开展阳光体育活动，对提高学生

体质至关重要。学校工作最关键的是要让孩子们有一个健全的人格，坚强的体魄。基础教育的定位是要让孩子们快乐、健康地成长。她要求学校要摆正体育课与其他课程的关系，不允许其他课程以任何理由冲击体育课程。张俊芳高度赞扬了和平区体育第二课堂活动开展得有特色，给全市树立了榜样，值得鼓励和提倡。

http://www.tjmec.gov.cn

天津市教育委员会

市教委举办“国家学生体质健康标准”抽测赛

2009 年 8 月 25 日，优秀成绩计入中考总分没达到优秀等级学生将继续参加测试。

今年秋季开学后，市教委将使用全市统一购置的体质测试仪器面向全市初一、初二学生举办“国家学生体质健康标准”抽测赛，达到优秀等级的学生，其成绩将计入升学体育总成绩。

据了解，在今年的抽测赛中，市教委将从本市初一、初二年级学生学籍库中，按照区县、学校、班级抽选。参赛学生不包括符合初中升学体育考试规定具备体育免试条件的学生。参加市抽测赛并获得优秀等级的学生，其抽测赛成绩将计入学生升学体育考试成绩，作为本学年度学生体质健康标准测试成绩。没有达到优秀等级的学生，还要继续参加本学年学生体质健康标准测试。据了解，今年全市抽测赛测试项目包括：初中男生的身高标准体重、肺活量体重指数、跳绳、掷实心球、1000 米跑；初中女生的身高标准体重、肺活量体重指数、仰卧起坐、立定跳远、800 米跑。市教委明确要求，凡被抽取参加抽测赛的学校和学生不能无故弃权。被抽选学生不能提供残疾或因病有效证明，无故弃权的将记入学生健康档案，并按本学年度《国家学生体质健康标准》测试零分计入升学体育成绩。

http://www.tjmec.gov.cn

天津市教育委员会

山 东 省

2009 年全省学校体育卫生艺术国防教育年度工作会议在淄博召开

本站讯　日前，全省学校体育卫生艺术国防教育年度工作会议在淄博召开。省教育厅副巡视员张海泉出席会议并讲话。

会议回顾总结了 2008 年体育、卫生、艺术及国防教育工作，并在认真贯彻中共中央国务院[2007]7 号文件，全面实施素质教育的大环境下，研讨、分析了当前体卫艺教育工作所面临的形势和任务，明确了今后一段时间我省学校体育卫生艺术国防教育的指导思想和工作思路，安排部署了2009年有关工作。

会议提出，素质教育对体卫艺国防教育工作的开展是一个不可多得的机遇，根据教育部年度会议精神，我们要认真贯彻落实7号文件，配合全面实施素质教育，积极推动“亿万学生阳光体育运动”的开展，在认真组织实施《国家学生体质健康标准》的前提下，继续大力推广课间体育活动；各市要因地制宜，结合学校实际情况，配备相应的体育卫生场地、设施及器材；开足、开全、开好课程，丰富学生的课余生活，提高学生的身体素质和艺术素养，使他们得到全面发展和健康成长。

张海泉在会议总结时强调，要以落实科学发展观为契机，从全省素质教育的大局出发，增强责任感和紧迫感；以落实国家课程方案为主，以群众性赛事为载体，配以专门的督导检查，把“每天锻炼一小时”落到实处；各地因地制宜，积极主动并创造性的使体卫艺工作再上台阶。

各市教育局分管局长、体卫艺工作负责人参加了会议。

http://www.sdedu.gov.cn

来源：山东省教育厅

我省中小学体育卫生工作专项督导试点工作顺利完成

为做好2010年全省中小学体育卫生工作专项督导，2009年12月17日至18日，省督导室会同体卫艺处组织专家对中小学体育卫生工作专项督导进行了试点。17日下午对督导评估的指标进行了学习、讨论和研究；18日上午对济南市历城区王舍人镇实验中学、中心小学进行了试点督导；18日下午汇总督导情况，总结了经验，提出了问题。并将根据试点情况，调整督导评估指标，修订完善实施方案，为做好下一步体育卫生工作的专项督导奠定基础。

省教育厅副巡视员张海泉对历城区王舍人镇中小学体育卫生工作进行了考察指导，并强调，体育卫生工作是学校的一项重要工作，切实加强此项工作是扎实推进素质教育，认真落实“三个全面”和“三个还给”的重要方面，学校要将此项工作抓实、抓好。

省教育厅总督学孟庆旭听取了督导试点工作情况汇总和汇报，并指出，本次体育卫生督导评估试点工作很有必要，也很有成效。在下一步工作中，要继续完善评估标准，突出工作重点，加强对基层的指导，坚持督导评估、工作指导和工作调研相结合，将全省体育卫生工作情况形成调研报告，为推动和促进全省体育卫生工作作出积极贡献。

http://www.sdedu.gov.cn
来源：山东省教育厅

江西省

江西召开推进学生阳光体育运动经验交流会

3月5日，全省推进学生阳光体育运动经验交流会在抚州市南丰县召开。省委教育工委委员、省教育厅副厅长郭奕珊出席会议并讲话，抚州市委常委、统战部部长朱章明到会祝贺。郭奕珊全面总结了2008年委厅在贯彻落实中央7号文件、省委9号文件，推进学生阳光体育运动工作方面取得的新成绩，同时强调今年要重点抓好的几项工作：一是要认真学习贯彻好省委9号文件精神；二是要重视和把握学生阳光体育运动的方向和引领作用；三是要进一步落实推进学生阳光体育运动各项措施；四是要高度重视学校体育卫生艺术和国防教育在全面推进素质教育工作中的重要作用。会议传达学习了“2009年全国学校体育卫生艺术和国防教育工作会议”精神，组织代表参观了南丰县4所学校，并观看了南丰县学校艺术教育成果展示文艺晚会。宜春市、上饶市、赣州市、抚州市南丰县、南昌市东湖区、新余市分宜县等六个市(县)在大会上作经验交流。

http://www.jxedu.gov.cn
来源：教育厅体卫艺处

全国教育科学“十一五”规划 2009年度立项课题一览

序号	课题名称	姓名	课题批准号	课题类别	工作单位	备注
1	我国高校社会体育本科专业规范的研制与解读研究	周爱光	BLA090070	国家一般课题	华南师范大学	
2	学生体质监测若干指标的质疑与重构研究	汤长发	BLA090074	国家一般课题	湖南师范大学	

续表

序号	课题名称	姓名	课题批准号	课题类别	工作单位	备注
3	新疆农牧区维吾尔族哈萨克族13～15岁学生体质下降干预对策研究	武杰	BLA090075	国家一般课题	新疆师范大学	
4	促进大学生素质教育和终身体育培养的体育教学模式研究	方慧	CLA090120	国家青年基金课题	郑州轻工业学院	
5	体育活动发展3～6岁幼儿亲社会行为的理论与实践研究	全海英	CLA090122	国家青年基金课题	辽宁师范大学	
6	体育教师基本技术技能标准研究	黄爱峰	CLA090123	国家青年基金课题	华中师范大学	
7	高校竞技体育人才培养的社会力研究	陆亨伯	DLA090297	教育部重点课题	宁波大学	
8	“阳光体育运动”校本化实施与保障体系建构研究	甘亦农	DLA090298	教育部重点课题	江苏省常州高级中学	
9	高校学生健身路径锻炼效果的优选评价与运动处方研究	张杰	DLA090301	教育部重点课题	中国美术学院	
10	体育教育专业主干课程板块“学校体育与教学理论”整体设计与理论创新研究	毛振明	DLA090302	教育部重点课题	北京师范大学	

续表

序号	课题名称	姓名	课题批准号	课题类别	工作单位	备注
11	体育运动促进大学生心理健康发展的素质标准研究	王长生	DLA090303	教育部重点课题	华中师范大学	
12	城乡统筹中西部地区农村中小学体育资源优先发展研究	梁建平	DLA090304	教育部重点课题	西南大学	
13	我国大学生(17～23岁)“体适能”测试指标与评价常模研究	许崇高	DLA090305	教育部重点课题	西安体育学院	
14	新医改背景下高等医学院校“体医结合”人才培养模式研究	傅兰英	DIA090307	教育部重点课题	河南新乡医学院	
15	学校体育成绩目标层化集合标准研究	伊向仁	DLA090309	教育部重点课题	山东大学	
16	教师专业发展视域下中心体育教师职业认同研究	王崇喜	DLA090313	教育部重点课题	河南大学	
17	体育硕士专业学位研究生技术技能培养的研究	周建社	DLA090314	教育部重点课题	湖南师范大学	
18	“阳光体育运动”初始阶段实践探索与未来深度推进策略的研究	陈雁飞	DLA090315	教育部重点课题	北京教育学院	

续表

序号	课题名称	姓名	课题批准号	课题类别	工作单位	备注
19	经济欠发达地区高校“教体结合”培养区域优势项目优秀运动员有效模式实践研究	刘华	DLA090317	教育部重点课题	云南师范大学	
20	“阳光体育运动”实时监控和实效性评价研究	金宗强	ELA090431	教育部青年专项课题	天津体育学院	
21	有氧运动参与对ADHD儿童认知发展的影响及其心理机制	孙拥军	ELA090432	教育部青年专项课题	北京大学	
22	体育锻炼促进大学生心理健康发展的研究	杨勇	ELA090435	教育部青年专项课题	哈尔滨工程大学	
23	大学生体质健康突出问题的现状及其干预实验研究	郭文	ELA090438	教育部青年专项课题	湖南第一师范学院	
24	边缘化学生心理健康的体育干预研究	李伟峰	EBA090440	教育部青年专项课题	湖南科技大学	

体育教师教育

体育类核心期刊论文概览

我国中小学体育教师专业能力标准的制定

杨 烨 张晓玲

论文运用问卷调查法等，对我国中小学体育教师专业能力构成要素进行分析，制定我国中小学体育教师专业能力标准。标准包括：体育教师职业意识、体育技术教学能力、教学资源开发与利用能力、教学对象分析能力、绩效评价能力、组织体育活动能力、体育教师专业发展能力等。以上几个标准对以中小学体育教师为培养目标的体育教育本科专业的课程设置提出了新的要求。

《上海体育学院学报》2009 年

西安市中学体育教师发展性评价指标体系研究

王　鑫

采用访谈、调查等方法对体育教师发展性评价理论与评价指标体系进行研究。结果发现，体育教师的基本素质、工作职责、工作绩效和教师发展构成了中学体育教师发展性评价的重要指标，发展性评价体系有助于客观、准确地评价中学体育教师业绩，较奖惩制更利于教师的自我发展。

《西安体育学院学报》2009 年

中小学体育教师自我职业生涯管理的结构与特点

郑　旗　孙静静

考察中小学体育教师自我职业生涯管理的结构与特点。结果表明：中小学体育教师自我职业生涯管理包括职业目标、追求发展、社会交往和离职倾向等因素；中小学体育教师自我职业生涯管理因素间存在显著的相关。教龄在中小学体育教师自我生涯管理的职业目标上、学校类型在职业目标和追求发展上、学校所在区域在追求发展和离职倾向上均有显著性差异；来自不同教龄、学校类型、学校区域中小学体育教师在自我生涯管理上表现出差异性。初中、“职初期”和“职业挫折期”及村镇教师是自我职业生涯管理的关注点。

《体育学刊》2009 年

体育教师专业化发展策略研究——以西北地区为例

朱　杰　程　晖　王晓霞

以体育教师专业化发展内涵为切入点，着重探讨西北地区体育教师们专业化发展所面临的素质和观念层面、理论知识层面、教育机制层面和物质层面的困境，提出了改善教学评价机制等行之有效的发展对策：提高自身素质、更新教学理念、注重实践，学会在教学中反思、改善教学评价机制、完善体育教师继续教育培养模式和改善体育教师教学环境。

《广州体育学院学报》2009 年

非体育核心期刊论文概览

体育教师职后教育效果及评价体系建构

李 明

论文认为体育老师必须重视和加强职后教育，强化体育理论研究和实践探索。体育教学改革对体育教师的道德品质素质、身心素质和知识结构提出了新要求，而提高体育教师职后教育效果的对策有：转变思想观念，形成统一的认识；建立多序列、高素质的培训师资队伍；改革培训内容；拓宽培训渠道，使培训形式多元化。在体育教师职后教育评价体系的建构中，强调其评价方式应主要采用发展性评价方式。应建立健全完善的教师培训评价体系和管理机制，教师职后教育培训的评价不能流于形式，应采取“自上而下”和“自下而上”的双重评价标准。

《教学与管理》2009 年

我国中小学体育教师继续培养现状分析

赵 巍

论文认为我国中小学体育教师继续培养过程中所存在的问题包括在职体育教师培养的力度和范围不够、各层次体育教师培养比例失调、体育教师的培养与用人单位的需求之间存在问题和高学历体育教师的培养对农村中小学体育师资队伍建设的冲击力度不够。而加强和完善教育管理部门管理和监督制度、建立多样化培养体制、加强学校课程设置、建立稳定的继续教育基地和开展多种形式的继续性教育这四点是深化中小学体育教师培养体制改革的思路与对策。

《教学与管理》2009 年

阳光体育背景下体育教师职后培训的对策研究

李遥远

教师职后培训是现代社会发展和教育发展对教师素质要求提高的集中反映。本文通过对现阶段我国开展“阳光体育”运动和体育师资职后培训的分析，提出了在贯彻“阳光体育”运动过程中，体育师资的培训应及时更新职后教育理念。树立明确的培训目标，是开展学校体育工作贯彻“健康第一”指导思想的重要保证。

提出了“阳光体育”运动中加强体育教师职后培训的建议：政府加大对体育教师职后继续教育的投资力度、学校校长要高度重视体育师资的职后培训工作、强化职后教育意识及时更新职后教育理念、确立素质教育的地位，突出“健康第一”的指导思想、加强信息知识与技术的培训。

《中国成人教育》2009 年

中学体育教师职业倦怠的研究——以对扬州市中学体育教师的调查研究为例

季晓静　高俊杰

论文旨在立足于已有的研究成果，在实际调查研究的基础上，对当前扬州市中学体育教师职业倦怠的状况、成因及负面影响进行现实考察，探究其预防及缓解的对策。结果发现：(1)扬州市中学体育教师职业倦怠程度并不严重，但仍有一定比率的体育教师经历严重的倦怠；(2)教龄在 11～15 年的体育教师、中级职称的体育教师成就感较低，担任班主任的体育教师在职业倦怠的三个维度上与其他组别比差异显著，职业倦怠较为严重。论文进一步对造成中学体育教师职业倦怠的原因进行分析，并在此基础上提出了缓解中学体育教师职业倦怠的对策和建议。

对策和建议包括：正确评估体育教师的倦怠程度，提高其教学品质、关注体育教师的需求与个体差异性、重视体育专业性，教学回归正常化、提倡教师参与在职教育，使教学活泼化和增加对体育教师的行政支持。

《南京体育学院学报》2009 年

体育教师的信息素养的培养

李朝福　罗培秀

信息素养包括三个方面的内容：认知、技能和理念，是创新教育的基石，而创新教育的灵魂是教师。论文分析了体育教师信息素养在创新教育中的作用，提出了实施创新教育过程中体育教师信息素养的培养策略，以适应知识经济时代具有创新能力和社会竞争力的高素质人才的培养。

实施创新教育过程中体育教师信息素养的培养策略包括：强化信息意识，改变教育观念、职前培养、在职培训、强化体育教育信息化意识、加强馆藏文献信息资源和信息基础设施建设、提高英语水平，掌握英文工具书的检索知识。

《中国成人教育》2009 年

体育教师教育体系及一体化构建

张　建　党晓云　张晓亮

通过对体育教师教育体系的比较研究，从我国体育教师教育体系的实际出发，提出体育教师职前培养、入职教育和在职培训一体化构建理论，试图在体育教师教育体系方面寻求创新，力图为教师教育体制的完善提供理论参考。中国应从现阶段的国情、经济、科技、文化、教育的实际情况出发，借鉴和学习国外的成功经验。构建新型体育教师教育体系，关键是要打破单一、封闭的旧局面，建立多元化的体育教师教育新格局。

《河南师范大学学报(自然科学版)》2009 年

2009 年体育教师教育文献索引

1. National Board for Professional Teaching Standards : Physical Education Standards [EB/OL]. [1997-07-08] http://www.nbpts.or.

2. 盛昌繁. 临沂市中学体育教师的素质现状及对策研究[J]. 北京体育大学学报，2000(4)：528-531.

3. 曾剑波，吴嘉毅. 新课程条件下体育教师专业素质的研究[J]. 漳州师范学院学报，2004(2)：112-116.

4. 刘志伟，周特跃. 中学体育教师能力素质与高师体育专业人才培养研究[J]. 湖南人文科技学院学报，2004(6)：85-88.

5. 吴长青，许瑞勋. 专业化体育教师应具备的素质及其实现对策[J]. 湖北体育科技，2006(1)：20-22.

6. 韩梅，张连. 体育教师专业成长中的反思性学习[J]. 西安体育学院学报，2006(6)：110-112.

7. 北京中小学教师评价课题组. 中小学教师评价实用方法[M]. 北京：中国建材工业出版社，1994：276.

8. 教育部. 普通高中体育与健康课程标准(实验)[M]. 北京：人民教育出版社，2003：45.

9. 王景英. 教育评价理论与实践[M]. 吉林：东北师范大学出版社，2002：10.

10. 吴健. 发展性体育教师评价方法研究[J]. 上海体育学院学报，2006，30(5)：84-89.

11. 里尔登. 职业生涯发展与规划[M]. 侯志瑾，译. 北京：高等教育出版社，2005：7.

12. 杰弗里·H. 格林豪斯. 职业生涯管理[M]. 王伟，译. 北京：清华大学出版社，2006：1.

13. 傅道春. 教师组织行为[M]. 上海：上海教育出版社，1993：92.

14. 肖丽萍. 国内外教师专业发展研究述评[J]. 中国教育学刊，2002(10)：57-60.

15. 傅道春. 教师的成长与发展[M]. 北京：教育科学出版社，2001：8-13.

16. 吴康宁. 教育社会学[M]. 北京：人民教育出版社，1998.

17. Thomas R Guskey. 教师专业发展评价[M]. 方乐，译. 北京：中国轻工业出版社，2005：11-29.

18. 叶澜. 教师角色与教师发展新探[M]. 北京：教育科学出版社，2002：247-250.

19. 饶从满，杨秀玉，邓涛. 教师专业发展[M]. 上海：华东师范大学出版社，2005.

20. 刘万海. 教师专业发展：内涵、问题与趋向[J]. 教育探索. 2003(12)：104-105.

21. 余文森，吴刚平，刘良华. 探索以校为本的教学研究[M]. 上海：华东师大出版社，2005：6-8.

22. 傅道春. 教师的成长与发展[M]. 北京：教育科学出版社，2001：207.

23. 康世刚. 新数学课程实施中数学教师专业化成长的研究[D]. 硕士毕业论文，2003(5).

24. 体育(与健康)课程标准研制组. 体育(与健康)课程标准解读[M]. 武汉：湖北教育出版社，2002(5).

25. 程晖，王麒麟. 体育与健康课程实施中体育教师专业化成长的主要任务[J]. 天水师范学院学报，2005(5).

26. 张亚平，程晖，王麒麟. 体育与健康课教学中体育教师专业化成长对新课标实施的作用研究[J]. 天水师范学院学报，2006(2).

27. 张亚平，程晖. 体育与健康课程标准实施中体育教师专业化成长的内涵特点[J]. 山东体育学院学报，2006(2).

体育名人录

国家体育教学名师录

国家级体育教学名师

（以下均以姓氏笔画排名）

毛振明	教授	北京师范大学
邓树勋	教授	华南师范大学
王家宏	教授	苏州大学
孙庆祝	教授	南京师范大学
孙麒麟	教授	上海交通大学
杨文轩	教授	华南师范大学
杨　霆	教授	吉林大学
张瑞林	教授	山东体育学院
季　浏	教授	华东师范大学
周　兵	教授	南京师范大学
周登嵩	教授	首都体育学院
顾渊彦	教授	南京师范大学
黄汉升	教授	北京体育大学

毛振明

毛振明教授，48岁，汉族，教授，教育学博士，中共党员。现任北京师范大学体育与运动学院院长，博士生导师，全国中小学体育教学改革指导小组副组长，中国学校体育研究会常务理事，中国体育科学学会学校体育专业委员会常委，全国教育科学规划研究评审组成员，北京市教育科学规划研究评审组成员，《中国学校体育》杂志编委。

获国家教学成果奖二等奖1项，获各种全国级科研报告会奖十余项，出版专著9本，编写书籍教材十余本，在国内外各种刊物上发表论文180余篇。

邓树勋

邓树勋教授，男，1935年11月出生，1957年大学毕业后一直在高校体育教育专业从事教学和科研工作。1957—1986年在上海师范大学体育系担任运动生理学教学及科研工作，任上海师范大学体育系主任，1986年12月到华南师范大学任教。现任华南师范大学体育科学学院教授、博士生导师、体育科学学院教学指导委员会主任、学院学术委员会主任。

主要科研成果：近半个世纪以来一直在运动人体科学(运动生理学)教学和科学研究第一线，担任博士、硕士研究生及本科生《运动生理专题》、《高级运动生理学》、《科学研究方法》、《实用运动生理学》等多门课程教学，同时进行大量教学研究及学术研究，主持多项省部级重点课题，取得丰硕成果，发表学术论文数十篇，出版专著和统编教材十多部，多次获教育部优秀教材一等奖和二等奖，多次获教育部优秀教学成果奖，获国家级、省部级奖励十多项，并获多种荣誉称号，被国内十多所知名重点高校及香港中文大学聘为客座教授。在国内体育学术界享有很高声望和学术影响。

王家宏

王家宏教授，男，1955年生，汉族，江苏苏州人。苏州大学体育学院院长，教授，于北京体育大学获得硕士学位，体育教育训练学博士研究生导师，国务院学位委员会第五届学科评议组成员、国家社科基金通信评审组成员、全国高等院校体育教学指导委员会技术学科组副组长，国家体育社会科学重点研究基地负责人，体育教学与训练方法的应用研究方向学术带头人，主要研究方向为体育教学理论与实践、体育现代化和体育产业。1997年获《新苗体育奖学金》。

主要研究成果：近年来主持多项国家级和省市级社科项目，其中包括《国家公务员理想体力活动与健康关系的研究》、《我国篮球产业的发展及对策研究》、《关于在苏州市实施体育现代化示范工程的研究》三项国家社科基金研究项目和《中华人民共和国篮球运动发展史学研究》、《篮球运动内外环境研究》等省部级研究项目。出版了专著、教材10余部，发表论文40余篇，其中核心期刊10多篇。科研成果先后获省部级二、三等奖各1项，市、厅级奖4项。

孙庆祝

孙庆祝教授，男，1948年9月出生，1978年毕业于曲阜师范大学并留校任教；1992 年晋升教授；1992 年 9 月聘为硕士生导师；2000 年 9 月调入南京师范大学；2001 年 1 月聘为博士生导师；兼任全国高等学校体育教学指导委员会委员、中国体育科学学会体育统计分会委员；江苏省学校体育研究会副理事长、南京师范大学学报编委等。

主要研究成果：近些年来，出版专著《体育实用模糊数学》和《体育信息学》两部，填补了国内体育领域应用模糊数学和应用信息科学的空白；主编全国高等学校教材《体育统计学》和《人体体质测量与评价》两部；发表论文 180 余篇；其中核心权威期刊 60 余篇；参加国际和全国性学术会议 20 余次(2004 年一篇论文入选雅典奥运会科学大会)；主持国家社会科学基金项目《经济全球化时代体育信息化与体育管理变更互动关系的研究》和参加国家软科学计划课题《2008 年奥运会管理系统工程的应用研究》各 1 项；完成了国家体育总局课题《我国体育信息化的现状调查分析与对策研究》和省自然科学基金课题《体育管理系统工程理论与方法研究》等 4 项。这些研究综合现代体育管理与计算机技术的前沿成果，把信息理论和技术运用到体育领域，做了一些开创性研究工作。研究成果《举重运动训练决策支持系统研制与开发》、《体育领域专家系统外壳的开发与研制》、《运动心理咨询与心理训练智能决策支持系统的研究》、《体育评价决策支持系统 SEDSS 的研制与开发技术》、《赛艇运动员过度疲劳神经网络预报模型》等，在体育管理与信息化、定性与定量综合集成、评价、预测和决策理论与技术研究以及与应用的结合上进行了广泛探讨，在数学模型的建立和应用方面也进行了大胆的探索，为体育研究的定量化、模型化、模拟仿真提供了借鉴。

孙麒麟

孙麒麟教授，男，1949 年 9 月出生，中共党员，教授。1974 年毕业于北京体育学院体育系，教育学硕士。1992 年 9 月中国大学生队赴法国参加第 9 届世界大学生乒乓球锦标赛；1993 年 4 月上海交大乒乓球队出访美国普林斯顿大学；1994 年 6－9 月赴泰国援外执教；1996 年 7 月赴美国出任第 26 届奥运会乒乓球比赛技术官员；1996 年 9 月中国大学生队赴澳大利亚参加第 11 届世界大学生乒乓球锦标赛；1998 年 9 月中国大学生队赴保加利亚参加第 12 届世界大学生乒乓球锦标赛；1999 年 4 月上海交大乒乓球队赴波兰参加弗罗茨瓦夫邀请赛。2000 年 3 月赴马来西亚出任第 45 届世界乒乓球锦标赛副裁判长；2000 年 4 月上海交大乒乓球队出访日本明治大学。2001 年 5 月赴日本大坂出任第 46 届世界乒乓球锦标赛裁判长。

主要研究成果：主编了《中华人民共和国乒乓球竞赛规则》，编译了《国际乒联国际裁判长守则》、《国际乒联国际竞赛官员守则》，并参编全国高等学校体育教材《实践教程》、《高校体育改革与发展》、《余暇体育》、《抽签指南》和《中国体育大词典》(乒乓球部分)。主持完成了国家教学社会科学课题“学校一社区全民健身联网工程研究”和国家教育部九·五重点课题“我国学生竞技体育现状与发展研究”。

杨文轩

杨文轩教授，男，1947年出生，体育学教授、博士生导师。1973年7月毕业于华南师大体育系。1979年2月至7月在北京体育大学全国高校青年体育理论教师进修班学习。1982年5月至1989年6月任华南师大体育系党总支副书记、书记。1989年7月至1992年5月任华南师大总务长，1992年6月至1998年12月任华南师大副校长。1997年晋升教授，1998年12月起任华南师大党委副书记(主持全面工作)，2000年受聘为博士生导师，1998年并受聘为教育部全国高校体育教学指导委员会副主任，1999年7月份起，任华南师大党委书记。

主要研究成果：长期从事体育人文社会学教学和研究，曾到日本、中国香港、中国澳门等国家和地区进行学术交流，受到广泛好评。近年来在国家级、省级刊物发表论文数十篇，出版多部著作，其中北京体育大学出版社出版的《体育原理导论》受到广泛好评。在本领域中较早提出体育科学化和现代化的前沿课题，回答了诸如体育手段、方法、过程科学化等一系列问题，并提出全球体育现代化的大趋势和我国社会主义市场经济条件下，体育体制、体育的普及和提高，竞技运动发展等现实课题。

杨　霆

杨霆教授，男，1947年12月出生，1976年9月，东北师范大学体育系学生；1982年9月至1985年7月，东北师范大学体育系硕士研究生；1985年7月至2001年9月，东北师范大学体育学院教师；2001年9月至今，吉林大学体育学院。现担任全国高等学校体育教学指导委员会委员、中国体育科学学会体育管理分会的常委、中国体育科学学会学校体育分会的委员、中国体育科学学会体育管理分会学报的主编。

主要研究成果：从事本专业以来，发表学术论文40余篇，出版学术专著5部，承担省部委以上课题10余项。目前主持的《学校体育与社区体育互动模式的研究》列为教育部十五规划重点课题，经费为1万元。

2005年主编的《体育学习原理》《体育原理》分别由广西师范大学出版社、高等教育出版社出版发行。

张瑞林

张瑞林，男，中共党员，山东莘县人，1963年11月21日出生，教育学硕士，教授，硕士研究生导师。现任体育学院院长，兼任全国高校体育教学指导委员会公体组副组长，中国学校体育研究会常务理事，中国地方工科院校体育协会主席，中国学校与研究生教育学会体育工作委员会理事长，山东省排球协会副主席，驻济高校体协主席等。先后被评为全国教育系统劳动模范、全国高校优秀青年体育教师、霍英东青年教师奖、山东省模范教师、山东省高校优秀青年体育教师等荣誉称号。

获奖情况：近几年来，他发表学术论文60余篇，其中核心期刊近20篇，主编教材4部、专著1部，主审教材3本，参编、参审国家级教材多本，主持完成了3项由省教委、科委组织的课题鉴定，并达到国内领先水平，1997年获山东省优秀教学成果一等奖1项。

季 浏

季浏教授，男，1961年5月出生，1982年在扬州师范学院获学士学位，1985年在华东师范大学体育系获硕士学位，1990年在华东师范大学心理学系获博士学位。现任教育部高等学校体育教学指导委员会理论学科组组长；教育部中小学体育与健康课程标准研制组组长；中国运动心理学专业委员会副主任；教育部中小学体育教学指导委员会副主任；中国高等教育学会学校体育研究会副主任。

主要科研成果：主编《体育教育展望》、《体育与健康课程与教学论》、《普通高中体育与健康课程标准解读》、《全日制义务教育体育与健康课程标准解读》、《小学体育新课程教学法》、《初中体育新课程教学法》、《走进课堂—体育与健康新课程案例与评析》、《体育与健康》、《体育心理学》、《当代运动心理学》、《体育社会心理学》、《现代催眠术》等25部著作和教材，在国内外杂志上发表了《中小学生身体锻炼与心理健康关系的研究》、《〈体育(与健康)课程标准〉实验后的现状调查与分析》、《我国基础教育体育课程改革对高校体育教育专业课程改革的启示》等学术论文70余篇。

周　兵

周兵教授，男，1958 年生，教育学硕士，体育课程教学论博士研究生，南京师范大学体育科学学院副院长，硕士研究生导师。1973 年至 1979 年，江苏省田径队运动员。1979 年起，在南京师范大学体育系本科、硕士研究生学习，于 1988 年在西安体院获教育学硕士学位。1988 年起至今，在南京师范大学体育系、体育学院任教。1996 年至 1997 年，以访问学者身份赴美国佐治亚大学运动科学系专修体育测量与评价。现任全国高校体育教学指导委员会技术学科组委员，江苏省体育教学指导委员会委员，江苏省高等教育学会体育研究会常务理事，江苏省教育学会体育专业委员会副理事长。

主要研究成果：1984 年起，一直从事田径课程与教学改革的相关研究，主要方向是田径健身课程的构建以及教学理论与方法。1998 年起，开始从事基础教育体育课程改革的相关研究。担任江苏省中学《体育》、《体育与健康》教材副主编、主编。承担多项教学研究课题。著作有《体育教学大纲与体育与健康课程标准的比较研究》、《体育与健康课程的评价研究》(东北师范大学出版社，2005 年)。2000 年起，涉足体育产业领域的研究。2000 年主持江苏省教育厅人文社会科学基金项目“体育产业理论与实践研究”；2002 年主持江苏省体育局局管课题“大型综合性运动会市场策划与评价研究”；2004 年主持国家社会科学基金项目“大型综合性运动会市场策划与综合效益评估研究”。编著《体育市场营销与策划》(南京师范大学出版社，2004 年)。主编《休闲体育》、《体育比赛与欣赏》等多部教材，发表研究论文 20 余篇。

周登崇

周登嵩教授，男，1949 年出生，汉族，中共党员，陕西省镇巴县人。首都体育学院教授，博士生、硕士生导师。1972－1975 年就读于西安体育学院，后留校任教。1978 年考入北京体育学院就读研究生，1981 年 10 月毕业，获教育学硕士学位。2001 年获国务院颁发“政府特殊津贴专家”称号。

现任中国矿业大学、西安体育学院等 8 所院校兼职教授，中国体育科学学会理事，中国学校体育分会副主任、委员，教育部基础教育课程教材评审委员，中国教育学会体育研究会副理事长，教育部全国中小学教学指导委员会顾问。30 余年来一直从事体育人文社会学教学与研究，研究方向为学校体育。为本专科生、硕士生、博士生开设的课程有体育科研方法、学校体育学、体育教学论。曾指导毕业博士研究生15人，现与福建师范大学联合培养博士生4人，已经指导毕业的硕士研究生30余人。另指导国内访问学者10余人。

主要研究成果：近五年来在《北京体育大学学报》、《体育科学》、《首都体育学院学报》等刊物和国内外学术会议上发表论文14篇，主编出版《学校体育教学探索》、《体育科研概论》、《新编体育教育学》、《学校体育学》(2004年北京市精品教材)、《学校体育学(简编本)》、《中小学体育活动指导丛书(1—5册)》、《社会体育指导员职业培训教材(中高级本)》等学术专著和教材10余部。已完成部委级科研项目6项，目前承担国家级与部委级科研项目5项(如教育部"十五"规划重点课题：2008年奥运会与中国学校体育发展；国家社科项目(2006年)"新农村体育服务体系的研究"；北京市教委科技创新团队项目(2005年)"首都体育现代化综合研究"等。)

顾渊彦

1941年4月7日，江苏常熟人，南京师范大学教授，课程与教学论博士生导师，江苏省教育学会体育专业委员会理事长，教育部基础教育体育与健康课程教材评审组成员。享受国务院特殊津贴，曾获国家级教学优秀成果二等奖，江苏省教学优秀成果一等奖。

主持和参与的主要研究课题有：学科课程实践的理论问题(全国教育科学"十一五"规划课题)、我国富裕地区社区教育发展道路(全国教育科学"九五"规划课题)、中日体育与健康教育比较研究、学制不同阶段体育课程特点与方案设计等。

出版的主要著作有：

《体育教师教育课程改革》，人民体育出版社 2006年

《体育课程导论》，人民体育出版社 2005年

《基础教育体育课程改革》，人民体育出版社 2004年

《大学体育课程改革》，人民体育出版社 2004年

《体育课程约束力和灵活性》，人民体育出版社 2001年

《体育社会学》，南京师范大学出版社 2001年

《21世纪中国社区体育》，北京体育大学出版社 2000年

《域外学校体育传真》，人民体育出版社 1999年

黄汉升

黄汉升教授，男，1958年12月出生，福建省漳州人。1982年毕业于福建师范大学体育系，1985年破格晋升讲师，1988年破格晋升副教授，1990年至1992年在美国波特兰州立大学讲学、进修，1994年晋升教授，1999年6月毕业于北京体育大学体育

教育训练学专业，获教育学博士学位。现为北京体育大学体育教育训练学博士点学科带头人、博士生导师，国家教育部全国普通高校体育研究会理事，福建省高校体育研究会理事长，武汉体育学院、河北师范大学、江西师范大学、广西师范大学等多所高等院校客座教授。

主要研究成果：在排球教材建设与研究方面，取得了系列的研究成果，主编和参编了从中学到大学本科排球课程教材的编写：《中学体育实验教材》(参编排球部分)、全国体育教育专业二、三年级专科《排球》教材(主编)、全国中学体育教师专升本《排球》教材(主编)、体育教育专业本科《排球》教材、体育教育专业排球专修课《现代排球运动教程》教材以及参加了全国教练员岗位培训教材《排球运动高级教程》(Ⅱ、Ⅲ级)编写工作。

1983 年以来，在《体育科学》、《中国体育科技》、《中国学校教育》、《国际体育教育、娱乐、舞蹈、竞技运动杂志》和《国际体育教育杂志》等国内外学术刊物上发表论文 100 多篇，主编、参编教材、专著 8 部，参编《金牌背后是科技大战》获北京市第五届哲学社会科学优秀成果二等奖，《优秀女子排球比赛得失分规律研究》获 1997 年福建省自然科学优秀论文二等奖，《2010 年中国社会体育发展趋势》(合作)获福建省第四届社会科学优秀成果三等奖，主持全国教育科学九五规划教育部重点课题《面向 21 世纪我国普通高等学校体育教育专业教学内容与课程体系综合改革的研究》(合作)，并获福建省第四届社会科学优秀成果三等奖，主持国家哲学社会科学基金项目、中国博士后科学基金项目以及国家留学基金委项目等课题的研究。此外还有 10 多篇论文分别入选第一届、第三届、第四届、第五届世界体育科学大会。

大 事 记

全国层面的活动

2009 年度由教育部、中央教育机关组织的全国性活动

5 月

5 月 12 日

李长春同志出席“全国亿万青少年学生阳光体育运动”启动仪式

2007 年 4 月 29 日上午，中共中央政治局常委李长春出席“全国亿万青少年学生阳光体育运动”全面启动仪式。

上午 10 时许，李长春在北京主会场朝阳公园宣布“全国亿万青少年学生阳光体育运动”全面启动，并为“全国亿万青少年学生阳光体育运动”北京青少年集体长跑活动鸣枪。随后，他兴致勃勃地观看了青少年健身项目展示，还与正在公园里锻炼的青少年学生一起参加体育活动，共同感受体育的魅力，分享体育的快乐。

中共中央政治局委员、北京市委书记刘淇参加启动仪式。国务委员陈至立主持启动仪式。

我国启动“全国亿万青少年学生阳光体育运动”，是新时期加强青少年体育、增强青少年体质的战略举措。这一活动的目的，就是要通过阳光体育的抓手作用，促进各级各类学校形成浓郁的校园体育锻炼氛围和全员参与的群众性体育锻炼风气，吸引广大青少年学生走向操场、走进大自然、走到阳光下，积极主动参与体育锻炼，培养体育锻炼的兴趣和习惯，有效提高学生体质健康水平。

“全国亿万青少年学生阳光体育运动”启动仪式由教育部、国家体育总局、共青团中央和北京市人民政府联合举办。北京市近万名大中小学生参加了主会场丰富多彩的体育活动。全国各地各

级各类学校的亿万学生全程收听、收看了北京主会场启动仪式，并在同一时间因地制宜地开展了各种体育活动。

信息来源：教育部

网址：http://www.moe.edu.cn/edoas/website18/level3.jsp? tablename=1241420871244167&infoid=1242097797178745

主办单位：教育部

5 月 14 日

教育部部长周济：扎扎实实推进阳光体育运动

中国教育部部长周济 14 日在重庆市举行的“全国亿万学生阳光体育运动”推进会上提出，要大力推动国家学生体质健康标准，大力开展群众性校园体育活动，以新的高度，新的思路和新的举措抓好学校体育工作，要以爱与责任，扎扎实实推进阳光体育运动。

据介绍，自实施阳光体育运动以来，中国青少年学生体质健康状况得到改善。2008 年，全国近 9 万所学校的测试结果表明，及格及以上标准的学生达到了 85.94%，总体情况好于 2007 年。根据共青团中央有关机构对 15 所学校的调查结果，有 93.56%的学生感觉现在的长跑能力比以前明显进步；对冬季长跑活动带来的益处，有 91.95%的学生认为能够强健体魄，84.32%的学生认为能培养意志力，72%的学生认为能缓解压力。

周济说，各级教育行政部门和学校要深刻认识到学校体育工作的重要性、紧迫性和现实针对性，认真执行国家课程方案，坚持健康第一，不挤占体育课等教学时间，依法保障学生的休息权利；要充分调动学生、教师和学校的主观能动性和积极性，针对青少年的特点和爱好，努力开发丰富多彩、新颖多样的体育活动形式，吸引广大青少年普遍参与到体育锻炼中来。

信息来源：新闻网

网址：http://www.moe.edu.cn/edoas/website18/level3.jsp? tablename=1242634275284294&infoid=1242700997846399

主办单位：教育部

5 月 15 日

用爱和责任把阳光体育运动推向新高潮

“全国亿万学生阳光体育运动”推进会在重庆召开

“全国亿万学生阳光体育运动”推进会于 5 月 14 日在重庆举行。教育部部长周济出席会议并讲话。他强调，要深入分析研究形势，及时总结交流经验，进一步行动起来，以新的高度、新的思路和新的举措抓好学校体育工作，使这项工作切实取得战略性突破和实质性进展，继续把阳光体育运动推向新的高潮。

周济说，自2007年5月7日，中共中央、国务院颁布《关于加强青少年体育 增强青少年体质的意见》以来，青少年学生体育工作得到各级党委政府的高度重视，各地认真学习贯彻中央文件精神，采取多种措施加强学校体育工作，形成了多年来少有的全国上下重视青少年体育的氛围，形成了多部门合作、齐抓共管和统筹协调解决学校体育工作重要问题的机制。各地以亿万学生阳光体育运动为载体，以全面实施《国家学生体质健康标准》为基础，根据本地区的实际情况，积极组织广大青少年学生开展了丰富多彩的体育活动，创造了大量新鲜有效的经验。经过两年多的扎实工作，每天锻炼一小时已经深入人心，亿万学生阳光体育运动深受青少年学生欢迎，形成了强大声势。如今，孩子们走向操场、走进大自然、走到阳光下，跑起来、跳起来、动起来，已经蔚然成风。

周济指出，在新的形势下，我们要深刻认识学校体育工作的重要性、紧迫性和现实针对性。学校体育工作是教育工作的大事，直接关系到亿万青少年的健康成长，关系到千家万户的幸福生活，关系到国家和民族未来的长远发展，是实施素质教育、促进学生全面发展的内在要求，是提高教育质量、办好人民满意教育的现实需要，是建设人力资源强国、提高全民族健康素质的必然选择。我们要以新的高度、新的思路和新的举措抓好学校体育工作，使这项工作切实取得战略性突破和实质性进展，从而让“健康第一”指导思想在学校教育中确立起牢固的地位。

周济强调，要以爱与责任，扎扎实实推进阳光体育运动。他说，今年是各级各类学校贯彻落实中央7号文件的关键之年。各地要以学习实践活动为契机，把贯彻落实中央7号文件作为一项重要而持久的任务，进一步增强使命感、责任感、紧迫感，更加突出学校体育工作的重要地位，下更大的决心，采取更有力的措施，把学校体育工作抓得再狠些，做得再实些。各级教育行政部门和学校要认真执行国家课程方案，坚持健康第一，不挤占体育课等教学时间，依法保障学生的休息权利，确保每天锻炼一小时，不断把学校体育工作推向前进。要充分调动学生、教师和学校的主观能动性和积极性。要针对青少年的特点和爱好，进一步唱响亿万学生阳光体育运动主旋律，努力开发丰富多彩、新颖多样的体育活动形式，吸引广大青少年普遍参与到体育锻炼中来。要因地制宜，大胆创新，努力形成百花齐放、异彩纷呈的学校体育新局面。要大力开展群众性校园体育活动，让体育活动覆盖到每一个班级、每一个学生，做到“人人有体育项目、班班有体育活动、校校有体育特色”。同时，各地要采取有力措施，为学校体育工作创造良好条件。教育行政部门和学校要积极主动争取政府进一步加大对学校体育的投入和支持。要大力推动国家学生体质健康标准、政府购买意外伤害校方责任险，以及学校卫生疫情监测和防控机制等各项制度的落实。要积极探索体育教学改革，逐步建立符合素质教育要求的体育考试评价制度，将体育科目测试成绩作为学生综合素质评价和学校录取的重要指标，充分发挥体育考试的积极导向作用。要加强宣传，及时总结和推广学校体育工作的经验与做法，形成全社会共同关心支持青少年健康成长的良好氛围。

据了解，自实施阳光体育运动以来，青少年学生体质健康状况得到改善。2008 年，全国近 9 万所学校的测试结果表明，及格及以上标准的学生达到了 85.94%，总体情况好于 2007 年。根据共青团中央有关机构对 15 所学校的调查结果，有 93.56%的学生感觉现在的长跑能力比以前明显进步；对冬季长跑活动带来的益处，有 91.95%的学生认为能够强健体魄，84.32%的学生认为能培养意志力。

会议由教育部副部长陈小娅主持。国家体育总局副局长冯建中、共青团中央书记处书记周长奎分别讲话。重庆、天津、内蒙古、江苏、河南、浙江、湖南等七省(区、市)介绍了贯彻落实中央 7 号文件、开展阳光体育运动的经验。重庆市人大常委会副主任陈雅棠、重庆市副市长谢小军及教育部相关司局负责人、各省(区、市)教育厅负责人出席会议。会后，与会代表现场观摩了重庆市各中小学校开展阳光体育运动的情况。（记者　李小伟）

信息来源：《中国教育报》

网址：http://www.moe.edu.cn/edoas/website18/level3.jsp? tablename=2038&infoid=1242345837739599

主办单位：教育部

5 月 15 日

中共中央国务院关于加强青少年体育增强青少年体质的意见

增强青少年体质、促进青少年健康成长，是关系国家和民族未来的大事。以迎接 2008 年北京奥运会为契机，进一步加强青少年体育、增强青少年体质，对于全面落实科学发展观，深入贯彻党的教育方针，大力推进素质教育，培养中国特色社会主义事业的合格建设者和接班人，具有重要意义。为此，提出如下意见。

一、高度重视青少年体育工作

1. 广大青少年身心健康、体魄强健、意志坚强、充满活力，是一个民族旺盛生命力的体现，是社会文明进步的标志，是国家综合实力的重要方面。党中央、国务院历来高度重视青少年的健康成长。改革开放以来，我国青少年体育事业蓬勃发展，学校体育工作取得很大成绩，青少年营养水平和形态发育水平不断提高，极大地提升了全民健康素质。但是，必须清醒地看到，一方面由于片面追求升学率的影响，社会和学校存在重智育、轻体育的倾向，学生课业负担过重，休息和锻炼时间严重不足；另一方面由于体育设施和条件不足，学生体育课和体育活动难以保证。近期体质健康监测表明，青少年耐力、力量、速度等体能指标持续下降，视力不良率居高不下，城市超重和肥胖青少年的比例明显增加，部分农村青少年营养状况亟待改善。这些问题如不切实加以解决，将严重影响青少年的健康成长，乃至国家和民族的未来。

2. 青少年时期是身心健康和各项身体素质发展的关键时期。青少年的体质健康水平不仅关系个人健康成长和幸福生活，而且关系整个民族健康素质，关系我国人才培养的质量。体育锻炼和体育运动，是加强爱国主义和集体主义教育、磨炼坚强意志、培养良好品德的重要途径，是促进青少年全面发展的重要方式，对青少年思想品德、智力发育、审美素养的形成都有不可替代的重要作用。各地和各级各类学校必须全面贯彻党的教育方针，高度重视青少年体育工作，使广大青少年在增长知识、培养品德的同时，锻炼和发展身体的各项素质和能力，成长为中国特色社会主义事业的合格建设者和接班人。

3. 当前和今后一个时期，加强青少年体育工作的总体要求是：认真落实“健康第一”的指导思想，把增强学生体质作为学校教育的基本目标之一，建立健全学校体育工作机制，充分保证学校体育课和学生体育活动，广泛开展群众性青少年体育活动和竞赛，加强体育卫生设施和师资队伍建设，全面完善学校、社区、家庭相结合的青少年体育网络，培养青少年良好的体育锻炼习惯和健康的生活方式，形成青少年热爱体育、崇尚运动、健康向上的良好风气和全社会珍视健康、重视体育的浓厚氛围。通过5年左右的时间，使我国青少年普遍达到国家体质健康的基本要求，耐力、力量、速度等体能素质明显提高，营养不良、肥胖和近视的发生率明显下降。通过全党全社会的共同努力，坚持不懈地推动青少年体育运动的发展，不断提高青少年乃至全民族的健康素质。

二、认真落实加强青少年体育、增强青少年体质的各项措施

4. 全面实施《国家学生体质健康标准》，把健康素质作为评价学生全面健康发展的重要指标。加快建立符合素质教育要求的考试评价制度，发挥其对增强青少年体质的积极导向作用。全面组织实施初中毕业升学体育考试，并逐步加大体育成绩在学生综合素质评价和中考成绩中的分量；积极推行在高中阶段学校毕业学业考试中增加体育考试的做法。普遍推行《国家学生体质健康标准》测试报告书制度、公告制度和新生入学体质健康测试制度。认真贯彻《学校体育工作条例》，建立和完善学校体育工作规章制度。

5. 广泛开展“全国亿万学生阳光体育运动”。鼓励学生走向操场、走进大自然、走到阳光下，形成青少年体育锻炼的热潮。要根据学生的年龄、性别和体质状况，积极探索适应青少年特点的体育教学与活动形式，指导学生开展有计划、有目的、有规律的体育锻炼，努力改善学生的身体形态和机能，提高运动能力，达到体质健康标准。对达到合格等级的学生颁发“阳光体育证章”，优秀等级的颁发“阳光体育奖章”，增强学生参加体育锻炼的荣誉感和自觉性。

6. 切实减轻学生过重的课业负担。各级各类学校要进一步端正办学思想，加强素质教育，努力促进青少年学生生动活泼、积极主动地发展。中小学要切实纠正片面追求升学率的倾向，减轻学生过重的课业负担。深入推进基础教育课程改革，提高课堂教学的质量和效率，使学生有更多的时间参加体育锻炼。

7. 确保学生每天锻炼一小时。中小学要认真执行国家课程标准，保质保量上好体育课，其中小学 1—2 年级每周 4 课时，小学 3—6 年级和初中每周 3 课时，高中每周 2 课时；没有体育课的当天，学校必须在下午课后组织学生进行一小时集体体育锻炼并将其列入教学计划；全面实行大课间体育活动制度，每天上午统一安排 25～30 分钟的大课间体育活动，认真组织学生做好广播体操、开展集体体育活动；寄宿制学校要坚持每天出早操。高等学校要加强体育课程管理，把课外体育活动纳入学校日常教学计划，使每个学生每周至少参加三次课外体育锻炼。各级教育行政部门要提出每天锻炼一小时的具体要求并抓好落实。因地制宜地组织广大农村学生开展体育锻炼。有针对性地指导和支持残疾青少年的体育锻炼活动。要切实加强体育教师队伍建设，按照开设体育课和开展课外体育活动的需要，配齐、配强体育教师。

8. 举办多层次、多形式的学生体育运动会，积极开展竞技性和群众性体育活动。各级政府要定期组织综合性或专项性的学生体育运动会。学校每年要召开春、秋季运动会，因地制宜地经常开展以班级为单位的学生体育活动和竞赛，做到“人人有体育项目、班班有体育活动、校校有体育特色”。进一步办好体育传统项目学校和高等学校高水平运动队，充分发挥其对群众性体育的示范带动作用。完善高等学校和高中阶段学生军训制度，丰富军训内容，开展“少年军校”活动，发挥学生军训在增强体质、磨炼意志等方面的作用。注重发展学生的体育运动兴趣和特长，使每个学生都能掌握两项以上体育运动技能。

9. 帮助青少年掌握科学用眼知识和方法，降低青少年近视率。中小学教师和家长都要关注学生的用眼状况，坚持每天上下午组织学生做眼保健操，及时纠正不正确的阅读、写字姿势，控制近距离用眼时间。学校每学期要对学生视力状况进行两次监测。各级政府要进一步改善农村学校的办学条件，确保照明、课桌椅达到基本标准，改善学生用眼卫生条件。

10. 确保青少年休息睡眠时间，加强对卫生、保健、营养等方面的指导和保障。制定并落实科学规范的学生作息制度，保证小学生每天睡眠10小时，初中学生9小时，高中学生8小时。积极开展疾病预防、科学营养、卫生安全、禁毒控烟等青少年健康教育，并保证必要的健康教育时间。建立和完善学生健康体检制度，使青少年学生每年都能进行一次健康检查。建立和完善青少年营养干预机制，对城乡青少年及其家庭加强营养指导；通过财政资助、勤工俭学、社会捐助等方式提高农村寄宿制学校家庭经济困难学生伙食补贴标准，保证必要的营养需要。建立青少年营养状况监测机制，加强青少年食品卫生专项监督检查。根据新时期青少年青春期特征和成长过程中的心理特点，有针对性地加强心理健康教育，逐步建立健全青少年心理健康教育、指导和服务网络。

11. 加强学校体育设施建设。各级政府要认真落实《公共文化体育设施条例》，统筹协调、因地制宜，加强学校体育设施特别是体育场地的建设。城市和社区的建设规划要充分考虑青少年体育锻炼设施的需要，为他们提供基本的设施和条件。公共体育设施建设要与学校体育设施建设统筹考虑、综合利用。把“农民体育健身工程”与农村中小学体育设施建设结合起来，改善农村学校体育条件。公共体育场馆和运动设施应免费或优惠向周边学校和学生开放，学校体育场馆在课余和节假日应向学生开放。

12. 加强体育安全管理，指导青少年科学锻炼。学校要对体育教师进行安全知识和技能培训，对学生加强安全意识教育。加强体育场馆、设施的维护管理，确保安全运行。完善学校体育和青少年校外体育活动的安全管理制度，明确安全责任，完善安全措施。针对青少年的特点，加强对大型体育活动的管理，做好应急预案，防止发生群体性安全事件。所有学校都要建立校园意外伤害事件的应急管理机制。建立和完善青少年意外伤害保险制度，推行由政府购买意外伤害校方责任险的办法，具体实施细则由财政部、保监会、教育部研究制定。要加强体育科学研究，积极开发适应青少年特点的锻炼项目和健身方法，加强社会体育指导员队伍建设，为青少年体育锻炼提供科学指导。

三、加强领导，齐抓共管，形成全社会支持青少年体育工作的合力

13. 各级党委和政府要把加强青少年体育工作摆上重要议事日程，纳入经济社会发展规划。加大对体育事业尤其是中小学体育设施的投入，正确评价学校的教育质量，为学校实施素质教育、促进学生全面发展创造良好条件。建立在党委和政府领导下，教育、体育、卫生部门和共青团组织等共同参加的联席会议制度，统筹协调解决青少年体育工作中的重要问题。

14. 各级政府和教育部门要加强对学校体育的督导检查。建立对学校体育的专项督导制度，实行督导结果公告制度。健全学生体质健康监测制度，定期监测并公告学生体质健康状况。加大体育工作和学生体质健康状况在教育督导、评估指标体系中的权重，并作为评价地方和学校工作的重要依据。对成绩突出的地方、部门、学校和个人进行表彰奖励。对青少年体质健康水平持续下降的地区和学校，实行合格性评估和评优评先一票否决。

15. 制定国家学校体育卫生条件基本标准，加大执法监督力度。通过制定国家学校体育卫生条件基本标准，进一步明确国家对各级各类学校体育场地、器材设施、卫生条件和师资的基本要求。各级政府要认真贯彻执行义务教育法和学校体育卫生工作法律法规，并加强督促检查。对学校体育卫生基本条件不达标的，要限期整改。

16. 充分发挥共青团、少先队、妇联组织的优势和特色，开展多种形式的课外体育锻炼活动。青少年活动中心、少年宫、妇女儿童中心和其他校外教育机构要把开展青少年体育活动作为重要职能。积极倡导和鼓励创建青少年体育俱乐部和青少年户外体育活动营地。通过开展丰富多彩的校外体育活动和团队活动，充实课外生活，努力把更多的青少年吸引到健康向上的体育活动中来。

17. 切实加强对学校卫生的监督与指导。学校卫生是国家公共卫生服务体系建设的重点。要把城乡中小学生作为城镇居民基本医疗保险试点和新型农村合作医疗的重点覆盖人群。各级疾病预防控制机构和相关卫生医疗机构要明确专人负责指导和协助学校的卫生工作，按照国家有关规定为行政区域内学校提供预防保健等公共卫生服务，定期对学校的食品卫生、饮用水、传染病防治等开展卫生监督、监测，依法进行免疫预防接种，所需费用纳入公共卫生经费支付范围。中小学要依据《学校卫生工作条例》规定，设立卫生室，配备校医或专(兼)职保健教师，在卫生部门指导下开展学校卫生工作。各级教育行政部门要会同卫生行政部门建立巡查制度，加强行政区域内的学校卫生管理。

18. 加强家庭和社区的青少年体育活动，形成学校、家庭和社区的合力。家庭教育对加强青少年体育、增强青少年体质起关键作用。要在广大家长中倡导健康第一的理念，树立正确的教育观、成才观，注重从小培养青少年良好的体育锻炼习惯、饮食卫生习惯和文明健康的生活方式，鼓励家长和孩子共同参加体育锻炼。学校、社区要和家庭加强沟通与合作，组织开展多种多样的青少年体育活动，促进家庭、社会形成科学正确的教育观念和方式。

19. 进一步完善加强青少年体育的政策保障措施。中央设立专项资金，实施“全国亿万学生阳光体育运动”器材支持项目，帮助义务教育阶段中西部农村学校配备体育活动器材。在农村寄宿制学校建设工程、初中校舍改造工程和卫生新校园建设工程中，切实加大对学校食堂、饮用水设施、厕所、体育场地的改造力度。把义务教育阶段学生健康体检的费用纳入义务教育经费保障机制，其他学生健康体检的费用由省级政府制定统一的费用标准和解决办法。学校要切实保证体育卫生工作的正常开展，所需经费从公用经费中提取和安排。

20. 努力营造重视青少年体育的舆论环境。大力宣传和普及科学的教育观、人才观、健康观，加大对群众性学生体育活动的宣传报道，形成鼓励青少年积极参加体育锻炼的社会氛围。要以迎接奥运会、举办奥运会为契机，开展丰富多彩的“迎奥运、讲文明、树新风”活动，使北京奥运会成为广大青少年积极参与、推动全民健身运动迈上新台阶的奥运会，让广大青少年以实际行动与奥运同行，充分展示新时期青少年健康向上的精神风貌。

信息来源：教育部

网址：http://www.moe.edu.cn/edoas/website18/level3.jsp? tablename=1241424690163193&infoid=1242350896970625

主办单位：教育部

5 月 19 日

认真贯彻中央七号文件 全面推进学校体育工作

《中共中央、国务院关于加强青少年体育增强青少年体质的意见》下发以后，省委、省政府和省教育厅高度重视，采取切实措施认真贯彻落实。我们把增强学生体质作为学校教育的最基本最重要的目标，强化《健康第一》的指导思想，建立健全体育工作机制，广泛开展群众性体育活动和竞赛，加强体育卫生设施和师资队伍建设，优化学校体育工作环境。现将我省近期学校体育工作情况汇报如下。

一、加强机构队伍建设，为学校体育发展夯实基础

(一)健全市县两级管理机构，完善职能

学校体育工作面宽，工作量大。要念好学校体育这本经，不仅要有和尚，也要有大庙。因此，我们首先从健全市、县两级管理机构、充实人员和理顺职能入手，切实加强宏观管理。省教育厅采取措施，督促有关市州教育局，设立体卫艺科，并要求市州体卫艺科的业务职能与省厅对口衔接。其做法是：省里对设立体卫艺科的市州教育局每年补助办公经费 2 万元，同时优先安排各类培训和外出考察。对没有成立体卫艺科的市州教育局，一是体卫艺工作年度考核评先一票否决；二是不给予经费和项目支持；三是不在当地举办省里会议和活动；四是将没有设立体卫艺科的州市列为各项督查、抽查的必查单位。

通过强力推动，目前全省 14 个市州教育局已有 11 个设立了了体卫艺科，剩下的 3 个市州也有望在今年设立。此外，一些市州增加了人员，充实了力量。各县市区教育局也相应加强了机构建设，这在很大程度上改变了学校体育管理工作“单枪匹马跑单班”的现象，使工作有人管、有人抓，逐步改变了体卫艺工作在市州教育行政管理中弱势疲软的状况。

(二)加强学生体育协会职能建设

为加强体育赛事组织和课余训练管理，我省强化了省学生体育协会的职能。一是在原有人员基础上，安排了部分年富力强、工作经验丰富的同志到协会工作，充实了学生体协人员配置；二是体协的基本办公经费和赛事组织经费由厅里安排，有效地保证赛事顺利进行；三是明确教育厅为比赛主办单位，增加了赛事的公信力和吸引力；四是由教育厅协调安排落实赛事的承办单位。这些措施为发展我省学校体育竞赛工作、拓展运动项目和创新竞赛模式打下了良好的基础。2008年，我省共举办了大、中学生田径运动会等11项学生体育比赛，参赛学生数达2500余人。比赛项目、参赛队伍和参赛人数均达到历年最高。竞赛的健康蓬勃发展，对优秀体育人才的培养起到了积极的拉动作用。目前我省培养体育后备人才重点中学20所，体育传统项目中学100所，建立高水平运动队大学9所，初步形成了体育人才培养输送、训练和竞赛体系。

(三)成立省高校体育教学指导委员会

贯彻中央7号文件提出的各项要求，提高大学生的体质健康水平，是高校体育面临的重要任务。新形势迫切要求我们必须更多地借助专家组织的力量来推动工作，开创高校体育工作新局面。2008年，我厅参照教育部的做法，成立了湖南省高等学校体育教学指导委员会。作为专家机构，省教指委将充分发挥其参谋和助手作用，协助教育厅对我省高等学校体育教育教学、学科发展、运动竞赛管理工作进行研究、指导、评估，为高等学校体育管理政策提供咨询和服务。省教指委根据《工作章程》，制定并实施本届任期内的工作计划，研究草拟了《湖南省高校学校体育工作评估办法》，所有工作正在按计划地稳步推进，为推动高校体育发展发挥了十分重要的作用。

(四)加强体育教师队伍建设

为加强我省体育师资力量，努力提高体育教师的业务素质，我厅组织了多种形式的体育教师交流、研讨、培训活动。如每年一次的高校教师论文报告会；隔年一次的中小学体育教师教学评优展示活动。为把新课程教学理念落实到教师的教学实践中，目前我省省、市两级都配齐了专职体育教研员，90%的县市区配备了专、兼职教研员。按照初步规划，我省要在五年内，建立起一套完善的省、市、县三级体育教师继续教育及培训制度，力争配齐配足体育专业教师。按照规划师范院校负责培训高校和高中体育教师；市里负责培训初中及镇中心小学以上的体育教师；镇中心小学以下学校体育教师由县级负责培训。通过专项集中培训，建设起一支以专职教师为主、结构合理、数量足够、质量合格、适应时代要求的体育教师队伍。

二、建章立制，规范管理

(一)统一认识，全面规划学校体育工作

2008年4月，我省召开了新中国成立以来第一次高规格、大规模的全省学校体育工作会议。会上，省人民政府对被评为学校体育工作先进单位的6所高校和14个县市区进行了表彰，副省长郭开朗、省教育厅厅长、省体育局局长做了重要讲话，会议印发了《中共湖南省委、湖南省人民政府关于加强我省青少年体育增强青少年体质的实施意见》(湘发[2008]4号)，4号文件是今后一段时期内指导我省青少年学生体育工作的一个纲领性文件，影响深远。为认真落实中央7号和湘发4号文件提出的各项政策措施和要求，我厅正在认真研究和落实学校体育的相关工作，准备与有关部门共同制定实施办法和细则，努力把我省青少年学生体育工作推向一个新的阶段。

(二)进一步完善学生体育竞赛体制

近两年，我省学生体育竞赛管理工作得到了切实加强，一是我们相继制定了《湖南省学生体育竞赛管理办法》、《湖南省学生体育竞赛纪律处罚规定》、《湖南省学生体育竞赛活动裁判员管理工作办法》等一系列规范性文件，对竞赛各个环节做了明确细致的要求和规定，从而保证了各项赛事的顺利进行和比赛结果的客观公正。二是对竞赛进行科学规划和安排。为了使学校尽早掌握全年省级比赛安排，积极参与省级比赛，每年年初，我们即下发年度学生体育竞赛计划，并将年度竞赛计划上网公布，方便基层学校随时查询。不仅如此，我省还做出了2009－2011年三年的竞赛规划，并及时下发，极大地方便了学校尽早准备，安排相关参赛事宜，同时也调动了学生参与体育锻炼的积极性。三是为了规范运动员管理，提高工作效率，我们借鉴先进经验，运用信息化手段，开发了网络注册系统。我们要通过建立一套准确、完备的学生运动员信息管理系统，从源头上杜绝各种弄虚作假的行为，为学生运动员提供公平公正的竞技环境。

(三)改革初中毕业体育考试

我省十分重视初中毕业体育考试，把体育考试作为当前推进学校体育工作，促进全体学生身体素质的有效手段来抓实、抓好。2007年，长沙市被教育部批准为全国体育中考改革的8个试点城市之一，2009年，我省结合长沙市试点经验，对原有的中考制度进行了改革，重新制定下发了《关于进一步加强初中毕业升学体育考试 完善中招制度的通知》，大幅度地增加体育考试在初中升学考试总分中的权重。通知规定：初中毕业升高中必须进行体育考试，体育考试成绩纳入初中毕业学业成绩体系，并按照除语、数、外三科以外的其他学科成绩同等对待，体育统一考试由必考项目、选考项目和学生自行选考项目三部分组成，考试成绩占体育成绩的比重不低于80%。目前，各市州正按照省里面的要求，抓紧制订本地体育中考实施方案，部分市州已经把体育分值提高到100分。从我省情况看，体育考试权重加大以后，学生、家长和社会普遍对体育锻炼更为重视，学生自发或有组织地参与体育锻炼已经成为学校的一道风景，学校体育的状况和地位明显改观。

（四）体育成绩与招生政策对接

为了充分调动广大学生参与阳光体育锻炼的积极性，我省将学生体育成绩与高校招生政策对接。对在国家级比赛中取得前八名，省级比赛取得前三名的学生，认定为体育特长生，在高校招生中给予特殊优惠。我省招生政策规定：凡取得体育特长生资格的应届高中毕业生，文化成绩达到本科二批分数的60%，如高校愿意接收，即可进入一本、二本高校就读。这项措施，既为体育特长生找到了升学的出路，又提高了学校升学率，极大地调动了中学生体育锻炼的积极性，使全省中学体育竞赛得以蓬勃开展。

三、运用科学的评价手段，推进学校体育发展

（一）建立市州体卫艺工作年度考核制度

为进一步推动市州体卫艺工作，提高工作质量和效率，我们以评价考核为手段，强化了目标管理。2009年初，我们印发了《市州体卫艺工作年度考核办法》。对各市州贯彻落实相关政策和要求的情况、机构队伍建设情况、具体工作的完成情况、工作特色情况等进行考核，并将结果作为经费支持、项目安排、评优评先的主要依据。对在年度考核中评为一等奖的市州，给予5万元奖励，体卫艺科科长评为全省年度工作先进个人；对考核结果达不到合格标准的市州，全省通报。

（二）建立健全督导评估机制

建立健全督导评估机制，是落实好学校体育工作法规和文件要求的有效手段。我省在坚持对市州体卫艺工作进行督导检查的同时，部署对各市州学校体育工作进行专项检查。2008年我省下发专门文件，要求各市州教育行政部门按照教育部《中小学体育工作督导评估指标体系》要求，对所属各县市区体育工作进行专项督导检查，并根据检查发现的问题，督促各县市区积极整改。省里将在适当时候组织抽查。

建立高校学校体育工作评估制度。依据《学校体育工作条例》和中央7号文件等文件法规，我省正在制定《湖南省高等学校体育工作评估办法》，近期可以正式出台。根据《评估办法》的规定，每四年对高校体育工作进行一次评估检查，检查结果将向社会公布，对优秀的学校表彰奖励，不合格的学校全省通报，限期整改。高校学校体育工作的评估结果，将纳入学校整体办学水平评估的重要内容。

(三)抓好《国家学生体质健康标准》的实施工作

《国家学生体质健康标准》是国家对广大青少年学生身体锻炼和体质水平的基本要求。为推进工作，我省主要抓了三个方面的工作。一是成立了专门机构——湖南省学生体质健康标准数据管理中心；二是建立和完善省、市、县、校“四级”培训机制；三是将《标准》实施情况与有关的检查评估考核工作挂钩。如义务教育合格学校建设标准，规定学生《标准》测试合格率必须达到 98%。

目前，《标准》的实施已经纳入到我省各级教育行政部门及学校的常规工作管理，并逐步规范化、制度化。各级学校优化了实施《标准》的软硬件环境，并能利用好《标准》统计数据，指导体育工作的开展，提高学生体质健康水平。

四、以中运会为契机，大力推动阳光体育运动

今年 8 月份，全国第十届中学生运动会将在长沙市举行。筹办好本届中运会，对于全面贯彻中央 7 号文件，推动我省学校体育的发展，促进青少年健康成长具有十分重要的意义。我厅把中运会列入今年重点工作，力争当好东道主，将中运会办出水平。一是做好宣传，强化参与意识。我省要求各级教育行政部门和学校要把中运会作为推进我省学校体育发展的良好契机，围绕“阳光运动、和谐发展”主题，积极宣传发动，使我省广大师生都来关心、关注、支持中运会，形成良好的学校体育文化氛围；二是积极谋划、认真筹备，建设好场馆设施。我们投入了大量的人力、物力和财力，在时间紧、任务重的情况下，新建改建一大批运动场馆，添置了一批设备，中运会的各项筹备工作正在有条不紊地进行；三是我们通过吉祥物、会徽征集和志愿者招募等活动，引导我省广大学生都来关注、参与体育。“四个二”在我省中小学校逐步得到落实。即每天做好两操(课间操和眼保健操)；安排两次体育活动(大课间活动和课后体育活动)；每年安排两次校运动会；让每名学生至少掌握两项日常锻炼运动技能。

在工作实践中，我们深深感到，体卫艺工作有为才能有位，只有努力工作，有所作为，才能更多争取领导的重视，事业才能发展、才能进步。我省体卫艺处在机构改革中定编 3 人，通过工作，厅党组给体卫艺处增加编制 1 名，同时批准处室从高校长期借调 1 人，目前体卫艺处专职工作人员达到 5 人。2009 年受金融危机影响，在省财政对教育投入增长大幅下降的情况下，省教育厅仅给体卫艺处一个处室增加了常年经费 50 万元并入列基数，同时新增安排专项活动经费 340 万元，加上原有的基数安排，2009 年我厅体卫艺工作可用经费总额达到 634 万元。领导对体卫艺工作的高度重视，我们更感到工作责任重大。我们一定继续努力，正视困难和不足，按照党中央、国务院和教育部的要求，坚持面向全体学生，坚持“健康第一”，开拓创新，扎实工作，把提高全省青少年学生身体健康水平这件大事抓紧、抓好。

信息来源：教育部

网址：http://www.moe.edu.cn/edoas/website18/level3.jsp? tablename=1242634975263295&infoid=1242695716338350

主办单位：教育部

6月

6 月 4 日

．“全国亿万学生阳光体育运动”推进会召开

5 月 14 日，“全国亿万学生阳光体育运动”推进会在重庆举行，教育部部长周济、教育部副部长陈小娅、国家体育总局副局长冯建中、共青团中央书记处书记周长奎、重庆市副市长谢小军、重庆市人大常委会副主任陈雅棠及教育部相关司局领导、各省市教育厅负责人出席会议。针对已经开展的“促进全国青少年阳光体育运动”所取得的成效进行了深入交流，并就进一步推动中央 7 号文件的贯彻落实、把阳光体育运动继续推向深入做了部署。

会议由教育部副部长陈小娅主持。冯建中、周长奎分别就今后一个时期贯彻落实中央 7 号文件、开展学校阳光体育运动工作进行了重要讲话。重庆、天津、内蒙古、江苏、河南、浙江、湖南七省(区、市)介绍了贯彻落实中央 7 号文件、开展阳光体育运动的经验。

教育部部长周济作了重要讲话，总结了阳光体育开展两年来的情况。各地贯彻落实中央 7 号文件取得积极进展，初步形成了加强学校体育工作的大好局面。

第一，青少年学生广泛参与体育锻炼的良好局面初步形成。按照中央 7 号文件的要求，许多省份在切实减轻学生过重课业负担、保障体育课课时、落实学生每天锻炼一小时等方面制定了行之有效的措施，保证每一个学生都能参加到体育锻炼中来。经过两年多的扎实工作，每天锻炼一小时已经深入人心，亿万学生阳光体育运动深受青少年学生欢迎，形成了强大声势。广大青少年

学生参加体育锻炼的主动性、自觉性不断增强，从“要我锻炼”转变为“我要锻炼”。如今，孩子们走向操场、走进大自然、走到阳光下，跑起来、跳起来、动起来，已经蔚然成风。热爱体育、参加锻炼、崇尚运动已经成为广大青少年的时尚，成为许多校园的亮丽风景。与两年前相比，学校体育工作的面貌发生了很大的变化。

第二，青少年学生体质健康状况得到改善。中央专门颁布 7 号文件加强青少年体育工作，也是针对我国一段时期以来青少年身体素质和健康状况出现的新问题做出的重大决策。两年来学校体育工作的加强，已显现出明显的政策效应，广大青少年的身体素质和健康水平得到了明显改善，学生体质健康状况正在向令人欣喜的方向发展。一是学生体质进一步增强。2008 年，全国近 9 万所学校的测试结果表明，及格及以上标准的学生达到了 85.94％，总体情况好于 2007 年。二是学生健康状况和精神面貌大为改善。一些地方的校长和老师们反映，通过阳光体育运动，过去集体活动时出现的学生晕倒的现象现在少了，一些地方过去每到秋冬换季时节教室就要“熏醋”预防流感的做法逐渐绝迹了。许多家长发现，参加阳光体育运动之后，孩子的胃口好了，个头也长高了，精神面貌更加朝气蓬勃了。同时，坚持参加体育锻炼还让孩子们结交到了更多的朋友，使他们更加活泼开朗。三是学生的学习效率明显提高。许多老师反映，运动时间的增加并没有影响学习，学生的求知欲更加旺盛，学习持续性明显增强，课堂反应速度也有了较大提升。四是学生的意志品质不断增强。许多学生反映，刚开始参加长跑的时候一圈就累了，现在一次跑三圈也不会有难受的感觉。根据共青团中央有关机构对 15 所学校的调查结果，有 93.56％的学生感觉现在的长跑能力比以前明显进步；对冬季长跑活动带来的益处，有 91.95％的学生认为能够强健体魄，84.32％认为能培养意志力，72％认为能缓解压力，这从一个侧面说明了加强学校体育的效果。

第三，学校体育工作涌现了大量新鲜经验。基层和群众的首创精神，是学校体育工作实践创新的动力之源。在推进学校体育工作的过程中，许多地区积极探索，大胆实践，创造了许多好的经验和做法。许多地方和学校坚持因地因校制宜，充分利用现有条件落实好各项政策措施。有的学校克服体育场地狭小的困难，在“螺蛳壳”里做道场，用大“小场地”，增加“兴趣跑”，保证“大课间”，让孩子们充分动起来，千方百计开展各种形式的体育活动，在小操场上跑出“大天地”。有的学校给长跑配上背景音乐，激发学生的运动热情；有的学校充分尊重学生的兴趣，让学生自由选择感兴趣的锻炼项目。

第四，促进青少年学生健康成长的社会共识初步形成。在中央 7 号文件的指导和推动下，当前加强学校体育工作、增强学生体质健康取得了突破性的进展，赢得了广大青少年的热烈欢迎和人民群众的广泛支持。实践有力地说明，党中央、国务院关于加强青少年体育、增强青少年体质的决策是非常英明的。当前，“健康第一”的理念被越来越多的人接受，“每天锻炼一小时、健康工作五十年、幸福生活一辈子”更加深入人心，逐步形成共识，重视青少年体育、促进青少年健康成长成为全社会的共同行动。共青团、少先队、妇联组织充分发挥各自的优势和特色，开展了多种形式的课外体育锻炼活动。青少年活动中心、少年宫等其他校外教育机构开展了丰富多彩的校外体育活动和团队活动，把更多的青少年吸引到了健康向上的体育活动中。学校、社区和家庭的沟通与合作进一步加强，组织开展了多种多样的学校体育活动，形成了学校、家庭和社区的合力。许多广播、电视、报纸、新闻网站等媒体大力宣传普及科学的教育观、人才观、健康观，大力宣传加强学校体育工作、推进素质教育的经验，大力宣传社会各界支持学校体育工作的做法，大力宣传各地开展阳光体育运动的成效，为推动学校体育工作树典型、鼓干劲、添动力，营造了良好的舆论环境，全社会珍视健康、重视体育的氛围日益浓厚。

第五，青少年学生体育工作得到各级党委政府的高度重视。中央 7 号文件下发以来，各级党委政府和有关部门从贯彻落实科学发展观的高度出发，按照中央 7 号文件的要求，树立“健康第一”的指导思想，把学校体育工作摆上重要议事日程。北京等 21 个省(自治区、直辖市)以党委和政府的名义下发了贯彻落实中央 7 号文件的实施意见，对加强学校体育工作提出了针对性很强的具体政策和措施。为切实加强对全国学校体育工作的领导和协调，中央 7 个部门共同建立了加强青少年体育部际联席会议制度，许多省(自治区、直辖市)也建立了相应的联席会议制度，形成了多部门合作、齐抓共管和统筹协调解决学校体育工作重要问题的机制。很多地方加大了对学校体育工作的投入力度，学校体育设施特别是中小学的体育教育教学条件进一步改善。如北京、山东等地将中小学体育设施配置作为推进中小学办学条件达标工程的重要内容，安排专项资金予以统筹解决；内蒙古明确规定每学年每生体育卫生经费不低于生均公用经费的 10%；新疆在区财政设立专项资金，解决开展阳光体育运动和学生体质健康监测等所需经费；宁夏、河南等地投入资金改造学校体育场地和配备相关器材。体育教师队伍特别是农村体育教师队伍建设得到加强。浙江、河南等地明确了专职体育教师的配备标准和福利待遇；福建省在核增教师编制中优先补充农村小学体育学科教师。学校体育的专项督导制度初步建立。国家教育督导团对 8 省市中小学体育卫生工作进行了专项督导检查，广东、安徽等地将学校体育卫生作为县级领导政绩考核的重要依据；陕西、湖南等地将学生每天锻炼一小时的落实情况作为评选先进“一票否决”指标。由于各级党委政府和有关部门的高度重视，青少年“健康第一”的指导思想通过各地的实际行动正在得到切切实实的落实，学校体育正在得到全面加强。

周济指出，中央 7 号文件颁布两年来，学校体育工作全面加强，青少年健康水平不断提高，取得了令人欣喜的成绩。但是，对已经取得的成绩现在还不能作过高估计，必须清醒地看到，这些成果还远远没有完全巩固，稍有松懈就会出现滑坡。实现学校体育工作战略性突破的任务还远远没有完成，距中央 7 号文件的要求还差得很远。在一些地方和学校，对加强学校体育工作的认识不到位、措施不得力、进展没起色的情况仍然存在，“健康第一”的思想观念仍然不够牢固，学生体质健康测试工作没有完全落实，少数学校仍然存在削减、挤占体育课的现象。在实际工作中，学校体育工作也还面临着许多困难，如对学校体育的经费投入仍有待增加，部分学校体育条件仍达不到国家基本要求，特别是农村学校体育师资数量严重不足，体育场地设施器材短缺，等等。总之，加强学校体育工作、促进青少年健康成长任重而道远，我们必须正视存在的问题和困难，充分估计做好学校体育工作的长期性和艰巨性，进一步采取切实有效的措施。

周济强调，要提高认识，要进一步提高对做好学校体育工作重要意义的认识，以更加坚定的自觉性贯彻落实好中央 7 号文件精神。

第一，实施素质教育。要把体育作为全面推进素质教育的重要突破口。加强学校体育工作，促进青少年健康成长，是教育本质的回归。忽视青少年的身心健康，忽视学校体育工作，就谈不上全面贯彻党的教育方针，谈不上全面实施素质教育。近年来的实践已经充分证明，加强学校体育，确确实实成为了全面实施素质教育的重要突破口。我们必须认识到，由于日益加剧的社会就业和竞争压力以及片面追求升学率倾向的影响，学生课业负担过重、学校体育被弱化或边缘化的趋势在一些地方和学校仍然不同程度地存在。这与全面贯彻党的教育方针、全面实施素质教育的要求是背道而驰的。

第二，要从提高教育质量、办好人民满意教育的现实需要出发提高认识。在新时期、新阶段，提高教育质量，是教育工作的中心任务。我们不仅要让孩子们能上学，还要上好学。加强学校体育工作、促进学生体质健康，是提高教育质量不可缺少，也是不可替代的重要组成部分。离开了体育的教育，是不全面、不可持续、质量不高的教育。加强学校体育工作，促进学生健康成长，不仅关系到中华民族的未来，同时也关系到每个家庭的幸福。这也是我们办好人民满意教育的重要体现。

第三，要从建设人力资源强国、提高全民族健康素质的战略高度出发提高认识。青少年的健康是国家的财富，是国家生产力和竞争力的基础。很难想象一个青少年体质孱弱的国家，能够成为人力资源强国。我们要从建设人力资源强国的战略高度，深刻认识增强青少年体质健康对提高全民族健康素质的重要作用，以对未来国家和民族高度负责的态度，切实把学校体育工作放到更加重要的位置。

信息来源：中国学校体育

网址：http://www.moe.edu.cn/edoas/website18/level3.jsp?tablename=1242634275284294&infoid=1244093446097395

主办单位：教育部

6月23日

关于举办首届全国阳光体育嘉年华活动的通知

中青联发[2009]18号

各省、自治区、直辖市团委、教育厅(教委)、体育局：

为贯彻落实《中共中央国务院关于加强青少年体育增强青少年体质的意见》(中发[2007]7号文件)精神，推动“全国亿万学生阳光体育运动”的健康发展，迎接新中国成立60周年和我国第一个“全民健身日”，共青团中央、教育部、国家体育总局决定于2009年8月2日至4日，在浙江省舟山市举办首届全国阳光体育嘉年华活动(以下简称“阳光体育嘉年华”)，现就有关事宜通知如下。

一、指导思想

以中央7号文件精神为指针，以中小学生为主体，面向广大基层学校，以青少年喜闻乐见的嘉年华活动形式为载体，以健康体育、快乐体育为宗旨，充分发挥体育的教育功能，动员和吸引广大青少年学生积极参与，不断推动阳光体育运动的广泛深入开展。

二、活动内容

阳光体育嘉年华突出学生集体参与特色，以班级和学校为单位组队参赛，设立跳绳、五人制足球、定向越野三项比赛项目；通过网络评选，推选出体现地方特色的阳光体育项目展示；少儿趣味田径、快乐足球公园、时尚篮球广场等体育文化项目；全国青少年体育俱乐部项目。同时，将在阳光体育嘉年华活动中举办中国青少年体质健康论坛。

三、主办单位

共青团中央、教育部、国家体育总局

四、承办单位

中国少先队事业发展中心、浙江省舟山市人民政府、国家体育总局航空无线电模型运动管理中心、浙江省体育局、浙江团省委、浙江省教育厅

五、活动要求

1. 阳光体育嘉年华活动作为全国亿万学生阳光体育运动的重要活动载体，今后将定期举办。各级共青团组织、教育部门、体育部门要高度重视，广泛动员，大力宣传，在基层广泛开展活动的基础上，按照统一部署，组队参加活动。

2. 阳光体育嘉年华活动，要与全国中小学生课外文体活动工程、大课间体育活动和中小学快乐体育园地相结合，参照嘉年华活动的要求，结合本地实际，组织具有地方特色的阳光体育活动，挖掘和推广深受青少年喜爱的体育项目，丰富学校体育活动。

3. 要对阳光体育嘉年华活动进行积极引导，突出阳光体育的健康、快乐宗旨，强调参与过程的教育意义。

六、组织机构

成立首届全国阳光体育嘉年华活动组委会，组委会秘书处设在新时代青少年体质健康促进中心，负责总体协调工作。组委会下设执行委员会，设在浙江省舟山市人民政府，负责具体组织工作。

组委会联系方式：

联系人：陈智勇　马林

联系电话：(010)51288227-609

传真：(010)84098849

地址：北京市东直门南大街 9 号华普花园 C 座 605 室

邮编：100007

官方网站：http://www.sunnysports.sohu.com。

附件：首届全国阳光体育嘉年华活动方案

共青团中央　教育部　国家体育总局

2009 年 6 月 17 日

一、主办单位

共青团中央、教育部、国家体育总局

二、承办单位

中国少先队事业发展中心、浙江省舟山市人民政府、国家体育总局航空无线电模型运动管理中心、浙江省体育局、浙江团省委、浙江省教育厅

三、活动时间、地点

2009 年 8 月 2 日至 4 日，浙江省舟山市。

四、参加单位

初级中学、普通高中、中等职业学校、各级体育部门所属青少年体育俱乐部。

五、活动内容

(一)比赛项目

“阳光体育嘉年华三项”：跳绳、定向越野、五人制足球。

(二)全国青少年体育俱乐部项目

“快乐体验”夏令营三项：科技体育接力赛、快乐模型挑战赛、模型体验。

(三)展示项目

体现地方特色和具有较高普及程度或推广意义的适合青少年集体开展的体育项目。

(四)体育文化项目

少儿趣味田径、AC 米兰足球公园、娱乐篮球广场等。

六、参赛办法及范围

1. 正式比赛项目由共青团组织、教育部门、体育部门推荐或学校自荐进行报名，由组委会经过遴选发出参赛邀请。每校限报一队。

2. 全国青少年体育俱乐部项目比赛办法由国家体育总局航空无线电模型运动管理中心另行通知。

3. 展示项目由共青团组织、教育部门、体育部门推荐或学校自荐进行报名，由组委会经过遴选发出参赛邀请。

七、比赛项目规则

比赛项目规则由组委会另行通知。

八、正式比赛项目与参赛报名规定

“阳光体育嘉年华三项”以校为单位组队，其中定向越野以班级为单位参加。参赛学生可兼项。五人制足球分初中组、高中组比赛。青少年俱乐部项目以青少年体育俱乐部为单位组队。

九、运动员参赛条件与参赛资格

凡有学籍的初级中学、普通高中、中等职业学校学生，身体健康(经县级以上医院检查证明)，均可以按照规定以校或青少年体育俱乐部为单位报名参赛。各队参赛资格以组委会正式邀请函为准。

十、资格审查

各地共青团组织、教育、体育行政部门要切实把关，确保参赛学生自然校的真实性，一旦出现违反规定的情况，经组委会调查核实后将严肃处理。

十一、录取名次与奖励

比赛项目将根据总分和比赛中精神文明表现评选出阳光体育嘉年华活动“阳光优胜奖”8 队、“阳光进步奖”8 队、“阳光参与奖”8 队。

展示项目所有参赛队伍颁发证书，设最具推广潜质奖、最具人气奖、最具表现力奖 。各比赛项目评选出的优秀运动员获组委会阳光体育嘉年华奖章，评选出的优秀运动队获组委会阳光体育团队奖。

十二、代表队组成人员

代表队以学校或县(区)为单位组成，每支参赛队比赛人数 18 人，其中领队 1 人，教练 1 人，男生 8 人，女生 8 人，展示项目学生若干。

十三、报名日期、办法与报到日期

(一)报名日期、办法

推荐单位推荐参赛项目填报《首届全国阳光体育嘉年华活动参赛队推荐表》(附表 1)，推荐展示项目填报《首届阳光体育嘉年华活动展示项目推荐表》(附表 3)；学校自荐参赛项目填报《首届全国阳光体育嘉年华活动报名表》(附表 2)，自荐展示项目填报《首届全国阳光体育嘉年华活动展示项目报名表》(附表 4)和《首届全国阳光体育嘉年华活动展示项目队员信息表》(附表 5)，在 2009 年 7 月 10 日前邮寄或传真至新时代青少年体质健康促进中心，组委会根据学校条件确认后发正式邀请函。

报名按各比赛项目组织单位制定下发的比赛《竞赛规则》中有关要求执行。

(二)报到日期

组委会相关人员、仲裁主任、裁判长于正式比赛前五天报到；仲裁、裁判员于正式比赛前两天报到；运动员、教练员、领队于正式比赛前一天报到(具体报到日期将另行通知)。运动员报到时需交验本人学生证和健康证明，资料不全或不符者不允许参加比赛。

十四、仲裁、裁判员的选派

仲裁，总裁判长、副总裁判长、各单项的裁判长、副裁判长均由主办单位选派。各单项目的裁判员由承办地方选派。

十五、经费

各代表队往返比赛地交通费用由参赛队承担。

十六、其他

(一)各代表团自备2米×3米队(校)旗两面，上有“阳光体育嘉年华××校代表队”字样。颜色不限。

(二)本规程未尽事宜，另行通知。

十七、本规程解释权属阳光体育嘉年华组委会

信息来源：教育部

网址：http://www.moe.edu.cn/edoas/website18/level3.jsp? tablename=1416&infoid=1245717238555566

主办单位：教育部

9月

9月11日

关于召开“实施《国家学生体质健康标准》及全国亿万学生阳光体育冬季长跑活动工作会议”的通知

各省、自治区、直辖市教育厅(教委)，新疆生产建设兵团教育局：

为做好《国家学生体质健康标准》全面实施工作，推动全国亿万学生阳光冬季长跑活动的深入开展，教育部体育卫生与艺术教育司、教育管理信息中心、全国亿万学生阳光体育运动领导小组办公室定于2009年10月17日在北京共同召开“实施《国家学生体质健康标准》及全国亿万学生阳光体育冬季长跑活动工作会议”。现将有关事项通知如下。

一、会议内容

1. 总结、交流2008年《国家学生体质健康标准》数据上报工作的经验和做法，部署2009年《国家学生体质健康标准》实施工作。

2. 总结"2008年冬季长跑活动"，部署"2009年冬季长跑活动"。

3. 观摩北京市中小学生《国家学生体质健康标准》测试赛现场。

4. 表彰、奖励2008年数据上报工作和"2008年冬季长跑活动"先进单位。

二、参加人员

各省、自治区、直辖市教育厅(教委)及新疆生产建设兵团教育局体卫艺处主要负责同志1人；各省(区、市)"全国《国家学生体质健康标准》数据管理中心"成员1人。

三、时间、地点

会议定于2009年10月17日在北京中农研宾馆召开，会期1天，18日离会。会议不安排接站，请与会人员10月16日自行前往北京中农研宾馆(北京市海淀区中关村南大街12号，中国农科院研究生院内)报到。

四、有关要求

1. 请各省级教育行政部门根据本地区2008年数据上报工作情况，推荐1—2个地(市)级教育行政部门作为候选单位，并填写"2008年《国家学生体质健康标准》数据上报工作先进单位推荐表"(附件1)，于2009年9月25日前寄送至教育部体卫艺司。

2. 与会人员往返交通费由所在单位负责，其他费用由会议承担。

3. 请填写"与会人员报名表"(附件2)，并于2009年10月10日前传真至教育部体卫艺司，以便安排相关事宜。

教育部体卫艺司通信地址：北京市西单大木仓胡同35号，邮编：100816。

联系人：许弘(体卫艺司)，电话：010-66096863(传真)、15811487691。

附件：1. 2008年《国家学生体质健康标准》数据上报工作先进单位推荐表

2. 与会人员报名表

教育部体育卫生与艺术教育司　教育部教育管理信息中心

全国亿万学生阳光体育运动领导小组办公室

二〇〇九年九月八日

信息来源：教育部

网址：http://www.moe.edu.cn/edoas/website18/level3.jsp?tablename=1251&infoid=1252639638632416

主办单位：教育部

11月

11月3日

教育部 国家体育总局 共青团中央关于开展“第三届全国亿万学生阳光体育冬季长跑活动”的通知

各省、自治区、直辖市教育厅(教委)、体育局、团委，新疆生产建设兵团教育局、体育局、团委：

全国亿万学生阳光体育冬季长跑活动自2007年启动以来，得到了各地教育、体育行政部门和共青团组织以及广大学校的积极响应和广泛参与，两年来，有数千万各级各类学校学生踊跃参加长跑运动，在校园中形成了青少年学生热爱体育、崇尚运动的良好风气，不仅培养了学生体育锻炼的习惯和健康的生活方式，而且较好地促进了青少年学生的身体健康素质、特别是耐力素质的提高。各地结合实际、因地制宜，充分利用现有条件开展长跑运动，创造了许多冬季长跑活动的好经验、好做法。如许多中小学校克服体育场地狭小的困难，在“螺蛳壳”里做道场，用大“小场地”，增加“兴趣跑”，给长跑配上背景音乐，激发学生的运动热情，让孩子们充分动起来，在小操场上跑出“大天地”。长跑活动在许多地区和学校已走向了经常化、制度化，成为学校阳光体育运动重要抓手。

为推进全国亿万学生阳光体育冬季长跑活动深入持久地开展，教育部、国家体育总局、共青团中央决定于2009年10月至2010年4月，继续组织开展“第三届全国亿万学生阳光体育冬季长跑活动”(以下简称冬季长跑活动)，本届冬季长跑活动主题为“阳光体育与全民健身同行”。现将有关事宜通知如下。

一、各地教育、体育行政部门和共青团组织要充分认识开展冬季长跑活动的重要意义，继续认真组织好冬季长跑活动，要把冬季长跑活动纳入教育、体育和团组织的工作计划，密切配合，广泛发动，切实提高冬季长跑活动在本地区学校开展的普及率；要把组织学生长跑活动作为各部门一项重要而持久的任务，作为推动阳光体育运动的重要抓手，把冬季长跑活动不断引向深入。各地要在总结前两届冬季长跑活动经验的基础上，采取更有力的措施，把这项活动抓紧、做实。要全面了解本地区学校开展冬季长跑活动的情况，为学校开展冬季长跑活动想对策、解难题、做实事。要组织推广冬季长跑活动的好经验、好做法，深入分析冬季长跑活动的难点问题，切实解决制约冬季长跑活动开展的突出问题，通过扎实的组织工作，不断提高广大青少年学生体质健康水平，努力开创阳光体育运动的新局面。

二、各级各类学校要把冬季长跑活动纳入学校教育、教学计划，根据实际情况制订操作性强的实施方案，将冬季长跑活动与体育课、早操、大课间体育活动、课外体育活动和《国家学生体质健康标准》达标活动有机结合；各级各类学校要因地制宜、积极实践，为学生长跑锻炼创造条件，场地条件不足的学校要根据校园环境和地域特点设计好跑步路线，科学合理安排学生长跑时间，提高校园体育场地使用率。校长要亲自动员和号召学生参加长跑锻炼，中小学班主任、高校辅导员、体育教师是学校长跑活动的重要组织者和推动者，要组织、指导并带动广大学生积极参加冬季长跑活动，让长跑活动覆盖到每一个班级、每一个学生，形成强身健体、阳光运动的校园冬季长跑活动氛围和文化，使冬季长跑运动“人人踊跃参加、班班积极组织、校校形成特色”。

三、要认真组织冬季长跑活动起跑仪式，积极做好起跑仪式的宣传、报道工作，营造良好的活动氛围，促进全社会关心、支持和参与冬季长跑活动。要结合学生运动会、体育节、团队日等活动，设计开展“阳光体育与全民健身同行”的主题教育活动，积极动员青少年学生主动参与冬季长跑活动，在活动中树立“健康第一”的思想，培养顽强的意志品质。要组织新闻媒体积极宣传冬季长跑的意义和作用，宣传本地区丰富多彩、新颖多样的冬季长跑活动形式。全国亿万学生阳光体育运动领导小组办公室将组织中央有关媒体开辟专栏，对各地开展冬季长跑活动的好做法、好经验和涌现出的先进典型予以跟踪报道，同时在阳光体育官方网站上推出系列评选教育活动。

四、教育部、国家体育总局、共青团中央将对在本届冬季长跑活动中表现突出的省、地、县级单位进行表彰。地方教育、体育行政部门和共青团组织也要建立激励机制，对活动开展好的学校予以表彰；学校要对在冬季长跑活动中表现突出的班级、学生和教师予以表彰。

附件：第三届全国亿万学生阳光体育冬季长跑活动案

教育部

二〇〇九年十月十二日

信息来源：教育部

网址：http://www.moe.edu.cn/edoas/website18/level3.jsp?tablename=1251&infoid=1257212154117792

主办单位：教育部

各省、市、自治区层面的活动

1月

1月7日

关于报送第二届全国亿万学生阳光体育冬季长跑活动相关材料的函

各市教育局，各高等学校：

为推动第二届全国亿万学生阳光体育冬季长跑活动(以下简称“冬季长跑”)的广泛开展，省教育厅、省体育局、团省委于2008年10月联合下发了《关于开展第二届江苏省千万学生阳光体育冬季长跑活动的通知》(苏教体艺[2008]13号)，按照《教育部国家体育总局共青团中央关于开展第二届全国亿万学生阳光体育冬季长跑活动的通知》要求，自2008年12月起，各地教育行政部门、各级各类学校要及时将本地、本校开展冬季长跑活动材料直接报送全国亿万学生阳光体育运动领导小组办公室。

附件：关于第二届全国亿万学生阳光体育冬季长跑材料报送的具体办法

二〇〇九年一月七日

信息来源：体育卫生与艺术教育

网址：http://www.jsjyt.gov.cn/html/jygl/yxws/72068.html

主办单位：江苏省教育厅

1月13日

关于转发教育部等单位《报送第二届全国亿万学生阳光体育冬季长跑活动相关材料的通知》的通知

各区县教委：

自2008年10月第二届全国亿万学生阳光体育冬季长跑活动在北京市密云县西田各庄中学启动以来，北京市各级各类学校积极响应，分别以不同方式、不同形式开展了长跑活动并取得了很好的效果。

为推动第二届全国亿万学生阳光体育冬季长跑活动的广泛开展，按照《教育部 国家体育总局 共青团中央开展第二届全国亿万学生阳光体育冬季长跑活动的通知》精神，要求各区县组织本区县学校将开展冬季长跑活动材料及时报送全国亿万学生阳光体育运动领导小组办公室。

现将上报材料的具体办法印发给你们，请参照执行！

附件：关于第二届全国亿万学生阳光体育冬季长跑材料报送的具体办法

北京市教委体育美育处

二〇〇九年一月五日

附件：关于第二届全国亿万学生阳光体育
冬季长跑活动材料报送的具体办法

各地教育行政部门、各级各类学校：

为推动开展第二届全国亿万学生阳光体育冬季长跑活动（以下简称冬季长跑）的健康发展，同时也为冬季长跑的评选表彰提供科学依据，全国亿万学生阳光体育运动领导小组办公室决定自2008年12月起，在全国范围内启动冬季长跑活动材料报送工作。现将工作要求通知如下。

一、报送材料的方法

凡已开展阳光体育冬季长跑活动的省、市、县级教育行政部门、各级各类学校，均应将本地区、本学校长跑启动仪式方案、阶段性总结、活动简报、新闻图片等内容，通过阳光体育冬季长跑专题网站（sunnysports. sohu. com）报送。

二、报送材料的时间

各地教育行政部门、各级各类学校于每月月底前，将当月本地区、本学校组织开展冬季长跑活动的材料和图片，通过登录阳光体育冬季长跑专题网站上传[文章标题注明：省、市、区（县）及学校名称，内容包含联系人、联系方式等信息]。

三、高度重视，准确及时

各地教育行政部门要充分重视、认真部署、积极落实材料报送工作；各学校要明确责任，认真组织，确保上报材料的及时、准确、真实。全国亿万学生阳光体育运动领导小组办公室将不定期组织志愿者对上报材料真实性进行抽查，并在网上公布核查结果。

四、报送材料的联系方式

全国亿万学生阳光体育运动领导小组办公室秘书处设在团中央所属新时代青少年体质健康促进中心，地址：北京市东城区东直门南大街9号华普花园C座605室，邮编：100007，联系人：王滨，电话：010-51288227-610，传真：010-84098849。

全国亿万学生阳光体育运动领导小组办公室

二〇〇八年十二月二十四日

信息来源：体育美育处

网址：http://www.bjedu.gov.cn/bjedu/79659617432371200/20090105/71489.shtml

主办单位：北京市教育委员会

1月13日

甘北林处长在2008年“北京市奥林匹克教育学校体育后备人才培养基地”评估验收工作总结暨第十届全国中学生运动会动员会的讲话

尊敬的学校体育后备人才培养基地校的各位校长、老师们：

今天我们在这里召开“北京市奥林匹克教育学校体育后备人才培养基地”评估验收工作总结暨第十届全国中学生运动会动员大会，总结基地校工作经验，共同研究北京市参加第十届中运会相关问题。今天我主要谈两项工作：一是2008年全市体育后备人才培养基地评估验收的工作情况；二是关于备战第十届中运会工作。

中共中央7号文件，提出加强青少年体育工作，当然主要是要求增强青少年体质健康，而且群众性体育活动和竞技体育比赛本来就是一辆车上的两个轮子，缺一不可。学校是青少年体育的主要基地，也是培养体育后备人才的主要基地，而且学生体育比赛的成绩也是体现首都教育现代化水平的重要标志，是市委市政府领导和全社会都始终格外关注的一个热点。这些年来北京市学校竞技体育发展很快，在全国居于明显领先的地位，这与我们在座基地学校的多年努力奋斗直接相关。在此我代表市教委向多年来致力于学校体育后备人才培养的所有学校领导、教练员、运动员们表示诚挚的谢意。

北京是全国的首都，是举办奥运会的城市，是一个要建设现代化国际大都市的首善之区，按照市委市政府的要求，我们的各项工作就应当是国内领先、国际一流，这就是刘淇书记说的“首都意识”。对学校体育的要求也一样，北京市参加体育竞赛的成绩就应当是领先的，这才是北京市应当具备的地位和水平。虽然参加全国体育比赛由于各地运动员的资格问题常常造成我们的成绩不尽如人意，但尽管如此我们在上届中运会仍然取得了团体总分第二的历史最好成绩；同时，参加平时的各单项全国比赛也基本上能够摘金夺银，没有辱没首都北京的名誉。可以说，这都是我们在座学校共同努力的结果，是我们各个奥林匹克教育学校体育后备人才培养基地建设和发展的成果。因此，今天我们总结基地学校建设和训练工作经验，进一步推动北京市学校培养体育后备人才的工作，加强体育后备人才培育基地的建设和管理，提高中学生竞技体育水平。

一、关于评估验收情况

按照《北京市奥林匹克教育学校体育后备人才培养基地建设

意见》及评估细则，市教委于 2008 年 12 月将对 24 所培养基地学校进行一年一度的评估验收。评估验收工作按照学校自评、集中评估、专家鉴定三个阶段进行。12 月 19 日进行了集体汇报，通过评审小组的核查、核实，24 所学校评分结果如下：得分最高的学校 564 分，得分最低的学校 47 分，得分达到优秀的学校(90 分以上)18 所；良好的学校(75～89 分)2 所；及格的学校(60～74 分)3 所；不及格的学校(60 以下)1 所。

二、主要成绩及特点

1. 真抓实干、成绩突出

通过评估验收我们欣喜地看到，24 所学校在过去的一年中都取得了突出的成绩，如清华附中男子篮球队获得了亚洲中学生冠军、全国中学生高中联赛总冠军，育英学校在国际游泳比赛中斩获 15 枚金牌、在全国中学生锦标赛中获得 30 余枚金牌，以绝对优势获得团体总分第一名，14 所田径学校在国际比赛中获得 20 余枚金牌、在 2008 年全国中学生田径锦标赛中获得 27 枚金牌以绝对优势获得团体总分第一名，育才学校获得全国青少年垒球、棒球锦标赛冠军、亚军，人大附中获得全国 U16 亚军、66 中乒乓球队、大兴一职女子足球队、景山学校男子排球队、实验中学女子排球队、北京四中男子篮球队分别在全国各级比赛中获得了优秀成绩，为北京市争取了荣誉。

2. 思路明确、特色鲜明

通过评估验收，我们也看到 24 所学校领导办学理念先进，高度重视学校培养体育后备人才工作，将培养体育后备人才视为全面贯彻教育方针、全面实施素质教育的重要组成部分。多年来，各基地校以培养德、智、体、美全面发展的高素质人才为出发点，积极探索学校培养体育后备人才可持续发展之路，不断完善学校课余训练的管理与运行模式，努力构建合理的培养体育后备人才体系，涌现出了一大批课余训练有特点、办学成果突出的学校。

如育英学校、66 中，积极探索教体结合之路，通过多种渠道吸引优秀体育后备人才进入学校，取得了突出成绩；如清华附中与清华大学联合开设“马约翰”体育班，形成了中学、大学一条龙的培养体系，培养了一大批高水平的运动员，在全国享有较高的声誉；如人大附中，在全国首创中学组建“三高”足球俱乐部，建设了具有规模的训练基地，吸收了大批全国优秀中学生运动员，培养了一大批优秀学生运动员；如大兴一职，在职业高中开设普通初中与高中足球班，建立女子足球各年龄梯队，取得了令人瞩目的成绩，开辟了职业学校办体育的新途径；如潞河中学、大兴一中、杨镇一中逐年加大财政投入力度，规范教练员、运动员奖励机制，制定了合理、科学的管理措施，带动学校整体运动水平的提高。

3. 爱岗敬业、无私奉献、科学训练、成效显著

通过评估验收，我们也看到 24 所学校领导对建立一支虚心好学、敬业苦干的高素质高水平教练员队伍的高度重视。

培养基地校的老师们在完成学校既定的教学、课间操、课外活动等常规工作的前提下，不计报酬、不辞辛苦，常年累月，无论寒冬盛夏，坚持开展课余训练，涌现出了一大批优秀教练员，是这些最值得尊敬的老师们托起了我们基地校今天的成绩与辉煌。他们积极参加各级教练员培训，不断学习训练领域的新知识、新方法，科学训练、科学管理，在课余训练中取得了突出成绩。

试点校成立 20 年来，涌现出了一批自己的高水平教练员，有些学校还聘请了一批有经验的国家级教练员，并且吸引了一批国家级优秀运动员担任中学课余训练工作。这种专兼结合的做法不仅丰富了试点校教练员结构，而且使得近几年来各基地校训练水平不断提高，培育出一批高水平运动员。

参加评估验收的 24 所学校高度重视运动员梯队建设，工作中积极想办法解决招生中遇到的各项困难，为学校运动队可持续发展打下了坚实基础。为加强不同年龄运动员的梯队建设，保障学校运动队的可持续发展，各学校通过自主培养、人才引进相结合的措施，采取积极的招生政策，不断完善梯队建设，逐步形成了合理的梯队结构。

三、问题与思考

通过本次评估验收发现，24 所学校的发展显著不平衡，在学校领导的重视程度、管理措施的力度、教练员和运动员的待遇、财政的投入等方面差异很大。如何促进 24 所学校的整体发展，如何全面提高培养体育后备人才工作的质量，需要我们共同去解决和完善如下几点问题。

1. 高度重视、更新理念。学校领导必须提高对中学培养体育后备人才的认识，更新办学理念，尤其在对待特殊人才的培养上要有一定的特殊政策。在运动队的发展上各学校要给予特殊政策支持。在加强学生运动员的学习与训练管理力度同时，各学校要努力从资金、政策等方面给予更大的照顾。

2. 加强师资队伍建设。针对各基地校教练员水平参差不齐，

部分学校的教练员水平有待进一步提高的现状，教练员队伍薄弱的学校要逐步完善教练员队伍建设，同时关注教练员的待遇问题，确实把训练工作和其他体育工作等同对待。未将训练纳入课时的学校，应当依照《北京市奥林匹克教育学校体育后备人才培养基地建设意见》，尽快解决此问题。

3. 逐步完善场馆建设。目前，各试点校场馆设施还不平衡，部分学校的场馆因项目的特殊性还不能保证训练的正常开展，如球类项目在冬季和雨季需要体育馆保障训练，田径项目在冬季和雨季需要室内训练跑廊训练等。希望各试点校通过各种途径，逐步完善场馆建设，保证训练的正常开展。

4. 努力培养高水平运动员。在目前组成的第十届中运会集训队中，24 所学校中还有 7 所学校没有集训队员，说明这些学校在培养优秀体育后备人才工作方面还有一定的差距。因此，如何在普及的前提下培养成绩突出，具备参加国际、国内大赛的优秀运动员，是全体基地学校必须考虑的问题。

在座的 24 所学校肩负着为北京市培养高水平体育后备人才的特殊使命。从 1978 年成立"试点校"以来的 20 年时间里，北京市中学生的竞技体育水平不断提高，并在代表北京市参加全国中学生的各级比赛中取得了突出的成绩。在 2006 年原"试点校"转为"奥林匹克教育体育人才培养基地"后，希望各学校培养体育后备人才的工作更加扎实并且富有成效，在以后的比赛中取得更加突出的运动成绩，为北京市作出更大的贡献。

四、关于备战中运会

今天，距离第十届中运会正式比赛只有 8 个月的时间，三大球六支队伍的预赛还有两个月就要打响，参加中运会任务迫在眉睫。

回顾 2005 年在河南举行的第九届中运会，北京代表队当时制定的目标是保五争三。最终以 13 金、10 银、17 铜列奖牌榜第二名，以 633 分获得团体总分第二名，超额完成了任务。其中由育英学校的游泳代表队获得 7 金、8 人次破记录、得 234 分的好成绩，是代表团贡献最大的队伍。其次是由清华附中、农大附中、潞河中学等九所中学组成的田径代表队获得 1 金、5 人次破记录、得 177 分；此外，实验中学的女子排球队获亚军；大兴一职的女子足球队获第三名；实美职业学校的武术代表队获 2 金、83 分；66 中的乒乓球队获 3 金、得 54 分；都为代表团做出了很大的贡献。北京能够获得团体总分第二名，是在游泳、乒乓球、武术等项目超水平发挥，田径、排球、足球、篮球等项目成绩稳定的前提下获得的。

北京的第九届中运会成绩是参加历届中运会最好的，这也给我们今年参加第十届中运会造成了一定的压力。因此，要想达到上届的成绩，我们需要付出更大的努力。在备战中，我们要吸取上届的经验和教训。其中很重要的一条就是，不放弃对任何项目的努力和争取，不放弃对任何运动员的期望和鼓励，不放松对任何环节的注意和管理，要体现“人人都争分，队队作贡献”的竞技精神。

根据近几年来北京市培养体育后备人才的现状，综合各项目发展状况，第十届中运会北京代表团的竞赛成绩总目标是“保四争二”。这个目标难度还是很大的，我们要做好充分的思想准备，希望在座的所有学校领导、老师既有压力，也能形成动力，从现在开始投入到紧张的备战工作中去。

从2007年10月，市教委成立参加第十届中运会筹备委员会后，筹委会办公室和培养基地中心组积极开展了各项筹备工作。从2007年10－12月，首先进行了篮球、足球、排球三大球队伍选拔比赛，组建了各项目集训队，明确了项目主管单位和主教练，并于2008年暑假组织多支队伍分别在北京、内蒙古、河北、海南等地展开了集训，取得了预期的效果。

2007年12月－2008年10月，田径、游泳两支单项队伍，采取分散训练与集中训练相结合，先后组队参加了包括第42届国际青少年运动会、2008年泛太平洋运动会、2008年亚洲青少年运动会、2008年全国中学生游泳锦标赛、田径锦标赛等10余项国际国内赛事，达到了锻炼队伍的目的。同时制定了达标、竞赛、集训、选拔相结合的措施，截至2008年10月，田径共有21人57次达到中运会ABC标准，游泳有23人65次达到中运会ABC标准，为中运会组队提供了直观依据。

2007年12月—2008年10月，乒乓球、健美操两支单项队伍，也先后进行了队伍选拔比赛、集训等措施，基本完成了组队工作。

在距离中运会还有8个月、距离三大球预赛还有两个月的紧迫时间内，我们想提出“四点要求”，希望各队伍结合实际贯彻落实。

1. 在“保四争二”的大目标前提下，各单位应该制定各自的目标和周密计划，明确各项目在全国的位置。各支队伍都要确保优势项目、挖掘潜力项目、提高弱势项目，我们的中运参赛口号是：“人人都争分，队队作贡献！”

2. 知己知彼，组建队伍。近期需要准确理解和把握竞赛规程，把运动员资格当作头等大事来抓；要积极了解强手信息，注意收集全国中学生各级比赛情报和体育强省的参赛动向，广泛征求意见，做到有的放矢；要缜密做好资格审核和报名工作，做到“不犯规不犯傻”；要陆续通过集训、竞赛、选拔等措施，逐步完善北京中运参赛队伍的组建，确保打造一支北京市最优秀的学生队伍出现在中运会赛场上。

3. 建立完善的保障机制。各主管单位要做到责任到人，从后勤保障、训练竞赛、医务监督、情报信息等方面明确分工，做到计划周密、万无一失；要确保运动员的训练、生活、竞赛安全，不出现伤病，做到赛前不减员。

4. 认真制订赛前集训工作计划，提高训练的针对性、科学性。在保护好运动员不出伤病的同时，确保赛前训练质量，提高训练效率，有条件的队伍还应当加强对学生的心理训练。

今天我们在此召开第十届中运会动员会，就是要明确奋斗目标，全面展开备战。在座的各项目主管学校、各位教练员、项目负责人、全体工作人员都必须明确责任和使命，一切为了北京市的成绩和荣誉，强化大局意识，加强配合协调，把备战工作做好做实。在此提前预祝我们的足球、篮球、排球六支队伍能顺利通过预赛考验，预祝我们11支代表队全部出现在今年8月湖南长沙中运会赛场上，并且取得更好的成绩！

完成全国中运会是四年一次的任务，但我们北京市奥林匹克教育学校体育后备人才培养基地的建设和发展任务是长期的，希望各培养基地校要继续发扬“试点校”成立20年来的优良传统，发挥各学校办学优势和特点，坚持育人为本，坚持“出人才、出成绩、出经验”的培养体育后备人才办学特点的总目标，坚持走“业余训练、专业水平”的体育后备人才培养和发展道路，继续加强教练员队伍、运动员梯队的建设，提高训练水平和效率，加长运动员培养周期，建设形成学校业余训练和体育后备人才培养的良性循环环境。

相信在市教委、体育局的领导下，在各区县教委、体育局的支持下，在各基地学校领导的重视下，在全体教练员的共同努力下，北京市培养体育后备人才之路会走得更宽。预祝在第十届中运会上，北京团再次争取竞赛成绩和体育道德双丰收。

谢谢！

信息来源：体育美育处

网址：http://www.bjedu.gov.cn/bjedu/79659617432371200/20090112/71724.shtml

主办单位：北京市教育委员会

1月13日

甘北林处长在2009年北京市中小学校体育工作总结会上的讲话

今天上午，六位同志向会议做了工作汇报。体育美育处的郑淑媛和宋玉珍同志分别总结了2008年北京市的学校体育和卫生工作，并介绍了2009年的工作思路；学校体育研究会、中小学体协、教科院基教中心、学生活动中心的负责同志也分别向大家汇报了一年的工作。在他们汇报的基础上，我来谈一点体会并提出几条要求，共23条意见。

一、结合北京实际，制定贯彻中央7号文件的实施意见

中共中央、国务院《关于加强青少年体育 增强青少年体质的意见》(中央7号文件)发表当天，市委书记刘淇同志就在市委常委会上要求全市认真学习，制定北京市的实施意见，并要求凡是中央文件要求达到的标准，北京市都要高于全国标准；凡是中央文件要求按时完成的任务，北京市都要提前于全国的时间完成，首都应当为全国作出表率。市教委牵头起草了实施意见，在广泛征求北京市各有关委办局单位的意见后，于2008年4月8日由中共北京市委北京市人民政府公开发表了《关于加强青少年体育增强青少年体质的实施意见》(市委6号文件)。《实施意见》要求全市按照全面落实科学发展观、构建社会主义和谐社会首善之区的要求，抓住2008年北京奥运会的有利契机，把加强青少年体育、增强青少年体质工作，作为全面实施素质教育的重要突破口，作为提升首都市民素质、构建“繁荣、文明、和谐、宜居”的首善之区的重要内容来贯彻落实。其中最重要的是《实施意见》提出的北京市总体目标：“到2010年，实现全市青少年学生普遍达到国家体质健康标准，学校体育卫生办学条件达标，体育教师教学基本功达标，青少年体育运动开展情况和体质健康水平在全国处于领先地位。通过3年左右时间的努力，使肥胖、近视的发生率明显下降，基本消除营养不良的现象。”

作为对市委6号文件的支撑措施，2008年市教委已经陆续出台了一系列的政策文件，同时为更好地落实北京市6号文件精神，协调解决工作中的重要问题，在市教委的牵头下，正在筹建由教育、体育、卫生、共青团等十几个部门共同参加的市、区两级青少年体育工作联席会议制度。

近几年，我们学校体育卫生工作的主要任务就是贯彻完成市委6号文件的规定和要求。希望我们各区县的科长们一定认真组织学习，深刻理解和贯彻落实中央和北京市委的文件精神，并结合本地区具体实际情况创造性地开展工作，提高学校体育卫生工作水平。

二、关于建立科学的学生健康评价机制

按照中央和北京市委的文件要求，国家学生体质健康标准今后将成为衡量学生健康状况的基本或主要指标，更应当成为衡量学校体育工作状况的基本或主要指标。今天我想谈的就是如何建立起对广大学生科学合理有效的评价机制，过去这些年我们对学生的评价机制主要是什么？是考试、是分数、是升学！对学校的评价机制是什么？是升学率和升重点率！甚至对地方政府教育行政部门的评价机制，也是升学率和升重点率！至于素质教育改革，喊了十几年，到今天什么是素质教育依然没搞清楚，更没有干明白，反而是在应试型教育体制的轨道上越跑越快，学生课业负担越改越重，学生的身体健康状况不断下降。这也正是中央7号文件出台的背景和理由，也是我们北京市委出台实施意见的背景和原因。当然这也是我们现在一定要进行调整和改变的对学生的评价机制的原则。

对青少年学生进行素质教育的首要目的就应当是学生的身心健康，再像现在这样把学生的应试能力作为对学生评价的主要标准就是在损害学生的身心健康。因此，今后我们应积极响应教育部的号召，在各级各类学校中全面推广实施国家学生体质健康标准，并将国家学生体质健康标准作为对广大学生的健康评价标准，这才是贯彻素质教育的首要内容。为此，市委6号文件要求"每年举行一次全市中小学生国家学生体质健康标准测试赛"。从2007年开始，我们按市委要求已经成功举办了两届测试赛，并向媒体和社会各界公布了测试结果，每次都经过新闻媒体的炒作而在社会上引起轰动。

测试赛因为受到人数(每区县三个基本班)、时间限制(必须在一天内完成)，测试结果不可能完全反映出各区县的真实情况。测试赛开展的目的是引起各区县政府和学校对学校体育卫生工作的重视，提高社会对促进学生体质健康的关注，调动区县和学校加强体育工作的积极性，同时也为各学校开展体质测试提供参考和借鉴。

教育部一直对我们北京市的体质健康测试赛予以高度肯定，一直试图在全国推广北京市的做法，现在教育部的2009年工作计划中已做出决定，在2009年将组织全国的体卫处长到北京开工作会议，同时观摩北京市第三届中小学生国家学生体质健康标准测试赛。

2008年10月我市举办了"第二届北京市中小学生国家学生体质健康标准测试赛"。测试结果显示，去年的体质健康指标冠亚军密云县和海淀区蝉联了辉煌，去年的全市倒数第三名东城区今年取得了排名全市正数第三名的优异成绩，媒体称是"绝地反击"。我认为这三个区县取得的成绩并不是偶然的，而是来他们坚持开展学生身体健康工程，加大监督力度，强化学校体育工作的直接反映。但我知道有人不服气，可是我相信，2009年我们再次举行的测试赛，会有其他更加努力的区县追上来，但这三个区的成绩依然会名列前茅。我们这个测试是能够反映实际问题的。

在2008年测试中我们增加了学生体重和视力超标的测试和排名，这是北京市青少年健康存在的主要问题指标。效果非常明显，确实反映出我们当前健康方面存在的主要问题。今后作为保健所的一项重要工作内容之一，我们将持续对两项指标进行重点检查、监督、建议和指导。

一年来各区县也已陆续在所辖学校开展了测试活动，对于推动新《标准》的实施具有重要的意义。随着对《国家学生体质健康标准》的执行，体质健康指标今后将成为衡量学生健康状况的基本或主要指标。但目前我们数据上报工作却不能令人满意，今天我们在会上公布了各区县上报数据的情况，工作有好的有很不好的，希望各区县高度重视，积极组织上报数据，并且应当注意上报数据的准确性和真实性。可以说，此项工作是一件非常严肃的工作，是我们今后学校体育的一项主要工作，我们必须认真对待。

另外，北京市即将出台的三好学生标准，将把评选三好学生身体好的标准明确为体质健康标准优秀。这也是我们正在进行改变的对学生的一个评价机制。

下一步我们还将开展贯彻落实中央7号文件规定的评选"阳光体育奖章"工作和"北京市青少年学生阳光体育证书"的评选工作，目前我们正在研讨制定有关评价标准和办法，争取尽快发布文件。相信即将连续出台的有关评价机制的改革举措，会逐步对素质教育产生正面影响和推进作用，对全社会形成良好导向，对广大学生增强体质增进健康产生激励作用。

三、重视体育教学，确保教学质量

为进一步提高体育课堂教学的实效性，充分发挥体育课堂教学的主阵地作用，同时也为了深化体育教学改革，逐步构建我市中小学体育课程教学新体系，市教委与市教科院于2008年9月制定并下发了《关于加强中小学体育课程教学的意见》。《意见》面向全体学生，关注常态教学，回归真实的教学，进一步加强了对体育课堂教学的管理力度，确保了学校体育教学质量和水平，促进了全体学生都能够健康全面成长的培养目标完成。这个文件可能在中国教育史上是首次提出的，也将是今后若干年内我们学校体育工作的重要执行文件。希望我们各个区县对此予以足够的重视，并给予认真的贯彻落实。

我市九年义务教育阶段的新课程改革于2001年启动，高中阶段的课程改革于2007年启动。这是北京地区在体育教学方面最主要的任务和难题，也是我们近几年始终坚持不懈的重点工作。特别是为了总结高中模块教学经验，推进我市高中模块教学的步伐，自2007年进入高中课改以来，共组织全市统一的新课程培训3次，参加培训的人数达到了2000余人次(全市的初中和高中体育教师人数为3079人)，培训工作覆盖了所有参与高中新课改的教师；共组织了5次全市性的高中体育课程教学观摩活动，观摩人数达1500人次。其中，在顺义杨镇一中和北京二中举办的高中模块教学观摩活动受到了全国专家的好评，引起了媒体的关注。

经过几年的改革实践，我市已经向全国中小学体育教学观摩展示大会报送优秀课41节，其中获一等奖11节、二等奖14节、三等奖16节，3人次分别在第二和第三届全国中小学体育教学观摩展示大会上进行了教学展示(每一届全国展示课的数量基本为10节)。全国的专家们都高度评价了我们北京市的体育课程改革的力度和推进步伐，并肯定了我们北京市的课程改革效果，这是我们在座区县共同努力的结果，但也是今后几年仍需花极大力气进行推进的工作，难题仍然非常多。

多年来，市教委体育美育处格外重视体育课程的建设和改革，与市教科院基教研中心紧密合作开展了一系列的工作，但同时我们也发现各区县的教委体卫科长们常常对课程教学工作关注不多，只推给教研员们去管。有几次全市性的课程展示或研讨活动，我们都去主持会议并讲话以示重视，但却很难看到我们的科长到会场！在此，我希望体卫科长们一定要明确课程教学是教育行政部门的主要职责，要关注体育教学，要加强对体育教学和课程改革的关注和指导；一定要加强与本区县学校体育教研员和其他相关科室的更紧密合作，共同指导本区县的体育教学工作。

北京市的学校体育科研工作开展的普及程度并不理想，科研水平也与首都地位不太相符，这些都是我们今后需要加强的，在此我希望各区县在以后的工作中更加重视体育科研，重视科研论文的撰写，包括今后全国举行的学校体育科研论文交流评奖活动，我们也要求争取好成绩。

四、狠抓学生每天一小时的时效性，努力促进学生的身体健康

目前国家极其重视学生每天一小时的体育活动工作，并要求采取切实有效措施予以确保。为此，学校应当将课外体育活动纳入学校教学计划，中学每天下午两节课后和小学每天下午一节课后，都必须组织学生开展丰富多彩的课外体育活动，不得以任何理由侵占和挤用。一小时体育活动包括体育课、早操或课间操和课外体育活动。对于那些校内生均体育面积不足的学校，要充分开发和利用校内外体育场地和校外活动空间，绝不允许以场地不足或安全为由而减少学生课外体育锻炼。

北京市连续四年开展学生每天一小时体育锻炼工作的专项督导检查，并不断加大对每天一小时体育锻炼时间落实的督查力度；近年来，市教委已经把学校体育工作纳入对中小学的综合督导内容及评估指标体系，要求各区县和学校高度重视学校体育工作，根据自身特点，制订加强学校体育工作的方案和措施。

但应当承认，每天一小时体育锻炼时间的落实情况依然不能令人满意，有的学校是在走形式、做样子，甚至是在对付上级的督导检查，并且这样的学校并不是个别现象。从推广《国家学生体质健康标准》的工作中，我们逐步发现以国家学生体质健康为目标性评价标志是能够产生实效性作用的，比我们目前简单要求落实学校开展每天一小时体育锻炼时间要有效得多。因此，今后如何从形式到效果督导检查学校体育工作是我们进行探索和改革的重点。

五、关于体育中考改革

根据中央 7 号文件的要求，按照北京市委 6 号文《关于加强青少年体育　增强青少年体质的实施意见》中“不断完善和规范体育考试内容和评价方法”的具体要求，市教委与市考试院和市教科院在充分调研的基础上，共同研制北京市初中毕业升学体育考试改革方案，并决定采取积极稳妥、分步实施的原则推进体育考试改革。2008 年，市教委首先发布《关于 2009 年初中毕业升学体育考试有关问题的通知》，与全面实施《国家学生体质健康标准》相结合，对北京市 2009 年的初中毕业升学体育考试方案做出了具体调整规定，体育考试分数仍以 30 分计入初中学生升学考试总分，仍然是每生考三个项目，但实行全市“四统一”的体育考试原则：即统一考试项目、统一成绩评定标准、统一考试规程和统一考试时间。

同时我们按照中央 7 号文件“全面组织实施初中毕业升学体育考试，并逐步加大体育成绩在学生综合素质评价和中考成绩中的分量”的规定，正在抓紧研究制订 2010 年后北京市体育中考的实施方案。

六、关于全国亿万学生阳光体育冬季长跑活动

根据教育部、团中央和国家体育总局的统一要求，我们已经连续两年组织全国亿万学生阳光体育冬季长跑活动。2008 年 10 月 26 日，在密云县西田各庄中学，北京市举行了学生阳光体育冬季长跑活动起跑仪式。教育部、团中央和体育总局以及北京市教委的领导都出席了起跑仪式。全国主要新闻媒体都充分报道了在北京密云举行的活动，北京市再次为全国学校体育界做出了表率。

在第一届全国亿万学生“阳光体育与奥运同行”冬季长跑活动中，北京市积极组织各级各类学校开展了为期 4 个月的冬季长跑活动。此次活动不仅掀起了阳光体育运动高潮，而且一大批集体和个人在此次活动中起到了模范带头作用，并且受到了全国活动组织委员会的表彰。其中北京市教委获得了“2007－2008 年度全国亿万学生阳光体育运动冬季长跑活动优秀组织单位”称号，一批学校和教师获得了“优胜学校”、“优秀体育教师”和“优秀班主任”称号。但这个全国性冬季长跑活动的组织形式比较特殊，它主要是依靠网络报名和网上汇报锻炼进度，国家就是依据网上汇报的情况进行评选和表彰。我们按照冬季长跑属于学校体育的常规锻炼形式，北京市的组织也就同样依据国家要求开展，除了专门发文部署和组织全市起跑仪式外，基本就是依靠各个学校自行组织长跑活动。希望各区县了解和掌握这个活动的组织特点，认真组织和指导学校积极开展长跑活动。

七、关于特长生政策的改革与调整

这些年我市在高考中实行的体育特长生招生政策，成为推进大中小学全面实施素质教育的有力政策导向，不仅使北京高校得到了大批高水平的学生运动员，同时对全市学校体育运动水平的不断提高和群众体育活动的迅速发展起着重要作用。

在高考中两类体育特长招生政策中，对高水平学生运动员的全市统一测试和录取工作始终运行正常并取得了良好效果。但对在高中阶段获国家二级运动员(含)以上称号或者获得市级体育竞赛优胜成绩的考生加 20 分投档的招生工作却存在一些问题。主要是针对目前社会对运动员等级证书的发放和管理渠道繁杂，造成资格审核不规范，使招生部门工作被动。因此北京市对高水平学生体育运动员的招生政策和范围维持不变，也继续实行对二级运动员的考生加 20 分投档的政策，但按照教育部要求选择了在北京开展比较普及且需要重点发展的 15 个项目组织全市统一测试。只有测试合格的体育特长生才享受本市高考加分提档政策。全市将统一测试的项目是：足球、篮球、排球、棒球、垒球、手球、乒乓球、羽毛球、网球、田径、游泳、武术、跆拳道、健美操和定向越野。对其他未纳入北京市统一测试范围的项目则不再实行此政策。

为保证社会稳定，此项政策调整将于 2011 年起实行，先出个“安民告示”，使从 2009 年起入学的高中学生有充分的适应和准备时间。

提请大家注意的是：今后北京高考制度的改革方向，是不断扩大高校招生自主权。在全国统考的基础上，北京市考虑增加 9 个学生评价指标。结合学术水平测试、学业水平测试、综合素质表现、社会实践评价、职业适应性评价等，综合 9 个指标系列给学生排列名次，由高校各自需要的不同类别自主录取。其实我们的体育特长生招生政策一直在发挥作用，今后会发挥越来越重要的作用，随着高校招生自主权的改革和实施，学生体育素质和特长的效果和作用也会越来越大。调整特长项目与我们普及发展体育并不是一对矛盾，等我们北京的学校体育发展到了相当水平和普及率相当高的时候，所有的“特长生”也就都没有存在的意义了。

还有一个需要探讨的问题。我们现在的中小学体育活动都是区分城区和郊区组，这是考虑到城乡差别而特定的对远郊学校学生的倾斜性照顾政策。这个政策只会阶段性存在，今后随着事业发展和城乡差别的缩小会逐步调整。社会上目前已经对我们正在进行的这些特长招生政策要求政府公平公正，因此这种对不同区县的学生采取不同招生政策标准的做法迟早会被调整。

八、关于“北京市学校体育活动综合实力评估”

这个办法已经试行了四年，今年将在再次征求你们意见的基础上正式实行，上半年将举行全市大会，请市长出面并颁奖。主要是鼓励区县积极组织参与北京市的各种体育比赛活动，派队参加就有参与积分，获得不同的名次就计算不同的分值。这样一个区县光抓住一两个优势项目或靠少数尖子学生就意思不大了，测评成绩也不会高，一定要在尽可能扩大活动规模的基础上，同时也尽量提高本区的学生活动水平，因此这就会激励各区县全面推动更多的学校和学生参与尽可能多的各种活动，而这正是我们制定这个测评方法的政策导向和目的。目的就是让全社会都来关注我们的学生体育活动，同时也就起了监督和督促我们推进素质教育的功能作用。过去衡量教育部门和校长的政绩不是只有学生的升学率或重点率吗？现在市领导的要求是不允许公布与考试升学有关的排序结果，但现在对开展素质教育的有关测评和排序结果是支持和鼓励的！因此我们就是要把学校体育、艺术和科技活动等素质教育的开展情况作为各级领导的政绩来予以测评和公示！今年在测评时只计算市级体育比赛活动的普及开展情况，对参加全国和国际比赛活动取得的成绩另外单独计算，前者是群众性体育活动的普及状况测评排序，后者是对北京市的贡献分数，两者可以分开排，也可以合计排序，但我们看重的是前者。希望这个举措能对全面提高北京市学校体育的质量和水平起到促进作用。

九、关于奥林匹克教育学校体育后备人才培养基地评估验收情况

按照《北京市奥林匹克教育学校体育后备人才培养基地建设意见》及评估细则，市教委于 2008 年 12 月将对 24 所培养基地学校进行一年一度的评估验收。评估验收工作按照学校自评、集中评估、专家鉴定三个阶段进行。12 月 19 日进行了集体汇报，通过评审小组的核查、核实，24 所学校评分结果如下：得分最高的学校 564 分，得分最低的学校 47 分，得分达到优秀的学校(90 分以上)18 所，良好的学校(75～89 分)2 所，及格的学校(60～74 分)3 所，不及格的学校(60 以下)1 所。

通过评估验收我们欣喜地看到，24 所学校在过去的一年中都取得了突出的成绩，如清华附中男子篮球队获得了亚洲中学生冠军、全国中学生高中联赛总冠军，育英学校在国际游泳比赛中斩获 15 枚金牌、在全国中学生锦标赛中获得 30 余枚金牌，以绝对优势获得团体总分第一名，14 所田径学校在国际比赛中获得 20 余枚金牌、在 2008 年全国中学生田径锦标赛中获得 27 枚金牌以绝对优势获得团体总分第一名，育才学校获得全国青少年垒球、棒球锦标赛冠军、亚军，人大附中获得全国 U16 亚军、66 中乒乓球队、大兴一职女子足球队、景山学校男子排球队、实验中学女子排球队、北京四中男子篮球队分别在全国各级比赛中获得了优秀成绩，为北京市争取了荣誉。

通过评估验收，我们也看到 24 所学校领导办学理念先进，高度重视学校培养体育后备人才工作，将培养体育后备人才视为全面贯彻教育方针、全面实施素质教育的重要组成部分。多年来，各基地学校以培养德、智、体、美全面发展的高素质人才为出发点，积极探索学校培养体育后备人才可持续发展之路，不断完善学校课余训练的管理与运行模式，努力构建合理的培养体育后备人才体系，涌现出了一大批课余训练有特点、办学成果突出的学校。

如育英学校、66 中，积极探索教体结合之路，通过多种渠道吸引优秀体育后备人才进入学校，取得了突出成绩；如清华附中与清华大学联合开设“马约翰”体育班，形成了中学、大学一条龙的培养体系，培养了一大批高水平的运动员，在全国享有较高的声誉；如人大附中，在全国首创中学组建“三高”足球俱乐部，建设了具有规模的训练基地，吸收了大批全国优秀中学生运动员，培养了一大批优秀学生运动员；如大兴一职，在职业高中开设普通初中与高中足球班，建立女子足球各年龄梯队，取得了令人瞩目的成绩，开辟了职业学校办体育的新途径；如潞河中学、大兴一中、杨镇一中逐年加大财政投入力度，规范教练员、运动员奖励机制，制定了合理、科学的管理措施，带动了学校整体运动水平的提高。

试点校成立 20 年来，涌现出了一批自己的高水平教练员，有些学校还聘请了一批有经验的国家级教练员，并且吸引了一批国家级优秀运动员担任中学课余训练工作。这种专兼结合的做法不仅丰富了试点校教练员结构，而且使得近几年来各基地校训练水平不断提高，培育出一批高水平运动员。

但通过评估验收也发现，24 所学校的发展不平衡，学校领导的重视程度、管理措施的力度、教练员和运动员的待遇、财政的投入等方面差异很大，如何促进 24 所学校的整体发展，全面提高培养体育后备人才工作的质量，需要我们共同去探索。

今后我们北京市需要加强学校体育人才大中小学一条龙建设。建议各中学多主动联系有关大学，为中学生运动员争取更多更好的升学出路。例如 2007 年北航整体接受了人大附中的足球队。

十、关于备战今年全国中学生运动会

今天，距离第十届中运会正式比赛只有 8 个月的时间，三大球六支队伍的预赛还有两个月就要打响，参加中运会任务迫在眉睫。

回顾 2005 年在河南举行的第九届中运会，北京代表队当时制定的目标是保五争三。最终以 13 金、10 银、17 铜列奖牌榜第二名，以 633 分获得团体总分第二名，超额完成了任务。其中由育英学校的游泳代表队获得 7 金、8 人次破记录、得 234 分的好成绩，是代表团贡献最大的队伍。其次是由清华附中、农大附中、潞河中学等九所中学组成的田径代表队获得 1 金、5 人次破记录、得 177 分；此外，实验中学的女子排球队获亚军；大兴一职的女子足球队获第三名；实美职业学校的武术代表队获 2 金、得 83 分；66 中的乒乓球队获 3 金、得 54 分；都为代表团做出了很大的贡献。北京能够获得团体总分第二名，是在游泳、乒乓球、武术等项目超水平发挥，田径、排球、足球、篮球等项目成绩稳定的前提下获得的。

第九届中运会获得的成绩是北京参加历届中运会最好成绩，所以今年的第十届中运会我们的压力不小，要想达到上届的成绩，我们需要付出更大的努力。我们也要吸取上届的经验和教训。其中很重要的一条就是，不放弃对任何项目的努力和争取，不放弃对任何运动员的期望和鼓励，不放松对任何环节的注意和管理。人人都争分，队队作贡献。根据近几年来北京市培养体育后备人才的现状，综合各项目发展状况，第十届中运会北京代表团的竞赛成绩总目标是“保四争二”。这个目标难度还是很大的，我们要做好充分的思想准备，希望在座的所有学校领导、老师既有压力，也能形成动力，从现在开始投入到紧张的备战工作中去。

在距离中运会还有 8 个月、距离三大球预赛还有两个月的紧迫时间内，我们向各区县提出几点工作要求，希望你们支持区县的学校队伍：

1. 制订各自的目标和周密计划，明确各项目在全国的位置，各支队伍都要确保优势项目、挖掘潜力项目、提高弱势项目，我们的中运参赛口号是：“人人都争分，队队作贡献！”

2. 支持学校按照竞赛规程上报运动员资格审核，要做到“不犯规不犯傻”，逐步完善北京中运参赛队伍的组建，确保打造一支北京市最优秀的学生队伍出现在中运会赛场上。

3. 全力支持各学校的保障机制，从训练竞赛、后勤保障、医务监督、情报信息等方面明确分工，做到计划周密、万无一失。确保运动员的训练、生活、竞赛安全，不出现伤病，做到赛前不减员。

4. 支持指导各学校制订赛前集训工作计划，提高训练的针对性、科学性，在保护好运动员不出伤病的同时，确保赛前训练质量，提高训练效率。

我们已经分别对各项目明确了中运会的任务指标，要求各区县同样树立大局意识，加强配合协调，全力支持学校的有关工作，一切为了北京市的成绩和荣誉，把备战工作做好做实，再次争取北京团竞赛成绩和体育道德双丰收。

十一、配齐配强中小学体育教师队伍，保障体育教师的权益，充分调动体育教师工作的积极性

体育教师是我们进行学校体育工作的中坚力量，是学校体育文化的建设者和传播者。但是，长期以来，学校体育教师的数量不能满足开展工作的需求，再加上目前的新课程改革，进一步扩大了我市学校体育教师的缺口。数量的长期不足，直接影响到教师专业能力的提高。因此，我们必须加快中小学体育师资队伍的建设，要从贯彻落实中央 7 号文件和市委 6 号文件的高度来加大体育教师的配备和培训力度，保证中小学体育教师数量够用，专业过硬。

在体育教师的数量方面，要求各区县根据基础教育新课程设置方案中体育课时的实际，要按照体育课时占学校整个教学时数的比例，合理配置体育教师的编制数额，保障中小学校日常体育工作的需求。

在提高教师质量方面，要进行中小学体育教师的专业技能考核，开展日常培训和教研活动。按照市委 6 号文件的要求，中小学体育教师专业技能考核工作从 2008 年开始，在全市范围内连续考核 3 年，并以形成长效机制，考核以新课标配套教材的相关内容为范围；另外，每两年举办一次中小学体育教师教学评优和中小学体育教师创编操评选活动；每 3 年举办一次体育科学论文报告会等，通过这些工作，有效地提高了一线教师的专业能力，为他们的专业发展做出了一定的贡献。

要合理计算体育教师的职称评定和工作量：带早操或课间操、课外体育活动、运动训练、运动竞赛等学校体育活动，都应计为体育教师的工作量，并按照有关规定发放体育教师补贴，通过多种方式，关心体育教师的生活，激发广大体育教师的工作积极性，提高体育教师的敬业精神和业务能力。

十二、加大体育场地设施的投入和利用率，扩大生均活动面积，保证学校低值易耗体育器材的常量

目前，我市正在进行初中校建设工程和部分学校的布局调整，我们应该抓住这个机会，加大对学校体育场地设施的投入和建设力度，严格按照《北京市中小学校办学条件标准细则》进行建设，加大中小学体育办学条件达标工程的推进力度。

对于市区部分学校生均体育活动面积不足的问题，建议各级政府认真落实《公共文化体育设施条例》，统筹协调本区域建设规划中的体育资源建设，统筹安排、综合利用公共体育设施建设与学校体育设施建设，充分考虑青少年体育锻炼设施的需要，为他们提供基本的体育设施和运动条件。争取社会公共体育场馆和运动设施要向周边学校开展课内外体育活动免费或优惠提供条件，力争使北京市城八区的每一所中小学校都能联系上一所公共体育场所。

各中小学应该按照《中小学体育器材配备标准》配备相关体育器材，并保证低值易耗体育器材的数量，使其满足学生体育课和课外体育活动的最低需求。学校应该科学合理地使用有限的学校体育器材，场地器材有限的学校要合理安排体育课和课外体育活动的时间，消除上午一二节课不排体育课的现象，提高场地器材的利用率。

十三、切实保证体育活动安全

近年来，个别学生出现的体育运动伤害事故严重地影响了学校体育教学和体育活动的正常开展。其实，学校体育作为一种比较剧烈的、具有竞争性质的身体技能训练和竞技活动，难免出现意外，现在一旦发生意外事故学校往往承担了无限责任。许多学校为了避免出现运动伤害事故，便采取消极措施，因噎废食，以牺牲学生的健康为代价换取“安全”，这是不对的。

体育活动的安全必须予以保证，但是绝对不允许因噎废食。我们要想办法，科学地解决体育活动的安全隐患问题，采取积极的态度，预防为主，防患于未然。学校应该定期对体育场地设施进行安全检查，对于确有安全隐患的场地和器材要积极进行维修，把危险因素消灭在萌芽状态。学生体质的增强和运动能力的提高，是减少意外伤害事故发生的有效途径，应当在增强学生体质健康的基础上，进一步规范学校体育的安全工作。

十四、关于体育比赛组织工作的改革建议

我一直对我们体育比赛的组织形式有看法。本来我们应当把学生体育比赛办成孩子们的节日，既要让学生们乐于展示自己、陶醉其中，同时也要让观赏的学生观众们受到熏陶，并通过观看比赛培养更广大学生的兴趣和修养。但目前我们的比赛功利色彩太重了！有时就是把比赛搞成了选拔体育特长生的应试考场！这就把我们的体育宗旨搞偏了，背离了我们举办学生体育活动的初衷。现在我们举办体育比赛要开始尽可能要求组织学生观众，组织工作上虽然增加了难度和工作量，但我们把每一次比赛都办成学校的体育节！办成对广大青少年学生进行体育展示和欢聚的平台，我们应当这样做，也值得这样做，这是我们学校体育工作的责任。

我们要求各区县落实中央 7 号文件的要求，规定学校每年都要组织春秋两季大型学生运动会。

北京市除了每年都举办全市大中小学生田径运动会以及各种传统的球类、游泳等奥运体育项目比赛之外，还积极鼓励和提倡各个大中小学校因地制宜发挥各自的体育传统和特色优势，多种形式地开展诸如跳绳、跳皮筋、踢毽、独轮车、轮滑、登山、飞镖、啦啦队比赛以及舞龙、太平鼓、抖空竹等各种民族传统体育活动，并且每年都举行几十种各类传统系列体育项目的全市性学生比赛。加上各个区县和所有学校都已经形成了贯穿全年的各种传统系列竞赛活动，使北京市广大学生能够在形式多样的体育活动中，陶冶情操，增长知识，锻炼体魄，培养坚忍不拔的意志和艰苦奋斗的精神，增强集体主义、爱国主义思想和青少年的社会适应能力。

今后我们市级活动应当举行更多的学生集体类的竞赛。而且我们正在实施学生课余活动的“重心下移”，即学生活动不一定非举办市一级比赛，我们希望区县、学校更多地更频繁地组织学生体育活动。

十五、关于区县体育工作管理职能的建议

目前事多人少，工作忙不过来，但我们市教委充分发挥学生活动管理中心和体协的作用，取得了极好的工作效果，为我们承担了繁杂的事务性工作。现在要求各区县也进行这种工作职能转变的改革，参照市里这种职能运作的工作模式，充分利用和发挥区县的学生活动中心以及各种社会力量的作用，最重要的就是应在活动中心内部组建起专门部门，负责统筹策划、研究指导和组织实施学生体育、艺术、科技活动，使之成为本地区素质教育的活动中心、指导中心和研究中心。同时北京市中小学生运动协会还提出各区县应当组建各区县的体育运动协会分会，就像我们市里这样的结构，帮助政府组织各种体育比赛，这样你们政府部门才可能抽出时间精力开展调研、制定宏观调控政策、组织评估检查。

下面谈谈学生卫生工作：

十六、开展全市学校卫生防病视导工作

为贯彻中央 7 号文件及教育部、卫生部的一系列学校卫生工作规定，进一步提高学校卫生工作水平，结合《北京市学校卫生防病工作规划》，2008 年年初，市教委、市卫生局联合开展了全市各级各类学校卫生工作视导，共同制定了《北京市学校传染病管理指导意见》、《北京市学校突发公共卫生事件应急预案撰写指导意见》及《北京市学校食品卫生、饮用水卫生管理指导意见》等文件要求。视导内容结合《北京市健康促进学校验收标准》和《北京市学校卫生防病工作规划(2006—2010年)》的具体要求，指导学校2008年的防病工作，重点检查学校在突发公共卫生事件的应急管理、食品卫生安全、传染病预防控制等工作中存在的漏洞、隐患和问题，指导学校提出解决方案，确保措施有效。要求视导学校覆盖率达到100%。进一步强化各部门的管理意识，转变学校卫生工作理念和工作模式，规范学校卫生防病工作方法，尤其在学校传染病防控、突发公共卫生事件处理工作形成较为完善的管理体系和联动工作模式，有助于进一步提供学校卫生工作水平。2009年我们继续开展卫生防病视导工作，视导的内容将有所改变。

十七、积极推进"健康促进学校"评估，进一步提高评估验收覆盖率

作为北京市学校卫生工作的主线，北京市教委联合北京市卫生局、北京市红十字会在全市各级各类学校开展健康促进学校工作。到目前为止，健康促进学校数量已增至571所。按照市政府的有关要求，今后每年评估验收100所，并争取在几年内提高覆盖率，最终实现全市所有区县学校全部达到健康促进学校标准。

2009年，市教委将根据教育部、卫生部、财政部联合下发的《国家学校体育卫生条件试行基本标准》(教体艺[2008]5号)精神，结合贯彻中央7号文件的要求对目前我市健康促进学校标准进行修改，并于1月出台新修改的健康促进学校标准。2009年，我们将对200所学校进行评估，同时将布置各区县开展自查工作。市教委在2009年底前将以抽签的方式，实地验收各区县上报通过验收的学校。各区原则上抽中学、小学各一所，如抽查不达标，则要求全区重新评估。请各区县早做准备。

十八、针对学生视力问题加强科研和实效措施，积极推进新眼保操

为加强中小学生爱眼卫生健康教育，使广大学生掌握科学用眼知识和方法，养成良好用眼卫生习惯和正确的读写姿势，控制学生近距离用眼时间(包括读书、写作业、看电视和使用计算机等时间)，教育和指导学生增强自我保健能力，北京市教委、北京市卫生局组织我国知名的中西医眼科专家和长期工作在基层的学校卫生工作者研制了2008新版眼保健操，眼保健操的新增元素既保证了眼保健操的效果，又更适应学生兴趣，使眼保健操更加简便、卫生、安全和有效。通过科学的论证表明，新版眼保健操对改善学生视力、缓解眼部疲劳效果明显，各项指标优于现行眼操。《新眼操》已于2008年9月新学年开始在全市各中、小学校使用，教学光盘和挂图已于开学后陆续发放到全市各学校。市教委、市卫生局还组织有关专家对各学校《2008年新版眼保健操》进行培训，对各学校的使用情况进行指导、检查和效果评估。希望各区县加强对学校开展眼保操的检查监督。

2009年市教委将进一步加强学生视力保护工作的检查、指导，尤其是对新眼操的实施使用情况进行督导。2008年新眼操实施以来，我们抽查了部分区县的学校，有的区县工作非常认真，学生做操的状况比较好。比如宣武区教委对全区所有学校进行了检查指导，学校也比较重视。但是也有个别区县对工作重视不够，学校也不重视，学生更不认真。还有些区县将做眼操的时间安排在第二节课后，这样容易被拖堂的老师占用。为解决这些问题，我们将进一步规范做眼操的时间，并对保护学生视力提出一系列的要求，以便实现市委市政府6号文件的总体目标。

针对近几年北京市学生视力不良检出率持续上升的问题，市教委加强了中小学生的视力保护科研工作。其中，东城区对“学生读写姿势”做法效果良好，很有必要推广；东城区“监督体育课”的做法也值得借鉴。

十九、免费组织中小学生健康体检

2008年9月3日，我市出台了《北京市中小学生健康体检管理办法》，从2008年秋季开始免费为全市中小学生安排一次健康体检，为中小学生建立健康档案、出具体检报告，给予健康指导，并及时向学校和学生家长反馈有关情况，以提升健康教育的针对性，促进学生全面、健康成长。体检工作以各区县教委中小学卫生保健机构为主组织。

中央和北京市文件都明确体检费用由政府承担，市教委与财政局也发了文件。为了检查体检费的落实情况，北京市将对各区县的使用情况进行调查统计。在规范了体检费后，我们将加强对体检工作本身的规范。

二十、再次开展对保健所建设进行评估检查

市委6号文件提出了“加强区县中小学卫生保健机构建设”。今年将下发保健所评估标准，再次开展对保健所的检查评估。请各区县抓住机会，加快自身建设，提高档次水平。希望加强与卫生等部门更加紧密的合作，还希望处理好与保健所的关系。

二十一、推进保障学生饮食安全的软硬件设施建设

学生饮食安全问题始终是备受社会和家长关注的重点问题，

特别是北京作为首都，食品安全问题不仅是健康问题，更是政治问题。为此，市教委高度重视此项工作，针对突出问题，认真组织调研、多方筹资、多方动员和协调，投入人力、物力，确保饮食安全问题全面彻底得到解决。

从 2004 年市财政投入 2000 万元改善农村学校医务室条件后，各级政府都不断加大对硬件设施的财政支持力度，以确保 2010 年学校体育办学条件优先达到《北京市中小学校办学条件标准》。

2008 年 8 月，市教委为进一步解决我市中小学生校内饮水问题，市和区县两级政府筹措 2480 万元专款，为 13 个区县的 518 所学校安装了饮水机，为学生提供安全的、符合卫生标准的饮用水。为提高学生餐食品原材料的安全性，加强生产单位对原材料的初级检测能力，2008 年市教委又投入 50 多万元为所有的学生营养餐定点生产单位配备食品安全检测箱；同时，市教委与卫生部门积极推进 A 级学生食堂建设工作，提升学校食堂管理水平，开展了“卫生标准量化分级管理”工作。通过新建和改造，完善学校食堂卫生安全的管理体系和操作规程等各项工作，进一步推动了中小学校创 A 级食堂建设，有效加强了对学生食堂的考核和监督。2008 年底已在全市城 8 区全面消除 C 级以下等级的学生食堂。

二十二、推进健康教育课工作

在 2009 年的市政府实事中，有一项为“千名医生进学校工程”，这说明市政府对北京市的健康教育师资建设问题尤为关注，而且将给予更多的支持。

加强校医队伍建设，靠目前文件要求的按照 600∶1 的师生比例配备卫生专业技术人员是相当困难的，按照《中华人民共和国医疗机构管理条例实施细则》规定，确保每校至少有 1 名取得医师资格的医师。这项工作如果指望由市教委出政策予以落实几乎是不可能的。需要我们各区县在实践中逐步探索，等哪个区县有了成功的试点经验我们市里再出来加以推广。

目前，健康课任课教师的问题也很多，健康教育课时的落实也存在巨大的困难。为保证学生接受全面系统的生命健康教育，我们在 2009 年将从市一级的层面开始推动，将联合市教育科学研究院综合有关青少年健康教育内容，编写全市统一的生命健康教育读本，然后在区县全面实施健康课程工作。

二十三、关于网络信息化建设

市教委体育美育处的卫生网页已经建立起来了，但目前作用发挥得还远不够，今后我们要充分发挥网络平台和宣传窗口作用，要及时将各方面信息登载在网络上，比如我们这次会议的所有文字资料都会放在网上。请各区县有关部门和干部经常浏览我们的网页，并配合市教委做好网络的建设和运行工作。从2009年开始，我们一般的会议通知、统计要求等都不再发纸张文件。我们的目标是逐步实现办公网络化，也就是实现无纸化办公，希望大家配合。

总之，在各区县的共同努力下，北京学校卫生工作总体上取得了一定的成绩，不少领域的改革和工作都在全国处于领先位置，但同时也存在许多薄弱环节，这与首都的地位不相称，与北京目前拥有的相对充足的卫生资源不相匹配，与市委市政府提出的建设现代化国际大都市的改革目标也不相称。希望我们通过不断交流研讨，共同更新观念，改革创新，根据各区县的不同特点和规律积极开展多种模式的探索，走出一条首都学校卫生改革发展之路。

信息来源：体育美育处

网址：http://www.bjedu.gov.cn/bjedu/79659617432371200/20090112/71764.shtml

主办单位：北京市教育委员会

1月13日

2009年北京市中小学体育工作思路和竞赛计划

2009年学校体育工作，按照学习实践科学发展观的要求，全面贯彻《中共中央国务院关于加强青少年体育增强青少年体质的意见》和《中共北京市委 北京市人民政府 关于加强青少年体育增强青少年体质的实施意见》文件精神，认真研制出台和认真落实各种系列配套政策和措施，进一步加强学校体育工作，增强学生体质健康，全面推进素质教育，努力提高北京青少年体育工作水平。具体工作思路如下。

一、继续推进和落实学生每天一小时体育锻炼时间的工作，加强监督检查。

二、贯彻落实《教育部 国家体育总局 共青团中央关于开展全国亿万学生阳光体育运动的决定》，广泛组织开展各种系列学生阳光体育活动，在全市中小学校中不断掀起全员参与的群众性体育锻炼热潮。

三、全面推广《国家学生体质健康标准》，切实发挥体质健康标准对青少年身体健康的促进和监督作用。举办第三届北京市中小学生国家体质健康标准测试赛。

四、与市教科院紧密合作，继续贯彻落实北京市学校体育教学管理文件的有关规定，不断深化教学改革，积极推进课程建设。继续做好北京市基础教育课程改革的实验工作，适时举办高中体育课程改革选修模块等教学现场会和全市中小学体育教学观摩活动。做好体育学科教学质量监控与评价工作，确保不断提高体育教学质量。

五、修改制定三好学生的评选标准，规范三好学生的“身体好”评价标准。研制出台北京市青少年“阳光体育证章”评价制度。

六、做好 2009 年初中毕业生升学体育考试和高中体育会考工作，进一步加强监督检查和规范管理。制订出台 2010 年后的初中毕业生升学体育考试方案，积极推进体育考试内容和方法的改革。

七、开展 2009 年中小学体育教学评优活动，筹备 2010 年全国第四届中小学教学观摩展示会。

八、继续开展北京市中小学体育教师专业技能考核工作。

九、进一步做好各级体育特长生的招生政策落实工作。认真组织和严格监督初中升高中及高考的体育特长生测试工作。

十、积极备战和参加 2009 年第十届全国中学生运动会(及科报会)，争取竞赛成绩和体育道德双丰收。

十一、举办中小学各种系列学生体育赛事活动，努力提高学生竞技体育水平，正式实行区县体育实力评估制度，进一步推广和开展面向全体学生的群众性体育活动。

十二、加强“北京 2008 奥林匹克教育体育后备人才培养基地”学校的建设和管理，探索“教体结合”及大、中、小学一条龙的教学训练模式。

十三、积极组织参加国际比赛和各种交流活动以及组队参加全国中学生各单项比赛。

附件：2009 年北京市中小学生市级体育竞赛年度计划表

北京市教委体育美育处

二〇〇九年一月四日

信息来源：体育美育处

网址：http://www.bjedu.gov.cn/bjedu/79659617432371200/20090113/71824.shtml

主办单位：北京市教育委员会

1月14日

云南省政府教育督导团云南省教育厅关于开展中小学校体育工作专项督导评估的通知

为深入贯彻党的教育方针，进一步增强青少年体质，促进青少年健康成长，积极推进实施素质教育，根据中共中央国务院《关于加强青少年体育增强青少年体质的意见》(中发[2007]7 号)

和教育部关于印发《中小学体育工作督导评估指标体系(试行)的通知》(教督[2008]3 号)要求，结合我省实际，决定从今年起开展全省中小学校体育工作专项督导评估。现就有关事项通知如下。

一、督导评估对象

中小学校体育工作督导评估的对象是各级人民政府、政府相关部门和普通中小学校。

二、督导评估内容

中小学校体育工作专项督导评估的内容是各级政府和学校在全面贯彻落实国家、省有关学校体育工作规定中采取的措施、取得的成效等，主要包括中小学校体育工作的教育管理、条件保障、评价机制和学生体质状况四个方面，具体指标详见《云南省中小学体育工作督导评估指标体系》(试行)。

三、工作要求

(一)坚持实事求是，客观公正的原则。学校自评和各级督导评估，要力求全面、客观地反映学校体育工作、学生体质健康素质等情况，以保证督导评估的科学性、真实性和实效性。

(二)通过评估切实改进和加强中小学体育工作。对于督导评估中发现的问题，要督促相关部门和有关学校采取有效措施，限期整改，切实解决存在的问题和不足。

(三)强化督导评估结果的运用。州、县两级完成督导评估后，要形成督导报告，向社会公布，接受舆论监督。同时，要将督导评估结果作为考核领导干部政绩的重要内容，作为教育有关表彰奖励的重要依据。

(四)逐步建立健全中小学体育工作督导评估机制。各州、市要按照要求，结合当地实际，制订中小学校体育工作督导评估实施方案，认真组织学校开展自评和州、县督导评估。全省所有普通中学、小学每学年进行一次自评；各县(市、区)每年进行一次专项督导评估检查；各州市每 3 年进行一次专项督导评估；省里不定期进行专项督导。

请各州、市于 2009 年 7 月月底前将本学年开展中小学体育工作督导评估情况及相关表册(附件 2)报省政府教育督导团和教育厅，同时报送电子文档。

督导评估工作在各级政府领导下，各有关职能部门参加，教育督导部门、教育行政部门具体实施。

联系方式：

1. 省政府教育督导团：陈琴

联系电话：0871-5141479(兼传真)

电子邮箱：cq@mail. ynedu. net. cn

2. 教育厅体卫处：梁北明

联系电话：0871-5141471

电子邮箱：lbm@mail. ynedu. net. cn

信息来源：本站原创

网址：http://www. ynjy. cn/Article/200901/Article_20090114100724_13378. shtml

主办单位：云南省教育厅

1月14日

体育成绩将与中高考招生录取挂钩

4月25日，教育部对外发布消息称，体育考试成绩不但在中考中所占的比重将逐步增加，而且将作为高校录取新生的重要参考依据，并与高校、示范性高中招生指标适度挂钩。2008年，我省全面进入初中毕业考试与普通高中招生改革后，将把体育作为考试科目列入全省初中升学考试内容，考试成绩按一定比例计入升学考试总分。

为进一步加强学校体育工作，切实提高学生健康素质，教育部、体育总局近期出台文件提出，要建立《学生体质健康标准》测试报告书制度，测试报告书要列入高等学校和高中阶段学生档案，并作为学生毕业、升学的重要依据。体育考试成绩要按一定比例记入中考成绩总分，积极推进在高中毕业考试中增加体育考试的做法，将体育考试成绩作为高校录取新生的重要参考依据。

根据《教育部　国家体育总局关于进一步加强学校体育工作，切实提高学生健康素质的意见》的精神和要求，在2007年云南省初中毕业考试与普通高中招生改革中，各地和学校要高度重视学校体育工作，重视学生健康素质的提高，将体育锻炼和健康的体魄纳入学生综合素质评价的重要内容。学生综合素质评价中的运动与健康成绩，要作为高中招生录取工作的重要参考依据。2008年，体育要作为考试科目列入全省初中升学考试内容，考试成绩按一定比例计入升学考试总分。

信息来源：本站原创

网址：http://www. ynjy. cn/Article/200901/Article_20090114171234 _ 14627. shtml

主办单位：云南省教育厅

1月15日

重庆市教育委员会重庆市体育局关于印发2009年重庆市中学生体育竞赛计划的通知

各区县(自治县)教委(教育局)、委直属中学、培养体育后备人才试点校:

为全面贯彻教育方针，推动学校体育工作的开展，提高我市中学生课余训练水平，培养和选拔体育后备人才，重庆市教育委员会、重庆市体育局决定在2009年举办重庆市第十届中学生足球比赛等体育赛事。现将《2009年重庆市中学生体育竞赛计划》印发给你们，请结合本地(校)实际，认真做好参加有关项目比赛的组队、集训和参赛等工作。有关竞赛的具体工作由重庆市学生体育协会负责，各项目竞赛规程、报名表、成绩册，请在重庆市学校体卫艺国防教育网站下载(网址：http://twyg. cqedu. cn)。

附件：2009年重庆市中学生体育竞赛计划

二○○九年一月四日

主题词：教育　学生　体育　竞赛　计划　通知

重庆市教育委员会办公室

2009年1月13日印

附件：2009年重庆市中学生体育竞赛计划

序号	竞赛名称	承办单位	竞赛时间
1	重庆市第十届中学生男子足球比赛	重庆七中	2月26—29日
2	重庆市第十二届中学生田径运动会	待定	3月13—15日
3	重庆市第九届中学生篮球比赛	待定	3月19—22日
4	重庆市第十二届中学生游泳比赛	待定	9月25—27日
5	重庆市第十届重点中学田径运动会	待定	9月下旬
6	重庆市第十届中学生排球比赛	重庆八中	10月22—25日
7	重庆市第四届中小学生乒乓球比赛	待定	11月7—8日
8	2009—2010中国高中篮球联赛(重庆赛区)	待定	按全国《总则》执行(12月)
9	2009—2010中国初中篮球联赛(重庆赛区)	待定	按全国《总则》执行

信息来源：重庆市教委

网址：http://www. cqjw. gov. cn/html/cqjwportal/yjtwy/2009-01-15/Detail_856. htm

主办单位：重庆市教委

1月19日

关于举办浙江省第二届中学生篮球联赛(ZSBL)的通知

各市、县(市、区)教育局、体育局，有关新闻单位：

为全面贯彻落实《中共浙江省委浙江省人民政府关于加强青少年体育增强青少年体质的实施意见》，进一步深入推进素质教育，广泛开展学生阳光体育活动，打造品牌赛事，继成功举办首届浙江省中学生篮球联赛(ZSBL)后，浙江省教育厅、浙江省体育局、浙江广播电视集团和中国移动通信集团浙江有限公司决定联合举办浙江省第二届中学生篮球联赛(ZSBL)。现将有关事项通知如下。

一、各级赛事在举办过程中，要从促进校园体育文化建设，营造全体参与氛围，丰富学生课业生活，展示承办学校的精神面貌，规范赛事进行、场地管理、赛事安全，形成良好有序的赛场氛围，努力提高联赛的赛事质量等出发。

二、在第一届竞赛基础上，丰富联赛形式和内容，增加第四、第五阶段赛事活动中其他形式的展示，如灌篮 PK、街球 PK、篮球知识竞猜等。此外，还将举行篮球分会会员单位的锦标赛和 3 对 3 比赛(规程另行下发)。

三、赛事的纪律处罚、注册要求、承办单位的相关要求均按第一届要求执行，赛事的有关规定等尚未明确的事宜另行通知。

四、从第二届开始，每年的篮球联赛均以学年为单位进行，万班千校比赛和市级赛均在寒假前完成，第四、第五阶段赛事安排在 5 月 1 日前完成。

请各有关单位按要求做好组织工作。

附件：1. 浙江省第二届中学生篮球联赛(ZSBL)竞赛规程

2. 浙江省第二届中学生篮球联赛(ZSBL)组委会名单

浙江省教育厅　浙江省体育局　中国移动通信集团浙江有限公司　浙江广播电视集团

二○○九年一月十三日

信息来源：浙江省教育厅

网址：http://www.zjedu.gov.cn/gb/articles/2009-01-19/news20090119113627.html

主办单位：浙江省教育厅

1月20日

2008 年北京市中小学体育工作总结会在金泰海博大酒店召开

2009 年 1 月 9 日上午 9 点，北京市中小学体育工作总结会在海淀区金泰海博大酒店胜利举行。北京市教委、北京教科院基教研中心、中小学体育协会、北京学生活动管理中心、各区县体卫科长及有关负责人等近50人参加了会议。市教委体育美育处甘北林处长出席会议并讲话，会议由北京市教委体育美育处正处级调研员刘兆武主持。

会上，体育美育处的郑淑媛和宋玉珍同志分别总结了2008年北京市的学校体育和卫生工作，并介绍了2009年的工作思路；北京市教科院基教研中心、中小学生体育协会、北京学生活动管理中心的负责同志分别就中小学体育课改、科研，体育竞赛、国家学生体质健康标准的执行等方面作了工作总结。会上，北京市教科院基教研中心体育教研部马凌主任作了《体育课监测、学生体质健康标准》报告。会上还对条例评估、创编操评选发奖。

在下午的会上，各区县体卫科长对本区县2008年工作和问题进行了总结，并分别提出了2009年的思路和建议。

市教委体育美育处甘北林处长做总结讲话。甘处长就如何进一步落实中央7号文件，如何建立科学的学生健康评价机制，如何重视体育教学，如何做好奥林匹克教育学校体育后备人才培养基地评估验收，如何做好备战今年全国中学生运动会工作，如何加强体育教师队伍建设，如何保证体育活动安全，如何加强网络信息化建设，以及如何开展体育中考改革、冬季长跑活动、加强特长生政策的改革与调整等提出了共23条意见。甘处长在讲话中高度肯定了在各区县的成绩。甘北林处长说，北京市的中小学体育工作在不少领域的改革和工作都在全国处于领先位置，但同时也存在许多薄弱环节，这与首都的地位不相称，与北京目前拥有的相对充足的卫生资源不相匹配，与市委市政府提出的建设现代化国际大都市的改革目标也不相称。甘处长希望各区县加强交流研讨，共同更新观念，改革创新，根据各区县的不同的特点和规律积极开展多种模式的探索，走出一条首都学校卫生改革发展之路。

此次会议以科学发展观为指导，进一步贯彻落实了中发[2007]7号和京发[2008]6号文件精神，会议全面总结了2008年北京市中小学体育工作，为各区县2009年中小学体育工作的开展提出了新思路。

信息来源：体育美育处

网址：http://www.bjedu.gov.cn/bjedu/79658517920743424/20080109/59507.shtml

主办单位：北京市教育委员会

1月24日

关于印发《2009年上海市初中毕业升学体育考试工作实施方案》的通知

各区县教育局，浦东新区社会发展局：

为贯彻落实《中共中央国务院关于加强青少年体育增强青少年体质的意见》，做好2009年上海市初中毕业升学体育考试工作，现将《2009年上海市初中毕业升学体育考试工作实施方案》印发给你们，请结合本区县实际情况制定具体实施办法，认真组织实施。

附件：2009年上海市初中毕业升学体育考试工作实施方案

上海市教育委员会

二〇〇九年一月二十二日

附件：2009年上海市初中毕业升学体育考试工作实施方案

为贯彻《中共中央国务院关于深化教育改革全面推进素质教育的决定》、《中共中央国务院关于加强青少年体育增强青少年体质的意见》，根据党中央、国务院提出的“全面组织实施初中毕业升学体育考试，并逐步加大体育成绩在学生综合素质评价和中考成绩中的分量”的要求，结合《上海市中小学生综合素质评价方案（试行）》和《上海市初中学生学业评价工作方案（试行）》的相关规定，制订2009年本市初中毕业升学体育考试工作实施方案。

一、意义和目的

实施初中毕业升学体育考试（以下简称体育考试）是全面贯彻党的教育方针、增强学生体质的重要举措之一，是学生综合素质评价和学生学业评价的组成部分，旨在引导学生养成自觉进行体育锻炼的习惯，促进学生身心健康发展。

二、原则和要求

实施体育考试应体现对学生意志品质和道德情感的培养作用，体现对学生体育锻炼积极性、主动性的激发作用，体现对学校体育工作的推动作用。实施体育考试应与学校体育课程教学相结合，与实施《国家学生体质健康标准》相结合，与学生日常锻炼过程相结合，与学生体育兴趣爱好和特长相结合。

各区县教育行政部门要按照教育部的要求，认真实施本方案，坚持“客观、公正、安全”的组织原则，坚持“常态化、易行化、基层化”的发展方向。

三、成绩评定方法

（一）分值和结构

按教育部的有关规定，2009年体育考试由日常考核和统一考试两个部分组成，总分为30分。其中日常考核为20分，统一考试为10分。

（二）考试办法

1. 日常考核

由学校根据初中《体育与健身课程标准》和《国家学生体质健康标准》的要求，结合学校实际以及场地设施条件，组织安排学生上好体育课和参加各种体育活动，依据《上海市初中毕业升学体育考试日常体育成绩考核评价标准》（见附件1），按照学生初三年级（今后逐年向初二、初一和预备班年级扩展）的体育学习态度（7分）、体育学习能力（8分）、体育学习效果（5分）等有关考核、测试成绩记载，采用教师评定、学生互评等方式予以评价，满分为20分。

2. 统一考试

由区县教育行政部门负责统一体育考试的组织实施。统一体育考试分设耐力、定量、定性三类项目，耐力项目满分为4分，定量和定性项目满分各为3分，合计10分。

每位学生应参加三类项目的测试。在定量、定性项目中可各选择1个自己擅长的项目参加测试。学生应按照自己事先申报的项目参加测试，不可随意临时更改测试项目。个别因伤、因病等特殊情况确实不宜、不能参加耐力项目测试的学生，允许其申报后在定量或定性类项目中另选1个项目（不能与原选定量或定性类项目重复）替换耐力项目参加测试，但此类另选项目的成绩以实测成绩分值的50%转换成耐力项目成绩。

（三）考试内容

1. 耐力项目：长跑（男生1000米、女生800米）。

2. 定量项目：50米跑、立定跳远、实心球、跳绳、引体向上（男）、仰卧起坐（女）、游泳、篮球、排球。

3. 定性项目：垫上运动、杠上运动（单杠或双杠）、支撑跳跃。

（四）考试评定标准

根据本市初中《体育与健身》课程要求和《国家学生体质健康标准》的评分标准，结合本市初中学生体质现状的总体水平，由市教委制定2009年初中毕业升学体育考试项目成绩评价标准与要求（见附件3、附件4）。

（五）考试成绩记载

体育考试按照日常考核分值和统一考试分值，合计评定学生体育考试成绩，并计入学生毕业升学考试总分。学生日常体育考核分由学校予以评定后，及时告知学生本人，并以班级为单位汇总成绩信息，由该班班主任和任课体育教师签字确认，经校长审核签字并加盖学校公章。成绩信息汇总应一式两份，其中一份由学校自存，另一份报送区县教育行政部门备案审核(同时应报送按区县规定的统一格式制成的电子信息版)。学生体育统一考试，由区县教育行政部门组成的体育考试领导小组负责组织实施，学生测试项目的成绩应当场宣告，并由学生本人办理签字确认手续，以学校为单位汇总成绩信息，经测试负责人和体育考试领导小组负责人签字确认后，报送区县教育行政部门备案审核。

(六)关于残疾或严重伤病学生免考或缓考的规定

1. 在初中阶段各学年体育课均免修或初中阶段最后学期体育课免修的考生，原则上不再参加区县组织的统一体育考试，应按有关规定申报办理免考手续。如上述考生身体健康状况好转且准备参加统一体育考试，须由考生及其家长提出书面申请，并持本市二级以上(含二级)医疗机构出具的能恢复剧烈运动的证明，经学校和区县体育考试工作领导小组同意后，方可参加统一体育考试。在初中阶段体育课均未免修，但毕业体检时发现患有心肺功能等严重器质性疾病的，本着对考生负责的精神，考生不应参加统一体育考试，应按有关规定申报办理免考手续。

2. 因残疾或伤病，丧失运动能力或不能、不宜参加剧烈运动的考生，经具有资质的伤残等级鉴定机构或本市二级以上(含二级)医疗机构证明，可免予体育考试。免考应由考生及其家长向考生所在学校提出申请，填写《上海市初中毕业生残疾或伤病免予体育考试申请表》(见附件 2)，经班主任、任课体育教师和卫生保健教师签署意见，报学校审核批准，并报区县招办备案。申请表及审批材料存入学生档案。

3. 区县组织统一体育考试时，因临时临场伤病等特殊情况不能参加体育考试的学生，由学生本人提出书面申请，经学校或考场负责人签字同意，可予以缓考。缓考者应另行参加补考，补考仅限一次。

(七)因残、因病免考考生的成绩评定办法

1. 因残疾并全部丧失运动能力获准免考的学生，按教育部有关规定，其体育考试总成绩按 30 分计。因残疾丧失部分运动能力的学生，不能参加单项测试的，该单项成绩按满分计算。

2. 因伤病原因获准免考的学生，其体育考试总成绩，按学籍所在区县学生日常体育考核平均分和体育统一考试满分的 50%(即 5 分)计算。

(八)关于本市户籍在外省市就读且初中毕业回沪报考以及本市往届初中毕业生、跨区县报考学校的学生的体育考试

本市户籍在外省市就读且初中毕业回沪报考的学生以及本市往届初中毕业生，应提供其在外省市就读学校或在本市原就读学校参加体育教学、健身锻炼活动、实施《国家学生体质健康标准》等评价情况的证明材料，由区县初中毕业升学体育考试工作领导小组按实际情况计算日常考核分，同时，上述毕业生应参加2009年的体育统一考试，按照其成绩计算其体育考试分值。本市户籍在外省市就读学生因特殊情况无法返沪参加体育统一考试的，由学生或其家长提交书面情况报告，其体育统一考试分值以满分的50%(即5分)计算。

跨区县报考学校的应届初中毕业生，其日常考核成绩和体育统一考试成绩由学籍所在学校和区县予以评定，由学籍所在区县中招办将其体育考试成绩转送其报考区县的中招办。

四、统一体育考试的组织实施方式

由各区县结合学校分布和考生规模的实际情况，在体育考试项目标准和要求实行统一的前提下，制订本区县的体育考试组织实施方案。可采用时间、地点和人员相对集中统一的组织实施方式，或采用必测项目由区县统一组织考试，选测项目由区县组成专业队伍分别深入预案确定的具有测试场地器材条件的学校分散就近考试等组织实施方式。游泳项目可组织学生分批有序前往指定的场馆进行专项测试。

五、体育考试组织实施的总体要求

(一)切实加强体育考试工作的领导。市教委成立上海市实施初中毕业升学体育考试工作领导小组，制订本市初中毕业升学体育考试工作方案，进行协调和指导。各区县教育行政部门要相应成立体育考试工作领导小组，负责制订区县的具体实施方案和细则，明确工作任务和分工职责，配备工作人员，积极与体育、卫生和公安等部门开展相关工作合作。区县教育行政部门同时应成立体育考试仲裁小组，负责处理本地区体育考试过程中发生的争议事宜。

(二)规范有序实施体育考试工作。区县教育行政部门要加强对有关人员的纪律教育和技术培训，严格考场纪律监督，确保考试工作公正、公平、规范和平稳地实施。要周密、细致、有序地组织和安排学生参加体育考试，场地器材应符合国家规定的要求，各考试项目应认真做好测试学生检录工作，项目测试成绩应向学生当场公布并确认。对学生开展关爱生命教育，做好测试工

作各环节安全保障和服务保障，制定各项应急预案，落实各项应急措施。男生1000米和女生800米跑原则上应安排在当天各测试项目的最后进行，长跑之前应对学生加强健康与安全方面的提示，在长跑途中和跑后要加强学生体征的观察，予以相应的指导或保护。各区县的体育考试工作(包括补考)应在4月底全部完成。

(三)建立学生体育考试复核和仲裁制度。学生对学校给予的日常考核评价分数有异议的，应在成绩公布之日起3天内向学校书面提出申请，由学校予以复核。学生对区县统一体育考试成绩有异议的，本人应在测试现场向测试裁判反映或向区县体育考试仲裁小组提交书面申请，由仲裁小组依据有关规定予以仲裁。逾时不再受理。

(四)实施学生体育考试阳光工程。要做到公开透明并设立招生工作咨询和监督电话。对于在考试工作中出现的各类违规违纪情况，要加强教育和管理；对于发生的徇私舞弊、弄虚作假等行为，要按照有关规定予以严肃处理。

(五)落实经费保障。本市初中毕业升学体育考试经费由各区县教育行政部门和学校在事业费内安排。

附件：1. 上海市初中毕业升学体育考试日常体育成绩考核评价标准

2. 上海市初中毕业生残疾或伤病免予体育考试申请表

3. 上海市初中毕业升学体育考试耐力与定量项目成绩评价标准

4. 上海市初中毕业升学体育考试定性项目成绩评价标准与要求

附件1：上海市初中毕业升学体育考试日常体育成绩考核评价标准

一、评价内容

由学生日常体育成绩评价内容由体育学习态度(7分)、体育学习能力(8分)、体育学习效果(5分)三方面组成。日常体育成绩评价满分为20分。

二、评价标准与分值

1. 体育学习态度

由体育学习出勤和体育学习表现两部分构成。

(1)体育学习出勤

学生参加学校组织的体育课、体育活动课、广播操总体出勤率达到95%以上(4分)，达到90%以上(3分)，80%以上(2分)，

70%以上(1 分)，70%以下(0 分)。

(2)体育学习表现

学生上体育课时总体表现认真，努力完成教师布置的体育学习任务；参加班级或学校集体性体育活动时总体表现积极，努力结合自身特点或发挥自身特长进行锻炼。整体评价优秀(3 分)，良好(2 分)，合格(1 分)，不合格(0 分)。

2. 体育学习能力

反映学生体育与健身课程的学习情况，学校应按照《体育与健身课程标准》的要求进行教学与评价，并体现学生在原有基础上的进步。学年总评体育成绩 85 分及以上为优秀(8 分)，75 分及以上为良好(7 分)，60 分及以上为合格(6 分)，59 分及以下为须努力(4 分)。

3. 体育学习效果

依据《国家学生体质健康标准》的测试内容和标准，对学生身体形态、身体机能、身体素质与运动能力进行综合评价，按照测试结果给予相应分值，优秀或良好(5 分)，合格(4 分)，不合格(3 分)。

附件 2：上海市初中毕业生残疾或伤病免予体育考试申请表

考生登记号

<table>
<tr><td>姓名</td><td colspan="2"></td><td>性别</td><td></td><td>民族</td><td></td><td>班级</td><td></td></tr>
<tr><td>出生年月</td><td colspan="2"></td><td colspan="3">联系电话</td><td colspan="3"></td></tr>
<tr><td>免试原因及病史概况</td><td colspan="8"></td></tr>
<tr><td>医疗单位诊断结论</td><td colspan="8">(由学校确认伤残鉴定或医疗单位证明原件后，将复印件附后页)</td></tr>
<tr><td>家长签字</td><td></td><td>班主任签字</td><td colspan="2"></td><td colspan="2">体育教师与卫生保健教师签字</td><td colspan="2"></td></tr>
<tr><td>学校意见</td><td colspan="8">日常体育考核分数：　　校长签章：
学校公章：　　年　月　日</td></tr>
<tr><td>招办意见</td><td colspan="8">日常体育考核分数：
统一体育考试分数：　　招办负责人签章：
总　计　分　数：　　招　办　公　章：
年　月　日</td></tr>
<tr><td>备注</td><td colspan="8"></td></tr>
</table>

本表一式两份，一份报区县教育部门备案，一份存入学生档案。

附件3：上海市初中毕业升学体育考试耐力与定量项目成绩评价标准

(一)男生部分项目

项目分值	1000米跑(分秒)	篮球(秒)	50米跑(秒)	立定跳远(米)	掷实心球(米)	排球(次)	跳绳(分钟/次)	引体向上(次)
100	3′34″	20	7″1	2.49	9.70	45	180	11
95	3′42″	21	7″2	2.41	9.40	40	160	10
90	3′50″	22	7″3	2.33	9.10	35	140	9
85	3′55″	23	7″4	2.25	8.80	30	125	
80	4′00″	24	7″5	2.20	8.50	26	110	8
75	4′05″	25	7″6	2.15	8.20	22	95	
70	4′10″	27	7″7	2.10	7.90	18	80	7
65	4′15″	29	7″9	2.06	7.60	14	75	
60	4′23″	31	8″1	2.02	7.30	12	70	6
55	4′31″	33	8″3	1.98	7.00	11	65	
50	4′39″	35	8″5	1.94	6.70	10	60	5
45	4′47″	37	8″7	1.90	6.40	9	55	
40	4′55″	39	8″9	1.86	6.10	8	52	4
35	5′03″	41	9″1	1.82	5.80	7	49	
30	5′11″	43	9″3	1.78	5.50	6	46	3
25	5′19″	45	9″5	1.74	5.20	5	43	
20	5′27″	47	9″7	1.70	4.90	4	40	2
15	5′35″	49	9″9	1.66	4.60	3	35	
10	5′43″	51	10″1	1.62	4.30	2	30	1
5	5′51″	53	10″3	1.58	4.00	1	25	

(二)女生部分项目

项目分值	800米跑(分秒)	篮球(秒)	50米跑(秒)	立定跳远(米)	掷实心球(米)	排球(次)	跳绳(分钟/次)	仰卧起坐(1分/次)
100	3′19″	26	8″1	1.99	6.80	40	170	50
95	3′27″	27	8″2	1.93	6.60	35	155	47
90	3′35″	28	8″3	1.87	6.40	30	140	44
85	3′40″	30	8″4	1.81	6.20	25	125	41

续表

项目分值	800米跑(分秒)	篮球(秒)	50米跑(秒)	立定跳远(米)	掷实心球(米)	排球(次)	跳绳(分钟/次)	仰卧起坐(1分/次)
80	3′45″	32	8″5	1.77	6.00	22	110	38
75	3′50″	34	8″6	1.73	5.80	19	95	35
70	3′55″	36	8″8	1.69	5.60	16	85	32
65	4′00″	38	9″0	1.65	5.40	13	75	30
60	4′08″	42	9″2	1.61	5.20	12	65	28
55	4′16″	46	9″4	1.57	5.00	11	55	26
50	4′24″	50	9″6	1.53	4.80	10	52	24
45	4′32″	54	9″8	1.49	4.60	9	49	22
40	4′40″	58	10″0	1.45	4.40	8	46	20
35	4′48″	62	10″2	1.41	4.20	7	43	18
30	4′56″	66	10″4	1.37	4.00	6	40	16
25	5′04″	70	10″6	1.33	3.80	5	37	14
20	5′12″	74	10″8	1.28	3.60	4	34	12
15	5′20″	78	11″0	1.23	3.40	3	31	10
10	5′28″	82	11″2	1.18	3.20	2	28	8
5	5′36″	86	11″4	1.13	3.00	1	25	6

(三)游泳项目

时间 / 性别 / 分值	3分钟内游距	3分30秒内游距
	男生	女生
3分	100米	100米
2.5分	75米	75米
2分	50米	50米
1.5分	25米	25米
1分	15米	15米

(四)游泳测试规则与要求

1. 参加游泳测试的学生，应具有游泳体检合格证。

2. 游泳出发时从起点处手扶池壁开始(不得跳水)，泳姿不限。

3. 考生在规定的泳道内游完全程。途中不可在池底站立，不准在池底跨越或行走、拉水道线和干扰别人游进。

4. 考生不得使用或穿戴任何有利于速度、浮力、耐力的器具(如呼吸管、手蹼、脚蹼等)，但可戴护目镜。

5. 考生需自备质量合格的游泳专用运动服，穿着游泳服方能参加考试。

6. 考试时每人限游一次。男生在 3 分钟内，女生在 3 分 30 秒内，游完 15 米得 1 分，25 米得 1. 5 分，50 米得 2 分，75 米得 2. 5 分，100 米得 3 分。

(五)篮球测试内容与要求

1. 内容：半场区域内行进间运球投篮。

2. 要求：由篮球场底线中点出发开始计时，运球至右侧边线中点区域(1 米为半径的弧)踩线后，返回运球两步上篮(未投中者必须补投一次)，抢篮板球运球到左侧边线中点，然后折返运球两步上篮(未投中者必须补投一次)，投中或抢到篮板球停计时表。

3. 行进路线(见图示)

起点

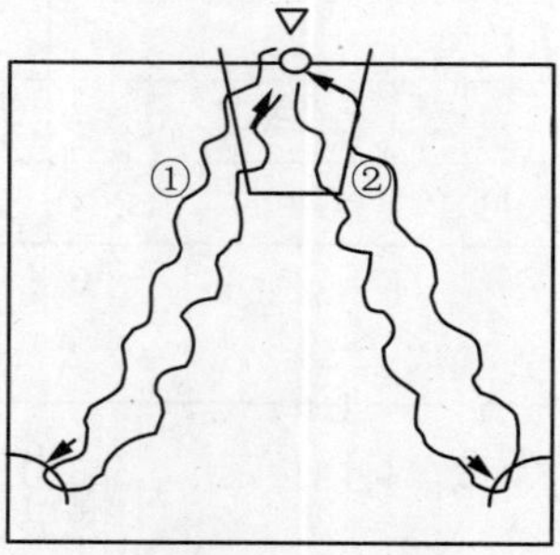

附件 4：上海市初中毕业升学体育考试定性项目成绩评价标准与要求

一、垫上运动

(一)测试内容

1. 男生：前滚翻分腿起(3 分)——前滚翻(2 分)——头手倒立(3 分)——前滚翻成蹲立，直立(2 分)。

2. 女生：前滚翻分腿起(3 分)——前滚翻直腿坐(2 分)——后倒成肩肘倒立(3 分)——前滚成蹲立，直立(2 分)。

(二)标准与分值(整套动作)

1. 男生

(1)9.0—10 分：滚翻圆滑，轻巧，分腿起时直膝分腿；头手倒立一次完成，身体伸展，动作稳定，停止不动2秒钟，前滚圆滑轻柔，起立无附加支撑。整套动作连贯协调，方向正确。

(2)7.5—8.9分：滚翻圆滑，分腿起时微屈膝未超过30度；头手倒立一次完成，停止不动1秒钟；前滚较圆滑。整套动作连贯，方向基本正确。

(3)6.0—7.4分：完成滚翻动作，分腿起时稍屈膝未超过45度；头手倒立有经直体稍停过程；前滚经背部弧形落地。

2. 女生

(1)9.0—10分：滚翻圆滑、轻巧，分腿起时直膝分腿；肩肘倒立一次完成，伸髋并腿直膝，身体与地面基本垂直，静止不动3秒钟；前滚团身圆滑，成蹲立无附加支撑。整套动作协调优美，方向正确。

(2)7.5—8.9分：滚翻圆滑，分腿起时微屈膝未超过30度；肩肘倒立一次完成，直体并与地面基本垂直，静止不动2秒钟；前滚成蹲立无附加支撑。整套动作比较连贯。

(3)6.0—7.4分：完成滚翻动作，分腿起稍屈膝未超过45度；肩肘倒立微屈髋未超过30度，静止1秒钟；前滚手撑垫后迅速成蹲立。

二、单杠(低杠)

(一)测试内容

1. 男生：跳上成支撑(1.5分)——一腿向前摆越成骑撑(2.5分)——前腿向后摆越成支撑(3分)——后摆下(3分)。

2. 女生：跳上成支撑(1.5分)——一腿向前摆越成骑撑(2.5分)——前腿向后摆越成支撑(3分)——前翻下(3分)。

(二)标准与分值

1.9.0—10分：支撑时直臂顶肩，推杠移重心同时直退完成单腿摆越，骑撑动作稳定；后摆下预摆协调，弹杠后摆有力腿过杠面，推杠展体后落地平稳。女生前翻下慢而轻，落地近杠。

2.7.5—8.9分：支撑时直臂顶肩，单腿摆越时微屈膝，后摆下弹杠后摆经展体，落地平稳。女生前翻下落地较轻。

3.6.0—7.4分：支撑时直臂，单腿摆越时重心移动和摆腿不协调，先摆越后换手，或摆越时落地一次；后摆下有腹离杠和推杠过程。女生前翻下独立完成。

三、双杠

(一)测试内容

1. 男生：跳上成分腿坐(1.5分)——分腿坐前进一次(3分)——两手换成体前握杠，后摆并腿进杠，前摆，后摆(2.5

分)——前摆下(3 分)。

2. 女生：跳上成分腿坐(1.5 分)——分腿坐前进一次(3 分)——屈膝弹杠，前摆并腿进杠，后摆(2.5 分)——前摆下(3 分)。

(二)标准与分值

1. 9.0—10 分：跳起支撑紧接直膝分腿落杠轻巧；前进时直腿，经展髋滑杠顺畅；进杠过渡圆滑，前后摆动一次、顶肩直臂高而稳；前摆下时直腿有挺身过程，落地平稳。整套动作熟练、协调。女生屈膝弹杠有力，并腿直膝进杠，动作协调。

2. 7.5—8.9 分：跳起紧接举腿过杠分腿坐；前进时两腿基本伸直，滑杠无停顿；前后摆动直腿直臂，前摆下经展体落地较稳。整套动作较协调。女生屈膝弹杠有力，并腿进杠。

3. 6.0—7.4 分：起跳后两腿同时举起分腿坐；前进时两腿滑杠无明显停顿或先后；进杠后有多次摆动，前摆下时屈髋，落地不够稳。女生经弹杠后两腿同时进杠。

四、支撑跳跃

(一)测试内容

山羊分腿腾越(山羊高度分高、低两个高度，供学生自选)，踏跳板距器械 40—60 公分。

(二)标准与分值

1. 9.0—10 分：起跳正确有力，先跳后撑，直膝分腿，在腿未过支撑点时推离器械，有展体动作，落地较稳。

2. 7.5—8.9 分：起跳正确，先跳后撑，分腿时稍屈膝未超过 45 度，落地较稳。

3. 6.0—7.4 分：起跳正确，能经双手同时支撑后分腿腾越器械。

信息来源：上海市教育委员会

网址：http://www.shmec.gov.cn/attach/xxgk/3402.doc

主办单位：上海市教育委员会

2 月

2 月 5 日

转发《关于报送第二届全国亿万学生阳光体育冬季长跑活动相关材料的通知》的通知

各设区市教育局、各大中专院校：

现将全国亿万学生阳光体育运动领导小组办公室《关于报送

第二届全国亿万学生阳光体育冬季长跑活动相关材料的通知》(以下简称《通知》)转发给你们，望各地、各学校按照《通知》要求，在认真组织开展好“第二届全省百万学生阳光体育冬季长跑活动”的同时，指定专人负责材料报送工作，所报送材料要按时、真实，不得弄虚作假。

各地、各学校要注重宣传，充分发挥学校小记者的作用，认真采集信息，积极报送我省开展冬季长跑活动好的做法、感人事迹、生龙活虎的运动场面和健康向上的锻炼氛围，展示江西广大青少年学生的良好精神风貌。

关于报送第二届全国亿万学生阳光体育冬季长跑活动相关材料的通知。

二〇〇九年二月二日

信息来源：江西省教育厅

网址：http://www.jxedu.gov.cn/zwgk/xbgfjy/xbtyjj/2009/02/35332.html

主办单位：江西省教育厅

2月12日

重庆市教育委员会关于印发2009年重庆市初中毕业生升学体育考试工作方案的通知

各区县(自治县)教委(教育局)、委直属中学、各中等职业学校、市教科院：

为贯彻党的教育方针，落实全国学校体育工作会议精神，全面推进素质教育。根据教育部、国家体育总局《关于进一步加强学校体育工作，切实提高学生健康素质的意见》(教体艺[2006]5号)中“认真组织实施初中毕业生升学体育考试工作，体育考试成绩要按一定比例记入中考成绩总分”的要求，更好地引导广大学生积极参加体育锻炼，有效提高学生体质健康水平；严格全市初中毕业生升学体育考试(以下简称：中招体考)工作的管理，确保考务工作在公开、公平、公正的基础上，安全、圆满、顺利地实施。现将《2009年重庆市初中毕业生升学体育考试工作方案》印发给你们，请认真遵照执行。

二〇〇九年二月五日

信息来源：重庆市教委

网址：http://www.cqjw.gov.cn/html/cqjwportal/yjtwy/2009-01-04/Detail_674.htm

主办单位：重庆市教委

2月16日

安徽省2009年初中毕业升学体育考试工作方案出台

为了全面贯彻党的教育方针，大力推进素质教育，不断提高学生体质健康水平，日前，省教育厅出台安徽省2009年初中毕业升学体育考试工作方案。

省教育厅指出，实施初中毕业升学体育考试，对于加强学校体育增强青少年体质具有积极导向作用，对于提高体育教学和体育活动质量，引导学生积极参加体育锻炼，培养体育精神和意志品质，养成科学锻炼身体的习惯具有重要意义。

据了解，凡报考安徽省普通高中、中等职业学校的初中毕业生，均须参加升学体育考试。考试以《体育与健康课程标准》运动技能领域(水平四)规定的相关内容和《国家学生体质健康标准》中身体素质和运动能力测试内容为基本内容。男女生各进行3个项目的考试，设必考项目和选考项目。男生的必考项目为1000米跑；女生的必考项目为800米跑。选考项目由各市教育局确定，并在考试前两个月向考生公布。选考项目应列出若干个，学生可从中选择一项或两项。

根据规定，体育考试成绩是初中学生毕业升学的依据。体育考试成绩应作为学生综合素质评价“运动与健康”维度的实证材料，毕业学业考试成绩以分数呈现并用于高中录取，体育考试成绩同时计入升学录取总分。

体育考试总分值应不低于30分。各单项成绩满分不低于10分，3个项目共计不低于30分。各单项成绩以0分为起点，不得设最低分。体育考试测试项目的评分，参照教育部、国家体育总局制定的《国家学生体质健康标准评分表》中初三年级的评分标准执行。

省教育厅强调，鼓励各地把体育考试成绩与体育课程教学相结合，与实施《国家学生体质健康标准》相结合，与学生日常锻炼过程相结合。但平时成绩应在考试分值30分以外单列，作为录取参考依据之一。

因肢残丧失运动能力的考生，可申请办理免考手续。经审核属实，批准同意免考的学生，按满分计入考试总分。因伤、病长期免修体育课，但未丧失运动能力而申请免考的学生，应有医院的详细证明，按免考程序申报审批。经审核属实，批准同意免考的学生，按体育总分的60%计分。因伤、病或意外事故等原因，暂不能参加身体素质测试的考生，可申请缓考。

附件：安徽省2009年初中毕业升学体育考试工作方案

一、指导思想

1. 实施初中毕业升学体育考试工作，是全面贯彻教育方针，落实健康第一的指导思想，大力推进素质教育，促进青少年学生健康成长的重要措施。

2. 实施初中毕业升学体育考试制度，是落实中央和省委文件精神，深入贯彻《学校体育工作条例》，进一步加强青少年体育、增强青少年体质，建立和完善符合素质教育要求的考试评价制度，推进学校体育工作科学化和规范化的重要手段。

3. 实施初中毕业升学体育考试，对于加强学校体育增强青少年体质具有积极导向作用，对于提高体育教学和体育活动质量，引导学生积极参加体育锻炼，培养体育精神和意志品质，养成科学锻炼身体的习惯具有重要意义。

4. 实施初中毕业升学体育考试，必须体现“公开、公平、公正”的原则，有利于鼓励学生积极参加体育锻炼，有利于学生行为习惯的养成和教师体育课堂教学效果的提高；逐步与实施《国家学生体质健康标准》相结合，有利于规范管理。

二、考试范围和对象

凡报考我省普通高中、中等职业学校的初中毕业生，均须参加升学体育考试。

三、考试内容和项目

1. 体育考试以《体育与健康课程标准》运动技能领域（水平四）规定的相关内容和《国家学生体质健康标准》中身体素质和运动能力测试内容为基本内容。

2. 男女生各进行3个项目的考试，设必考项目和选考项目。男生的必考项目为1000米跑；女生的必考项目为800米跑。选考项目由各市教育局确定，并在考试前两个月向考生公布。选考项目应列出若干个，学生可从中选择一项或两项。

四、考试的成绩与评定

1. 体育考试成绩是初中学生毕业升学的依据。体育考试成绩应作为学生综合素质评价“运动与健康”维度的实证材料，毕业学业考试成绩以分数呈现并用于高中录取，体育考试成绩同时计入升学录取总分。

2. 体育考试总分值应不低于30分。各单项成绩满分不低于10分，3个项目共计不低于30分。各单项成绩以0分为起点，不得设最低分。

3. 体育考试测试项目的评分，参照教育部、国家体育总局制定的《国家学生体质健康标准评分表》中初三年级的评分标准执行。

4. 鼓励各地把体育考试成绩与体育课程教学相结合，与实施《国家学生体质健康标准》相结合，与学生日常锻炼过程相结合。但平时成绩应在考试分值 30 分以外单列，作为录取参考依据之一。

五、免考与缓考

1. 因肢残丧失运动能力的考生，可申请办理免考手续。申请程序，由考生提出书面申请，填写《初中毕业生升学体育考试免考缓考申请表》，并详细注明原因，出示医院的有效证明，经家长、班主任、体育教师签字和学校审批后，报经当地教育行政部门审批，可予以免试。在审批免考考生时，必须有专人对考生进行目测，并由目测人签字，在学校公示后方能生效，并存入学生档案。经审核属实，批准同意免考的学生，按满分计入考试总分。

2. 因伤、病长期免修体育课，但未丧失运动能力而申请免考的学生，应有医院的详细证明，按免考程序申报审批。经审核属实，批准同意免考的学生，按体育总分的 60%计分。

3. 因伤、病或意外事故等原因，暂不能参加身体素质测试的考生，可申请缓考。参加缓考的学生，由当地体育考试领导机构规定时间(原则安排在第二周)集中组织补测。

六、考务工作要求

(一)组织领导

1. 明确体育考试工作的职责。初中毕业生升学体育考试工作实行省教育行政部门宏观管理，市、县(区)教育行政部门统一组织和具体实施的管理体制。

2. 加强体育考试的组织领导。市、县教育行政部门要成立由局领导为组长，体卫艺、基教、招生、纪检、监察等部门和考点学校主要负责人组成的体育考试工作领导机构，按照国家、省的有关体育考试工作的要求，制订考试工作实施方案，明确各部门的工作职责，体卫艺(基教)部门负责体育考试的组织和协调工作；招生部门负责体育考试成绩的录入和汇总；纪检、监察部门负责考试工作的纪律监察，查处违纪违规事件。

3. 为了保证体育考试的严肃性和权威性，各地要制定严格的考场纪律和考试工作规章制度，严肃考风考纪，对弄虚作假、舞弊等违纪现象要依法严肃处理。

(二)考试方式与考场设置

1. 体育考试由教育行政部门统一组织实施，现场集中测试，当场向考生公布成绩。

2. 全部考试项目必须在一个单元内(半天内)连续完成。因天气原因等特殊情况中断考试，不能在一个单元内考完三个项目的考生，经考务办公室批准，可在当天考完。如当天不能考完，已考项目成绩无效，考试时间另行安排。

3. 考试顺序：体育考试的必选项目(1000 米和 800 米)为最后进行的考试项目。

4. 考场设置应尽可能方便学生，利于安全。城区考场可集中或分片设置；农村考场的设置原则上不出乡镇；交通不便的山区，可采取设分考场和送考下乡等形式，以方便学生就近参加考试。

5. 考试期间，考场必须封闭。考场场地应在封闭的运动场上进行，器材必须达到合格和安全标准，考前要对场地器材的安全性和准确性进行检查。

(三)考务人员

针对体育考试规模大、考试开放程度高、组织工作复杂等特点，应选拔思想、业务素质较高的行政人员、教师和医务人员参加考试工作。每年考试前必须组织考务人员集中培训。

(四)安全问题

1. 各级教育行政部门和学校要把关心学生健康放在第一位，坚持做好学生常规的体质健康检查，要特别重视对学生心肺功能的检查，对经医生证明确不能参加剧烈体育运动的学生，坚决实行免考制度。

2. 各学校要针对学生的健康特点，组织进行适宜的体育锻炼。要建立学校与家庭联系制度、学生身体健康状况监测制度、体育教学与活动医务监督制度。采取切实措施，保证学生在教学、活动和考试中的安全。

3. 要加强对考务人员安全意识的教育，合理安全使用考试器材，杜绝因体育器材管理和使用不善而造成伤害事故的发生。各考场要设立医疗救护点，配备较齐全的医疗急救设备。应与当地医疗急救中心保持联系，准备专用救护车辆。制定应急预案，确保考试安全。

信息来源：安徽省教育厅

网址：http://zwgk.ahedu.gov.cn/XxgkWeb/showGKcontent.aspx? xxnr_id=1324

主办单位：安徽省教育厅

2月25日

湖南省关于进一步加强初中毕业升学体育考试完善中招制度的通知

各市州教育局：

为进一步贯彻落实《中共中央国务院关于加强青少年体育增强青少年体质的意见》(中发[2007]7号)提出的“全面组织实施初中毕业升学体育考试，并逐步加大体育成绩在学生综合素质评价和中考成绩中的分量”的精神，深化义务教育课程改革，促进中小学体育工作发展，现就进一步加强我省初中毕业升学体育考试工作有关事宜通知如下：

一、要进一步完善初中毕业升学体育考试制度

各级教育行政部门要进一步深化初中体育考试制度改革，完善初中毕业升学体育考试办法，坚持把体育考试纳入初中毕业学业考试，作为升学录取的依据。体育考试成绩纳入初中毕业学业成绩体系，并可以按照除语、数、外三科以外的其他学科成绩同等对待，具体分值由市州教育局根据各地实际确定。初中毕业升学体育考试成绩应当包括体育统一考试成绩和平时体育成绩(平时体育成绩由体育课成绩、平时体育锻炼考核成绩和《国家学生体质健康标准》测试成绩组成，比例由市州确定)，其中体育统一考试成绩占初中毕业升学体育考试成绩的比例应不低于80％。

二、要合理确定体育考试项目及成绩评定办法

初中毕业升学体育统一考试由必考项目、选考项目和学生自行选考项目三部分组成。各考试项目成绩根据《国家学生体质健康标准》初中三年级测定标准评定。

必考项目：长跑，男生1000米、女生800米。

选考项目：坐位体前屈、50米跑、立定跳远、实心球、引体向上(男)和仰卧起坐(女)。市州教育局每年选定一个考试项目，并于当年考试前两个月公布。选考项目原则上前后两年不重复。

学生自行选考项目：跳绳、排球垫球、足球运球、篮球运球。考生可从中自行选择一项考试。

初中毕业升学体育统一考试成绩由上述三项考试成绩组成，具体成绩评定办法由市州教育局确定。

平时体育考试、考核和测试按照《国家学生体质健康标准》、《初中体育与健康教学课程标准》等有关规定执行。

三、要认真处理学生体育考试的免考与缓考

因残疾或伤病而丧失运动能力或不能、不宜参加剧烈运动的学生，由其所在学校出具书面报告，经具有资质的伤残等级鉴定

机构或本地二级以上(含二级)医疗机构证明，报县(市、区)教育行政部门审批同意，可免予考试。经批准免考学生的成绩按满分的80%计入升学成绩，同时须将残疾或伤病证明和审批材料放入该生升学档案。

因临场伤病或生理原因等特殊情况不能参加体育统一考试的学生，由学生本人提出书面申请，经考点负责人签字同意，可予以缓考，缓考仅限一次。

四、要切实加强体育考试的组织领导与管理

各级教育行政部门要把初中毕业升学体育考试工作，特别是体育统一考试工作纳入中考中招范畴，成立体育统一考试工作领导小组，切实加强对初中毕业升学体育考试工作的组织领导。市(州)教育行政部门要统筹制订体育考试特别是体育统一考试工作方案，并组织县(市、区)教育行政部门实施。各学校要把初中毕业升学体育考试的工作列入学校的重要议事日程，成立以校长为组长的专门工作机构，明确学校相关职能部门和人员职责，严密考试组织工作。

各级教育行政部门及学校要高度重视体育考试，特别是体育统一考试的安全问题，提高安全防范意识，加强安全保障和医务措施，加强体育器材设施的安全管理，消除安全隐患，防止发生学生安全伤害事故。

各级教育行政部门要保证体育考试公正公平，坚决杜绝冒名顶替、弄虚作假、徇私舞弊等现象。要严格挑选组考人员，并采取科学手段，逐步普及智能化考试仪器设备，排除人为因素干扰。对违纪行为，要根据情节严肃处理。

请各市州教育局依据本《通知》精神制订本地区初中毕业升学体育考试实施方案，并认真组织实施。原《湖南省初中学生毕业生升学体育考试工作实施方案》(湘教体字[2002]8号)同时废止。

二〇〇九年二月二十五日

信息来源：体育卫生与艺术教育处

网址：http://gov.hnedu.cn/web/0/200903/03105950546.html

主办单位：湖南省教育厅

3月

3月1日

教育部关于印发《中小学体育工作督导评估指标体系(试行)》的通知

教督[2008]3号

各省、自治区、直辖市教育厅(教委)、人民政府教育督导室，新疆生产建设兵团教育局、教育督导室：

《中共中央国务院关于加强青少年体育增强青少年体质的意见》(中发[2007]7号)是新时期党中央国务院加强青少年体育工作的纲领性文件，对于全面贯彻教育方针，全面实施素质教育，具有重要意义。

根据中发[2007]7号文件提出的“各级政府和教育部门要加强对学校体育的督导检查，建立对学校体育的专项督导制度”的要求，我部在认真研究并广泛征求意见的基础上，制定了《中小学体育工作督导评估指标体系(试行)》(以下简称《指标体系》)。对中小学体育工作督导评估的重点是教育管理、条件保障、评价机制和学生体质状况四个方面。

各地要有计划、有步骤开展中小学体育工作督导评估。要根据《指标体系》，结合本地实际，制订中小学体育工作督导评估实施方案。坚持督政与督学相结合，坚持综合性督导和专项督导相结合。督导检查要严格程序，重在自查整改，提高督导评估的实效性。要落实限期整改、结果公报和问责奖惩等制度。督导结果要向社会公布，并作为考核领导干部政绩的重要内容和进行表彰奖励或责任追究的重要依据。国家教育督导团将根据情况，对各地中小学体育工作进行专项督导检查，并通报督导检查结果。

各地要及时研究解决督导检查中出现的新情况、新问题，认真总结经验，改进工作方法，不断提高督导水平。

附件：中小学体育工作督导评估指标体系(试行)

中华人民共和国教育部

二〇〇八年八月十二日

信息来源：宁夏回族自治区教育厅

网址：http://www.nxedu.gov.cn/newsInfo.aspx? pkId=15406

主办单位：宁夏回族自治区教育厅

3月4日

江西省关于认真做好2009年初中毕业生升学体育考试工作的通知

各设区市教育局：

为认真做好2009年初中毕业生升学体育考试工作，现将有关事项通知如下：

1. 请各地、各学校继续按照省教育厅《关于认真做好2008年初中毕业生升学体育考试工作的通知》(赣教体艺字[2008]4号)有关规定，认真做好中考体育的各项准备工作，加强领导，规范管理，严肃纪律，做好安全教育工作，积极排查安全隐患，确保今年的中考体育工作顺利进行。

2. 为确保体育考试公正、公平，考试方法应由人工测试逐步过渡到仪器测试。采用仪器对身体素质进行测试的单位，要加强对测试人员的业务培训，掌握正确的操作方法，切实做好测试数据的储存和备份工作，防止数据丢失。

3. 根据我省学生身体素质现状，经研究，决定对身体素质测试各项目分值进行调整(详见附件 1、附件 2)。

附件 1：2009 年初中毕业生升学体育考试(男生)项目评分表

附件 2：2009 年初中毕业生升学体育考试(女生)项目评分表

二〇〇九年二月二十七日

信息来源：江西省教育厅

网址：http://www.jxedu.gov.cn/zwgk/xbgfjy/xbtyjj/2009/03/35749.html

主办单位：江西省教育厅

3 月 4 日

关于确定 2009 年初中毕业生升学享受中考优惠政策体育竞赛项目的通知

各设区市教育局：

现将 2009 年初中毕业生在初中阶段参加省级体育竞赛，获得单项前五名或集体项目前三名的主力队员，享受有关中考优惠政策加分的体育竞赛项目下发给你们，请遵照执行。

一、省教育厅举办的体育竞赛项目(2006 年 9 月至 2009 年 5 月)

1. 江西省中学生田径比赛
2. 江西省中学生排球(含软式)比赛
3. 中国中学生足球联赛江西赛区比赛
4. 江西省中学生篮球比赛

二、省教育厅与省体育局联合举办的体育竞赛项目(2006 年 9 月至 2009 年 5 月)

1. 江西省少年田径比赛
2. 江西省少年儿童游泳比赛(9 岁以上组)
3. 江西省少年儿童乒乓球比赛
4. 江西省少年儿童羽毛球比赛
5. 江西省青少年儿童网球比赛
6. 江西省青少年跆拳道比赛(青少部)
7. 江西省青少年举重比赛
8. 江西省青少年国际式摔跤比赛

9. 江西省武术套路锦标赛
10. 江西省体育传统项目学校田径比赛
11. 江西省体育传统项目学校乒乓球比赛
12. 江西省体育传统项目学校羽毛球比赛
13. 江西省体育传统项目学校举重比赛
14. 江西省体育传统项目学校篮球比赛
15. 江西省体育传统项目学校足球比赛

(享受上述项目优惠加分的考生报名时须提供运动成绩证书、秩序册、成绩册等原件)

二〇〇九年二月二十七日

信息来源：江西省教育厅

网址：http://www.jxedu.gov.cn/zwgk/xbgfjy/xbtyjj/2009/03/35751.html

主办单位：江西省教育厅

3月4日

2009年湖南省大中学生武术比赛竞赛规程

一、竞赛名称

2009年湖南省大中学生武术比赛

二、主办单位

湖南省教育厅

三、执行机构

湖南省学生体育协会

四、承办单位

永州市教育局

五、赛点单位

永州市第八中学

六、比赛时间及地点

2009年4月27—29日在永州市第八中学举行。

七、参赛单位

(一)各普通高等学校；

(二)参加了2008年各市州武术比赛的普通高级中学(含职高)。如市州未举行该项目比赛的，报名时须由市州教育行政部门开具说明，方可报名参赛。

八、竞赛分组

比赛共分4个组别：

(一)普通高等学校本科组；

(二)普通高等学校专科、高职组；

(三)普通高等学校体育专业组；

(四)普通高级中学(含职高)组。

九、竞赛项目

(一)男子、女子拳术类项目：长拳、南拳、太极拳；

(二)男子、女子短器械类项目(不含太极类)：刀术、剑术；

(三)男子、女子长器械类项目(不含太极类)：枪术、棍术；

(四)男子、女子对练项目。

十、参加办法

(一)以学校为单位组队报名参加。中学组各市州报名参加学校数不限，每校限报1队；有体育专业院系的高校可报2队(其中一组应是体育专业组，体育专业学生不得参入其他组别)。每队报领队(高校各组为体育部院系领导，中学组为校领导)1人，教练员2人，可报男、女运动员各4人。

(二)每一名运动员可选报拳术、短器械、长器械、对练类项目中的3个单项，所有单项每队限报男、女各2人，对练限报男、女各1对。

(三)各组别报名参赛少于3队(含3队)，则取消该组别比赛。

(四)各组别各单项报名参赛少于3人或3对(含3人、3对)，则取消该单项比赛，已报名运动员可在报名会上改项。

十一、运动员参赛条件

(一)参赛运动员必须是思想进步，作风正派，文化课考试成绩合格的在籍、在校、在读学生；

(二)中学生参赛运动员必须是1990年1月1日以后出生者；

(三)参赛运动员必须是在湖南省学生体育协会注册的运动员。凡未注册的学生运动员应在3月18日前到省学生体育协会秘书处注册(地址：长沙市教育街39号湖南省教育厅西院6栋101室，联系电话：0731-4436269、2255412)，注册要求及所需材料按《湖南省学生运动员注册管理办法(试行)》执行；

(四)参赛运动员必须是经县级以上医院体检，证明其身体健康者。

十二、资格审查

(一)按《湖南省学生体育竞赛活动纪律与处罚规定(试行)》执行；

(二)凡对运动员资格有疑议提出申诉者，须向赛会运动员资格审查机构提交由领队签名的申诉书，并同时交纳申诉费1000元方可受理，胜诉则申诉费如数退还。

十三、竞赛办法

经抽签后，排定各单项比赛运动员上场顺序。本次比赛采用国家体育总局武术管理中心制定的最新《武术竞赛规则》并执行以下规定：

（一）运动员选报A级难度（平衡、腿法、跳跃和跌扑类）最多选报3种不同类别的5个A级难度动作。

（二）选报不同等级的同一种技术类型的动作难度和动作难度加连接难度不得超过两次，超出规定者，按前两次计算难度分数。

（三）比赛服装要体现出项目的特点、运动特色；器械不做规定要求；各比赛项目均不配音乐。

（四）套路比赛中主要动作内容和一般动作内容不作规定要求。

（五）各参赛队须电脑打印自选套路难度表（注明难度分值）一式二份（见附表），在本次比赛报名会上交。

十四、名次录取与奖励

（一）录取名次

1. 普通高级中学组各单项分别录取男、女前6名，不足6人（含6人）则按实际参赛人数减1录取；

2. 普通高等学校各单项分别录取各组别男、女前8名，不足8人（含8人）则按实际参赛人数减1录取；

3. 按成绩分别录取各组别团体总分前8名队。不足8队（含8队）则按实际参赛队数减1录取；

4. 团体总分成绩的计算办法，以各队运动员在各单项比赛中所得名次，分别按7、5、4、3、2、1分相加，得分多的队名次列前。如得分相等，则以获得第一名多者列前，依此类推。只有某一性别运动员报名参赛的队不计算团体总分。

（二）奖励

1. 对获得各组别团体总分前8名的运动队分别颁发奖杯；

2. 对获各组别各单项男、女前3名的运动员颁发奖牌，普通高级中学组前6名和普通高等学校前8名的运动员颁发成绩证书。

十五、体育道德风尚奖

评选奖励“体育道德风尚奖”运动队、运动员、教练员和裁判员，具体的评选办法另发。

十六、报名时间与办法

（一）定于2009年3月24日（星期二）在永州市第八中学（永州市人民政府斜对面，永州市火车站乘20路公共汽车直达永州市第八中学站下）召开报名会，会期一天。各参赛队领队或教练员1人参加。报名会上各参赛队须交验下列材料：

1. 运动员参赛项目报名表(必须使用本规程统一表样，用电脑打印，否则不予受理报名)

2. 武术自选套路难度登记及评分表(必须使用本规程统一表样，用电脑打印，否则不予受理报名)；

3. 2008 年市州武术比赛秩序册和成绩册(中学组)；

4. 各参赛运动员的“湖南省大中学生运动员注册卡”(IC 卡)；

5. 各参赛运动员的“中华人民共和国第二代居民身份证”；

6. 参赛运动员近期 1 寸免冠同底彩色照片 5 张，领队、教练员各 1 张；

7. 参赛费：每参赛单位人民币 2000 元。

(二)定于 2009 年 3 月 24 日上午 9—12 点，在永州市第八中学办理报名手续；下午 2 点召开报名会议。

(三)一经报名，无论任何理由不得更换运动员。

(四)参加报名会人员差旅、食宿费自理。

(五)报名会不另发通知。

(六)报名会联系人：周铭华 13973164310

艾 丽 0746-8368642 13469376066

十七、报到与须知

(一)仲裁委员、裁判员于赛前三天报到；各运动队于赛前两天报到。

(二)各运动队报到时交验下列材料后方可领取参赛证：

1. 交验“湖南省大中学生运动员注册 IC 卡”和“中华人民共和国第二代居民身份证”；

2. 交验全体参赛人员保险单据(复印件存档)；

3. 交纳参赛“抵押保证金”人民币 4000 元。对在比赛期间未违反《湖南省学生体育竞赛活动纪律与处罚规定(试行)》和赛会纪律规定以及运动员参赛资格等问题的运动队，其所交纳的“抵押保证金”赛后将如数退回。

十八、仲裁委员、裁判员的选派与管理

(一) 仲裁委员、裁判长和骨干裁判员由省学生体育协会聘请，辅助裁判员及工作人员由承办单位选派。

(二) 对裁判员的管理执行《湖南省学生体育竞赛活动裁判员管理工作办法(试行)》。

十九、经费

(一)各参赛队人员住宿、伙食费自理，由赛会承办单位推荐食宿地点，各参赛学校自行选择。

(二)赛会官员、仲裁委员、裁判长和骨干裁判员的食宿费及往返赛区交通费由赛会负担。

二十、其他

(一)各参赛单位必须于比赛报名时交验全体参赛人员保险单据，否则不得参赛；对所有参赛人员在赛会期间及往返赛区途中发生的“人身意外伤害事故”赛会不承担责任。

(二)各参赛单位自备 6×9 尺队旗 1 面，颜色不限。

(三)运动员参赛服装及器具由各队统一自备，必须符合武术竞赛规则规定的要求。

(四)各运动队涉及赛会的商务活动必须赛前报省学生体育协会，经商议后方可实施。

二十一、未尽事宜另行通知。

二十二、本规程解释权属省学生体育协会。

附表：1. 2009 年湖南省大中学生武术比赛运动员参赛项目报名表

2. 2009 年湖南省大中学生武术比赛武术自选套路难度登记及评分表

3. 2009 年湖南省大中学生武术比赛照片粘贴纸

信息来源：体育卫生与艺术教育处

网址：http://gov.hnedu.cn/web/0/200903/04164416187.html

主办单位：湖南省教育厅

3 月 5 日

湖南省关于各市州教育局上报 2008—2009 年中学生体育运动会名目表及相关材料的函

各市州教育局体卫艺科：

为研究制定我省 2009 年普通高校招生体育竞赛优胜者加分的有关政策，请各市州教育局体卫艺科认真填写 2008－2009 年(2008 年 6 月至 2009 年 5 月)市州级中学生体育运动会名目表，并将本地区举办的市州级中学生体育运动会比赛发文、秩序册、成绩册一起于 3 月 20 日前报送我处(尚未举办的比赛先填写运动会名目表)。

附件：2008－2009 年市州级中学生体育运动会名目表

体育卫生与艺术教育处

二〇〇九年三月五日

信息来源：体育卫生与艺术教育处

网址：http://gov.hnedu.cn/web/0/200903/06082208781.html

主办单位：湖南省教育厅

3月13日

关于学习贯彻《中共天津市委天津市人民政府关于加强青少年体育增强青少年体质的实施意见》的通知

各区县教育局、高等院校、中职学校，市教委直属中小学，企事业办学单位：

今年1月14日，中共天津市委、天津市人民政府印发了《关于加强青少年体育增强青少年体质的实施意见》(津党发[2009]1号，以下简称《实施意见》)，充分体现了市委市政府对青少年体质健康的高度重视和关怀。为深入贯彻落实市委文件精神，现将有关通知如下：

一、各级教育行政部门、学校和全体教育工作者要立即组织认真学习《实施意见》，要深刻领会文件的精神实质，充分认识加强青少年体育卫生工作是提高学生健康素质，促进青少年学生全面发展的必然要求。各级教育行政部门及各级各类学校，把学校体育卫生工作作为全面推进素质教育的重要突破口和主要方面，采取有力措施，切实加强学校体育卫生工作。

二、各区县教育局和学校要按照《实施意见》要求，结合学校体育卫生实际情况制订切实可行和具有可操作性的实施方案与具体措施。要广泛开展阳光体育运动，掀起群众性体育锻炼的热潮；要统筹安排教学与活动时间，切实保证每天锻炼一小时；要切实加强体育卫生队伍建设，并作为当前教师队伍建设重点来抓；要建立有利于学校体育卫生工作的考核评价机制，促使学校体育卫生工作开展；要加大督导检查力度，确保《实施意见》各项要求和措施的落实。

三、各级各类学校要建立和完善由一把手总负责、相关部门负责人参加的学校体育卫生工作领导小组，把学校体育卫生工作纳入学校教育教学总体规划。要认真对照《实施意见》以及相关文件，查找主要工作差距，并制订出切实可行的整改落实方案。要切实解决当前影响青少年健康成长的突出问题，要努力改善体育卫生设施条件，加强疾病防控工作，为青少年学生参加体育锻炼创造必要条件，努力提高学生健康素质。

四、各区县政府要成立加强青少年体育联席会议制度，定期研究学校体育卫生工作。教育部门和学校要主动联系体育、卫生、发展改革、财政、共青团等部门和组织进行沟通，积极争取相关部门和组织的支持和配合，共同研究制定落实《实施意见》提出的各项政策的具体意见。

五、加大学校体育工作的宣传力度，营造有利于学校实施素质教育、加强体育工作的氛围，迅速掀起宣传《实施意见》的高潮。要制订详细的宣传计划，大力宣传健康第一的思想，要注意宣传和普及科学健身、科学用眼、科学营养等科普知识，为青少年参加体育锻炼、建立文明健康的生活方式提供科学指导。要主动争取家长的支持和配合，形成全社会共同关心支持青少年体育的合力。

二〇〇九年二月六日

信息来源：教育部体卫艺司

网址：http://www.tjmec.gov.cn/show.jsp?informationid=200903131007320632&classid=200801162139518592

主办单位：天津市教育委员会

3月13日

关于举行2009年四川省中学生田径锦标赛的通知

各市(州)教育局、学生体协：

经四川省教育厅、四川省体育局批准，2009年四川省中学生田径锦标赛拟定于2009年4月在成都市举行。比赛由四川省学生体育艺术协会、四川省田径协会主办，成都市教育局、体育局承办，四川省华阳中学、昆山多威体育用品有限公司协办。现将本次比赛《竞赛规程》印发给你们，请各市(州)教育局指派专人负责本地学校(参赛学校名单附后)的报名参赛及协助我协会做好运动员的资格审查工作，请各参赛学校按《竞赛规程》规定，做好报名参赛及所有参赛运动员的注册登记工作。

2009年省中学生田径锦标赛参赛学校：

中超组：成都十二中学、成都二十中学、成都十八中学、双流中学、华阳中学、富顺二中、绵阳普明中学、隆昌一中、泸县二中、眉山一中、达州一中、南充高级中学、邻水中学、攀枝花三中、泸州高中、遂宁中学。

中甲组：成都列五中学、通江中学、阆中中学、仁寿一中、简阳中学、茂县中学、华西中学、绵阳中学、棠湖中学、德阳五中、成都玉林中学、犍为一中、蜀光中学、崇庆中学、南充一中、西昌一中。

中乙组：攀枝花七中、西昌铁路中学、资阳中学、南充白塔中学、宜宾县二中、绵竹中学、绵竹南轩中学、宜宾三中、苍溪中学、雅安中学、内江市翔龙中学、兴文二中、宜宾一中、乐山一中、安岳实验中学、射洪中学、雅安二中、成都华兴外国语实验学校、温江中学、南充十中、南溪一中。

附件：1. 2009年四川省中学生田径比赛竞赛规程

2. 2009年四川省中学生田径比赛竞赛日程

四川省学生体育艺术协会

二〇〇九年三月十日

信息来源：学生体育艺术协会

网址：http://www.scedu.net/structure/twygf/xieh/nr?infid=20

主办单位：四川省教育厅

3月13日

关于举办四川省第九届中小学生羽毛球比赛的通知

各市(州)教育局、学生体协：

为认真贯彻落实《中共中央国务院关于加强青少年体育增强青少年体质的意见》精神，大力推动学生体育竞赛和阳光体育运动的开展，经四川省教育厅、四川省体育局批准，四川省学生体育艺术协会、四川省羽毛球协会，拟于2009年4月举办四川省第九届中小学生羽毛球比赛。

请你们接本通知后，及时通知有关学校并指导参赛学校做好准备工作，确保本次比赛的安全、有序。

附件一：四川省第九届中小学生羽毛球比赛竞赛规程

附件二：四川省第九届中小学生羽毛球比赛报名表

附件三：全国中学生运动员首次注册登记表

四川省学生体育艺术协会

二〇〇九年三月十日

信息来源：学生体育艺术协会

网址：http://www.scedu.net/structure/twygf/xieh/nr?infid=21

主办单位：四川省教育厅

3月20日

关于2009年上海市初中毕业升学体育考试有关补充事项的通知

为做好2009年上海市初中毕业升学体育考试工作，市教委印发了《2009年上海市初中毕业升学体育考试工作实施方案》(简称《实施方案》)。目前，各区县根据《实施方案》并结合本区县实际制定了具体实施办法，各项准备工作顺利推进。为保证下阶段日常考核评价工作和统一考试工作的规范、平稳实施，现就有关事项作补充通知。

各区县教育局、浦东新区社会发展局：

为贯彻落实《中共中央国务院关于加强青少年体育增强青少年体质的意见》，做好2009年上海市初中毕业升学体育考试工作，市教委印发了《2009年上海市初中毕业升学体育考试工作实施方案》(以下简称《实施方案》)。目前，各区县根据《实施方案》并结合本区县实际制定了具体实施办法，各项准备工作顺利推进。为保证下阶段日常考核评价工作和统一考试工作的规范、平稳实施，现就有关事项补充通知如下：

一、各区县教育行政部门和学校要认真落实《实施方案》的要求和评定标准，组织好日常考核和统一考试工作。各区县要组织力量对学校日常考核工作进行指导和督查，防止校际之间的明显不平衡，确保日常考核工作的公平、公正、规范、平稳进行；要周密、细致地组织好区县集中测试，联合体育、卫生和公安部门，成立工作小组，做好各项应急预案，认真落实集中测试各阶段的安全保障和服务保障。

二、根据《实施方案》的规定，耐力项目(男1000米跑、女800米跑)为统一体育考试的必测项目。对于个别因伤、因病等特殊情况确实不能参加耐力项目测试的学生，允许其申报后在定量或定性项目中另选1个项目(不得与原选定量或定性类项目重复)替换耐力项目参加测试，其得分认定以另选项目得分(最高分值为3分)的50%折算，即最高得分为1.5分。

三、为保证2009年本市初中毕业升学体育考试工作的质量，市教委将组织专家督察组赴各区县对区县及学校的日常考核和统一考试工作进行检查，具体时间另行通知。

四、为进一步完善本市初中毕业升学体育考试制度，2009年初中毕业升学体育考试各项工作结束后，请各区县教育行政部门将本区县开展工作的情况及相关意见、建议以书面形式报市教委体育卫生艺术科普处。

上海市教育委员会

二○○九年三月十八日

信息来源：上海市教育委员会

网址：http://www.shmec.gov.cn/html/xxgk/200903/420052009005.php

主办单位：上海市教育委员会

3月21日

关于开展第二届全国亿万学生阳光体育冬季长跑活动的通知

教体艺[2008]10号

各省、自治区、直辖市教育厅(教委)、体育局、团委，新疆生产建设兵团教育局、体育局、团委：

为全面贯彻落实《中共中央国务院关于加强青少年体育增强

青少年体质的意见》(中发[2007]7号)精神，动员广大青少年学生积极参加体育锻炼，以健康的体魄迎接新中国成立60周年，实现党中央、国务院提出的通过5年左右的时间使学生体质健康水平明显提高的工作目标，教育部、国家体育总局、共青团中央共同决定，继去年首届“全国亿万学生阳光体育冬季长跑活动”之后，于2008年10月26日至2009年4月30日开展第二届全国亿万学生阳光体育冬季长跑活动(以下简称冬季长跑活动)，主题为“阳光体育与祖国同行”。现将活动有关事宜通知如下：

一、冬季长跑活动是贯彻落实中央7号文件精神、开展阳光体育运动、提高学生体质健康水平特别是耐力素质水平的有效手段，长跑活动在我国具有较好的群众基础，锻炼效果好，不受太多条件限制，简便易行。各级教育、体育行政部门和共青团组织要予以充分重视，认真组织实施。各级教育行政部门要将冬季长跑活动纳入工作计划，广泛发动、认真组织、具体指导，尽最大可能提高冬季长跑活动在本地区学校开展的普及率；各级体育行政部门要加强对冬季长跑活动的技术指导，推荐优秀运动员参与长跑活动和起跑仪式，发挥他们的榜样示范作用，同时，对本地区开展冬季长跑活动情况进行督促和检查；各级共青团组织要充分发挥组织优势，动员广大共青团员和少先队员广泛参与，结合团、队日设计开展与长跑活动相关的主题教育活动，积极采写活动简报，大力营造浓郁的活动氛围。

二、各级各类学校是开展冬季长跑活动的主体，要把冬季长跑活动纳入日常教育教学计划之中，将冬季长跑活动与体育课、早操、大课间体育活动和课外体育活动有机结合，制订操作性强的实施方案。中小学校以班级为单位每天组织学生进行跑步运动，充分发挥体育教师和班主任的作用，组织、指导并带动广大学生积极参加冬季长跑活动。

学校在组织学生长跑活动中，要注意学生安全，特别是不要在有机动车行驶的公路上组织学生长跑，避免发生交通安全事故。

三、为推动冬季长跑活动持续、有效地开展，教育部、国家体育总局、共青团中央将对在冬季长跑活动中表现突出的省、地、县级单位进行表彰。地方教育、体育行政部门和共青团组织要建立必要的激励机制，对活动开展好的各级各类学校予以表彰，积极推动本地区长跑活动的开展；学校要对冬季长跑活动中的先进单位、班级、学生和教师予以表彰。

四、要认真组织好全国及各地冬季长跑活动起跑仪式，积极做好宣传、报导工作，营造良好的活动氛围，促进全社会关注和支持冬季长跑活动。全国亿万学生阳光体育运动领导小组办公室将组织中央有关媒体开辟宣传专栏，对各地冬季长跑活动情况予以跟踪报道，同时，联合有关网站推出以学校、班级为单位的网上宣传教育活动。

附件：第二届全国亿万学生阳光体育冬季长跑活动方案

教育部 国家体育总局 共青团中央

二〇〇八年九月二十二日

附件：第二届全国亿万学生阳光体育冬季长跑活动方案

一、指导思想

全面贯彻落实《中共中央国务院关于加强青少年体育增强青少年体质的意见》精神，广泛开展全国亿万学生阳光体育运动，用强身健体的实际行动迎接新中国成立 60 周年，通过开展冬季长跑活动，磨炼青少年学生的意志品质，培养良好的锻炼习惯，有效提高学生体质特别是耐力素质水平，进一步掀起阳光体育运动的新高潮。

二、活动主题

阳光体育与祖国同行

三、参加对象

全国各级各类学校学生（小学为五年级、六年级学生）

四、活动时间

2008 年 10 月 26 日至 2009 年 4 月 30 日

五、活动内容

2008 年 10 月 26 日，在北京举行第二届全国亿万学生阳光体育冬季长跑活动起跑仪式，各省（区、市）在同一天举行省级起跑仪式，各学校在 10 月 27 日利用课外体育活动时间举行校级起跑仪式。

每天长跑距离（参考）基数为：小学生 1000 米，初中生 1500 米，高中生、高校学生 2000 米。中小学校在法定工作日每天以班级为单位组织学生完成跑步里程，节假日和寒假期间学校应要求学生自觉坚持长跑并做好记录。学校各单位、班级要做好每日长跑活动情况记录，在冬季长跑活动结束时，统计每个学生冬季长跑的总里程。

冬季长跑总里程以 60 公里为基数，象征新中国成立 60 周年。小学生为 120 公里，初中生为 180 公里，高中生、高校学生为 240 公里。

六、评选与表彰

第二届全国亿万学生阳光体育冬季长跑活动将评选“优秀组

织单位”奖，对长跑活动开展好的省、地、县级政府单位进行表彰。

省级单位优秀组织奖的评选，由教育部、国家体育总局和共青团中央依据评选条件并结合各地工作情况组织评选，地、县级单位优秀组织奖，由各省(区、市)教育、体育行政部门和共青团组织共同组织推荐，每省(区、市)推荐的名额为本地区地、县级单位总数的20%。各地教育、体育行政部门和共青团组织应组织对长跑活动开展好的学校进行评选和表彰。各级各类学校要对冬季长跑活动中表现突出的优秀单位、班级、学生和教师进行表彰，对学生的表彰应记入中小学生成长记录、素质报告书或档案。

各地于2009年5月30日前将地、县级优秀组织单位推荐名单和推荐意见，报全国亿万学生阳光体育运动领导小组办公室。

七、优秀组织单位评选条件

1. 冬季长跑活动组织机构健全，实施方案完整，措施具体，对基层活动支持、指导有力，阶段性检查工作制度健全、有效，及时报送活动简报和工作总结；

2. 认真组织起跑仪式并开展冬季长跑的宣传教育活动，起跑仪式有特色，影响面广，宣传教育活动有创意，参与范围广；

3. 教育、体育行政部门和共青团组织相互配合、协调，共同组织本地区冬季长跑活动，学校冬季长跑普及率高，学生普遍完成长跑里程，锻炼效果显著；

4. 本地区学校在冬季长跑活动网站上注册数量较多，参加网站的交流活动积极；

5. 活动期间未发生任何安全事故。

优秀学校和学校优秀单位、班级、学生和教师的评选条件由各地自行制订。

八、宣传报道

主办单位在中央有关媒体开设冬季长跑活动报道专栏，在搜狐网设立活动专题网站(sunnysports. sohu. com)，宣传、报道长跑活动情况，统计、发布各地区学校参与数、学生参与数、跑步公里数、长跑日记评比等开展活动的相关信息。各学校应积极进行网上注册并参加网站各种活动，活动内容和参与办法详见网站发布信息。

九、组织机构

第二届全国亿万学生阳光体育冬季长跑活动由全国亿万学生阳光体育运动领导小组领导，全国亿万学生阳光体育运动领导小组办公室具体组织协调。各地应成立由教育、体育行政部门和共青团组织共同参与的冬季长跑活动组织领导机构，各级各类学校也要建立相应机构并由一名校领导具体负责。

全国亿万学生阳光体育运动领导小组办公室秘书处设在团中央所属新时代青少年体质健康促进中心，地址：北京市东城区东直门南大街9号华普花园C座605室，邮编：100007，联系人：陈智勇，电话：010-51288227，传真：010-84098849

信息来源：宁夏回族自治区教育厅

网址：http://www.nxedu.gov.cn/newsInfo.aspx?pkId=15405

主办单位：宁夏回族自治区教育厅

3月24日

关于印发《天津市初中年级体育课与学生体质健康标准评价和考核规定》的通知

各区县教育局，开发区文教局、有关办学单位，各直属学校：

为全面贯彻落实《中共中央国务院关于加强青少年体育增强青少年体质的意见》(中发[2007]7号)和《中共天津市委天津市人民政府关于加强青少年体育增强青少年体质的实施意见》(津党发[2009]1号)文件精神，积极稳妥推动我市初中毕业生升学体育考试改革，不断完善和规范初中体育课和学生体质健康标准考核内容和评价方法，现将拟定的《天津市初中年级体育课与学生体质健康标准评价和考核规定》(以下简称《规定》)印发给你们，望认真遵照执行，并将有关事项通知如下：

一、要充分认识体育课程是学校学科教育中的重要组成部分，是学生学习体育基础知识、掌握体育基本技能的重要途径，是学校体育工作的中心环节。各区县教育行政部门要严格按《规定》办事，各学校要保证体育课时的落实，保证教育教学质量，积极推进课程改革，不断提高体育课程教学的整体水平。

二、《规定》是评价检验学生全面健康发展的重要指标，是积极探索符合素质教育要求的体育考试评价制度。科学设置升学体育考试科目及其内容和方法，是努力构建学生多元评价体系和长效机制的一次有益实践。

三、积极参与、勇于实践，为丰富和完善《规定》贡献力量。《规定》以坚持升学体育考试制度和实施《国家学生体质健康标准》有机结合，坚持学校体育工作制度建设的规范过程管理和标准化评价有机结合为特点，以人为本、从实际出发，合理设置、动态提升全市初中学生体质健康的统测内容和标准，为建立科学、客观的多元评价机制奠定良好基础。各区县教育局和各学校要积极参与、勇于实践，并为进一步丰富和完善《规定》贡献力量。

四、不断建立、健全领导贯彻工作机制。市、区县两级教育行政部门要加强对学校体育与健康课程和实施学生体质健康标准及阳光体育运动的督导与检查。对不执行《规定》要求的学校发现后给予及时纠正，对个别违规、违纪的学校要给予通报批评，对个别教师取消教师资格。同时，保证平时体育成绩考评的公平、准确、透明。

每年 12 月底前各区县教育局要及时把体育课程考核和国家学生体质健康标准达标考核结果(按体育升学评分要求)报市教委体卫艺处。

附件：

1. 天津市初中(七至九)年级体育课程内容及成绩考核规定

2. 天津市初中(七至九)年级《学生体质健康标准》测试评价规定(试行)

二〇〇九年二月十三日

信息来源：教育部体卫艺司

网址：http://www.tjmec.gov.cn/show.jsp? informationid=200903240834396941&classid=200801162139518592

主办单位：天津市教育委员会

3 月 27 日

福建省教育厅福建省体育局关于印发福建省第八届中学生运动会篮球竞赛规程的通知

各设区市教育局、体育局：

根据《福建省教育厅福建省体育局关于印发福建省第八届中学生运动会竞赛规则总则的通知》(闽教体[2009]6 号)，经研究，定于 4 月中旬在莆田市举办福建省第八届中运会篮球竞赛，现将规程印发给你们，请遵照执行。

福建省教育厅　福建省体育局

二〇〇九年三月二十四日

福建省第八届中学生运动会篮球竞赛规程

一、主办单位：福建省教育厅、福建省体育局

二、承办单位：莆田市教育局、莆田市体育局

协办单位：莆田第一中学

三、参加单位：福州、厦门、泉州、宁德、龙岩、三明、南平、漳州、莆田等市

四、报到、比赛时间、地点

报到时间：4 月 11 日(地点另行通知)

比赛时间：4 月 12 日至 4 月 16 日

比赛地点：福建省莆田第一中学

五、比赛办法

1. 参赛队每队可报队员 12 人、领队 1 人、教练 2 人(全队不得超 15 人)

2. 凡参加比赛的运动员必须携带本人第二代身份证原件、学生证。

3. 凡参加比赛的运动队，报名后队员均不得更改和增补。

六、报名日期、办法：

(一)报名日期

各单位必须于 3 月 31 日前将一式两份报名表寄福建省教育厅体卫艺教处(用特快专递)，同时将电子报名表发至莆田第一中学吴继清老师的电子邮箱 wjq8387@163. com，逾期报名(以当地邮戳为准)，一律不得参加比赛。

(二)报名办法

1. 各参赛运动队(员)必须填报表 1《运动员资格审查表》、表 2《男子篮球报名表》，按照规定要求认真填写(必须使用电脑打印，不得有缺填栏目)。

2. 报名人数及参赛人数

篮球队每队限报领队 1 人，教练员 2 人，运动员 14 人(到赛区仅限 12 名运动员)。

七、运动员参赛条件

(一)运动员必须是思想进步，作风正派，文化课考试成绩合格，具有正式学籍的普通中学在校学生。经医院检查证明身体健康，每个运动员必须办理人身意外伤害保险。

(二)已正式调入体工队、职业俱乐部队的运动员不得参加比赛。

(三)运动员年龄规定：必须是 1990 年 1 月 1 日以后出生，违反以上规定不得参加比赛。

八、资格审查

1. 为了端正赛风，突出教育特色，以育人为宗旨的指导思想，各地教育行政部门须对报名参赛的运动员资格认真进行审查，按照本规程的规定，严格把关，杜绝弄虚作假、冒名顶替的行为发生。

2. 本届省中学生篮球比赛设“纪律、资格监察委员会”，负责参赛运动员的纪律和资格审查工作。“纪律、资格监察委员会”的处理决定为最终处理意见。

3. 对冒名顶替参加比赛的运动员，取消全队比赛成绩和名次，并通报全省。

九、比赛办法

比赛采用集中赛会制，预赛分为两个阶段进行。

第一阶段：小组单循环赛。

将所有参赛队分为 A、B 两个小组进行单循环赛，并分别排出两个小组的名次。

第二阶段：交叉淘汰赛。

第一阶段获得小组前两名的参赛队进行交叉淘汰赛决出前 4 名，两个小组的第三名决出 5、6 名，两个小组的第 4 名决出 7、8 名，第一组的第 5 名为第 9 名。

(一)关于篮球竞赛办法及特殊规定

1. 比赛执行中国篮球协会审定的最新《篮球规则》；

2. 采用 4×10 分钟的比赛方式，其中第 1、第 2 节和第 3、第 4 节中间休息 2 分钟，第 2、第 3 节中间休息 10 分钟；

3. 男子篮球采用 7 号比赛用球，女子篮球采用 6 号比赛用球。

(二)关于分组办法

球队经抽签落位。见下表：

组别 位序号	A 第一组	B 第二组
1 号位	经抽签	经抽签
2 号位	经抽签	经抽签
3 号位	经抽签	经抽签
4 号位	经抽签	经抽签
5 号位	经抽签	

十、奖励办法

(一)获得男女团体前 6 名的发给奖杯，前 6 名得分按 9、7、6、5、4、3 计，然后乘 3 倍计入中运会总分，7～9 名的发给优胜奖杯，七名主力队员发给证书。

(二)本次比赛设男女组体育道德风尚奖各三名。

十一、关于参赛经费、运动员保险及证件问题

(一)各代表队报到时，每人每天向赛会交纳食宿费人民币 60 元，其他经费由主办单位负责。

(二)各参赛队运动员报到时，须交验本人学生证、第二代居民身份证、“人身意外伤害保险”单据(含往返赛区途中及比赛期

间)、上述证件必须为原件，证件不齐或不符者不得参加比赛。

十二、其他事宜：

(一)技术会议定于 4 月 11 日晚 7：30 召开。

(二)未尽事宜，另行通知。

(三)本规程解释权属福建省教育厅、福建省体育局。

附表：

1. 福建省中学生运动会运动员资格审查表

2. 福建省中学生运动会男子篮球报名表

表 1：福建省中学生运动会运动员资格审查表

所在市：

运动员姓名		性别		民族		照片
所在学校		年级		运动等级		
出生年月日		身高		体重		
身份证号码		学生证号码				

表 2：篮球报名表(男子组)

福建省中学生运动会男子篮球报名表

报名单位： (盖章) 领队： 教练员：

序号	号码	姓名	场上位置	身高(米)	体重 kg	运动员所在中学
1						
2						
3						
4						
5						
6						
7						
8						
9						
10						
11						
12						
13						
14						

填报人： 联系电话：

信息来源：福建省教育厅

网址：http://www.fjedu.gov.cn/html/2009/03/266095_45818.html

主办单位：福建省教育厅

4月

4月7日

关于下发2009年江西省中学生各项目体育竞赛规程的通知

各设区市教育局：

根据省教育厅《关于印发2009年江西省学生体育竞赛总规程的通知》(赣教体艺字[2009]11号)要求，2009年我省将举行中学生田径、篮球、排球、足球、乒乓球、健美操、体育舞蹈七项比赛，由我会下发各项目竞赛规程，经商省体育局有关部门，现将上述项目竞赛规程印发给你们。请按照有关要求，认真做好组织报名，以及参赛工作。

附件：

1. 2009年江西省中学生田径比赛竞赛规程
2. 2009年江西省中学生篮球比赛竞赛规程
3. 2009年江西省中学生排球比赛竞赛规程
4. 2009年江西省中学生足球比赛竞赛规程
5. 2009年江西省中学生乒乓球比赛竞赛规程
6. 2009年江西省学生健美操新套路比赛竞赛规程(比赛时间：2009年12月上旬，规程另发)
7. 2009年江西省学生体育舞蹈比赛竞赛规程

文件下载：(附件1至附件7)

江西省学生体育协会

二○○九年三月三十一日

信息来源：江西省学生体育协会

网址：http://www.jxedu.gov.cn/zwgk/xbgfjy/xbtyjj/2009/04/36524.html

主办单位：江西省教育厅

4月9日

湖南中学生体育代表团参赛运动员注册与初报名须知

一、注册

凡有第十届全国中运会湖南体育代表团运动员的学校，须在2009年4月17日前完成本校学生在教育部学生体育协会的网络注册工作。

注册流程：登录教育部学生体育协会联合秘书处网站(www.

sports.edu.cn)注册中心或直接登录学校体育竞赛注册管理系统(教育网：202.205.109.196 网通/电信：211.151.94.148)进行运动员网上注册，经省教育厅(省学生体育协会)网上审核通过后，由教育部学生体育协会联合秘书处注册负责人员审批并发放注册卡。注册时须按要求填写运动员信息、注册年限、上传运动员照片、身份证、学生证扫描件等。按照规定对每一名运动员收取注册费 20 元/年(流程详见《全国学生运动员注册管理规定》和《运动员注册流程图》)。

二、报名

请各项目代表队牵头学校于 2009 年 5 月 15 日前将以下材料报省教育厅体卫艺处：

1. 报名表一式两份(电脑打印)；

2. 运动员资格审查表一式两份(电脑打印并贴照片)；

3. 运动员、领队、教练员等人员二寸免冠照片两张(背面用圆珠笔注明身份、姓名、组别、项目)。

地址：长沙市东二环二段 238 号，410001

联系人：何伟建 13008410180 ，王宇 0731-4714942

备注：田径代表队运动员材料由其所在学校直接报省教育厅体卫艺处

信息来源：体育卫生与艺术教育处

网址：http://gov.hnedu.cn/web/0/200904/09100631578.html

主办单位：湖南省教育厅

4 月 10 日

2009 年广西学校体育、卫生、艺术和国防教育工作要点

2009 年，我区学校体育、卫生与健康教育、艺术教育和国防教育工作的总体要求是，深入学习实践科学发展观，认真贯彻落实中央 7 号文件精神和《自治区党委自治区人民政府关于加强青少年体育增强青少年体质的实施意见》(桂发[2008]24 号)，按照教育部体卫艺司的工作部署，结合我区实际，努力提高广大学生的体质健康水平，促进青少年学生德智体美全面发展。

一、学校体育工作

(一)继续广泛深入开展全区千万青少年阳光体育运动，坚持每天锻炼一小时，因地制宜，将开展丰富多样的课外锻炼和各级各类竞赛活动有机结合起来，互相促进。提高广大青少年学生的体质健康水平。

(二)召开全区学校体育工作会议，布置全年学校体育工作。

（三）继续加强在全区各级各类学校全面实施《国家学生体质健康标准》，认真组织做好测试和数据上报工作。

（四）继续完善初中升高中毕业考试体育考试项目、内容及管理办法。

（五）深化体育教学改革，不断提高教学质量，加大教师培训力度。组织全区中小学体育教师体育教学研讨观摩课和优质课评比，以及科学论文报告会。

（六）组建"广西中学生体育代表团"参加全国中学生运动会，力争取得好成绩。

（七）组织开展全区学校体育工作专项督导检查。检查评估内容按教育部制定的学校体育工作督导评估体系进行（该评估体系已在我厅公众信息网上公布）。

（八）举办全区性体育比赛。举办全区大学生篮球、足球和羽毛球比赛。举办全区第六届学生健美操、啦啦队大赛。

二、学校卫生工作

（一）继续贯彻落实《关于在全区教育系统实施城乡清洁工程工作的意见》，抓好创建"卫生优秀学校"活动，以评促改、以评促建，促进学校卫生工作开展。2009 年，继续开展自治区级"卫生优秀学校"的申报和考评工作，并对 2007 年、2008 年获自治区级"卫生优秀学校"称号的学校抽样复评，对达不到标准的学校取消其"卫生优秀学校"称号。严格实行"卫生优秀学校"考评"一票否决制"，以促进学校做到对卫生工作常抓不懈，努力为广大师生创造一个清洁、卫生、安全、舒适的学习和生活环境。

（二）继续加强学校卫生防疫和食品卫生安全工作。

1. 加强领导，提高各级领导对学校卫生防疫与食品卫生安全工作的认识。召开全区学校卫生工作现场会，总结 2008 年学校卫生工作，布置 2009 年学校卫生工作。

2. 继续加大对学校卫生管理干部和卫生人员的培训力度，全年拟举办 12 期校长、校医和健康教育教师培训班，提高他们的管理水平和业务能力。

3. 加大对学校卫生防疫和食品卫生安全工作的监管力度。

①全面贯彻落实《食品卫生法》、《学校食堂与学生集体用餐卫生管理规定》、《餐饮业和集体用餐配送单位卫生规范》、《学校食物中毒事故行政责任追究暂行规定》、《自治区人民政府办公厅转发自治区教育厅、卫生厅关于加强我区学校卫生防疫与食品卫生安全工作的意见的通知》、《教育部办公厅关于进一步做好学校卫生防疫与食品卫生安全工作的通知》、《关于加强全区中小学食堂管理工作的

意见》等学校卫生管理法规和文件，并要求各学校要建立、健全学校卫生防疫和食品卫生安全管理制度和岗位职责。2009 年春季和秋季会同卫生部门对全区学校卫生工作各开展专项督查一次。

②要求全区各级各类学校必须按规定到卫生监督部门办理《食品卫生许可证》，做到合法经营。对达不到卫生许可标准要求的学校食堂，要求其主管部门采取措施，尽快完善基础设施建设，争取在 2 年内达到卫生许可标准。

③督促各市教育行政部门尽可能创造条件，加大投入，按《学校卫生工作条例》和教育部、卫生部制定的《学校体育卫生基本标准》规定给学校配备卫生室和校医室及有关基础设施(特别是农村寄宿制学校)。

④要求高校和中职学校加强对学校食堂承包者的资质的审核工作。对不具备资质的承包者，或经营管理混乱者要及时停止承包合同。中小学校食堂一律不得承包。在 2009 年开展学校食品卫生专项整治行动和卫生专项督查时作为一项重要内容进行督查。

⑤在全区各级各类学校继续全面推广食品卫生监督量化分级管理制度，要求学校积极创造条件，争取更多的学校食堂通过 A 级评审，60％以上的学校食堂达到 B 级标准。

(三)加强卫生宣传教育工作。

1. 加强对学校健康教育课开课的督查工作，要求各学校领导对健康教育课的课时和质量上要给予保证。

2. 加强在校园内有关卫生防疫知识的宣传，要求各级各类学校利用班会、广播、墙报、黑板报、多媒体等多种途径和形式，对学生进行食品卫生安全知识的宣传教育活动，培养学生养成良好的卫生习惯。

3. 今年继续向全区中小学免费配发学校食品卫生安全管理、食物中毒预防和传染病防控知识等卫生知识宣传资料。

4. 继续在全区组织开展学生口腔健康教育宣传活动。

(四)进一步加强学校预防艾滋病教育工作。

1. 认真组织三江、隆林两县项目学校做好联合国儿基会学校预防艾滋病教育项目工作，严格按照年度计划要求开展工作，推动两县学校预防艾滋病教育工作开展。

2. 继续开展学校预防艾滋病领导和骨干师资的培训工作和中学以上学校预防艾滋病教育资料配发工作。

3. 2009 年年底，组织专家组对各市学校预防艾滋病教育工作进行一次评估。

4. 认真做好全区预防艾滋病健康教育试验学校的试点工作，

11月进行督导评估检查。

（五）按照联合国儿基会学校水、环境卫生个人卫生教育项目计划的要求，指导三江县继续做好项目学校卫生厕所的建设和学生卫生教育工作的开展，以此推动学校水、环境卫生状况的改善和健康教育的开展。

三、学校艺术教育工作

（一）继续深入贯彻《学校艺术教育工作规程》和《全国学校艺术教育发展规划（2001年至2010年）》，并在深入调研的基础上，制定我区贯彻实施《教育部关于进一步加强中小学艺术教育的意见》（教体艺[2008]8号）的具体办法，针对我区各级各类学校艺术教育发展不平衡的实际情况，采取检查与抽查、督促与指导相结合的办法，推动全区各市级教育行政部门、各高等学校、区直中等职业学校加大贯彻实施《规程》和《规划》的工作力度，提高九年义务教育阶段艺术课和高中阶段、普通高等学校公共艺术欣赏课的开课率，提高教学质量。

（二）召开全区2009年学校艺术教育工作会议。

（三）组成广西大学生艺术代表团（全区有9所高校的10个艺术表演节目获得参加"全国第二届大学生艺术展演活动"现场展演资格，6篇一等奖论文获科学论文报告大会资格），并组织好参加教育部于2009年2月在南京举办的"全国第二届大学生艺术展演活动"艺术表演类节目现场比赛、艺术作品现场展评、高校艺术教育科学论文评选活动。

（四）组织全区各级教育行政部门和中小学校广泛开展"广西第三届中小学生艺术展演活动"，并在此基础上于2009年7月中旬举办全区中小学艺术表演节目、艺术作品和艺术教育科研论文的现场展评活动，从中选拔优秀节目、作品和论文参加全国评选。

（五）为庆祝新中国成立60周年，在全区大学、中小学举办"祖国万岁"歌咏比赛活动。

（六）2009年5月至12月，组织和安排中央艺术团体和广西艺术学院交响乐团、广西交响乐团到10所高校开展"2009年广西普通高等学校普及高雅艺术活动"，加强对演出曲目的挑选、排练和演出等管理，不断提高演出质量，增强演出效果，更好地普及高雅艺术。

（七）10月份，安排教育部"全国高等学校艺术教育专家讲学团"到全区9所普通高校开展讲学活动，认真做好专家的接待、讲学的组织等工作。

(八)10月中下旬开始，会自治区文化厅组织广西京剧团、广西桂剧团开展“2008年戏曲走进高校、走近青年活动”。

(九)继续加大对艺术教师队伍的培训力度，2009年，在广西师范大学举办2～3期全区中小学音乐、美术骨干教师专业培训班，进一步提高全区中小学校艺术教师的专业水平和教学质量。

(十)做好全区“中华优秀艺术传统学校”评选工作，迎接教育部体卫艺司的评估。

四、国防教育工作

(一)指导和督促各市教育部门、区属中等职业学校加大贯彻国办发[2001]48号和桂政发[2003]21号文件的工作力度，争取实现高级中学阶段学校做到“应训尽训”，确保学生军训工作全面、健康、有序地发展。

(二)会广西军区司令部、政治部编制、印发《2009年度全区高等学校学生军事训练计划》，指导各高等学校确保学生军训课时、人员、质量三落实，按时完成学生军训计划，加强管理，保证军训工作安全。

(三)指导和督促全区各高校进一步加强军事教师队伍建设和军事教研室的建设，确保学生军事技能训练和军事理论课教学质量。

(四)会广西军区司令部进一步调整和落实2009年全区高校学生军训的帮训部队，理顺受训高校与帮训部队的关系，落实训练用枪、射击靶场、射击用弹等问题，保障全区高校学生军训工作顺利进行。

(五)会广西军区学生军训工作办公室于2009年9月至10月对全区普通高校、高级中学、中等职业学校学生军训工作进展情况和训练效果进行抽查。

(六)会广西军区司令部、政治部组织评选和表彰2008—2009年度全区学生军训先进单位和先进个人(10月份发出评选通知，争取12月下旬表彰)。

(七)举办“全区高校国防教育知识培训班”和“全区高校军事理论课骨干教师培训班”，对全区高校军训管理干部、军事理论课教师进行培训。

(八)选拔和组织高校军训学生参加教育部举办的全国性比赛。

信息来源：广西壮族自治区教育厅

网址：http://202.103.252.84/2009/4-10/172347.html

主办单位：广西壮族自治区教育厅

4月11日

教育部“十一五”规划重点课题《我国中小学校体育器材设施建设促进学生体质健康发展的实证性研究》开题报告会暨课题研究培训会在南京举行

2009年4月11日，教育部“十一五”规划重点课题《我国中小学校体育器材设施建设促进学生体质健康发展的实证性研究》开题报告会暨课题研究培训会在南京举行。教育部体卫艺司司长杨贵仁、教育部全国教师发展基金会副秘书长季克异等出席开题报告会并作重要讲话，总课题组组长、江苏省教育装备与勤工俭学管理中心主任陈峥嵘同志作开题报告，总课题组成员、全国学校体育教学研究专家刘德佩、吴健、郭尉尉、李华丰、贾志勇、王正伦、张耀辉、陈融、刘炜、王爱丰以及江苏省、上海市、湖南省、河南省等教育装备系统代表出席了开题报告会，江苏省课题研究项目学校近200名老师参加了课题研究培训会。

面对我国中小学生体质持续20年下滑这一严重问题，课题组从深入研究学校体育器材设施建设与学生体质健康关系入手，探讨学校体育器材设施建设的基本规律、基本原则和学校体育器材设施建设的方法学体系。这些研究将填补学校体育方法学理论在学校体育器材设施建设方面的空白，同时具有重要的实践指导意义。江苏、上海、湖南、河南、吉林五省市共有170所高中、初中、小学和幼儿园参与本课题的研究工作。作为课题研究牵头单位，近年来，江苏省教育装备与勤工俭学管理中心把研究作为教育装备工作的基石和推动事业可持续发展的动力，以省市县校为网络，以江苏省中小学实验教学研究中心为平台，以课题为抓手，逐步构建起全省教育装备理论研究体系。此次教育部“十一五”规划重点课题的开题和研究，必将带动全省教育装备的研究工作，为教育装备更好地保障教学、服务教学、促进教学提供强有力的基础。

信息来源：教育装备与勤工俭学管理中心

网址：http://www.jsjyt.gov.cn/html/xwzx/jyyw/jyt/65432.html

主办单位：江苏省教育厅

4月13日

阳光体育2009年北京市中小学生踢毽比赛

3月21日，在东城区史家小学举行了“阳光体育2009年北京市中小学生踢毽比赛”。本次比赛是由北京市教育委员会、北京市体育局主办，北京学生活动管理中心、东城区教委承办，东城区府学小学、史家小学青少年体育俱乐部协办。

来自全市15个区县的38所小学、23所中学，共61所学校近700人参加此项活动。

青少年的健康是国家的财富，更是每个学生健康成长和实现理想的根基。一年一度的北京市中小学生踢毽比赛是我市中小学生群众性体育活动的传统赛事，提倡广大中小学生一绳一毽，结合冬季锻炼，对于大力开展我市中小学生课余体育活动，全面提高中小学生的身体素质具有极为重要的作用。

信息来源：体育美育处

网址：http://www.bjedu.gov.cn/publish/main/7/2009/20090403093237921502772/20090403093237921502772_.html

主办单位：北京市教育委员会

4月13日

关于举办2009年第五届四川省学生体育舞蹈(国标舞)锦标赛暨四川省学生艺术人才大赛国标舞决赛的通知

各市(州)教育局、有关学校：

为进一步贯彻落实中共中央国务院《关于加强青少年体育增强青少年体质的意见》精神，积极开展学生阳光体育运动，经四川省学生体育艺术协会、四川省体育舞蹈(国标舞)协会研究，拟定于2009年5月1日至4日在成都市举办第五届四川省学生体育舞蹈(国标舞)锦标赛暨四川省学生艺术人才大赛国标舞决赛。

现将本次比赛竞赛规程发给你们，请按要求报名参赛。

附件：2009年第五届四川省学生体育舞蹈(国标舞)锦标赛暨四川省学生艺术人才大赛国标舞决赛竞赛规程(可登录：www.scedu.net＜ href=“/upload/htmleditor//0_tx13fj.xls”下载)

四川省学生体育艺术协会

信息来源：学生体育艺术协会

网址：http://www.scedu.net/structure/twygf/xieh/nr? infid=22

主办单位：四川省教育厅

4月17日

关于开展天津市中小学阳光体育展示活动的通知

各区县教育局，开发区文教局、有关办学单位：

为全面贯彻落实《中共中央国务院关于加强青少年体育增强青少年体质的意见》(中发[2007]7号)和《中共天津市委天津市人民政府关于加强青少年体育增强青少年体质的实施意见》(津党发

[2009]1号)文件精神，各区县和中小学校进一步推动阳光体育运动在我市中小学中广泛开展，以良好的精神风貌迎接中华人民共和国成立60周年。

市教委决定于2009年5月份举行全市中小学“迎国庆 强身体”为主题的阳光体育展示活动，并对各区县、学校阳光体育活动随机督导。现将有关事宜通知如下：

一、基本要求

(一)各区县、学校要把大课间活动、课外活动时间和开展阳光体育活动有机结合，使其经常化、规范化。

(二)要在经常性阳光体育活动的基础上组织展示活动。突出迎国庆和阳光体育内容，既能体现迎接新中国成立60周年又能与开展日常阳光体育紧密结合，突出经常性，并具展示性，提倡自编阳光体育活动项目和内容。

(三)展示活动场地布置要简洁、热烈，具有青少年特点，能够展现全市广大中小学生迎接国庆，积极参加阳光体育运动的精神风貌。

(四)各区县、各学校在开展阳光体育活动中要注意安全，保证阳光体育活动的正常进行。

二、展示活动时间和地点

阳光体育展示活动以学校为单位组织进行。

(一)展示时间：2009年5月间

(二)展示地点：各中小学校运动场

三、督导检查

(一)为推动此项工作的开展，各区县要组织好学校利用课外活动时间进行阳光体育活动。阳光体育活动展示期间，市领导、市政府督导室、市教委及有关专家评委组成若干组，随机抽样到各区县、学校参加阳光体育活动，并实施督导和抽查。

(二)市教委不定期组织专家组，从5月份至11月分三批次对各区县、各学校开展阳光体育活动情况进行督查评审，检查评审结果记入各区县全年阳光体育活动总分。

四、表彰与评比

(一)评分标准及分值(共50分)

1. “迎国庆和阳光体育”主题突出(10分)；

2. 自编性、体育艺术结合性(10分)；

3. 整体表现力、动作规范(10分)；

4. 运动量、强度适中(5分)；

5. 服装、人数(5分)；

6. 各区县组织工作到位(10)。

(二)对开展阳光体育活动较好的区县和学校进行表彰，设区县“最佳组织奖”和学校“最佳展示奖”。对开展阳光体育活动较差的区县和学校进行全市通报。

各区县将开展阳光体育活动展示活动的方案及《天津市中小学阳光体育展示活动区县统计表》于 4 月 30 日前报市教委体卫艺处。6 月 10 日前将本区县各校开展阳光体育展示活动集锦刻录成视频光盘报市教委体卫艺处上“天津市学校体育与健康网”。

附件：《天津市中小学阳光体育展示活动区县统计表》

二〇〇九年三月十六日

信息来源：教育部体卫艺司

网址：http://www.tjmec.gov.cn/show.jsp?informationid=200904171437457179&classid=20080116213951 8592

主办单位：天津市教育委员会

4 月 20 日

湖北省关于认真做好 2009 年初中毕业生升学体育考试工作的通知

各市、州、直管市、神农架林区教育局，江汉油田教育实业集团：

为进一步贯彻落实《中共中央国务院关于加强青少年体育增强青少年体质的意见》(中发[2007]7 号)和省委省政府《关于加强青少年体育增强青少年体质的实施意见》(鄂发[2008]10 号)文件精神，落实国家对学校体育工作的要求，完善符合素质教育要求的体育考试评价制度，现就做好 2009 年初中毕业生升学体育考试工作通知如下：

一、认真做好体育考试的组织工作。初中毕业生升学体育考试是中央 7 号文件明确的学校体育工作的主要任务之一，对全面贯彻教育方针，大力推进素质教育，落实健康第一的指导思想，推动学校体育工作的发展，促进学生积极参加体育锻炼，增强学生体质健康起到积极的作用。2009 年初中毕业生升学体育考试在即，各级教育行政部门和学校要高度重视，把做好体育考试工作作为贯彻落实省委 10 号文件的重要措施，切实加强对体育考试工作的领导，严格落实《省教育厅关于印发〈湖北省初中毕业生升学体育考试工作实施方案〉》的通知(鄂教体艺[2007]27 号)的各项要求，认真做好今年初中生升学体育考试的组织工作。

二、加强体育考试的考务管理工作。《湖北省初中毕业生升学体育考试工作实施方案》已明确了我省初中毕业生升学体育考试的考试项目、考试办法、评分标准与计分办法、免考和缓考等，各级教育行政部门和学校在实施体育考试过程中，不得降低考试要求和评分标准。要严格考勤、考核和公示制度，确保考试公平、公正和公开。

三、切实做好体育考试工作的安全管理。体育考试规模大，考试开放程度高、组织工作复杂，易发生突发事件。各级教育行政部门和学校要高度重视考试中的安全问题，落实各项安全措施和工作预案，确保工作平稳进行。一是要切实加强对体育考试工作的领导和管理，把关心学生健康，保障学生在测试过程中的安全，做好突发安全事件应急处置放在第一位。二是考试中应选拔思想素质好、业务能力强、工作认真负责的行政人员、教师和医务人员参加考试工作，以对每一位学生负责的态度，严肃认真、公平准确地做好测试工作。三是要坚持做好学生考试前的体质健康检查，要特别重视对学生心肺功能的检查，对经医生证明确不能参加剧烈体育运动的学生，坚决实行免考制度。四是要加强对考务人员和学生安全意识的教育，各考点要设立医疗救护点，配备医疗急救设备。合理安排考试时间和项目，考试过程中要安全使用考试器材，杜绝因时间和项目安排不合理、体育器材管理和使用不善，造成伤害事故的发生。

四、认真做好考试的总结工作。全省体育考试工作结束后，省教育厅将组织召开全省初中毕业生升学体育考试研讨会。请各地在考试结束后 10 天内，将本地考试工作情况总结(内容包含本地学校数、初中生数、应参加体育考试人数、免考人数、实考人数、考试项目、总分值和项目分值、改进的意见等)报省教育厅体卫艺处。

二〇〇九年四月二十日

信息来源：教育部体卫艺司

网址：http://www.hbe.gov.cn/content.php? id=5698

主办单位：湖北省教育厅

4 月 20 日

推动阳光体育运动 安徽省第九届中学生田径运动会成功举行

4 月 4 日至 6 日，由省教育厅、省体育局、团省委举办的安徽省第九届中学生田径运动会在古城安庆隆重举行。

开幕式上，省委教育工委书记、省教育厅厅长程艺宣布安徽省第九届中学生田径运动会隆重开幕，省教育厅副厅长江春致开幕辞，省体育局副局长陈海军、团省委副书记汪华东、安庆市政协主席张金锐、安庆师范学院党委书记赵晓和、安庆市人大常委会副主任方祖中、安庆市人民政府副市长黄杰、安庆市政协副主席高开甲等出席开幕式。

江春指出，青少年是祖国的未来，他们的健康水平直接关系到全民族的健康素质，直接影响着祖国现代化建设的进程。每一个教育工作者，都要时刻关心青少年学生的身心健康，深入推进素质教育，把他们培养成为德智体美全面发展的社会主义事业建设者和接班人。他希望全体工作人员精心组织，热情服务；希望全体裁判员以高度的责任心，按照比赛规则，公正裁判；希望全体运动员以昂扬的斗志，拼搏的精神，在各项比赛中展现当代中学生的风采，取得运动成绩和精神文明双丰收。让我们共同努力，把本次比赛办成一个"文明、热烈、精彩、圆满"的盛会。

全省中学生运动会每三年举办一次，是我省中学生的一次体育盛会，它既是全面贯彻党的教育方针，大力推进素质教育，落实"健康第一"的思想，进一步推动"阳光体育运动"的一项重要活动，也是对同学们身体素质、心理素质和体育运动水平的一次大检阅。本届运动会是历届规模最大、参赛人数最多的一届，来自全省 17 个地市的近 400 名中学体育健儿在 36 个项目中展开角逐。

经过三天的角逐，蚌埠市、马鞍山市、安庆市分获团体总分前三名，获得团体总分第四名至第八名的代表队分别是合肥市、亳州市、芜湖市、淮南市、巢湖市。获得本届运动会体育道德风尚奖的代表队有安庆市、巢湖市、宿州市、黄山市、淮北市、马鞍山市、亳州市、合肥市。

近年来，全省学校体育工作者和广大青少年学生按照党中央、国务院和省委省政府的要求，积极开展"亿万学生阳光体育运动"，通过各种体育竞赛活动，磨炼了意志，增强了体质，提高了体育运动技术水平。

信息来源：安徽省教育厅

网址：http://zwgk.ahedu.gov.cn/XxgkWeb/showGKcontent.aspx? xxnr_id=1476

主办单位：安徽省教育厅

5月

5月5日

关于印发《2009 年广东省学校体育工作要点》的通知

各地级市教育局体卫艺处(科)、各普通高等学校体育学院、体育部、体育教研室：

为认真贯彻落实《中共中央国务院关于加强青少年体育增强青少年体质的意见》(中发[2007]7 号)及《中共广东省委广东省人民政府关于加强青少年体育增强青少年体质的意见》(粤发[2008]22 号)文件要求，现将我处《2009 年广东省学校体育工作要点》印发给你们，请遵照执行。

附件：2009 年广东省学校体育工作要点

广东省教育厅体卫艺处
二〇〇九年三月十六日
信息来源：广东省教育厅
网址：http://www.gdhed.edu.cn/main/www/137/2009-05/78293.html
主办单位：广东省教育厅

5月7日

浙江省教育厅办公室关于召开浙江省学生阳光体育运动推进会的通知

各市教育局、义乌市教育局、省级中小学生课外文体活动工程示范区(试点区)教育局及相关学校：

为了认真贯彻实施《中共浙江省委浙江省人民政府关于加强青少年体育增强青少年体质的实施意见》(浙委[2008]11号)和教育部、国家体育总局、共青团中央《关于开展全国亿万学生阳光体育运动的通知》(教体艺[2006]6号)的精神，全面总结和展示两年来我省学生阳光体育运动的成果，进一步促进我省学生阳光体育运动的开展，我厅定于2009年6月1日在杭州富阳市召开浙江省学生阳光体育运动推进会。现将有关事宜通知如下：

一、会议内容

总结交流中央7号文件下发以来各市贯彻落实文件精神和开展阳光体育运动所取得的成绩和经验，展示我省中小学校学生阳光体育运动开展以来的活动成果，研究部署进一步深入开展阳光体育运动的措施和意见。

二、参会人员

1. 各设区市教育局、义乌市教育局分管领导及处长各1人。

2. 省级中小学生课外文体活动工程示范区、试点区教育局分管领导1人(具体单位见附件2)。

3. 获“浙江省首届中小学生阳光体育运动展示活动优秀项目”的学校领导各1人以及参加现场展示的各代表队(具体学校名单见附件3)。

三、时间地点

1. 会议时间：2009年6月1日。

2. 会议地点：杭州富阳市体育馆、富阳宾馆。

四、会议报到

1. 参会人员请于2009年5月31日17：00前到富阳宾馆(富阳市馆驿路18号)报到，6月2日上午离会。宾馆联系电话：0571-63331888；富阳市教育局联系人：许亚群，电话：13868168808。

2. 请参加现场展示的代表队于2009年5月31日12：00前

到新疆杭州疗养院(富春山庄;富阳市花坞北路 6 号)报到,下午彩排,6 月 1 日上午正式参展,下午离会。疗养院联系电话:0571-63130199,0571-63315305;富阳市教育局联系人:钟贤平,电话:13968152606。

五、其他事宜

1. 会议期间,与会代表交通、食宿费用自理。

2. 请各单位于 5 月 20 日前将会议回执(附件 1)通过 E-mail 或传真分别报我厅体卫艺处和富阳市教育局。省教育厅体卫艺处联系人:朱建清,电话:0571-88008881,传真:0571-8008878,电子邮件:zhujq@zjedu. org;富阳市教育局联系人:许亚群,联系电话:0571-63311470,传真:0571-63323672,电子邮件:xuyaqun1@163. com。

3. 请各市教育局负责通知参加会议的相关学校,并做好各项安全管理工作。

4. 未尽事宜,另行通知。

附件:1. 浙江省学生阳光体育运动推进会回执

2. 浙江省中小学生课外文体活动工程示范区单位

3. 浙江省首届中小学生阳光体育运动展示活动优秀项目及参加现场展示学校

浙江省教育厅办公室

二〇〇九年五月六日

信息来源:浙江省教育厅

网址:http://www. zjedu. gov. cn/gb/articles/2009-05-07/news20090507110811. html

主办单位:浙江省教育厅

5 月 8 日

关于举办 2009 年四川省小学生乒乓球比赛的通知

各市(州)教育局、体育局、学生体协、有关学校:

为了进一步推动我省小学生乒乓球运动的发展,培养小学生乒乓球后备人才,经四川省教育厅、四川省体育局批准,省学生体育艺术协会拟订于 2009 年 5 月 30—31 日举办 2009 年四川省小学生乒乓球比赛。

现将本次比赛的《竞赛规程》下发你们,请严格按照《竞赛规程》有关规定报名参赛。

附件:

1. 2009 年四川省小学生乒乓球比赛竞赛规程

2. 2009 年四川省小学生乒乓球比赛报名表

四川省学生体育艺术协会

二〇〇九年五月四日

信息来源：学生体育艺术协会

网址：http://www.scedu.net/structure/twygf/xieh/nr? infid=23

主办单位：四川省教育厅

5月14日

福建省教育厅福建省体育局关于印发福建省第八届中学生运动会武术竞赛和健美操竞赛规程的通知

各设区市教育局、体育局：

根据《福建省教育厅福建省体育局关于印发福建省第八届中学生运动会竞赛规则总则的通知》(闽教体[2009]6号)，经研究，定于7月上旬在南平和厦门分别举办省第八届中运会武术和健美操比赛，现将竞赛规程印发给你们，请遵照执行。

附件：

1. 福建省第八届中学生运动会武术竞赛规程
2. 福建省第八届中学生运动会健美操竞赛规程

福建省教育厅　福建省体育局

二〇〇九年五月八日

信息来源：福建省教育厅

网址：http://www.fjedu.gov.cn/html/2009/05/376_48404.html

主办单位：福建省教育厅

5月14日

牢固树立"健康第一"教育理念努力开创学校体育工作新局面

——周济在全国亿万学生阳光体育运动推进会上的讲话

2007年5月7日，中共中央国务院颁布了《关于加强青少年体育增强青少年体质的意见》(中发[2007]7号)，我国学校体育工作从此进入了新的历史阶段。两年来，教育系统会同体育、共青团等相关部门，认真学习、坚决贯彻党中央、国务院的决策部署，切实加强学校体育工作，大力开展全国亿万学生阳光体育运动，取得了积极进展。这次会议是第二次全国亿万学生阳光体育运动推进会，会议的主要任务是，深入分析研究工作形势，总结交流经验，进一步推动中央7号文件的贯彻落实，进一步推动阳光体育运动的广泛深入开展。这次会议既是一次现场会，也是一次推进会。重庆市委、市政府，特别是薄熙来同志非常关心青少年的成长，对加强体育工作树立了很好的榜样，阳光体育运动在重庆开展得非常好，充满了生机和活力，使我们受到了深刻的教育，受到了深切的感动。刚才，7个省区市作了发言，谈了很多好的经验。我相信这次会议一定会把阳光体育运动推向新的高潮。在这里我谈三点意见和体会。

一、贯彻落实中央 7 号文件取得积极进展，初步形成了加强学校体育工作的大好局面，党和政府始终高度重视青少年体育工作，关心青少年的健康成长。中央 7 号文件是首次以党中央、国务院名义发布的关于学校体育工作的文件，是新时期我国学校体育工作的重要里程碑，充分体现了党中央、国务院对广大青少年学生的亲切关怀，是全面贯彻党的教育方针、进一步推进素质教育的重大决策。7 号文件发布后，受到了教育系统的衷心拥护和亿万师生的热烈欢迎。去年 5 月，教育部在江苏张家港召开了“迎奥运全国亿万学生阳光体育运动推进会”，中共中央政治局委员、国务委员刘延东同志出席会议并作了重要讲话。在党中央、国务院的高度重视和正确领导下，各地认真学习贯彻落实中央 7 号文件，切实把体育工作摆在了学校工作的重要位置，广泛开展亿万学生阳光体育运动，采取多种措施加强学校体育建设，形成了多年来少有的全国上下重视青少年体质健康的氛围，阳光体育运动蓬勃进展、方兴未艾，学校体育工作呈现出了崭新的面貌。

第一，青少年学生广泛参与体育锻炼的良好局面初步形成。中央 7 号文件推动形成了加强学校体育工作、促进广大青少年积极参加体育锻炼的热潮。按照中央 7 号文件的要求，许多省份在切实减轻学生过重课业负担、保障体育课课时、落实学生每天锻炼一小时时间等方面制定了行之有效的措施，保证每一个学生都能参加到体育锻炼中来。如天津对中小学书面家庭作业作了明确的时间限制，以确保中小学生的体育锻炼、课外活动和睡眠时间；浙江要求每周减少一节地方课时，相应增加一课时用于学生课后集体体育锻炼；湖北把学生每天一小时体育锻炼时间列入作息时间表；上海的新课程方案明确将“体育三课、两操、两活动”纳入总课时。各地以亿万学生阳光体育运动为载体，以全面实施《国家学生体质健康标准》为基础，根据本地区的实际情况，积极组织广大青少年学生开展了丰富多彩的体育活动。从去年 10 月开始启动的全国中小学冬季长跑活动，有 6000 多万名大中小学生踊跃参加，效果之好出乎预料，活动开始之初的一些质疑一扫而空。各级各类学校充分利用学校运动会或体育文化节，积极组织形式多样、特色鲜明、锻炼效果好的群众性体育比赛活动，要求人人参与、班班比赛，极大地激发了孩子们的参与热情。如浙江以“万班千校篮球赛”为重点，全省 97％的中学、85％的班级和 77％的学生参与了联赛活动，让广大中学生体验到了体育运动的快乐与魅力，充分体现了学校体育运动广泛群众性的特点，有力地推动了学校体育文化的形成。中国教育电视台联合各地教育、体育部门和电视媒体举办的《阳光伙伴》集体体育竞赛活动，直接参与师生16万人，影响同学、家长400万人，电视收视人群上亿人次。经过两年多的扎实工作，“每天锻炼一小时”已经深入人心。广大青少年学生参加体育锻炼的积极性、主动性不断增强，从“要我锻炼”转变为“我要锻炼”。如今，孩子们走向运动场、走进大自然、走到阳光下，跑起来、跳起来、动起来，已经蔚然成风。热爱体育、参加锻炼、崇尚运动已经成为广大青少年的时尚，成为许多校园的亮丽风景。与两年前相比，学校体育工作的面貌发生了很大的变化。

第二，青少年学生体质健康状况得到改善。中央专门颁布7号文件加强青少年体育工作，也是针对我国一段时期以来青少年身体素质和健康状况出现的新问题作出的重大决策。两年来学校体育工作的加强，已显现出明显的政策效应，广大青少年的身体素质和健康水平出现了明显改善，学生体质健康状况正在向令人欣喜的方向发展。一是学生体质进一步增强。2008年，全国近9万所学校的测试结果表明，达到《国家学生体质健康标准》及格及以上标准的学生占85.94%，总体情况好于2007年。二是学生健康状况和精神面貌大为改善。一些地方的校长和老师们反映，通过阳光体育运动，过去集体活动时有出现的学生晕倒的现象少了，孩子们的精力更加旺盛了。许多家长发现，参加阳光体育运动之后，孩子的胃口好了，个头长高了，精神状态更加朝气蓬勃了。同时，坚持参加体育锻炼还让孩子们结交到了更多的朋友，使他们的性格更加活泼开朗。三是学生的学习效率明显提高。老师们反映，运动时间的增加并没有影响学习，学生的求知欲更加旺盛，学习持续性明显增强，课堂反应速度也有了较大提升。四是学生的意志品质不断增强。许多学生反映，刚开始参加长跑的时候一圈就累了，现在一次跑三圈也不会有难受的感觉。根据团中央有关机构对15所学校的调查结果，有93.56%的学生感觉现在的长跑能力比以前进步明显；对冬季长跑活动带来的益处，有91.95%的学生认为能够强健体魄，84.32%的学生认为能培养意志力，72%的学生认为能缓解压力，这从一个侧面说明了加强学校体育的效果。

第三，学校体育工作涌现了大量新鲜经验。基层和群众的首创精神，是学校体育工作实践创新的动力之源。在推进学校体育工作的过程中，许多地区积极探索，大胆实践，创造了许多好的经验和做法。许多地方和学校坚持因地因校制宜，充分利用现有条件落实好各项政策措施。有的学校克服体育场地狭小的困难，在“螺蛳壳”里做道场，千方百计让孩子们充分动起来，在小操场上跑出“大天地”。有的学校给长跑配上背景音乐，激发学生的运动热情。有校长说得好：“只要肯动脑筋，就肯定有办法；只要你想跑，就肯定能找到地方。”在很多地方，学校体育活动走向了经常化、制度化；有的地区提出“活动过程管理课程化”，把“大课间活动”纳入了学校课程安排；保障学生参加体育活动的制度各有特色。

第四，促进青少年学生健康成长的社会共识初步形成。在中央 7 号文件的指导和推动下，加强学校体育工作取得了突破性的进展，赢得了广大青少年的热烈欢迎和人民群众的广泛支持。实践有力地说明，党中央、国务院关于加强青少年体育、增强青少年体质的决策是非常英明的。当前，“健康第一”的理念被越来越多的人接受，“每天锻炼一小时、健康工作五十年、幸福生活一辈子”更加深入人心，逐步形成共识，重视青少年体育、促进青少年健康成长成为全社会的共同行动。共青团、少先队、妇联组织充分发挥各自的优势和特色，开展了多种形式的课外体育锻炼活动。青少年活动中心、少年宫等其他校外教育机构开展了丰富多彩的校外体育活动和团队活动，把更多的青少年吸引到了健康向上的体育活动中。学校、社区和家庭的沟通与合作进一步加强，组织开展了多种多样的学校体育活动，形成了学校、家庭和社区的合力。许多广播、电视、报刊、新闻网站等媒体大力宣传普及科学的教育观、人才观、健康观，大力宣传加强学校体育工作、推进素质教育的经验，大力宣传社会各界支持学校体育工作的做法，大力宣传各地开展阳光体育运动的成效，为推动学校体育工作树典型、鼓干劲、添动力，营造了良好的舆论环境，全社会珍视健康、重视体育的氛围日益浓厚。

第五，青少年学生体育工作得到各级党委政府的高度重视。中央 7 号文件下发以来，各级党委政府和有关部门从贯彻落实科学发展观的高度出发，按照中央 7 号文件的要求，树立“健康第一”的指导思想，把学校体育工作摆上重要议事日程。北京等 21 个省份以党委和政府的名义下发了贯彻落实中央 7 号文件的实施意见，对加强学校体育工作提出了针对性很强的具体政策和措施。为切实加强对全国学校体育工作的领导和协调，中央 7 个部门共同建立了加强青少年体育部际联席会议制度，许多省(自治区、直辖市)也建立了相应的联席会议制度，形成了多部门合作、齐抓共管和统筹协调解决学校体育工作重要问题的机制。很多地方加大了对学校体育工作的投入力度，学校体育设施特别是中小学的体育教育教学条件进一步改善。如北京、山东等地将中小学体育设施配置作为推进中小学办学条件达标工程的重要内容，安排专项资金予以统筹解决；内蒙古明确规定每学年每生体育卫生经费不低于生均公用经费的10%；新疆在区财政设立专项资金，解决开展阳光体育运动和学生体质健康监测等所需经费；宁夏、河南等地投入资金改造学校体育场地和配备相关器材。体育教师队伍特别是农村体育教师队伍建设得到加强。浙江、河南等省明确了专职体育教师的配备标准和福利待遇；福建省在核增教师编制中优先补充农村小学体育学科教师。学校体育的专项督导制度初步建立。国家教育督导团对八省市中小学体育卫生工作进行了专项督导检查，广东、安徽等地将学校体育卫生作为县级领导政绩考核的重要依据，陕西、湖南等地将学生每天锻炼一小时的落实情况作为评选先进"一票否决"指标。由于各级党委政府和有关部门的高度重视，青少年"健康第一"的指导思想通过各地的实际行动正在得到切切实实的落实，学校体育正在得到全面加强。

总之，中央7号文件颁布两年来，学校体育工作全面加强，青少年健康水平不断提高，取得了令人欣喜的成绩。但是，对已经取得的成绩还不能估计过高，必须清醒地看到，这些成果还只是初步的，实现学校体育工作战略性突破的任务还远远没有完成，距中央7号文件的要求还差得很远。在一些地方和学校，对加强学校体育工作的认识不到位、措施不得力、进展没起色的情况仍然存在，"健康第一"的思想观念仍然很不牢固，学生体质健康测试工作没有完全落实，少数学校仍然存在削减、挤占体育课的现象。在实际工作中，学校体育工作也还面临着许多困难，如对学校体育的经费投入仍有待增加，部分学校体育条件仍达不到国家基本要求，特别是农村学校体育师资数量严重不足，体育场地设施器材短缺，等等。总之，加强学校体育工作、促进青少年健康成长任重而道远，我们必须正视存在的问题和困难，充分估计做好学校体育工作的长期性和艰巨性，进一步采取切实有效的措施，推动学校体育工作迈上新台阶。

二、深入贯彻落实科学发展观，进一步深化对学校体育工作的认识

2007年，胡锦涛总书记深刻地指出，增强青少年体质、促进青少年健康成长，是关系国家和民族未来的大事，需要各级党委和政府的高度重视、全社会的关心支持。中央7号文件强调："广大青少年身心健康、体魄强健、意志坚强、充满活力，是一个民族旺盛生命力的体现，是社会文明进步的标志，是国家综合国力的基础。"又指出："青少年的体质健康水平，不仅是个人健康成长和实现幸福生活的根基，而且是整个民族健康素质的基

础，并直接影响到我国人才培养的质量。”今天，我们重温这些重要论述，更加深刻地感受到，必须始终把加强青少年体育摆在贯彻落实科学发展观的高度来认识，摆在关系国家未来前途命运的高度来认识，摆在关系亿万人民群众切身利益的高度来认识。中央关于加强青少年体育工作的重大决策，顺应了时代发展的要求，符合广大人民群众的愿望，也极大地促进了教育事业的发展。

以毛泽东、邓小平、江泽民同志为核心的三代中央领导集体和以胡锦涛同志为总书记的党中央，都非常重视学校体育工作和青少年学生的健康成长。毛泽东同志早在青年时期，就在《新青年》杂志上发表了一篇名为《体育之研究》的论文，全面深刻地阐述了体育对青少年健康成长和民族健康发展的重要意义，指出，“今世百科之学，无论学校独修，总须力能胜任。力能胜任者，体之强者也。不能胜任者，其弱者也”。他深刻阐述了体育对于德育和智育的重要作用：“体育一道，配德育与智育，而德智皆寄于体，无体是无德智也”，“体育之效，至于强筋骨，因而增知识，因而调感情，因而强意志”。他对学校体育进行了专门的论述，指出“小学之时，宜专注重于身体之发育，而知识之增进、道德之养成次之”，“中学及中学以上，宜三育并重，今人则多偏于智”，最早提出了学生“健康第一”的思想。毛泽东同志的这些论述，在今天仍然有极其重要的指导意义。在新中国成立之初，毛泽东同志明确指出：“要注意健康第一，学习第二。”改革开放后，邓小平同志要求，“要把学校体育工作搞好”。江泽民同志多次强调，体育是关系人民健康的大事，体育水平是一个民族文明进步的重要标志。2007 年，在胡锦涛同志亲自主持下，经中央政治局常委会、中央政治局会议先后讨论，通过了 7 号文件。毛泽东、邓小平等老一辈革命家、中央领导同志都身体力行，坚持锻炼，热爱运动，他们在青少年时代练就的健康体魄，为他们保持坚强的革命意志和乐观的人生态度奠定了坚实的基础。

在新形势下，学校体育工作是教育工作的大事，直接关系到亿万青少年的健康成长，关系到千家万户的幸福生活，关系到国家和民族未来的长远发展。我们提出“每天锻炼一小时，健康工作五十年，幸福生活一辈子”，也正是从这样一个高度提出来的。健康的身体，是学习生活不可缺少的载体。学生有了健康的体质，才能够有旺盛的精力和体力投入学习中去。没有健康的体魄，即使品德再好，本事再大，也不能大有作为，也谈不上有自己的幸福生活。千好万好，身体好是第一位的。身体好是工作好的基础，是学习好的本钱，是幸福生活的前提。这是一个浅显的道理。我们要从这样一个起点出发，站在全面实施素质教育、办好人民满意教育和建设人力资源强国的高度，进一步提高对做好学校体育工作重要意义的认识，以更加坚定的自觉性贯彻落实好中央7号文件精神。

第一，要从实施素质教育、促进学生全面发展的内在要求出发提高认识。当前，全党上下正在广泛开展深入学习实践科学发展观活动。科学发展观的核心是以人为本，促进人的全面发展。全面贯彻党的教育方针，全面实施素质教育，促进学生全面发展和健康成长，是教育工作落实科学发展观的必然要求。胡锦涛总书记指出，全面实施素质教育，核心是要解决好“培养什么人、怎样培养人”的重大问题，这应该成为教育工作的主题。身心健康是学生全面发展的重要基础，体育在素质教育当中占有非常重要的位置，其本身就是一个育人的过程，是教育的本质功能之一。所以我们提出，要把体育作为全面推进素质教育的重要突破口，作为教育工作的主要方面之一。这是符合教育方针要求的。我们也深切地体会到，推进阳光体育运动、抓好青少年的体质就是落实科学发展观的实际行动。我们希望在推进落实学习实践科学发展观活动的时候，把阳光体育运动做得好不好、学校体育工作做得好不好，也作为科学发展观贯彻落实得好不好的一个重要方面。

就个人发展而言，体育在提高学生的健康素质的同时，还能砥砺他们的意志品质和人格精神。学生经历的每一次体育活动和竞赛都在潜移默化地教育熏陶他们，培养他们团结、合作、坚强、献身和友爱的高尚情操。对于今天独生子女一代，体育更是培育他们自强不息精神和吃苦耐劳意志的有效途径。可以说，加强学校体育工作，促进青少年健康成长，是教育本质的回归。忽视青少年身心健康，忽视学校体育工作，就谈不上全面贯彻党的教育方针，谈不上全面实施素质教育。近年来的实践已经充分证明，加强学校体育，确确实实成为了全面实施素质教育的重要突破口。凡是那些阳光体育活动开展得有声有色的地方和学校，素质教育都找到了行之有效的抓手，办学思想得到了进一步的端正，形成了青少年热爱体育、崇尚运动、健康向上的校园体育氛围，学生的精神面貌和体质状况有了明显的改善，综合素质有了很大的提高。经验也告诉我们，很多政策措施往往牵涉方方面面的利益，抓起来不是那么容易，而抓体育容易形成共识，带动工作。很多地方落实学生每天锻炼一小时要求的同时，带动了一系列有利于推进素质教育措施的出台，切实减轻了学生过重的文化课业负担。我们要坚持不懈地牢牢抓住这个战略突破口，牢固树立“健康第一”的指导思想，面向全体学生，咬定青山不放松，把学校体育工作推向新的水平，从而为每一个青少年充分发展，健康工作五十年、幸福生活一辈子奠定坚实基础。

同时我们必须认识到，由于日益加剧的社会就业和竞争压力以及片面追求升学率倾向的影响，学生课业负担过重、学校体育被弱化或边缘化的趋势在一些地方和学校仍然不同程度地存在。这与全面贯彻党的教育方针、全面实施素质教育的要求是背道而驰的。这种状况如果不能得到根本的扭转，我们将有愧于教育工作的神圣职责，有愧于党和人民的重托，有愧于国家和民族的未来。必须以对人民群众高度负责的态度，把学校体育工作摆到突出的位置，采取切实措施，达到中央 7 号文件提出的工作目标和要求。

第二，要从提高教育质量、办好人民满意教育的现实需要出发提高认识。当前，我国教育改革和发展站在了一个新的历史起点上。在新时期新阶段，提高教育质量，是教育工作的中心任务。我们不仅要让孩子们能上学，还要上好学。加强学校体育工作、促进学生体质健康，是提高教育质量不可缺少、不可替代的重要组成部分。离开了体育的教育，是不全面、不可持续、质量不高的教育。同时，青少年健康又直接关系人民群众的切身利益，有了健康才能有幸福生活，才有每个家庭的和谐安宁。让我们的孩子身心健康、人格健全、一生幸福，是每个家庭的愿望。开展体育活动，增进身心健康，孩子们喜欢，家长赞同，社会欢迎，可操作性强，很容易达成共识。人民群众把孩子送到学校来，不仅希望他们学到科学文化知识，也希望他们的身心在学校里得到良好发展，养成体育锻炼的习惯，具有蓬勃的朝气、健全的体魄，为他们一生快乐工作、幸福生活奠定重要的基础。加强学校体育工作，促进学生健康成长，不仅关系到中华民族的未来，同时也关系到每个家庭的幸福。这也是我们办好人民满意教育的重要体现。我们一定要以对人民群众高度负责的精神，把这件直接关系亿万学生、亿万家庭的大事办实办好。

第三，要从建设人力资源强国、提高全民族健康素质的战略高度出发提高认识。党的十七大提出了建设人力资源强国的奋斗目标，建设人力资源强国，不仅要求全体国民具有良好的思想道德和科学文化素质，也需要全体国民具有强健的体魄和精神。提高全民族的健康素质，关键在于提高青少年的健康素质。一个国家、一个民族，只有它的下一代健康成长、体魄强健，才可能呈现出旺盛的生命力和不竭的创造力。一个“民族之体质日趋轻细”的国家是不可能自立于世界强大民族之林的。青少年的健康是国家的财富，是国家生产力和竞争力的基础。许多国家从基础教育起，就把体育放在教育的突出位置。中华民族在几千年的劳动和斗争中形成了丰富多彩的以健身修身为特点的民族传统体育文化，创造出强健民族体魄和精神的灿烂文明，也有在半封建半殖民地的旧中国因积贫积弱而被称为“东亚病夫”的耻辱。在中国共产党领导下的新中国，正是由于党和国家高度重视体育工作，高度重视开展群众性体育活动，坚持“发展体育运动，增强人民体质”，经过新中国成立60年来几代人的不懈努力，才有了北京奥运的辉煌，实现了中华民族的百年梦想。当今中国正在以前所未有的姿态昂然自立于世界，中华民族正在以无比的自信走向伟大的复兴，培养具有强健体魄、健康心理、坚强意志和昂扬精神的青少年一代就具有更为重要而深远的历史意义。我们要从建设人力资源强国的战略高度，深刻认识增强青少年体质健康对提高全民族健康素质的重要作用，以对未来国家和民族高度负责的态度，切实把学校体育工作放到更加重要的位置。

总之，我们要深刻认识学校体育工作的重要性、紧迫性和现实针对性，以新的高度、新的思路和新的举措抓好学校体育工作，使这项工作切实取得战略性突破和实质性推进，从而让“健康第一”的教育理念在学校教育中确立起牢固的地位。

三、以爱与责任，扎扎实实推进阳光体育运动

我们常说，没有爱就没有教育，没有责任就办不好教育。加强学校体育工作，是对学生的爱和责任的具体体现。凡是热爱青少年的同志们，都必然关心和爱护学生的身体健康；凡是忠诚于党的教育事业的同志们，都应该倡导和参与阳光体育运动，都应该抓好学校体育工作。各级教育行政部门和学校，要以对青少年学生深沉的爱、以对他们健康成长和一生幸福高度负责的态度，乘着阳光体育运动的东风，认真抓好中央7号文件的贯彻落实。

落实中央7号文件的关键之年，也是深入开展学习实践科学发展观活动之年。贯彻落实科学发展观，促进教育科学发展上水平，必须把学校体育工作摆在突出位置。各地要以这次学习实践活动为契机，把贯彻落实中央7号文件作为各级教育行政部门的一项重要而持久的任务，把加强学校体育工作作为推动教育事业科学发展的重要抓手，不断把学校体育工作推向前进。

中央7号文件提出，“通过5年左右的时间，使我国青少年普遍达到国家体质健康的基本要求，体能素质明显提高”。现在距离中央7号文件提出的工作目标和要求只有3年左右的时间了，各级教育行政部门和各级各类学校必须进一步加强学校体育工作的使命感、责任感、紧迫感，在已有工作的基础上，更加突出学

校体育工作的重要地位。要下更大的决心，采取更有力的措施，抓得再狠一些，做得再实一些，在较短的时间内把阳光体育运动推向新的高潮，努力开创学校体育工作的新局面。各级教育行政部门要全面了解本行政区域内学校体育工作开展情况，掌握第一手资料，积极争取党委、政府的支持，主动配合发展规划、财政、体育等相关部门，为学校多解难题、多办实事。要结合本地区的实际，进一步明确目标，落实责任，强化措施。要认真总结加强学校体育工作的好经验、好做法，深入分析学校体育工作的薄弱环节，积极采取措施，切实解决制约推进学校体育工作的瓶颈问题。校长是学校体育工作第一责任人，要用更多的精力、采取更有力的措施，千方百计抓好学校体育工作。最近，教育部公布了《关于当前加强中小学管理规范办学行为的指导意见》，要求各级教育行政部门和学校认真执行国家课程方案，坚持健康第一，不挤占体育课等教学时间，依法保障学生的休息权利。各地要认真执行文件要求，保质保量上好体育课，确保学生每天锻炼一小时，任何人不得以任何理由和方式，削减、挤占体育课和体育活动时间。在这里我要重申，落实学生每天一小时锻炼时间，是对学校的最低要求，是一项硬指标，不仅要深入人心，还要身体力行。

一是要充分调动学生、老师和学校的主观能动性和积极性。教育以育人为本，以学生为主体；办学以人才为本，以教师为主体。加强学校体育工作，发挥学生、教师和学校的主观能动性和积极性是关键。加强学校体育、参加体育锻炼，是广大青少年学生的内在需求和强烈期盼。要唱响“我参与、我运动、我快乐”的阳光体育主旋律，激发青少年参加体育锻炼的积极性、主动性，让青少年做自己健康成长的主人。中小学班主任、高校辅导员、体育教师是学校体育活动的重要组织者和推动者，要充分发挥好他们的作用。要进一步加强学校体育师资队伍建设，配足配齐体育教师，强化现有体育教师特别是农村中小学体育教师的培训力度，充分调动他们的积极性。要发挥学校开展学生体育活动的积极性和创造性，特别是校长要亲自动员和号召学生参加体育锻炼，千方百计为学生体育锻炼创造条件。各级各类学校要因地制宜，大胆创新，努力形成百花齐放、异彩纷呈的学校体育新局面。体育条件较好、设施齐全的学校要开设具有时代特点的体育项目并逐步形成自身的体育特色，农村学校要根据校园环境和地域特点设计体育课程。要大力开展群众性校园体育活动，让体育活动覆盖到每一个班级、每一个学生，做到“人人有体育项目、班班有体育活动、校校有体育特色”，形成强身健体、阳光运动的校园体育文化。

二是采取有力措施，为学校体育工作创造良好条件。各地教育行政部门和学校要积极主动争取政府进一步加大对学校体育的投入和支持，把学校体育卫生工作专项经费纳入年度教育经费预算内予以保障，并随着教育经费的增长同步增长。要大力推动国家学生体质健康标准、政府购买意外伤害校方责任险，以及学校卫生疫情监测和防控机制等各项制度的落实，教育部已经就此会同有关部门下发了一系列配套文件，各地要认真抓好各项配套政策的落实。要积极探索体育教学改革，逐步建立符合素质教育要求的体育考试评价制度，将体育科目测试成绩作为学生综合素质评价和学校录取的重要指标，充分发挥体育考试的积极导向作用。要重视体育活动中的安全教育和管理，既要加强安全防范工作，提高安全意识，消除体育活动中的安全隐患，也要防止因噎废食、削弱体育活动的倾向。各级教育督导部门要把中小学的体育工作列入督导计划，依法开展学校体育工作的专项督导，把督导重点放在体育课时、每天一小时体育活动时间、学生体质健康标准实施情况上。督导报告要向全社会公布，要把学校体育工作状况，特别是开展“阳光体育运动”的情况作为评价地方和学校教育质量和办学水平的重要指标。

三是加强舆论宣传，及时总结和推广学校体育工作的经验与做法。良好的社会氛围是做好学校体育工作的重要保证。教育行政部门和学校要加强与新闻媒体的合作，宣传学校体育工作和青少年体质健康的重要性，宣传开展阳光体育运动的典型和成效，形成正确的舆论导向和全社会共同关心支持青少年健康成长的良好氛围，为学校体育工作的开展创造有利的社会环境。近两年来，在贯彻落实中央 7 号文件的过程中，许多地区和学校已经取得了好经验，树立了好典型。这些经验和典型来源于生动的实践，贴近教师和学生的实际，对于推动学校体育的具体工作具有重要的启发意义和参考价值。各级教育行政部门负责同志要经常深入学校第一线，及时总结这些好经验、好做法，同时组织学校开展多种形式的交流和学习工作，真正发挥这些经验的典型示范作用。我再强调一下，我们要突出阳光体育运动，进一步完善它、唱响它，把这些口号唱得更响一些，真正做到家喻户晓、深入人心。

青年兴则国家兴，青年强则国家强，青年有希望，未来的发展就有希望。同志们，让我们立即行动起来，进一步贯彻落实好中央 7 号文件，坚定信心，真抓实干，切实加强学校体育工作，掀起“全国亿万学生阳光体育运动”的新高潮，让广大青少年学生在阳光下快乐、健康地成长。

二〇〇九年五月十四日

信息来源：机关服务中心

网址：http://www.jsjyt.gov.cn/html/xwzx/jyyw/jyt/65907.html

主办单位：江苏省教育厅

5月16日

全国亿万学生阳光体育运动推进会召开

全国亿万学生阳光体育运动推进会今天在重庆举行。教育部部长周济出席会议并讲话。他强调，要深入分析研究形势，及时总结交流经验，进一步行动起来，以新的高度、新的思路和新的举措抓好学校体育工作，使这项工作切实取得战略性突破和实质性进展，继续把阳光体育运动推向新的高潮。

周济说，自2007年5月7日，中共中央、国务院颁布《关于加强青少年体育增强青少年体质的意见》以来，青少年学生体育工作得到各级党委政府的高度重视，各地认真学习贯彻中央文件精神，采取多种措施加强学校体育工作，形成了多年来少有的全国上下重视青少年体育的氛围，形成了多部门合作、齐抓共管和统筹协调解决学校体育工作重要问题的机制。各地以亿万学生阳光体育运动为载体，以全面实施《国家学生体质健康标准》为基础，根据本地区的实际情况，积极组织广大青少年学生开展了丰富多彩的体育活动，创造了大量新鲜有效的经验。经过两年多的扎实工作，每天锻炼一小时已经深入人心，亿万学生阳光体育运动深受青少年学生欢迎，形成了强大声势。如今，孩子们走向操场、走进大自然、走到阳光下，跑起来、跳起来、动起来，已经蔚然成风。

周济指出，在新的形势下，我们要深刻认识学校体育工作的重要性、紧迫性和现实针对性。学校体育工作是教育工作的大事，直接关系到亿万青少年的健康成长，关系到千家万户的幸福生活，关系到国家和民族未来的长远发展，是实施素质教育、促进学生全面发展的内在要求，是提高教育质量、办好人民满意教育的现实需要，是建设人力资源强国、提高全民族健康素质的必然选择。我们要以新的高度、新的思路和新的举措抓好学校体育工作，使这项工作切实取得战略性突破和实质性推进，从而让“健康第一”指导思想在学校教育中确立起牢固的地位。

周济强调，要以爱与责任，扎扎实实推进阳光体育运动。他说，今年是各级各类学校贯彻落实中央7号文件的关键之年。各地要以学习实践活动为契机，把贯彻落实中央7号文件作为一项重要而持久的任务，进一步增强使命感、责任感、紧迫感，更加突出学校体育工作的重要地位，下更大的决心，采取更有力的措施，把学校体育工作抓得再狠些，做得再实些。各级教育行政部门和学校要认真执行国家课程方案，坚持健康第一，不挤占体育课等教学时间，依法保障学生的休息权利，确保每天锻炼一小时，不断把学校体育工作推向前进。要充分调动学生、教师和学校的主观能动性和积极性。要针对青少年的特点和爱好，进一步唱响亿万学生阳光体育运动主旋律，努力开发丰富多彩、新颖多样的体育活动形式，吸引广大青少年普遍参与到体育锻炼中来。要因地制宜，大胆创新，努力形成百花齐放、异彩纷呈的学校体育新局面。

要大力开展群众性校园体育活动，让体育活动覆盖到每一个班级、每一个学生，做到“人人有体育项目、班班有体育活动、校校有体育特色”。同时，各地要采取有力措施，为学校体育工作创造良好条件。教育行政部门和学校要积极主动争取政府进一步加大对学校体育的投入和支持。要大力推动国家学生体质健康标准、政府购买意外伤害校方责任险，以及学校卫生疫情监测和防控机制等各项制度的落实。要积极探索体育教学改革，逐步建立符合素质教育要求的体育考试评价制度，将体育科目测试成绩作为学生综合素质评价和学校录取的重要指标，充分发挥体育考试的积极导向作用。要加强宣传，及时总结和推广学校体育工作的经验与做法，形成全社会共同关心支持青少年健康成长的良好氛围。

据了解，自实施阳光体育运动以来，青少年学生体质健康状况得到改善。2008 年，全国近 9 万所学校的测试结果表明，及格及以上标准的学生达到了 85.94％，总体情况好于 2007 年。根据共青团中央有关机构对 15 所学校的调查结果，有 93.56％的学生感觉现在的长跑能力比以前进步明显；对冬季长跑活动带来的益处，有 91.95％的学生认为能够强健体魄，84.32％的学生认为能培养意志力。

会议由教育部副部长陈小娅主持。国家体育总局副局长冯建中、共青团中央书记处书记周长奎分别讲话。重庆、天津、内蒙古、江苏、河南、浙江、湖南七省(区、市)介绍了贯彻落实中央 7 号文件、开展阳光体育运动的经验。重庆市人大常委会副主任陈雅棠、重庆市副市长谢小军及教育部相关司局负责人、各省(区、市)教育厅负责人出席会议。会后，与会代表现场观摩了重庆市各中小学校开展阳光体育运动的情况。

信息来源：福建省教育厅

网址：http://www.fjedu.gov.cn/html/2009/05/388_48488.html

主办单位：福建省教育厅

5 月 18 日

关于组织开展 2009 年上海市学生阳光体育大联赛的通知

各高等学校，各区县教育局、体育局、团委，浦东新区社会发展局：

为贯彻落实《中共中央国务院关于进一步加强青少年体育增强青少年体质的意见》和《教育部、国家体育总局、共青团中央关于开展全国亿万学生阳光体育运动的通知》的精神，在本市连续举办 2006 年、2007 年学生阳光体育大联赛和 2008 年学生运动会的基础上，上海市教育委员会、上海市体育局、共青团上海市委员会决定举办 2009 年上海市学生阳光体育大联赛(以下简称“大联赛”)，现就有关要求和事项通知如下：

一、大联赛的指导思想与总体目标

坚持“健康第一，全面育人”的指导思想，以迎世博、庆祝新中国成立 60 周年为契机，立足校园，面向全体学生，开展丰富多彩的校园群体健身活动，形成“人人有项目，班班有活动，校校有特色”的校园体育氛围，在各级各类学校广泛开展阳光体育运动的基础上，通过举办全市学生阳光体育大联赛活动，发挥其倡导和引领作用，进一步推动全市学生阳光体育运动更加广泛、深入、扎实地开展，从而促进学生身心健康成长。

二、大联赛的组织形式和基本要求

1. 大联赛分为高校、中小学校预赛，高校、区县复赛和市级决赛三个层面。作为群众性体育活动，大联赛的目的是让广大学生参与到阳光体育运动中来，因此，预赛的发动面、参与面是大联赛能否取得实效的关键。各级教育行政部门和各级各类学校要充分认识群体性竞赛活动在促进学生健康全面发展方面的重要作用，做好本次大联赛预赛的组织发动工作，让每个学生都能成为阳光体育运动的参与者和受益者。

2. 为体现大联赛群众性体育活动的特点，2009 年大联赛在项目设置、赛制、运动员资格、运动队组成等方面进行了改革和创新，从制度设计上保证大联赛的参与面和群众性；在项目设计上更具趣味性，部分项目在运动队组成上以中小学年级队和高校院系队为主(具体见各项目单项规程，规程另发)。希望区县教育行政部门和各级各类学校确保本次大联赛相关改革举措在推动群众性体育活动的广泛开展中发挥积极作用，认真执行相关竞赛规程，确保活动的有序、高质量开展。

3. 在做好大联赛各项工作的同时，各级教育行政部门和各级各类学校应根据本地区本学校的实际情况，依据不同年龄与学段的学生特点和兴趣爱好，创新发展学校群众性健身活动的内容和项目，形成贴近学生健身需求，具有学校特色的群体活动品牌。

4. 区县教育行政部门和各级各类学校要加强领导，形成合力，继续做好今年学生阳光体育运动的组织发动工作，制订具体的计划、内容安排以及实施方案，落实相关的场地器材、经费保障，制订竞赛管理、食品卫生、交通安全等各项保障和应急措施。同时，应定期对本区域本学校学生阳光体育运动的开展情况进行汇总与研究，及时解决困难和问题，总结推广先进经验。

三、2009年市级大联赛的主要活动和安排

1. 组织开展2009年上海市学生阳光体育大联赛。由市大联赛执委会负责制定印发竞赛规程总则(另发)，确定项目设置、分组、参赛办法、参赛资格、日程安排、奖项设立、赛区划分以及承办单位等事宜。

2. 组织开展上海市学生阳光体育运动优秀节目展示和文化作品征集活动。为迎接和配合2010年中国上海世博会的举办，由市大联赛执委会负责向高校、区县(含中小学)及中职学校征集适宜在大型广场、展示馆舞台上进行展演的学生阳光体育健身特色品牌项目以及体育健身征文、摄影、动漫画等作品(征集方案另发)。

3. 组织开展2009年上海市学生阳光体育运动情况评估。由市大联赛组委会负责制订评估方案(评估方案另发)并组成专家评估组，对2009年各区县、高校以及中职学校组织开展阳光体育运动的情况进行评估，评估内容主要包括参加大联赛的情况、开展阳光体育运动的宣传发动和组织实施情况、文化作品的征集情况、特色品牌方案策划与推广及其运作经验等方面的情况。

四、大联赛的表彰奖励

1. 由上海市学生阳光体育大联赛组委会，对获得2009年上海市学生阳光体育大联赛各项目各组别优胜成绩的团体和个人，按照竞赛规程总则的规定，颁发参赛成绩的证书和奖状；对承办工作出色的单位，授予优秀赛区奖，同时给予一定的经费奖励。

2. 由上海市学生阳光体育大联赛组委会，依据专家评估组的评估情况，经广泛听取意见，对学生参与面广、活动扎实、具有特色并在市级竞赛活动中表现突出的高校、区县及中职学校，分别授予2009年上海市学生阳光体育大联赛优秀组织奖。在此基础上，开展阳光体育先进集体和先进个人的评选。

3. 由上海市学生阳光体育大联赛组委会，对经征集入选的上海市学生阳光体育运动优秀展示节目和文化作品，按照相关规定颁发证书和奖状，并组织或推荐参加市级展演展示活动。

五、经费安排

市级层面学生阳光体育大联赛的组织经费由主办单位负责。

各高校、区县、中职学校的参赛经费均自行解决。

六、大联赛的组织机构

1. 上海市学生阳光体育大联赛由组委会领导和统筹协调，组委会下设执委会，负责大联赛的组织策划、竞赛安排、新闻宣传、经费筹集和使用等具体实施工作。执委会日常办公地点设在上海市学生活动管理中心(地址：中山西路 1245 弄 1 号；邮编：200051；联系电话：64331815 ，34010027；传真 62781722)。

2. 各区县和各级各类学校应建立学生阳光体育运动的相应机构或工作领导小组，负责统筹协调本区县本学校学生阳光体育运动的开展，切实做好宣传发动和组织工作。各区县、高校制订的 2009 年学生阳光体育活动方案于 5 月 30 日前报送市大联赛执委会。

信息来源：上海市教育委员会

网址：http://www.shmec.gov.cn/html/xxgk/200905/415082009001.php

主办单位：上海市教育委员会

5 月 19 日

在全国亿万学生阳光体育运动推进会上

沈键厅长作"加强学校体育工作促进学生健康成长"的大会发言

全国亿万学生阳光体育运动推进会 5 月 15 日在重庆举行。教育部周济部长，国家体育总局、共青团中央的领导出席会议并讲话。周济部长在讲话中强调，要深入分析研究形势，及时总结交流经验，进一步行动起来，以新的高度、新的思路和新的举措抓好学校体育工作，使这项工作切实取得战略性突破和实质性进展，继续把阳光体育运动推向新的高潮。

沈键厅长出席会议并作了大会发言。沈厅长从四个方面介绍了我省近两年来贯彻落实中央 7 号文件精神的情况。一是广泛开展学生阳光体育运动：不断丰富阳光体育运动内容，广泛开展群众性体育比赛活动，规划建设学生阳光体育营地。二是不断完善学校体育工作保障条件：加强体育教师队伍建设，提高学校体育场馆设施建设水平，强化学校体育安全管理，开展学校体育工作研究。三是着力加强学校体育工作制度建设：加快学生体质健康促进工作立法，全面实施初中毕业升学体育考试制度，普遍推行学生体质健康测试制度。四是加大学校体育卫生工作考核督查力度：制定学校体卫工作考核标准和办法，加强学校体卫工作督查，评选体卫工作先进学校。

教育部相关司局负责人、各省(区、市)教育厅负责人出席了会议。会议期间，与会代表现场观摩了重庆市中小学校开展阳光体育运动的情况。

信息来源：体育卫生与艺术教育

网址：http://www.jsjyt.gov.cn/html/xwzx/jyyw/jyt/65520.html

主办单位：江苏省教育厅

5月20日

浙江省教育厅办公室关于公布浙江省首届中小学生阳光体育运动展示活动优秀项目的通知

各市教育局、义乌市教育局：

根据《浙江省教育厅办公室关于举办浙江省首届中小学生阳光体育运动展示活动的通知》(浙教办体[2008]49号)安排，在各市教育局评选推荐的基础上，经评审，确定22个项目为浙江省首届中小学生阳光体育运动展示活动优秀项目。其中宁波市宁海县试验小学的《赛龙舟》获一等奖，义乌市青口小学的《花样跳绳》等8项获二等奖，杭州市杭州师范大学附属丁兰实验学校的《柔韧操》等13项获三等奖。现将获奖项目予以公布(见附件)。

对获奖项目我厅将集中制成光盘，向全省中小学校推广，同时按《浙江省第十一届中学生运动会竞赛规程总则》规定计入各市团体总分。全省各地和各中小学校应结合实际，因地制宜地学习、推广，并在实践中继承和发展，不断开发形式多样、喜闻乐见、健康向上的体育活动项目，丰富我省学校大课间和课外体育活动内容，为全面推进我省学生阳光体育运动的持续、有效、深入开展奠定良好的基础。

附件：浙江省首届中小学生阳光体育运动展示活动优秀项目

二〇〇九年五月二十日

信息来源：浙江省教育厅

网址：http://www.zjedu.gov.cn/gb/articles/2009-05-22/news20090522161021.html

主办单位：浙江省教育厅

5月25日

安徽省全面实行大课间体育活动现场会在马鞍山召开

5月19日，安徽省全面实行大课间体育活动现场会在马鞍山召开，省教育厅副厅长江春，马鞍山市副市长陈苏汉出席现场会。各市教育局分管局长和主管科室负责人、各县(区)教育局分管局长近200人参加了会议。

江春在讲话中指出，大课间阳光体育活动，是保证学生每天一小时体育锻炼时间的重要保证，是增强学生体质健康水平，促进学生全面发展的重要载体和有效举措，是推动学校体育工作，落实健康第一的思想，实施素质教育的重要突破口。全面推进大课间阳光体育活动，这是学校教育工作必须坚持常抓不懈的一项极为重要的工作。

江春要求各级教育行政部门和中小学校高度重视这项工作，立即行动起来，把全面推进大课间阳光体育活动摆上议事日程，加强对这项工作的领导。要积极推广马鞍山等地开展中小学大课间体育活动的经验，认真研究本地区中小学大课间体育活动工作的思路、措施、方法，研究制订不同地区、不同类型学校开展大课间体育活动的规划和计划。要加强分类指导，全面推进，切实保证大课间阳光体育活动在每一所学校都能够得到落实。

江春强调，全面推进大课间阳光体育活动，必须抓好几个关键环节。一要切实保证活动时间不少于25分钟，充分发挥大课间在确保学生每天锻炼一小时，促进学生体质健康中的作用。二要落实活动内容。既要积极推行亿万学生阳光体育冬季长跑活动，校园集体舞、第三套中小学生系列广播体操等国家规定的活动内容，又要结合本地本校实际，形成自己的特色。三要抓好制度建设。要落实好体育督导检查制度、健康体检制度，完善学校体育管理特别是安全管理。四要保证必要的场地、器材和师资。要加强体育教师队伍的建设，改善学校体育的场地条件和设施条件，提高体育教学水平，为开展大课间阳光体育提供必要的保障。

当天，参会人员分两组实地考察了马鞍山市山南小学等8所学校的大课间体育活动现场。各校结合校情，精心选取体育活动内容，从传统的太极拳到现代的韵律操，从球类运动到优美的舞蹈，无不给在场考察组成员留下了深刻印象。

信息来源：安徽省教育厅

网址：http://zwgk.ahedu.gov.cn/XxgkWeb/showGKcontent.aspx? xxnr_id=1575

主办单位：安徽省教育厅

5月31日

湖南推动阳光体育覆盖每个班级

“阳光体育运动的参与度关系到学校和班级的考核，我们一点都不敢马虎。”记者近日随教育部组织的采访团到湖南采访时，长沙市一名年轻的班主任对记者说。自2007年阳光体育运动启动以来，湖南省通过加强考核和督导等制度保障，使阳光体育运动顺利延伸到每个班级每个学生。

为加强学校的体育工作，湖南省将阳光体育运动列为各地、市、州教育局、学校业绩考核内容，对各单位贯彻落实、机构队伍建设和工作特色等情况进行全方位考核，并将考核结果作为经费支持、项目安排和评优评先的主要依据。对没有成立体卫艺科的市州教育局，其体卫艺工作年度考核评先一票否决。

“我们在具体工作中实行了合格性评估和评优评先一票否决的制度，这招很管用。”据长沙市教育局党委副书记陈出亚介绍，在许多学校，班主任成了开展阳光体育运动的“主力军”，每当学生活动时，班主任都会参与其中。

过去，长沙岳麓区桐梓坡小学在三好生评选中，主要看重学生德育、智育方面表现，体育不达标也能评上三好生。但是，自从开展阳光体育运动后，学校在评选三好生时，也把阳光体育运动列为评价指标。该校党支部书记谢小卫说：“我们对推选上来的三好生，每次都要组织专门的体能测试，体能不合格的学生将无缘三好生评选。”桐梓坡小学的做法，得到了家长的认可，家长们在强调孩子学业成绩的同时，也纷纷开始督促孩子参加体育锻炼。

与此同时，湖南省还坚持对市州体卫艺工作进行督导检查，部署对各市州学校体育工作进行专项检查。2008 年，各市州教育行政部门对所属各县市区体育工作进行专项督导检查，并根据检查发现的问题，督促各县市区积极整改。

此外，为推动阳光体育运动的可持续发展，一些地市还采取了一些创新思路。“阳光体育运动的课程化是必由之路。”株洲市教育局体卫科科长刘迎久直言不讳，“现在阳光体育让孩子们在学校里都动起来了，但一到节假日就又不活动了，使得 5 天的阳光体育效果被 2 天的休息时间所冲淡，导致 5 加 2 等于零。因此，我们必须改进和加强学生课外与闲暇时间各项活动的开展，使之形成合力，提高阳光体育的实效”。

株洲市将“体育与健康”课程中已设置的项目，如田径、球类、武术和民间传统体育项目及新型的时尚体育项目，全部列入可开发的校本课程内容，要求学校在开发内容时，既要注重促进学校的自身发展，又要尊重学生的自主选择，并与体育课教学衔接互促，使之既能在学校实施，又能得到家庭的配合。

如今，湖南省各级各类学校的广大师生都积极投身到阳光体育运动中，掀起了校园体育锻炼的热潮。在长沙市周南中学每天一小时的体育锻炼中，除了人人必做操外，学生还自主参加球类、毽子、跳竹竿等几十项活动。该校校长黄水宁认为，学习和锻炼是相辅相成的关系，可以起到相互促进的作用。体魄强健了，承受学习压力的能力自然也就提高了。而今，周南中学不仅提高了教育质量，而且体育成绩一直名列全省前茅，实现了学习、锻炼两不误。

信息来源：体育卫生与艺术教育处

网址：http://gov.hnedu.cn/web/0/

200905/31083902140. html

主办单位：湖南省教育厅

6月

6月3日

关于公布第二批浙江省中小学生课外文体活动工程示范区的通知

各市及有关县(市、区)教育局、体育局、团委、少工委：

为深化教育改革，全面推进中小学素质教育，有效改善中小学生的健康水平，省教育厅、省体育局、团省委、省少工委联合开展了中小学生课外文体活动工程示范区建设活动。经申报、推荐、审核和考察验收，确定杭州市西湖区等 14 个县(市、区)为第二批浙江省中小学生课外文体活动工程示范区，现予公布。

请各示范区根据验收反馈意见，进一步总结经验，强化特色，对下一步工作建议进行逐条整改落实。年底省里将组织专家对各示范区的整改情况进行抽查。

希望各地和各示范区认真贯彻落实《中共浙江省委浙江省人民政府关于加强青少年体育增强青少年体质的实施意见》，加强对文体活动工程示范区、试点区建设的领导，在全面推进此项活动的基础上，树立典型，强化特色，积极争创国家级示范区，逐步形成以国家级和省级示范区为榜样、全省中小学课外文体活动整体推进协调发展的良好局面。

附件：

1. 第二批浙江省中小学生课外文体活动工程示范区名单

2. 第二批浙江省中小学生课外文体活动工程示范区验收反馈意见

浙江省教育厅　浙江省体育局　共青团浙江省委员会 少先队浙江省工作委员会

二〇〇九年五月二十七日

信息来源：浙江省教育厅

网址：http://www.zjedu.gov.cn/gb/articles/2009-06-03/news20090603110655.html

主办单位：浙江省教育厅

6月4日

转发关于做好第二届全国亿万学生阳光体育冬季长跑活动评选表彰工作的补充通知

各市州教育局体卫艺科：

现将《关于做好第二届全国亿万学生阳光体育冬季长跑活动评选表彰工作的补充通知》转发给你们，请按照要求，认真做好评比申报工作。县市级“优秀组织单位”由各市州教育局组织评比，并按照20%的比例向我厅申报；市州级“优秀组织单位”由我处组织评比。

请各市州将有关评比申报材料于6月15日前报我处。

湖南省教育厅 体育卫生与艺术教育处

二〇〇九年六月四日

关于做好第二届全国亿万学生阳光体育冬季长跑活动评选表彰工作的补充通知

各省、自治区、直辖市教育厅(教委)、体育局、团委，新疆生产建设兵团教育局、体育局、团委：

由教育部、国家体育总局、共青团中央共同组织实施的第二届全国亿万学生“阳光体育与祖国同行”冬季长跑活动(以下简称冬季长跑)开展以来，各地教育、体育、共青团等部门和学校，积极采取有效措施，引导广大青少年学生参加冬季长跑活动，积累了成功的经验，涌现出了许多好的典型。

为推动冬季长跑活动持续、有效地开展，推广先进经验，表彰典型，根据《关于开展第二届全国亿万学生阳光体育冬季长跑活动的通知》文件精神，教育部、国家体育总局、共青团中央决定对冬季长跑活动开展好的省、地、县级政府单位进行评比表彰。现将有关事宜通知如下：

一、评选表彰：

省级单位优秀组织奖的评选表彰比例为30%，由教育部、国家体育总局和共青团中央依据评选条件并结合各地工作情况进行评选；地、县级单位优秀组织奖的评选表彰比例为20%，由各省(区、市)教育、体育行政部门和共青团组织共同组织评选，报全国亿万学生阳光体育运动领导小组办公室进行表彰。

二、评选条件：

1. 冬季长跑活动组织机构健全，实施方案完整，措施具体，对基层活动支持、指导有力，阶段性检查工作制度健全、有效，及时报送活动简报和工作总结。

2. 认真组织起跑仪式并开展冬季长跑的宣传教育活动，起跑仪式有特色，影响面广，宣传教育活动有创意，参与范围广。

3. 教育、体育行政部门和共青团组织相互配合、协调，共同组织本地区冬季长跑活动，学校冬季长跑普及率高，学生普遍能完成长跑里程，锻炼效果显著。

4. 本地区学校在冬季长跑活动网站上注册数量较多，参加网站的交流活动积极。

5. 活动期间未发生任何安全事故。

三、各地要认真组织好评选、申报工作，力求做到公正、公平、公开，通过评选表彰达到调动积极因素、促进工作的目的。申报意见和材料按附件的格式和要求统一填写，并务请于2009年6月15日前报全国亿万学生阳光体育运动领导小组办公室。

四、教育部、国家体育总局、共青团中央将对省级申报材料进行复评与审核，对符合“优秀组织单位”评选条件的省级单位和由省级申报的(只按20%比例报名单)地(市、区)和县(市)，授予“第二届全国亿万学生‘阳光体育与祖国同行’冬季长跑优秀组织单位”称号。

五、全国亿万学生阳光体育运动领导小组办公室秘书处设在团中央所属新时代青少年体质健康促进中心。

地址：北京市东城区东直门南大街9号华普花园C座6 05室。

邮编：100007。

联系人：王滨，电话：010-51288227-610，传真：010-84098849。

附件：第二届全国亿万学生阳光体育冬季长跑活动“省级优秀组织单位”评选申报表

全国亿万学生阳光体育运动领导小组办公室

二〇〇九年五月二十六日

附件：

第二届全国亿万学生阳光体育冬季长跑活动“优秀组织单位”评选申报表

<table>
<tr><td colspan="5">申报单位：</td></tr>
<tr><td colspan="4">通讯地址：</td><td>邮编：</td></tr>
<tr><td colspan="2">联 系 人：</td><td colspan="3">联系电话：</td></tr>
<tr><td colspan="5">电子邮箱：</td></tr>
<tr><td rowspan="6">申报单位评选条件达标情况</td><td>1. 组织机构健全</td><td colspan="2">□是 组织机构及人员组成名单附后</td><td>□否</td></tr>
<tr><td>2. 实施方案完整</td><td colspan="2">□是 冬季长跑实施方案附后</td><td>□否</td></tr>
<tr><td>3. 组织起跑仪式</td><td colspan="2">□是 起跑仪式方案、相关新闻报道附后</td><td>□否</td></tr>
<tr><td colspan="4">4. 所辖地区学校开展冬季长跑普及率：</td></tr>
<tr><td colspan="4">5. 所辖地区学校在冬季长跑活动网站上注册数量：</td></tr>
<tr><td colspan="2">6. 所辖地区学校在冬季长跑活动期间未发生任何安全事故</td><td>□是</td><td>□否</td></tr>
<tr><td colspan="5">申报单位盖章

年 月 日</td></tr>
</table>

信息来源：体育卫生与艺术教育处

网址：http://gov.hnedu.cn/web/0/200906/05145719240.html

主办单位：湖南省教育厅

6月10日

关于2009年江西省中学生篮球比赛的补充通知

各设区市教育局体卫艺科(处)、基教科(处)，各体育后备人才示范性中学：

根据我会《关于下发2009年江西省中学生各项目体育竞赛规程的通知》(赣学体字[2009]3号)的精神，2009年中学生篮球比赛定于2009年7月2—7日在江西现代职业技术学院举行(学校地址：南昌市高新技术开发区紫阳大道338号)。请各代表队于7月2日下午3：30前到江西现代职业技术学院招待所报到，联系人：陈久林，联系电话：13870642199。7月2日下午4：30在江西现代职业技术学院培训楼二楼会议室召开组委会暨裁判长、教练员联席会议。请各队领队、教练员准时参加。

请各参赛单位在6月20日前将2009年江西省中学生篮球比赛报名表和江西省运动员赛前确认注册登记表各一式两份，经设区市教育局审查盖章后，连同运动员的学生证、学籍表、身份证或贴有照片加盖骑缝户口专用章的出生年月日的复印件，同时附上参赛运动员每人两张一寸免冠近照寄送江西省学生体育协会王婵亮，地址：南昌市北京西路437号，邮编：330027。联系电话(传真)：0791-8509230。

江西省学生体育协会

二〇〇九年六月九日

信息来源：江西省学生体育协会

网址：http://www.jxedu.gov.cn/zwgk/xbgfjy/xbtyjj/2009/06/38084.html

主办单位：江西省教育厅

6月10日

河北省教育厅关于开展学校体育卫生工作专项督导检查的通知

各设区市教育局，各普通高等学校：

为贯彻落实中央7号文件精神，切实加强我省学校体育卫生工作，我厅于2008年11月安排了体育卫生专项督导检查工作，各市、各高校按照冀教政体[2009]83号、84号通知要求完成了自查，经研究，决定于2009年6月组织进行省级抽查。现将有关事宜通知如下：

一、检查时间

2009 年 6 月 15—19 日对中小学体育卫生工作情况进行督导检查；

2009 年 6 月 22—26 日对高校体育卫生工作情况进行督导检查。

二、检查内容

以《河北省学校体育卫生工作督导评估指标体系》为依据，重点检查贯彻落实中央 7 号文件精神、开展阳光体育运动、实施《国家学生体质健康标准》和学生健康体检、常见病防治及卫生监督等情况。

三、检查组织及程序

对中小学体育卫生工作的督导检查工作由省教育督导室和我厅思想政治与体育卫生处负责组织，抽调专家，组成 11 个检查组同时进行；对各高校的检查工作由我厅政体处组织省大学体育协会和省高校保健医学分会，抽调专家，组成 11 个检查组同时进行。

1. 听取市、校主管领导汇报。

2. 检查近两年有关文件、资料和档案。

3. 召开两个座谈会(教师代表；学生代表)。分别召开，同时进行，客观了解学校体育、卫生情况。

4. 现场检查：体育、卫生设施，教学和生活环境卫生监督情况，体育教学课，课外群体、竞赛活动，早操、大课间、眼保健操进课表及落实情况。

5. 抽查部分学生《国家学生体质健康标准》测试。

6. 检查组与院校主管领导及学校有关部门负责人交换意见。

四、检查要求

1. 各市、各高校要高度重视本次督导检查工作，积极配合检查组的工作。通过督导检查，了解情况、总结经验，发现问题，促进工作。

2. 请各市、各学校认真填写《河北省中小学体育卫生工作基本情况调查表》，接受督导检查时交检查组。

附件：1. 河北省学校体育卫生工作督导评估指标体系(试行)

2. 河北省中小学体育卫生工作基本情况调查表

二〇〇九年六月八日

信息来源：河北省教育厅

网址：http://www.hee.cn/col/1225088245953/1244600922120.html

主办单位：河北省教育厅

6 月 11 日

湖北省关于做好全国亿万学生阳光体育冬季长跑活动评选表彰推荐工作的通知

各市(州)、林区教育局、体育局、团委，江汉油田教育实业集团：

第二届全国亿万学生“阳光体育与祖国同行”冬季长跑活动(以下简称长跑活动)开展以来，全省各级教育、体育、共青团等部门和学校，采取有效措施，积极引导广大学生参加冬季长跑活动，积累了成功经验。为表彰典型、推广先进经验，教育部、国家体育总局、共青团中央决定对冬季长跑活动开展好的省、地(市)、县级单位进行评比表彰。为了做好我省申报工作，现将有关事宜通知如下：

一、评选表彰

市(州)级优秀组织奖，由省教育厅、省体育局、共青团省委根据评选条件并结合各地工作情况(上报材料)进行初评，按20%的比例上报国家领导小组审核；县(区)级优秀组织奖，由各地教育局、体育局、团委组织评选，按20%的比例上报省领导小组办公室初审后上报全国领导小组办公室审核。

教育部、国家体育总局、共青团中央将对省申报的市、县两级申报材料进行复评和审核后，对符合“优秀组织单位”评选条件的，授予“第二届全国亿万学生‘阳光体育与祖国同行’冬季长跑优秀组织单位”称号。

二、评选条件

1. 冬季长跑活动组织机构健全，实施方案完整，措施具体，对基层活动支持、指导有力，阶段性检查工作制度健全、有效，及时报送活动简报和工作总结。

2. 认真组织起跑仪式并开展冬季长跑的宣传教育活动，起跑仪式有特色，影响面广，宣传教育活动有创意，参与范围广。

3. 教育、体育行政部门和共青团组织相互配合、协调，共同组织本地区冬季长跑活动，学校冬季长跑普及率高，学生普遍完成长跑里程，锻炼效果显著。

4. 本地区学校在冬季长跑活动网站上注册数量较多，参加网站的交流活动积极。

5. 活动期间未发生任何安全事故。

三、请各地认真做好组织评选和申报工作，力求做到通过评选表彰调动各方面积极性，促进冬季长跑工作的进一步开展，申报意见和材料按附件的格式和要求统一填写，于2009年6月19日之前报省亿万学生阳光体育领导小组办公室。

湖北省学生阳光体育领导小组办公室秘书处设在省教育厅体卫艺处。电话：027-87327139、87328181　传真：027-87328153。联系人：黄昌军。

附件：第二届全国亿万学生阳光体育冬季长跑活动“市、县

(区)级优秀组织单位”评选申报表(附相关材料)

湖北省教育厅　湖北省体育局　共青团湖北省委

二〇〇九年六月十日

信息来源：体卫艺

网址：http://www.hbe.gov.cn/content.php?id=5898

主办单位：湖北省教育厅

6 月 17 日

关于 2009 年江西省中学生乒乓球比赛的补充通知

设区市教育局体卫艺科(处)、基教科(处)，各体育后备人才示范性中学：

根据我会《关于下发 2009 年江西省中学生各项目体育竞赛规程的通知》(赣学体字[2009]3 号)的精神，经与省体育局球类管理中心商定，2009 年全省中学生乒乓球赛与全省体育传统项目学校乒乓球赛于 2009 年 7 月 24—27 日在鹰潭市体育中心同时举行。请各代表队于 7 月 23 日下午 2：30 前到鹰潭市体育中心报到，联系人：姜伟，联系电话：0701-6280076。7 月 23 日下午 3：30 在鹰潭市体育中心会议室召开组委会暨裁判长、教练员联席会议。请各队领队、教练员准时参加。

请各参赛单位在 7 月 10 日前将 2009 年江西省中学生乒乓球比赛报名表和江西省运动员赛前确认注册登记表各一式两份，经设区市教育局审查盖章后，连同运动员的学生证、学籍表、身份证或贴有照片加盖骑缝户口专用章的出生年月日的复印件，同时附上参赛运动员每人两张一寸免冠近照寄送江西省学生体育协会王婵亮，地址：南昌市北京西路 437 号，邮编：330027。联系电话(传真)：0791-8509230。

江西省学生体育协会

二〇〇九年六月十六日

信息来源：江西省学生体育协会

网址：http://www.jxedu.gov.cn/zwgk/xbgfjy/xbtyjj/2009/06/38319.html

主办单位：江西省教育厅

6 月 24 日

浙江省教育厅办公室关于开展第三批中小学课外文体活动工程示范区试点工作的通知

各市、有关县(市、区)教育局：

2007 年以来，在各级教育、体育等部门及共青团、少工委的积极配合下，我省学生课外文体活动工程示范区试点工作进展顺利，有效推进了全省学生阳光体育运动的广泛开展。目前我省已有国家示范区1个，省级示范区25个。为进一步推动我省学校体育和艺术教育的改革与发展，鼓励更多的中小学生参加体育、艺术活动，决定将诸暨市、新昌县、湖州市吴兴区、德清县、武义县、衢州市衢江区、常山县、开化县、遂昌县、景宁县、松阳县11个县(市、区)作为第三批中小学生课外文体活动工程试点区。

各试点区教育行政部门要认真对照浙江省中小学生课外文体活动工程示范县评选细则和《体育、艺术"2+1项目"实施方案(试行)》的要求，结合本地中小学校的实际，制订具体方案，积极实践整体推进措施，确保开足开齐课程、确保每天一小时课外活动时间。试点区所在市教育局要加强督促和指导，努力帮助基层解决工作中的困难和问题。

请各试点区于7月15日前将本区中小学生课外文体活动实施方案和研究课题报我厅体育卫生与艺术教育处。联系人：朱建清，电话：0571-88008881；电子邮箱：zhujq@zjedu. org。

二〇〇九年六月二十四日

信息来源：浙江省教育厅

网址：http://www.zjedu.gov.cn/gb/articles/2009-06-29/news20090629112600.html

主办单位：浙江省教育厅

6月29日

福建省教育厅福建省体育局关于认真做好参加第十届全国中学生运动会福建代表团各代表队赛前集训工作的通知

各设区市教育局、体育局，福州一中、莆田一中、福建西山学校：

由教育部、国家体育总局、共青团中央联合举办的第十届全国中学生运动会于今年8月16—21日在长沙举行。我省经过多次选拔现已正式组成田径、篮球(已参加全国预赛并获决赛权)、武术和健美操4支代表队(具体名单附后)参加全国中运会。为争取在本届中运会上取得好成绩，经研究决定，各代表队从7月6日开始为期40天的集训。现将集训有关事项通知如下：

一、各代表队集训时间与地点：

(一)田径代表队

集训时间：7月6日至8月14日共40天。

集训地点与办法：集训分两个阶段进行。第一阶段为分期集训。第二阶段为集中强化集训。第一阶段从7月6—31日分别在省田自中心、省体校，福州、泉州、龙岩、莆田等少体校训练。第二阶段从8月1—14日集中在集美大学诚毅学院强化训练，训练工作由叶夏生、廖冠群、林鹰、徐文彬和周怒江同志负责。

(二)篮球代表队

集训时间：7月6日至8月14日共40天。

集训地点与办法：集中在莆田一中训练，训练工作由吴继清、林立元、孔敏同志负责。

(三)武术代表队

集训时间：7月6日至8月14日共40天。

集训地点与办法：集训分两阶段进行。第一阶段为分散集训。第二阶段为集中强化集训。第一阶段从7月6—31日分别在省武管中心和西山学校训练。第二阶段从8月1—14日集中在西山学校强化训练，训练工作由张文彬、丁庆柱、吴贤举同志负责。

(四)健美操代表队

集训时间：7月6日至8月14日共40天。

集训地点与办法：集中在福州一中训练，训练工作由刘庆军、缪滢滢、王单绮同志负责。

二、要求

(一)请各有关单位对参加全国中运会的教师和学生给予关心和支持，妥善安排好他们的教学与学习任务。教师在集训与参赛期间学校的一切待遇与其他教师一视同仁。

(二)各代表队必须认真制订训练计划与参赛预案，严格要求，严格训练、确保安全。

(三)为做好集训工作，决定派员负责协调与服务工作。江仁虎同志负责田径队、陈文彬(莆田教育局)同志负责篮球队，张海明同志负责武术队，陈丽红同志负责健美操队。

(四)省教育厅将给各个代表队下拨集训补贴，各队要做到专款专用

信息来源：福建省教育厅

网址：http://www.fjedu.gov.cn/html/2009/06/266095_50927.html

主办单位：福建省教育厅

7月

7月6日

关于2009年江西省中学生排球比赛的补充通知

各设区市教育局体卫艺科(处)、基教科(处)，各体育后备人才示范性中学：

根据我会《关于下发2009年江西省中学生各项目体育竞赛规程的通知》(赣学体字[2009]3号)的精神，2009年中学生排球比赛定于2009年8月6日—11日在江西师大附中举行。请各代表队

于8月6日下午3：30前到江西省学生体育协会秘书处报到，地址：江西师大老校区音乐学院内，联系人：王婵亮，联系电话：0791－8509230。8月6日下午4：30在省学生体协秘书处召开组委会暨裁判长、教练员联席会议。请各队领队、教练员准时参加。

请各参赛单位在7月20日前将2009年江西省中学生排球比赛报名表和江西省运动员赛前确认注册登记表各一式两份，经设区市教育局审查盖章后，连同运动员的学生证、学籍表、身份证或贴有照片加盖骑缝户口专用章的出生年月日的复印件，同时附上参赛运动员每人两张一寸免冠近照寄送江西省学生体育协会王婵亮，地址：南昌市北京西路437号，邮编：330027。联系电话(传真)：0791－8509230。

江西省学生体育协会

二〇〇九年七月三日

信息来源：江西省学生体育协会

网址：http://www.jxedu.gov.cn/zwgk/xbgfjy/xbtyjj/2009/07/38788.html

主办单位：江西省教育厅

7月13日

云南省人民政府教育督导团 云南省教育厅关于开展中小学校体育工作专项督导评估的通知

各州市人民政府教育督导室、教育局：

为深入贯彻党的教育方针，进一步增强青少年体质，促进青少年健康成长，积极推进实施素质教育，根据中共中央国务院《关于加强青少年体育增强青少年体质的意见》(中发[2007]7号)和教育部关于印发《中小学体育工作督导评估指标体系的通知(试行)》(教督[2008]3号)要求，结合我省实际，决定从2008年起开展全省中小学校体育工作专项督导评估。现就有关事项通知如下：

一、督导评估对象

中小学校体育工作督导评估的对象是各级人民政府、政府相关部门和普通中小学校。

二、督导评估内容

中小学校体育工作专项督导评估的内容是各级政府和学校在全面贯彻落实国家、省有关学校体育工作规定中采取的措施、取得的成效等，主要包括中小学校体育工作的教育管理、条件保障、评价机制和学生体质状况4个方面，具体指标详见《云南省中小学体育工作督导评估指标体系(试行)》。

三、工作要求

(一)坚持实事求是，客观公正的原则。学校自评和各级督导评估，要力求全面、客观地反映学校体育工作、学生体质健康素质等情况，以保证督导评估的科学性、真实性和实效性。

(二)通过评估切实改进和加强中小学体育工作。对于督导评估中发现的问题，要督促相关部门和有关学校采取有效措施，限期整改，切实解决存在的问题和不足。

(三)强化督导评估结果的运用。州、县两级完成督导评估后，要形成督导报告，向社会公布，接受舆论监督。同时，要将督导评估结果作为考核领导干部政绩的重要内容，作为教育有关表彰奖励的重要依据。

(四)逐步建立健全中小学体育工作督导评估机制。各州、市要按照要求，结合当地实际，制订中小学校体育工作督导评估实施方案，认真组织学校开展自评和州、县督导评估。全省所有普通中学、小学每学年进行1次自评；各县(市、区)每年进行1次专项督导评估检查；各州市每3年进行一次专项督导评估；省里不定期进行专项督导。

请各州、市于2009年7月底前将本学年开展中小学体育工作督导评估情况及相关表册(附件2)报省政府教育督导团和教育厅，同时报送电子文档。

督导评估工作在各级政府领导下，各有关职能部门参加，教育督导部门、教育行政部门具体实施。

联系方式：

1. 省政府教育督导团：陈琴

联系电话：0871-5141479(兼传真)

电子邮箱：cq@mail. ynedu. net. cn

2. 教育厅体卫处：梁北明

联系电话：0871-5141471

电子邮箱：lbm@mail. ynedu. net. cn

附件：

1. 云南省中小学体育工作督导评估指标体系(试行)

2. 云南省普通中小学体育工作专项督导情况表

云南省人民政府教育督导团　　云南省教育厅

信息来源：督导室

网址：http://www. ynjy. cn/Article/200907/Article_20090713112044_17405. shtml

主办单位：云南省教育厅

7月22日

安徽省关于做好小学体育器材、体质测试仪器验收工作的通知

各市教育局、各有关县(区)教育局：

为落实《中共中央国务院关于加强青少年体育增强青少年体质的意见》要求，改善我省农村薄弱小学的办学条件，2008年，省教育厅为我省部分农村小学配备了一批体育器材和体质测试仪器。为做好器材和仪器的验收工作，现将有关事项通知如下：

一、配备内容和安装要求

所配器材每套含小篮球架1副、乒乓球台(室外)1张、身高计1台、体重计1台、肺活量计1台。设备由省统一招标采购后，由中标供应商负责将货物送至各项目学校并安装调试。

二、验收要求

验收器材到位、安装和使用情况，器材仪器的质量和安全性是否符合要求。了解学校对本次体育器材配备的意见和建议。

请各市教育局和各项目县(区)教育局近期组织一次专项验收。请各项目县(区)教育局在2009年8月10日前将验收情况报告(加盖教育局公章)，报市教育局。市教育局于八月二十日前报教育厅(直送体卫艺处)。逾期未报，视为验收合格。

省教育厅体卫艺处联系人：刘业勋，联系电话：0551-2831843。

二〇〇九年七月二十二日

信息来源：安徽省教育厅

网址：http://zwgk.ahedu.gov.cn/XxgkWeb/showGKcontent.aspx? xxnr_id=2145

主办单位：安徽省教育厅

8月

8月4日

福建省教育厅福建省体育局关于印发福建省第八届中学生运动会游泳、排球、乒乓球、羽毛球等项竞赛规程的通知

各设区市教育局、体育局：

根据《福建省教育厅福建省体育局关于印发福建省第八届中学生运动会竞赛规则总则的通知》(闽教体[2009]6号)，经研究，定于9月至11月分别举办第八届中运会游泳、排球、乒乓球和羽毛球项目的比赛，现将各项竞赛规程印发给你们，请遵照执行。

附件：

1. 福建省第八届中学生运动会游泳竞赛规程
2. 福建省第八届中学生运动会排球竞赛规程
3. 福建省第八届中学生运动会乒乓球竞赛规程
4. 福建省第八届中学生运动会羽毛球竞赛规程

福建省教育厅　福建省体育局

二〇〇九年八月一日

信息来源：福建省教育厅

网址：http://www.fjedu.gov.cn/html/2009/08/379_53267.html

主办单位：福建省教育厅

8月6日

西藏自治区第九届中学生运动会8月4日在拉萨胜利闭幕

为全面贯彻教育方针，推动学校体育工作的开展，根据自治区领导的批示精神，西藏自治区第九届中学生运动会于2009年8月2日在拉萨隆重开幕。本届运动会由自治区教育厅、自治区体育局、共青团西藏自治区委员会三家单位主办，共设田径、篮球、足球三个大项目，56个小项目，100多个赛事。全区共有10个代表团600多名运动员参加各项目的角逐。

本届运动会是一次全区综合性的中学生运动会，是我区中学生运动会历史上参赛人数最多、规模最大的一次运动会，是我区在中华人民共和国成立60周年和西藏民主改革50周年大庆之际召开的一次体育盛会。

本届运动会球类比赛于7月27日开始进行，7月31日圆满结束。田径比赛于8月2—4日进行。8月2日上午9：30点在自治区拉萨中学体育场举行了西藏自治区第九届中学生运动会开幕式，出席开幕式的领导同志有：中共西藏自治区党委常委、自治区人民政府常务副主席吴英杰同志，自治区人大副主任新杂·单增曲扎同志，自治区政协副主席刘庆慧同志以及自治区相关部门领导。

经过两天半的激烈角逐，本届运动会在隆重、热烈、安全、文明的气氛中胜利闭幕，得到自治区领导的高度评价。在本届运动会上有2个代表团、5个代表队和75名运动员和裁判员获得了体育道德风尚奖；有46人次打破了14项西藏自治区田径纪录。山南地区、林芝地区分别获得了团体甲乙组总分第一名；民院附中和拉萨市分别获得团体甲乙组第二名；昌都地区和山南地区分别获得了团体甲乙组第三名。

信息来源：西藏自治区教育厅信息中心

网址：http://www.xzedu.com.cn/dongtai/info/20090806165528.shtml

主办单位：西藏自治区教育厅

8月19日

中考体育考试方案全省征求意见

2007年9月，省教育厅下发了《福建省初中毕业生升学体育考试工作实施方案(征求意见稿)》，意见指出，从2008年开始，全省初中毕业生全面恢复升学体育考试工作，并要求各地抓紧时间组织讨论，提出修改意见。

省教育厅说，中共中央国务院于今年 5 月 7 日下发的《中共中央国务院关于加强青少年体育增强青少年体质的意见》提出："全面组织实施初中毕业升学体育考试，并逐步加大体育成绩在学生综合素质评价和中考成绩中的分量。"为全面贯彻党的教育方针，贯彻落实文件精神，决定从 2008 年开始，全省初中毕业生全面恢复升学体育考试工作。

这个征求意见稿的主要内容是，体育考试不能超过三项，其中要有可供学生选择的项目；在计分上，分别由初中阶段体育课学习成绩和初中毕业升学体育考试成绩组成，即平时的体育课成绩也算数，其中初中阶段体育课成绩占 20%，升学体育考试成绩占 80%，两项成绩总分以 18 分计入中招考试成绩总分。

信息来源：福建省教育厅

网址：http://www.fjedu.gov.cn/html/2009/08/266152_54246.html

主办单位：福建省教育厅

8 月 27 日

湖北省中学生体育代表团参加第十届全国中学生运动会

由教育部、国家体育总局和共青团中央主办，长沙市人民政府承办的中华人民共和国第十届中学生运动会于 8 月 16 日至 21 日在长沙市举行。由湖北省副省长郭生练任名誉团长，省教育厅厅长陈安丽任团长，省教育厅副厅长黄俭、省体育局副局长林晓华、团省委副书记陈正祥、武汉市副局长徐定斌任副团长的湖北省中学生体育代表团参加了本届运动会。运动会期间，我省 130 余名中学生运动员和教练员参加了田径、游泳、篮球、足球、武术、乒乓球、健美操等 7 个大项目近 70 个单项的比赛。

经过六天紧张激烈的比赛，我省全体参赛运动员、教练员、领队和工作人员冒高温、战酷暑，齐心协力，团结协作，奋力拼搏，获得代表团团体总分第九名、体育科学论文报告会团体总分第十名、体育道德风尚奖，实现了我省参加本届运动会的预定目标。

比赛期间，省政府副省长、代表团名誉团长郭生练同志亲自到运动员宿舍看望了部分参赛运动员。郭副省长鼓励全体参赛运动员，发扬艰苦奋斗、吃苦耐劳的精神，奋勇拼搏，赛出风格，赛出水平，取得优异成绩，充分展示荆楚学子的精神风貌。省政府办公厅副秘书长黄国雄、省教育厅副厅长黄俭、省政府办公厅秘书六处处长何丽君陪同看望。为推动全省学校体育工作的发展，学习借鉴兄弟省市学校体育工作的经验，各市州分管局长和体卫艺科负责同志观摩学习了本届运动会。

信息来源：体卫艺
网址：http://www.hbe.gov.cn/content.php?id=6216
主办单位：湖北省教育厅

9月

9月7日

学校应保证学生体育活动每天1小时

总理温家宝近日签署第560号国务院令，公布《全民健身条例》。条例自2009年10月1日起施行。

条例规定，公民有依法参加全民健身活动的权利，地方各级人民政府应当依法保障公民参加全民健身活动的权利。国家将定期开展公民体质监测和全民健身活动状况调查。条例将每年8月8日定为全民健身日，县级以上人民政府体育主管部门应当在全民健身日组织免费健身指导服务，公共体育设施应当在全民健身日向公众免费开放。

同时，条例还规定，学校应当保证学生在校期间每天参加1小时的体育活动，学校每学年至少举办一次全校性的运动会，有条件的，还可以有计划地组织学生参加远足、野营、体育夏(冬)令营等活动。学校应当在课余时间和节假日向学生开放体育设施，公办学校应当积极创造条件向公众开放体育设施，公园、绿地等公共场所的管理单位，应当根据自身条件安排全民健身活动场地，居民住宅区的设计应当安排健身活动场地。

信息来源：福建省教育厅
网址：http://www.fjedu.gov.cn/html/2009/09/374_55544.html
主办单位：福建省教育厅

9月7日

《全民健身条例》：保证在校生每天1小时体育活动

国务院今天公布了《全民健身条例》，该条例将自10月1日起实施。

国务院法制办负责人介绍说，为激励人民群众参与健身活动的积极性，今年1月7日，国务院决定每年8月8日为“全民健身日”。为进一步促进全民健身活动的开展，保障公民参加全民健身活动的权利，提高公民身体素质，有必要在总结实践经验的基础上制定《全民健身条例》。

为切实提高青少年身体素质，条例对学校组织学生参加校内外体育活动提出了明确要求：学校应当根据学生的年龄、性别和体质状况，组织实施体育课教学，开展广播体操、眼保健操等体育活动，指导学生的体育锻炼，提高学生的身体素质；应当保证学生在校期间每天参加1小时的体育活动，每学年至少举办一次全校性的运动会；有条件的，还可以有计划地组织学生参加远足、野营、体育夏(冬)令营等活动。

条例要求，工会、共青团、妇联、残联等社会团体应当结合自身特点，组织成员开展全民健身活动。青少年活动中心、少年宫、妇女儿童中心等应当为学生开展体育活动提供便利。

信息来源：福建省教育厅

网址：http://www.fjedu.gov.cn/html/2009/09/548_55548.html

主办单位：福建省教育厅

9月8日

关于举办2009年江西省中学生田径运动会的补充通知

各设区市教育局基教科(处)、体卫艺科(处)，各体育后备人才示范性中学：

根据省教育厅《关于印发2009年江西省学生体育竞赛总规程的通知》(赣教体艺字[2009]11号)和省学生体育协会《关于下发2009年江西省中学生各项目体育竞赛规程的通知》(赣学体字[2009]3号)精神，为做好2009年江西省中学生田径运动会的各项筹备工作，现将有关事宜补充通知如下：

一、竞赛时间

经与承办单位和协办单位磋商，原定2009年江西省中学生田径运动会于2009年9月在上饶县中学举行，现因故推迟至2009年11月6日至10日举行，地点不变，报名延至2009年10月15日止。

二、日程安排

11月6日全天为各代表队、裁判员报到。

11月7日上午10：00在上饶县中学学术报告厅召开裁判长、教练员联席会议，请各代表队派一名教练员准时参加。

11月7日上午11：00在上饶县九头鸟酒店大会议室召开第一次组委会。请组委会全体成员(设区市总领队、各运动队领队均为组委会成员)准时参加。

11月7日下午4：00在上饶县中学田径场举行开幕式。

11月7日晚上7：30在上饶县中学举行欢迎晚会，请各代表队准时参加。

11月8日至10日进行各项比赛。

11月10日上午10：00在田径场主席台召开第二次组委会，请各代表队领队准时参加。

11月10日下午比赛结束后举行颁奖仪式。

三、开幕式。请各代表队选派12人参加入场仪式，其中领队1人，旗手1人，运动员10人(男女不限)。每队提供80字以内的具有本校特色的入场简介词，于10月15日前连同2009年全省中学生田径运动会报名表和江西省运动员资格赛前确认注册登记表各一式两份，经设区市教育局审查盖章后，连同运动员的学生证、学籍表、身份证或贴有照片加盖骑缝户口专用章的出生年月日的复印件，同时附上参赛运动员每人两张一寸免冠近照寄送江西省学生体育协会王婵亮收，地址：南昌市北京西路437号，邮编：330027，联系电话(传真)：0791-8509230。

各代表队在报到时需交本校校旗两面，入场式旗队方块和本队入场各用一面。校旗规格：6×9尺，颜色不限，旗双面应印有学校名称。

四、食宿。本次运动会教练员、运动员食宿安排在上饶县中学，报到时各队按每人每天45元标准统一向大会交纳食宿费。尚未在省学生体育协会办理网上注册手续的运动员，报到时须交注册费22元/人。

五、报到。各代表队在上饶县中学毓秀楼报到，裁判员于11月6日下午2：30在上饶县中学学术报告厅报到。11月6日全天上饶县中学将安排接站，需接站的代表队与裁判员请与上饶县中学陈在忠、王志强老师联系，手机：13507032295、13507931627。

六、有关要求

1. 本次省中学生田径运动会首次与省体育局主办的体传校田径运动会(初中、小学)联合在一起举行，各主办、承办、协办单位要认真做好各项协调工作，严密组织，确保运动会有序进行。

2. 各运动队要做好安全工作预案(安全工作预案报到时交组委会)，特别要做好甲型H1N1流感防控工作，确保运动会期间各项安全措施落实到位。

附件：2009年江西省“现代杯”中学生田径运动会暨省体传校田径比赛竞赛日程表

江西省教育厅 体卫艺处　江西省学生体育协会

二〇〇九年九月七日

信息来源：江西省教育厅体卫艺处

网址：http://www.jxedu.gov.cn/zwgk/xbgfjy/xbtyjj/2009/09/40038.html

主办单位：江西省教育厅

9月10日

浙江省教育厅办公室关于印发《ZSBL“动感地带”

浙江省第三届中学生篮球联赛竞赛规程》的通知

各市、县(市、区)教育局、体育局：

根据《2009年浙江省学生体育竞赛计划》(浙教办体[2009]19号)，经研究，决定于2009年9月启动浙江省第三届中学生篮球联赛。活动分“万班篮球赛”“千校篮球赛”“市级赛”“晋级赛”“八强赛”五个阶段，至2010年4月结束。由于本届赛事和省十一届中运会的篮球比赛同时计分，具体赛制和计分办法将作出必要调整。现将篮球赛竞赛规程印发给你们，请你们认真总结前两届活动经验，结合当地学校实际，制定活动实施办法和补充规程，努力丰富活动形式，充分调动学生积极性，确保活动取得实效。

浙江省教育厅办公室

二〇〇九年九月七日

信息来源：浙江省教育厅

网址：http://www.zjedu.gov.cn/gb/articles/2009-09-10/news20090910142259.html

主办单位：浙江省教育厅

9月16日

印发《关于〈中共广东省委广东省人民政府关于加强青少年体育增强青少年体质的意见〉的实施意见》的通知

各地级以上市教育局、各普通高校：

现将《关于〈中共广东省委广东省人民政府关于加强青少年体育增强青少年体质的意见〉的实施意见》印发给你们，请按照文件要求，结合工作实际，切实做好学校体育、卫生工作。

广东省教育厅

二〇〇九年八月七日

信息来源：广东省教育厅

网址：http://www.gdhed.edu.cn/main/www/137/2009-09/78611.html

主办单位：广东省教育厅

9月16日

关于印发《广东省中小学校体育卫生工作条件基本标准》(试行)的通知

各市教育局：

现将《广东省中小学校体育卫生工作条件基本标准》(试行)(以下简称《标准》)印发给你们，请认真组织实施。各级教育督导部门应加强对《标准》实施情况的督导检查，对学校体育卫生基本条件不达标的，要限期整改。各地在《标准》实施过程中如出现问题，请及时报告我厅体育卫生与艺术教育处。

附件：广东省中小学校体育卫生工作条件基本标准

广东省教育厅

二○○九年八月十一日

信息来源：广东省教育厅

网址：http://www.gdhed.edu.cn/main/www/137/2009－09/78612.html

主办单位：广东省教育厅

10月

10月27日

河北省关于转发教育部国家体育总局共青团中央开展第三届全国亿万学生阳光体育运动冬季长跑活动的通知

各设区市教育局、体育局、团委，各普通高等学校：

为深入贯彻落实《中共中央国务院关于加强青少年体育增强青少年体质的意见》(中发[2007]7号)精神，推进全国亿万学生阳光体育冬季长跑活动的持久开展，教育部国家体育总局共青团中央决定于2009年10月至2010年4月，继续组织开展第三届全国亿万学生阳光体育冬季长跑活动(以下简称冬季长跑活动)。现将《教育部国家体育总局共青团中央关于开展第三届全国亿万学生阳光体育冬季长跑活动的通知》转发给你们，并提出以下要求，请一并贯彻落实。

一、全省青少年冬季长跑活动由河北省学生阳光体育运动领导小组领导，领导小组办公室具体组织协调。各市、各校要成立冬季长跑活动组织领导机构，主管领导要负责并具体指导。

二、各级教育、体育行政部门和共青团组织及各级各类学校要高度重视冬季长跑活动，科学制订活动方案，广泛宣传发动，认真组织实施，加强指导检查。通过开展冬季长跑活动，培养青少年良好的锻炼习惯，磨炼意志品质，有效提高身体素质和健康水平。

三、各级各类学校要结合实际制订冬季长跑活动实施方案，纳入工作计划。冬季长跑活动要与体育课、早操、大课间和课外体育活动有机结合，充分发挥体育教师和班主任的作用，指导并带领广大学生积极参加冬季长跑活动，形成人人参加长跑、班班有组织活动、校校有传统特色的良好局面。

四、在组织学生冬季长跑活动中要重视安全教育工作，规范安全措施和行为，加强卫生安全监督，避免发生健康、交通等安全事故。

五、冬季长跑活动时间为2009年10月31日至2010年4月

30日。10月31日全国起跑仪式在北京举行，届时，我省冬季长跑活动起跑仪式将在石家庄市举行，各市、各高校应同期举行起跑仪式。

六、全国亿万学生阳光体育运动领导小组办公室将在中央有关媒体开设冬季长跑活动宣传专栏，各市、各学校要积极进行网上注册并参加网站各种活动，宣传学校、促进活动。

七、为宣传典型、表彰先进，推动长跑活动的健康开展。对长跑活动开展好的市、县和高校进行表彰。省级表彰名额为市、县、高校总数的20%～30%。请各市、各高校于2010年5月15日前将冬季长跑活动总结和表彰推荐意见，报全省青少年学生阳光体育运动领导小组办公室。

联系人：张民，电话：0311-66005202

地址：石家庄市中山西路449号

电子邮箱：hebeilrq2002@sina. com

附件：教育部国家体育总局共青团中央关于开展第三届全国亿万学生阳光体育冬季长跑活动的通知

二〇〇九年十月二十六日

信息来源：河北省教育厅

网址：http://www.hee.cn/col/1225088245953/1256610989543.html

主办单位：河北省教育厅

10月30日

浙江省转发教育部 国家体育总局 共青团中央关于开展第三届全国亿万学生阳光体育冬季长跑活动的通知

各普通高等学校，各设区市及义乌市教育局、体育局、团委：

现将教育部、国家体育总局、共青团中央《关于开展第三届全国亿万学生阳光体育冬季长跑活动的通知》转发给你们，请按照文件精神认真组织实施，为有效提高学生体质健康水平作出努力。各学校要根据实际，认真总结前两届活动经验，因地制宜地制订学校活动方案。活动场地较小的学校，可采取分时段、分场地、分班级(年级)的活动方式在校内完成长跑活动；不具备长跑条件的学校，可以其他体育活动形式代替长跑，达到集体体育锻炼的效果。要根据学生个体状况，指导学生因人而异地开展长跑活动。对一些不适宜参加长跑的特异体质学生必须遵照医嘱开展诸如散步、做操等合适其体质的活动。对自诉不适的学生要高度重视，切实防止安全事故的发生。学校中出现多例甲型H1N1流感病例的，要暂停安排集体长跑活动。

我省将于11月1日在丽水举行第三届全省学生冬季长跑活动

启动仪式。各地各学校要根据当天天气情况，以适当方式及时启动冬季长跑活动。

各地各学校要加强冬季长跑活动的宣传，积极争取社会各界的理解和支持，特别是广大家长的理解和支持，积极营造有利于青少年学生健康成长的良好氛围。各地教育、体育、共青团等部门要加强对学校冬季长跑活动的指导和督查，协调解决长跑活动中出现的困难和问题，确保活动健康、有序、安全开展，并取得实效。

附件：教育部 国家体育总局 共青团中央关于开展第三届全国亿万学生阳光体育冬季长跑活动的通知

浙江省教育厅办公室　浙江省体育局办公室

共青团浙江省委办公室

二〇〇九年十月三十日

信息来源：浙江省教育厅

网址：http://www.zjedu.gov.cn/gb/articles/2009-10-30/news20091030174553.html

主办单位：浙江省教育厅

11月

11月2日

省教育厅　省体育局　团省委关于切实开展第三届江苏省千万学生阳光体育冬季长跑活动的通知

各市教育局、体育局、团委，各高等学校：

为了全面贯彻落实《中共中央国务院关于加强青少年体育增强青少年体质的意见》、《中共江苏省委江苏省人民政府关于切实加强青少年体育增强青少年体质的意见》精神，根据《教育部 国家体育总局 共青团中央关于开展第三届全国亿万学生阳光体育冬季长跑活动的通知》(教体艺[2009]7号)要求，省教育厅、省体育局、团省委共同决定，于2009年10月至2010年4月30日，开展第三届江苏省千万学生阳光体育冬季长跑活动(以下简称冬季长跑活动)，主题为“阳光体育与全民健身同行”。现将活动有关要求通知如下：

一、充分认识意义，切实加强领导。“阳光体育与全民健身同行”冬季长跑活动是省教育厅、省体育局、团省委根据教育部、国家体育总局、团中央要求组织开展的一项重要工作，是全国亿万学生阳光体育运动的重要组成部分，是贯彻落实《全民健身条例》、《江苏省学生体质健康促进条例》的具体行动，是提高广大青少年学生身体素质，培养他们顽强意志品质的有效途径，是进行爱国主义、集体主义教育的好形式。各地教育和体育行政部门、共青团组织，各级各类学校要深刻认识开展此项活动的重要意义，切实加强领导，组建强有力的工作班子，明确任务要求，落实工作责任，建立督促机制，确保冬季长跑活动在各级各类学校的全面开展，促进身心状况许可的学生全面参与，确保通过这一季的长跑活动使学生身体素质有明显提高。

二、制定活动方案，组织起跑仪式。各地、各级各类学校要根据本地、本校实际，因地因校制宜制定长跑活动方案，有计划有步骤地开展。要认真组织好冬季长跑活动的起跑仪式，做好宣传工作，正确引导社会舆论，营造良好氛围。各市、县(市、区)及各级各类学校要在11月中旬组织起跑仪式。请务必将本地、本校的活动方案、举行起跑仪式及相关活动的图片和文字材料于11月30日前报省教育厅体卫艺教处。

三、加强过程管理，提高活动成效。各地教育、体育行政部门和共青团组织要加强沟通联系，协调配合，保证组织长跑活动期间各个环节工作的到位，确保长跑活动顺利高效地进行。各地应鼓励有条件的学校和班级在阳光体育官方网站上注册，并开通博客，引导学生写长跑日记，并与本校同学或其他学校的学生分享长跑体验，使冬季长跑活动真正成为重要的教育活动形式，实现增强学生体质，磨炼学生意志品质，培养爱国主义、集体主义情感，促进学生全面发展的目标。

四、认真督查指导，表彰奖励先进。各地要加强对本地各级各类学校开展长跑活动情况的检查、指导，确保各级各类学校长跑活动的持续、有效、顺利进行。开展活动的学校班级在阳光体育官方网站上注册申报的数量、上传学校开展活动的图片资料和班级长跑日记的情况等信息是评价各地、各校开展此项活动的重要依据。请各市于2010年5月10日前将县级优秀组织单位名单(推荐的名额为本地县级单位总数的20%)和推荐意见报省教育厅体卫艺教处。各级各类学校要对冬季长跑活动中表现突出的优秀班级、学生和教师进行表彰，对学生的表彰应记入中小学生成长记录、素质报告书或档案。各高校体育工作委员会要具体组织、指导、督查本校的冬季长跑工作，并于2010年5月10日前将冬季长跑活动总结材料报省教育厅体卫艺教处。冬季长跑活动的情况将作为2008至2009年度江苏省体育工作先进学校评选、高校公共体育课程建设工作考核的重要内容之一。

附件：教育部 国家体育总局 共青团中央关于开展第三届全国亿万学生阳光体育冬季长跑活动的通知(略)

二〇〇九年十一月二日

信息来源：体育卫生与艺术教育
网址：http://www.jsjyt.gov.cn/html/zwgk/xzgw/58119.html
主办单位：江苏省教育厅

11 月 3 日

辽宁省教育厅 辽宁省体育局 共青团辽宁省委员会转发教育部 国家体育总局 共青团中央关于开展第三届全国亿万学生阳光体育冬季长跑活动的通知

各市教育局、体育局、团市委，省内各普通高等学校，省属中等职业学校：

现将《教育部 国家体育总局 共青团中央关于开展第三届全国亿万学生阳光体育冬季长跑活动的通知》(教体艺函[2009]7 号)转发给你们，请遵照执行并认真做好以下工作：

一、各地要认真学习领会通知和方案的全部内容及相关要求，教育行政部门要将冬季长跑活动纳入工作计划，广泛宣传、深入发动、认真组织、具体指导，提高冬季长跑活动的普及率和实效性。各级各类学校要把冬季长跑活动纳入日常教育教学计划之中，结合共青团、少先队日开展相关主题宣传教育活动，冬季长跑活动要与体育课、早操、大课间体育活动和课外体育活动有机结合，高等学校除早操班级组织外，还要督促每个学生自觉进行长跑锻炼，中小学校要以班级为单位每天组织学生进行跑步活动，可以根据学生自身情况掌握跑步强度和频率。建立每名学生每日跑步记录制度，每周通报一次跑步里程。

二、各地教育行政部门要结合冬季长跑活动开展情况，会同相关部门建立激励机制，推荐在冬季长跑活动中表现突出的市、县(市、区)参加国家“优秀组织单位”奖评选。各级各类学校要对冬季长跑活动中表现突出的班级、学生和教师进行表彰，对学生的表彰应记入中小学生成长记录或档案。

三、要加强组织领导，落实具体措施，制定安全预案，防范在长跑活动中可能出现的不安全隐患，特别是不得在公路上组织学生长跑，避免发生交通事故和意外伤害。

四、2009 年 11 月 10 日至 2010 年 4 月中旬(含寒假)，为我省冬季长跑活动时间。2009 年 11 月 9 日下午，在沈阳市举行第三届全国亿万学生阳光体育冬季长跑活动辽宁省起跑仪式，各地各大中小学校也要在同期举行起跑仪式。

附件：教育部国家体育总局共青团中央关于开展第三届全国亿万学生阳光体育冬季长跑活动的通知

信息来源：辽宁省教育厅

网址：http://www.lnen.cn/secpage.htm?actionType=viewjsp&id=11259

主办单位：辽宁省教育厅

11月4日

福建省教育厅福建省体育局关于印发福建省第八届中学生运动会田径竞赛规程的通知

各设区市教育局、体育局：

根据《福建省教育厅福建省体育局关于印发福建省第八届中学生运动会竞赛规则总则的通知》(闽教体[2009]6号)，经研究，定于12月中旬在福州举行田径竞赛，现将竞赛规程印发给你们，请遵照执行。

附：福建省第八届中学生运动会田径竞赛规程

福建省教育厅　福建省体育局

二〇〇九年十一月三日

附：福建省第八届中学生运动会田径竞赛规程

一、主办单位

福建省教育厅、福建省体育局

二、竞赛时间和地点

2009年12月10日—12日在福州市体育中心(仓山)举行

三、参赛单位

各设区市为单位报名参赛

四、竞赛项目

男子：100米、200米、400米、800米、1500米、3000米、110米栏(栏高1.0米、栏距8.9米)、400米栏(栏高0.914米、栏距35米)、跳高、跳远、三级跳远、铅球(6公斤)、铁饼(1.5公斤)、标枪(700克)、4×100米接力、4×400米接力。

女子：100米、200米、400米、800米、1500米、100米栏(栏高0.84米、栏距8.5米)、400米栏(栏高0.762米、栏距35米)、跳高、跳远、三级跳远、铅球(4公斤)、铁饼(1公斤)、标枪(600克)、4×100米接力、4×400米接力。

五、参赛办法

1. 运动员必须是思想进步，作风正派，文化课考试成绩合格，经医院检查证明身体健康，具有正式学籍的普通中学在校学生；已正式调入省体工队的运动员不得参加比赛。

2. 比赛分两个组别进行；

高中男、女组(年龄为1991年1月1日以后出生的在校普高学生、中职学生)；

初中男、女组(年龄为1993年1月1日以后出生的在校初中学生)；

3. 各单位可报领队 1 人，教练员 4 人，运动员 40 人；其中高中组男、女各 10 人，初中组男、女 10 人；

4. 运动员每人限报两项(不含接力)，每项限报三人；各单位每项接力限报一队。

六、竞赛办法

1. 比赛执行中国田径协会审定的《2008 年田径竞赛规则》；

2. 各单项报名人数不足 2 人者，取消该项目比赛；

3. 各项目根据报名人数确定赛次；

4. 运动员比赛号码由大会统一编发；

5. 各单位参加接力比赛的队员必须统一服装。

七、录取名次与奖励办法

(一)各单项录取名次及计分奖励办法

1. 各单项按成绩分别录取前 8 名，并按 9、7、6、5、4、3、2、1 分计入团体总分；报名不足 8 人(队)和 8 人(队)的比赛项目，按报名人数减一录取名次；

2. 获得前 8 名的运动员颁发成绩证书；

3. 接力项目加倍计分，打破全国中学生运动会纪录者加 20 分；打破全省中学生运动会纪录者加 10 分；一人在同一项目中无论打破几次纪录均加一次分。

(二)团体录取名次及奖励办法

1. 对获得团体总分(高、初中组)前 6 名的代表队颁发奖杯；

2. 对获得高中组团体总分前 8 名的代表队颁发奖杯；

3. 对获得初中组团体总分前 8 名的代表队颁发奖杯；

4. 团体总分计分办法：按各代表队男、女运动员在各个项目比赛中得分总和排列名次，得分多者名次列前。如积分相等，则依次分别以破全国中学生运动会、省中学生运动会最高纪录的项目次数多者名次列前；如再相等，则以第一名多者名次列前；若仍相等，则以第二名多者名次列前，余此类推。

八、技术代表、仲裁、裁判员的选派

技术代表、技术官员、仲裁委员，裁判长、主裁判由主办单位选派，裁判员均由报考参加省田径一级裁判员培训班学员担任。指派裁判和报考一级裁判分别由省教育厅和省体育局另行通知。

九、报名日期、办法与报到日期

1. 各单位报名表须打印，一式两份于 2009 年 11 月 15 日前寄到福建省教育厅体卫艺教处(用特快专递邮寄)；另一份电子报名表发至集美大学体育学院廖冠群电子邮箱(电子邮箱地址：

gqljmdx@163. com　电话 0592-8666626)；

2. 报名后不得更改，逾期报名，以弃权论处；

3. 技术代表、裁判长于正式比赛前 2 天报到；

4. 各代表队运动员、教练员、领队于正式比赛前 2 天报到；

5. 参赛运动员报道时须校验身份证及学生证。

十、其他

1. 各参赛队差旅费自理。每人每天交食宿费 60 元，不足部分由大会承担；

2. 技术会议日期另行通知；

3. 本规程解释权属主办单位。未尽事宜，另行通知。

信息来源：福建省教育厅

网址：http://www. fjedu. gov. cn/html/2009/11/266095_58842. html

主办单位：福建省教育厅

11 月 5 日

甘肃省教育厅　省体育局　团省委关于转发教育部国家体育总局　共青团中央关于开展第三届全国亿万学生阳光体育冬季长跑活动的通知

各市、州教育局、体育局、团委，各高等学校：

现将《教育部、国家体育总局、共青团中央〈关于开展第三届全国亿万学生阳光体育冬季长跑活动的通知〉》(教体艺函[2009]7号)文件转发你们，各地各学校要充分认识开展冬季长跑活动的重要意义，继续认真组织好冬季长跑活动。要在总结前两届冬季长跑活动经验的基础上，采取有力措施，把这项活动抓紧、抓实，通过扎实的组织工作，不断提高广大青少年学生体质健康水平，努力开创阳关体育运动的新局面。

二〇〇九年十一月五日

信息来源：体育卫生与艺术教育处

网址：http://www. gsedu. cn/structure/tyjy/tyzhxxnr? infid=5

主办单位：甘肃省教育厅

11 月 5 日

福建省教育厅福建省体育局共青团福建省委关于举办第三届全国亿万学生阳光体育福建省冬季长跑活动起跑仪式的通知

各设区市教育局、体育局、团市委；各高等院校，厅属中职学校、中小学：

根据教育部、国家体育总局、共青团中央关于开展第三届全国亿万学生阳光体育冬季长跑活动的通知，我省定于 11 月 14 日上午举行冬季长跑活动起跑仪式，现将有关事项通知如下：

一、时间：2009 年 11 月 14 日上午 9：30

二、地点：福州一中新校区田径场

三、参加单位及人数

福州大学、福建师范大学、福建警察学院各 82 名学生。福州一中、福建师大附中、福州三中金山校区、福建邮电学校、福建工业学校、福建建材工业学校各 58 名学生。福州实验小学、福州金山小学五—六年级学生各 42 名。

四、要求：

1. 各校应指派 1～2 名带队教师，并于 11 月 10 日之前将带队教师姓名、联系电话报到省教育厅体卫艺教处(联系电话 0591-87846074)。

2. 各校应制作一面校旗、规格为长 4 米、宽 0. 4 米，如图

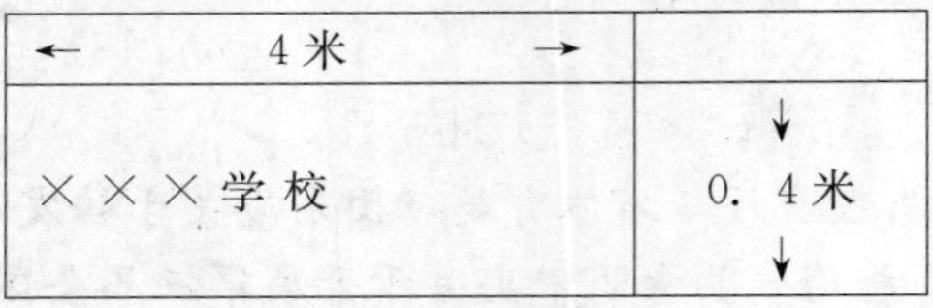

指定 2 名旗手，各校队伍着统一服装于 11 月 14 日上午8：45 到达福州一中田径场集中。

3. 跑步队形：高校 8 路×10 列，中学、中职 8 路×7 列，小学 8 路×5 列。

4. 定 11 月 11 日下午 2：30 在省教育厅体卫艺教处召开各队领队会议，请准时出席。

福建省教育厅 福建省体育局　共青团福建省委

二〇〇九年十一月五日

信息来源：福建省教育厅

网址：http://www. fjedu. gov. cn/html/2009/11/266095_58946. html

主办单位：福建省教育厅

11 月 16 日

湖北省教育厅　省体育局　团省委关于启动第三届全省学生阳光体育冬季长跑活动的通知

各市、州、直管市、神农架林区教育局、体育局、团委，江汉油田教育实业集团，各普通高等学校：

为推进全国亿万学生阳光体育冬季长跑活动深入持久地开展，教育部、国家体育总局、共青团中央印发了《关于开展第三届全国亿万学生阳光体育冬季长跑活动的通知》(教体艺函[2009] 7 号)，继续组织主题为“阳光体育与全民健身同行”的第三届全国

亿万学生阳光体育冬季长跑活动(以下简称冬季长跑活动)。根据通知要求，现就启动全省第三届阳光体育冬季长跑有关事项通知如下：

一、各地要充分认识开展冬季长跑活动的重要意义，继续认真组织好冬季长跑活动。全国亿万学生阳光体育冬季长跑活动自2007年启动以来，全省各级教育、体育行政部门和共青团组织及广大学校积极响应和踊跃参与，在校园中形成了青少年学生热爱体育、锻炼身体、强健体魄的良好风气，对广大青少年学生培养意志、提高身体素质发挥了重要作用。各地要将组织学生长跑活动作为一项重要而持久的任务，作为开展冬季阳光体育活动的重要内容，通过冬季长跑活动带动学校冬季体育锻炼的全面开展，形成人人参与、班班跳操、积极锻炼的良好的群众性体育锻炼的氛围，不断提高广大青少年学生体制健康水平，努力开创阳光体育活动新局面。

二、各地要高度重视冬季长跑活动，切实加强冬季长跑活动的组织领导。各级教育行政部门和学校要按照《全省学生阳光体育冬季长跑活动实施方案》(附后)，以“阳光体育与全民健身同行”为主题，将冬季长跑活动纳入工作计划，制定科学的、切实可行的冬季长跑等体育活动方案，加强领导、积极宣传、广泛发动、认真组织、具体指导，积极动员广大学生和教师参与冬季体育锻炼。各地要认真总结前两届冬季长跑活动经验，在冬季长跑活动的组织形式、内容方法上探索符合学生身心健康、兴趣爱好的体育锻炼方法，创造丰富多彩的活动方式，要结合学校地域、场地设施等特点因地制宜开展冬季长跑活动，循序渐进地逐步提高学生的跑步能力，使冬季长跑活动成为学生自觉乐意参加的体育锻炼，不断提高本地区学校和学生开展长跑活动的普及率。

三、各级各类学校要把冬季长跑活动纳入学校教育、教学计划，推动冬季长跑活动的广泛开展。各级各类学校要根据实际情况制订操作性强的实施方案，将冬季长跑活动与体育课、早操、大课间体育活动、课外体育活动和《国家学生体质健康标准》达标活动有机结合；各级各类学校要因地制宜、积极实践，为学生长跑锻炼创造条件，场地条件不足的学校要根据校园环境和地域特点设计好跑步路线，科学合理安排学生长跑时间，提高校园体育场地使用率。校长要亲自动员和号召学生参加长跑锻炼，中小学班主任、高校辅导员、体育教师是学校长跑活动的重要组织者和推动者，要组织、指导并带动广大学生积极参加冬季长跑活动，让长跑活动覆盖到每一个班级、每一个学生，形成强身健体、阳光运动的校园冬季长跑活动氛围和文化，使冬季长跑运动“人人踊跃参加、班班积极组织、校校形成特色”。

四、各级各类学校在组织学生长跑活动中，要切实加强医务监督，遵循学生的身心特点、身体状况，注重学生的个体差异，有针对性地开展体育活动。要坚持体育锻炼和长跑前的询问制度，密切关注学生的健康状况，不适宜参加长跑活动的学生要区别对待，进行适宜的体育锻炼。要切实加强学生体育锻炼和长跑中的安全防范，不到有机动车行驶的公路上、不到有危险的地段、不到影响健康的环境中组织学生长跑，避免发生安全事故，使学生在健康安全的环境中进行体育锻炼。

五、各地和学校要认真组织冬季长跑活动起跑仪式，营造良好的活动氛围，促进全社会关心、支持和参与冬季长跑活动。全省阳光体育冬季长跑活动启动仪式定于 2009 年 12 月 5 日在湖北经济学院举行，各市(州)、县(市区)和各级各类学校应于 12 月 10 日前，结合本地区和学校实际，举行冬季长跑启动仪式，全面启动全省阳光体育冬季长跑活动，掀起冬季体育锻炼的群众性热潮。在开展冬季体育长跑活动期间，各地和学校要按照活动方案要求，指导学生完成规定的长跑里程，并做好记录。要结合运动会、体育节、团队日等活动，设计开展“阳光体育与全民健身同行”的主题教育活动，积极动员青少年学生主动参与冬季长跑活动。

六、各地和学校要通过新闻媒体大力宣传冬季长跑的意义和作用，宣传本地区的冬季长跑活动开展情况。全国亿万学生阳光体育运动领导小组办公室将组织有关媒体开辟专栏，对各地开展冬季长跑活动的好做法、好经验和涌现出的先进典型予以跟踪报道，同时在阳光体育官方网站(sunnysports. sohu. com)上推出系列评选教育活动。省学生阳光体育运动领导小组办公室在体卫艺网(twy. e21. cn)开设冬季长跑活动信息报道专栏，对各地和学校开展长跑活动的有关情况进行采访、宣传和报道。各地和学校应在举行冬季长跑活动启动仪式后，将媒体报道的图文资料报省阳光体育运动领导小组办公室，同时将长跑活动的有关情况和信息在网上投稿进行宣传和报道。

七、为推动冬季长跑活动持续、有效地开展，省教育厅、省体育总局、共青团省委将在 2010 年对冬季长跑活动中表现突出的市(州)和县进行表彰，对活动组织突出、成绩显著的市(州)和县推荐上报全国表彰。各地教育、体育行政部门和共青团组织要建立相应的激励机制，对活动开展好的县(市、区)以及学校予以表彰，积极推动本地区长跑活动的开展。学校要对冬季长跑活动中表现突出的先进单位、班级、学生和教师予以表彰。各市、州教育局请于2010年4月30日前将开展第三届冬季长跑活动的总结材料报告省教育厅体卫艺处。

附件：湖北省第三届学生阳光体育冬季长跑活动方案

湖北省教育厅　湖北省体育局 共青团湖北省委

二〇〇九年十一月十六日

信息来源：体卫艺

网址：http://www.hbe.gov.cn/content.php?id=6559

主办单位：湖北省教育厅

11月17日

首届福建省希望工程快乐体育运动会举办

“乔丹杯”首届福建省希望工程快乐体育运动会今天在福州结束，来自全省405所希望小学的师生参加了为期两天的比赛。

为纪念希望工程20年，此次以福建全省希望小学为主体的大型公益体育活动，由团福建省委、福建省青少年发展基金会和捐资100万元的乔丹(中国)有限公司联合主办，旨在让农村孩子与生活在城市里的孩子一样，共享体育运动带来的快乐和感动。

信息来源：福建省教育厅

网址：http://www.fjedu.gov.cn/html/2009/11/388_59579.html

主办单位：福建省教育厅

11月23日

安徽省开展阳光体育运动　让广大青少年学生在阳光下快乐、健康成长

10月31日，安徽省教育厅、省体育局、团省委、合肥市人民政府联合举行安徽省暨合肥市第三届学生阳光体育冬季长跑活动起跑仪式。省教育厅副厅长江春、省体育局副局长高唯岭、团省委副书记王琦、合肥市人民政府副市长杨增权共同为起跑仪式鸣枪。

江春指出，青少年身心健康，体魄强健，意志坚强，充满活力，是一个民族旺盛生命力的体现，是社会文明进步的标志，是国家综合实力的重要方面。党和政府始终关心青少年学生的健康成长，高度重视青少年体育。当前，我省青少年体育工作进入了一个新的发展阶段，阳光体育运动蓬勃发展、方兴未艾，学校体育工作呈现出了崭新的面貌。10月1日正式颁布实施的《全民健身条例》，必将进一步激起广大青少年学生参加体育锻炼的热情。我们要借此东风，广泛开展全国亿万学生阳光体育运动，形成青少年学生热爱体育、崇尚运动、健康向上的良好氛围。

江春强调，冬季长跑活动是开展阳光体育运动，提高学生体质健康水平特别是耐力素质水平的有效手段。长跑活动在学校具有较好的群众基础，锻炼效果好，不受太多条件限制，简便易行。各级教育、体育行政部门和共青团组织要高度重视，认真组织实施，推动冬季长跑活动的广泛深入开展。各级各类学校要积极动员和组织学生坚持长跑运动，坚持体育锻炼，形成制度。并要把确保学生安全放在首位，避免发生交通等安全事故，让广大青少年学生在阳光下快乐、健康成长！

全国亿万学生阳光体育冬季长跑活动自2007年启动以来，得到了我省各级教育、体育行政部门和共青团组织以及广大学校的积极响应和广泛参与。两年来，我省各级各类学校学生踊跃参加长跑运动，在校园中形成了青少年学生热爱体育、崇尚运动的良好风气，不仅培养了学生体育锻炼的习惯和健康的生活方式，而且较好地促进了青少年学生的体质健康素质、特别是耐力素质的提高。各地结合实际、因地制宜，充分利用现有条件开展长跑运动，创造了许多冬季长跑的好经验、好做法。

省教育厅、省体育局、团省委号召全省广大青少年学生要积极投身到冬季长跑活动中来，走向操场，走进大自然，走到阳光下，在运动中展示青春才华和时代风貌，进一步掀起阳光体育运动的新高潮。

信息来源：安徽省教育厅

网址：http://zwgk.ahedu.gov.cn/XxgkWeb/showGKcontent.aspx? xxnr_id=2583

主办单位：安徽省教育厅

12月

12月1日

江西省关于开展第三届全省百万学生阳光体育冬季长跑活动的通知

各设区市教育局、体育局、团市委，各大中专院校：

全省百万学生阳光体育冬季长跑活动自2007年启动以来，得到了各地教育、体育行政部门和共青团组织以及广大学校的积极响应和广泛参与，两年多来，有数百万各级各类学校学生踊跃参加长跑运动，在校园中形成了青少年学生热爱体育、崇尚运动的良好风气，不仅培养了学生体育锻炼的习惯和健康的生活方式，而且较好地促进了青少年学生的体质健康素质、特别是耐力素质的提高。在开展长跑活动中，各地、各学校高度重视、严密组织、因地制宜，充分利用现有条件开展长跑运动，并能注重安全保障措施，未发生一例安全事故，创造了许多冬季长跑活动的好经验、好做法。长跑活动在各地和学校已走向了经常化、制度化，成为学校阳光体育运动重要抓手。

为推进全省百万学生阳光体育冬季长跑活动深入持久地开展，根据教育部、国家体育总局、共青团中央《关于开展第三届全国亿万学生阳光体育冬季长跑活动的通知》(教体艺函[2009]7号)精神，省教育厅、省体育局、共青团省委共同研究决定，2009年11月10日至2010年4月30日，开展以“阳光体育与全民健身同行”为主题的第三届全省百万学生阳光体育冬季长跑活动(以下简称《冬季长跑活动》)。现将有关事项通知如下：

一、各地教育、体育行政部门和共青团组织要充分认识开展冬季长跑活动的重要意义，继续认真组织好冬季长跑活动，要把冬季长跑活动纳入教育、体育和团组织的工作计划，密切配合，广泛发动，切实提高冬季长跑活动在本地区学校开展的普及率；要把组织学生长跑活动作为各部门一项重要而持久的任务，作为推动阳光体育的重要抓手，把冬季长跑活动不断引向深入。各地要在总结前两届冬季长跑活动经验的基础上，采取更有力的措施，把这项活动抓紧、做实。要全面了解本地区学校开展冬季长跑活动的情况，为学校开展冬季长跑活动想对策、解难题、做实事。要组织推广冬季长跑活动的好经验、好做法，深入分析冬季长跑活动的难点问题，切实解决制约冬季长跑活动开展的突出问题，通过扎实的组织工作，不断提高广大青少年学生体质健康水平，努力开创阳光体育运动的新局面。

二、各级各类学校要把冬季长跑活动纳入学校教育、教学计划，根据实际情况制订操作性强的实施方案，将冬季长跑活动与体育课、早操、大课间体育活动、课外体育活动和《国家学生体质健康标准》达标活动有机结合；各级各类学校要因地制宜、积极实践，为学生长跑锻炼创造条件，场地条件不足的学校要根据校园环境和地域特点设计好跑步路线，科学合理安排学生长跑时间，提高校园体育场地使用率。校长要亲自动员和号召学生参加长跑锻炼，中小学班主任、高校辅导员、体育教师是学校长跑活动的重要组织和推动者，要组织、指导并带动广大学生积极参加冬季长跑活动，让长跑活动覆盖到每一个班级、每一个学生，形成强身健体、阳光运动的校园冬季长跑活动氛围和文化，使冬季长跑运动“人人踊跃参加、班班积极组织、校校形成特色”。

三、要加强宣传报道工作，促进全社会关心、支持和参与冬季长跑活动。要结合学生运动会、体育节、团队日等活动，设计开展“阳光体育与全民健身同行”的主题教育活动，积极动员青少年学生主动参与冬季长跑活动，在活动中树立健康第一的思想，培养顽强的意志品质。要组织新闻媒体积极宣传冬季长跑的意义和作用，宣传本地区丰富多彩、新颖多样的冬季长跑活动形式。各地、各校要建立宣传报道制度，指定专人负责，对各地开展冬季长跑活动的好做法、好经验和涌现出的先进典型予以跟踪报道，同时积极在省、市有关媒体开辟的专栏和阳光体育官方网站上投稿。

四、省教育厅、省体育局、团省委将推荐在本届冬季长跑活动中表现突出的地、县级单位参加全国的先进单位评选。各设区市教育、体育行政部门和共青团组织也要建立激励机制，对活动开展好的学校予以表彰；学校要对在冬季长跑活动中表现突出的班级、学生和教师予以表彰。

五、省教育厅、省体育局、团省委、上饶市人民政府已于 2009 年 11 月 10 日在上饶县中学举行了“第三届江西省百万学生阳光体育冬季长跑活动”起跑仪式。各地、各学校也要认真组织好本地、本学校冬季长跑活动起跑仪式。积极做好起跑仪式的宣传报道工作，扩大《冬季长跑活动》的影响，营造良好的活动氛围。

附件：第三届江西省百万学生阳光体育冬季长跑活动方案

江西省教育厅　江西省体育局　共青团江西省委

二〇〇九年十一月十一日

附件：第三届江西省百万学生阳光体育冬季长跑活动方案

一、指导思想

以深入贯彻落实中央 7 号文件和省委 9 号文件精神、广泛开展阳光体育运动为宗旨，以宣传实施《全民健身条例》为契机，通过开展冬季长跑活动，培养青少年热爱体育、崇尚运动的健康观念和良好习惯，逐步形成强身健体、阳光运动的校园长跑活动氛围和文化，不断提高学生身体素质和意志品质。

二、活动主题

阳光体育与全民健身同行

三、参加对象

全省各级各类学校学生(小学为五、六年级学生)

四、活动时间

2009 年 11 月至 2010 年 4 月，请各地根据气候条件确定具体活动时间，实际冬季长跑活动时间不少于五个月(含寒假)。

五、活动内容

2009 年 11 月 10 日，在上饶县中学举行第三届江西省百万学生阳光体育冬季长跑活动起跑仪式，各地、各校应在 11 月底前举行当地和学校冬季长跑活动起跑仪式。

每天长跑距离(参考)基数为：小学生1000米，初中生1500米，高中生、高校学生2000米。中小学校在法定工作日每天以班级为单位，通过多种形式分时、分段组织学生完成跑步里程，节假日和寒假期间学校应要求学生自觉坚持长跑并做好记录，学校各年级、班级要做好每日长跑活动情况记录，在冬季长跑活动结束时，统计每个学生冬季长跑的总里程。各校校长作为学校开展阳光体育冬季长跑活动的第一责任人，要根据各校实际情况制订阳光体育冬季长跑活动方案，千方百计为学生创造条件开展冬季长跑活动，保质保量地完成冬季长跑工作。上级主管部门应对各学校冬季长跑活动开展情况进行监督和检查，确保活动按要求实施。

六、评选与表彰

第三届全省百万学生阳光体育冬季长跑活动将设立"优秀组织"奖，对长跑活动开展好的市、县(区)进行表彰。市级单位和高校、中专学校优秀组织奖的评选，由省教育厅、省体育局和团省委依据评选条件并结合单位工作情况组织评选，高校和中专学校按学校总数的30%评选。县级单位优秀组织奖，由设区市教育、体育行政部门和共青团组织推荐，每设区市推荐名额为本市县级单位总数的30%。各级教育、体育行政部门和共青团组织应组织对长跑活动开展好的中小学校进行评选和表彰。各级各类学校要对冬季长跑活动中表现突出的优秀单位、班级、学生和老师进行表彰，对学生的表彰应记入中小学生成长记录、素质报告书或档案。

各设区市、高校和中专学校于2010年5月底以前将本地、本学校开展冬季长跑活动的工作总结，设区市同时将县级优秀组织单位推荐名单和推荐意见，报"省百万学生阳光体育运动"领导小组办公室(省教育厅体卫艺处)。

优秀组织单位评选条件为：

1. 冬季长跑活动组织机构健全，实施方案完整，措施具体，对基层活动支持、指导有力。阶段性检查工作制度健全、有效，及时报道活动简报和工作总结。

2. 认真组织起跑仪式并开展冬季长跑的宣传教育活动，起跑仪式有特色，影响面广，宣传教育活动有创意，参与范围广。

3. 教育、体育行政部门和共青团组织相互配合、协调，共同组织本地区冬季长跑活动，学校冬季长跑普及率高，学生普遍完成长跑里程，锻炼效果显著。

4. 本地区或学校班级在阳光体育官方网站上注册比例高，参加网上系列活动积极。

5. 活动期间未发生任何安全事故。优秀中小学校和班级、学生、老师的评选条件由各设区市自行制定。

七、宣传报道

各级各类学校在组织好冬季长跑活动的同时，要加强宣传报道工作。教育部、国家体育总局、共青团中央在有关媒体开设了“冬季长跑活动报告专栏”，在搜狐设立了阳光体育官方网站(sunnysports. sohu. com)，宣传、报道长跑活动情况，统计、发布开展各地区学校参与数、学生参与数、跑步公里数、长跑日记等相关信息。各学校要积极进行网上注册并参加网站各种活动，及时将本校开展“冬季长跑活动”的信息登录网站，以便及时报道我省开展冬季长跑活动情况，展示我省学生冬季长跑活动的风采。

八、组织协调机构

“第三届全省百万学生阳光体育冬季长跑活动”由“省百万学生阳光体育运动”领导小组负责，各地也应成立由教育、体育行政部门和共青团组织共同参与的冬季长跑活动组织机构，各级各类学校要建立相应机构并由一名校领导具体负责。

信息来源：江西省教育厅

网址：http://www.jxedu.gov.cn/zwgk/xbgfjy/xbtyjj/2009/12/42447.html

主办单位：江西省教育厅

12 月 2 日

陕西省教育厅关于印发《第三届全国亿万学生阳光体育冬季长跑陕西省活动方案》的通知

各市教育局、杨凌示范区科教发展局，石油普教移交中心，各高等学校，中等专业学校：

为贯彻落实教育部、国家体育总局、共青团中央关于开展“第三届全国亿万学生阳光体育冬季长跑活动”通知精神，现将《第三届全国亿万学生阳光体育冬季长跑陕西省活动方案》印发给你们，请各市区结合实际、因地制宜，制定切实可行的实施方案，确保我省冬季长跑活动的顺利开展。

联系人：严公建　电话：029-87336051

陕西省教育厅

二〇〇九年十一月二十日

第三届全国亿万学生阳光体育冬季长跑陕西省活动方案

根据教育部、国家体育总局、共青团中央关于开展“第三届全国亿万学生阳光体育冬季长跑活动”(以下简称冬季长跑活动)通知精神，为推进冬季长跑活动深入持久地开展，有效提高学生体质特别是耐力素质水平，进一步掀起阳光体育运动的新高潮，确保我省冬季长跑活动的顺利开展，取得实效，现结合我省的实际情况，特制定本实施方案：

一、指导思想

以深入贯彻落实《中共中央国务院关于加强青少年体育增强青少年体质的意见》和《中共陕西省委、陕西省人民政府关于加强青少年体育增强青少年体质的实施意见》精神为宗旨，以宣传实施《全民健身条例》为契机，通过开展冬季长跑活动，培养青少年热爱体育、崇尚运动的健康观念和良好习惯，逐步形成强身健体、阳光运动的校园长跑活动氛围和文化，不断提高学生身体素质和意志品质。

二、活动主题

阳光体育与全民健身同行。

三、参加对象

各级各类学校学生(小学为五、六年级学生)。

四、活动时间

2009年10月至2010年4月。

五、活动内容

2009年10月31日，在北京举行第三届全国亿万学生阳光体育冬季长跑活动起跑仪式，我省也在同一天举行起跑仪式，地点设在西安市。各市、县、学校在11月25日前利用课外体育活动时间举行市、县级和校级起跑仪式。

每天长跑距离(参考)基数为：小学生1000米，初中生1500米，高中生、高校学生2000米。中小学校在法定工作日每天以班级为单位，通过多种形式分时、分段组织学生完成跑步里程，节假日和寒假期间学校应要求学生自觉坚持长跑并做好记录。学校各单位、班级要做好每日长跑活动情况记录，在冬季长跑活动结束时，统计每个学生冬季长跑的总里程。各校校长作为学校开展阳光体育冬季长跑的第一责任人，要根据各校实际情况制订阳光体育冬季长跑活动方案，千方百计为学生创造条件开展冬季长跑活动，保质保量地完成冬季长跑工作。上级主管部门应对各校冬季长跑活动开展情况进行监督和检查，确保活动按要求实施。

六、评选与表彰

第三届全国亿万学生阳光体育冬季长跑活动将评选“优秀组织单位”奖，对长跑活动开展好的省、市、县级单位进行表彰。我省也将对长跑活动开展好的市县单位及高校、省属中专学校进行表彰。

各市、县(区)应组织对长跑活动开展好的学校进行评选和表彰。各级各类学校要对冬季长跑活动中表现突出的优秀单位、班级、学生和教师进行表彰。

优秀组织单位评选条件为：

1. 冬季长跑活动组织机构健全，实施方案完整，措施具体，对基层活动支持、指导有力，阶段性检查工作制度健全、有效，及时报送活动简报和工作总结；

2. 认真组织起跑仪式并开展冬季长跑的宣传教育活动，起跑仪式有特色，影响面广，宣传教育活动有创意，参与范围广；

3. 学校冬季长跑普及率高，学生普遍完成长跑里程，锻炼效果显著；

4. 本地区学校在冬季长跑活动网站上注册数量较多，并积极参加网站的交流活动；

5. 活动期间未发生任何安全事故。

七、宣传报道

主办单位在中央有关媒体开设冬季长跑活动报道专栏，在搜狐网设立活动专题网站(sunnysports. sohu. com)，宣传、报道长跑活动情况，统计、发布各地区学校参与数、学生参与数、跑步公里数、长跑日记评比等开展活动的相关信息。各学校应积极进行网上注册并参加网站各种活动，活动内容和参与办法详见网站发布信息。我省活动内容和有关信息将通过陕西教育网《亿万学生阳光体育运动》栏目发布。

八、组织机构

第三届全国亿万学生阳光体育冬季长跑活动由全国亿万学生阳光体育运动领导小组领导。我省活动由陕西省亿万学生阳光体育运动领导小组领导，活动办公室设在省教育厅体育卫生与艺术教育处。各市、县(区)应成立冬季长跑活动组织领导机构。

信息来源：陕西省教育厅

网址：http://www. snedu. gov. cn/moreNews. do?id=8a8a809025385d5d01254e769f980006&id1=

主办单位：陕西省教育厅

12月3日

江苏省教育厅关于开展体育特色学校建设工作的通知

各市、县(市、区)教育局：

体育是学校教育的重要组成部分，是素质教育的突破口，是学生强健体魄、发展智力、和谐身心、幸福一生的重要途径。全面加强学校体育工作，为全体学生掌握终身受益的体育活动技能和自觉参加体育活动的良好习惯提供教育和引导，同时，发现和培养具有体育特长的中小学生，广泛开展学校课余训练和各项比赛活动，为具有体育特长的中小学生提供展示、发展特长的平台和成才的通道，为各级各类学校培养体育文化建设骨干，为国家、省、市、县(市、区)各级培养、输送体育后备人才，是学校教育的一项基本任务。为了落实《中共中央国务院关于加强青少年体育增强青少年体质的意见》、《中共江苏省委江苏省人民政府关于切实加强青少年体育增强青少年体质的意见》提出的各级各类学校要做到“人人有体育项目，班班有体育活动，校校有体育特色”的要求，经研究，决定在全省开展中小学体育特色学校建设工作，以推动各级各类中小学校体育工作层次和水平的提高。现将有关要求通知如下：

一、明确指导思想

体育特色学校建设要以邓小平理论、“三个代表”重要思想为指导，全面贯彻落实科学发展观，适应全面实施素质教育、全面提高教育质量、促进学生全面发展的要求，在已有中小学体育传统项目学校、体育后备人才培养学校和体育俱乐部学校的基础上，建设一批全面贯彻教育方针、体育特色鲜明、招收培养体育特长生的学校，在各地形成有一定数量和规模的体育特色学校群体，带动各级各类学校形成体育特色。

二、合理布设学校

体育特色学校的布局及其项目设置原则是：在推动各级各类中小学全面贯彻教育方针，形成体育特色的同时，根据满足体育特长生成长、发展的要求，在科学测算本地体育特长生占各年龄学生大致比例的基础上，在直属和所属县(市、区)的初中、高中各学段，确定一定数量的重点建设的能够招收体育特长生的体育特色学校并设置相应项目。一般每所体育特色学校设置 1 个项目，有条件的可以布设 2 个或 2 个以上项目。项目设置可以是奥运或非奥运项目、民族传统体育项目，也可以是地方特色项目。各学段在项目布点上要做到相互对应、上下衔接、输送畅通。要分析本地现有体育传统项目学校、体育后备人才培养学校和体育俱乐部学校的布局及其项目设置等情况，根据布设原则，规划好体育特色学校建设。

三、提供条件保障

要按现行教育管理体制，分级制定体育特长生招生培养输送政策。高校面向高中体育特色学校的体育特长生招生培养政策按教育部规定由我厅负责制定。要规范体育特长生的教育教学、学籍管理、考核评价、毕业升学方式等政策规定。要保证体育特长生每学期至少有一次参加县(市、区)级及以上比赛。要设立专项经费，用于体育特色学校的特色建设、特长生参加训练和比赛以及教练员的补贴等。要建立政府拨款、社会捐赠、企业赞助等多渠道筹措体育特色学校建设经费的体制，确保体育特色学校建设质量和水平的持续提高。加强体育特色学校的场地设施建设，配足配强体育教师。要保证体育教师在评先评优、职称评定、业务培训、工资福利等方面与其他学科教师一视同仁。要根据体育特色学校建设和项目特点及其发展要求，制定切实可行的政策，聘用优秀教练员、学科带头人等人才，保证体育特长生训练和运动水平的不断提高。

四、加强管理引导

各地要按照《江苏省中小学体育特色学校建设标准》(见附件)的要求，在 2010 年 2 月底前完成体育特色学校的布局及其项目设置工作，并将体育特色学校名单及其特色项目报送我厅体卫艺教处。要将体育特色学校建设工作作为推进本地各级各类学校体育工作的重要抓手，每年就体育特色学校建设及其特长生招生制订计划、进行总结，同时上报我厅。要改革和完善学生体育比赛制度。各地每年组织的校级、县(市、区)级、市级学生体育比赛，体育特色学校的特长生要单独编组，为特长生提供展示自己课余训练水平的平台。要鼓励体育特色学校积极争创省级体育工作先进学校，成为全面实施素质教育，全面提高教育质量，促进学生全面发展的示范学校。要分级考核命名中小学体育特色学校。从 2010 年开始，我厅将每两年组织考核命名一批达到《江苏省中小学体育特色学校建设标准》要求的中小学为江苏省体育特色学校。

附件：江苏省中小学体育特色学校建设标准

二〇〇九年十二月三日

信息来源：体卫艺处

网址：http://www.jsjyt.gov.cn/html/zwgk/xzgw/74317.html

主办单位：江苏省教育厅

12 月 28 日

四川省学生体育艺术协会 四川省篮球协会 排球协会 足球协会关于举行 2010 年四川省中学生篮球、排球、足球联赛的通知

川教体协[2009]21 号

各市(州)教育局、体育局：

为提高我省中学生课余运动训练和竞技水平，进一步完善我省中学生体育后备人才培养体系，经四川省教育厅、四川省体育局批准，2010 年四川省中学生篮球、排球、足球联赛，将于 2010 年 2 月分别在绵阳市、内江市、宜宾市举行。比赛由四川省

学生体育艺术协会和四川省篮球协会、四川省排球协会、四川省足球协会共同主办；绵阳市教育局、体育局，内江市教育局、体育局，宜宾市教育局、体育局承办。现将具体安排通知如下：

男子篮球联赛：时间：2010 年 2 月 3—9 日　地点：宜宾市，参赛学校：

中超组：成都树德中学、泸州老窖天府中学、宜宾一中、绵阳中学、交大附中、乐山一中、南充高中、内江二中、宜宾三中、富顺二中。

中甲组：绵阳南山中学、泸县二中、南溪一中、珙县高中、仁寿一中、泸州高中、广元中学、资阳伍煌中学、双流中学、马尔康中学、双流棠湖中学、达州高中、泸县一中、攀枝花体育中学、雅安二中、资阳中学。

中乙组：自贡一中、成都西北中学、德阳二中、盐道街中学、攀枝花大河中学、成都玉林中学、德阳中学、眉山一中、攀枝花三中、江油中学、旺苍中学、雅安二中、雅安市一中、攀枝花十二中、绵阳实验高中、邻水中学。

女子篮球联赛：时间：2010 年 2 月 20 — 26 日　地点：绵阳市，参赛学校：

中超组：宜宾三中、交大附中、蜀光中学、绵阳南山中学、泸州老窖天府中学、成都大弯中学、自贡十中、内江二中。

中甲组：珙县高中、成都实验中学、泸县二中、泸县一中、盐道街中学、攀枝花三中、宜宾二中、达州高中、旺苍中学、南充十中、泸州市天立国际学校、筠连中学。

男子排球联赛：时间：2010 年 2 月 5 — 11 日　地点：内江市，参赛学校：另行通知。

女子排球联赛：（时间、地点同男子排球联赛）　参赛学校：另行通知。

男子足球联赛：时间：2010 年 2 月 21 — 27 日　地点：绵阳市，参赛学校：

中超组：成都十八中学、成都列五中学、绵阳南山中学、自贡蜀光中学、三台中学、绵阳普明中学、成都华西中学、宜宾一中、宜宾三中、泸州高级中学。

中甲组：汉源一中、达州一中、温江二中、仁寿一中、泸州天立国际学校、旭川中学、洪雅中学、自贡外国语学校、双流棠中外国语学校、绵阳东辰国际学校。

中乙组：内江一中、崇庆中学、乐山一中、岳池一中、广元中学、乐山五通桥中学、德阳中学、攀枝花三中、泸县四中、泸州老窖天府中学、安县中学、三台一中。

女子足球联赛：时间：2009年2月4—10日地点：宜宾市，参赛学校：

成都大弯中学、成都双流棠湖中学、绵阳南山中学、成都第十八中学、南充西充中学、泸化中学、江油一中、达州开江中学、泸州老窖天府中学、九寨沟中学、资中一中、达州一中、宜宾市三中。

请你们接本通知后，及时通知参赛学校，指导参赛学校做好赛前准备工作，并协助我们做好参赛运动员的资格审查工作，确保联赛安全、公平、公正地举行。

附件一下载：第10届四川省中学生篮球联赛竞赛规程

附件二下载：2010年四川省中学生排球联赛竞赛规程

附件三下载：2010年四川省中学生足球联赛竞赛规程

附件四：全国中学生运动员申请“首次注册”登记表

注：附件可登录四川教育网(www. scedu. net)下载

四川省学生体育艺术协会(代章)

二〇〇九年十二月十五日

信息来源：学生体育艺术协会

网址：http://www. scedu. net/structure/twygf/xieh/nr? infid=25

主办单位：四川省教育厅

12月23日

关于组织开展“人人参与 奔向世博”上海市学生阳光体育冬季长跑活动的通知

各高等学校，各区县教育局、体育局、团委：

为贯彻落实《中共中央国务院关于加强青少年体育增强青少年体质的意见》(中发[2007]7号)精神，根据《教育部 国家体育总局 共青团中央关于开展第三届全国亿万学生阳光体育冬季长跑活动的通知》(教体艺函[2009]7号，见附件1)的要求，上海市教育委员会、上海市体育局、共青团上海市委员会决定结合上海迎世博以及本市开展学生阳光体育运动和实施《国家学生体质健康标准》等学校体育实践活动，组织开展“人人参与 奔向世博”上海市学生阳光体育冬季长跑活动。现将活动方案印发给你们(见附件2)，请认真贯彻执行并按以下要求做好组织实施工作：

一、各级教育、体育行政部门和共青团组织及各级各类学校要结合各自的实际情况，认真制订具体实施计划和方案，组织广大学生积极参加“人人参与 奔向世博”上海学生阳光体育冬季长跑活动。

二、各级各类学校要贯彻“健康第一”的指导思想，结合学校体育健身活动安排以及场地条件，因地制宜、循序渐进、分类指导、科学合理地组织学生参加阳光体育冬季长跑活动。

三、学生长跑活动受场地条件限制的学校，在报上级教育行政部门备案核准后，应组织学生参照相应的长跑运动量和时间要求，分时段分批次地开展趣味跑、循环跑等跑步活动，并结合跳绳、踢毽、跳健身操等各种体育锻炼项目，促进学生耐力素质的提高。

四、学校要高度重视和关注学生的身体健康，加强学生参加长跑的安全和卫生知识教育，落实安全保障措施。学校在长跑活动开始前，应对学生体质健康状况进行了解和观测，进行健康安全方面的提示，及时告知心肺功能患有器质性疾病或体征有严重不适的学生不宜参加激烈锻炼活动。根据教育部的规定，未经上级教育行政部门同意和公安交通管理部门批准，学校不得擅自组织学生在马路上进行集体长跑活动。

五、本市学生阳光体育冬季长跑活动由“上海市学生阳光体育大联赛组委会”负责组织实施，组委会办公室设在中山西路1245弄1号(邮编：200051；联系人：潘幼群；联系电话：64331815；传真：62781722)。

附件：

1. 教育部 国家体育总局 共青团中央关于开展第三届全国亿万学生阳光体育冬季长跑活动的通知

2. “人人参与 奔向世博”上海市学生阳光体育冬季长跑活动方案

附件1：教育部 国家体育总局 共青团中央关于开展第三届全国亿万学生阳光体育冬季长跑活动的通知

教体艺函[2009]7号

各省、自治区、直辖市教育厅(教委)、体育局、团委，新疆生产建设兵团教育局、体育局、团委：

全国亿万学生阳光体育冬季长跑活动自2007年启动以来，得到了各地教育、体育行政部门和共青团组织以及广大学校的积极响应和广泛参与，两年来，有数千万各级各类学校学生踊跃参加长跑运动，在校园中形成了青少年学生热爱体育、崇尚运动的良好风气，不仅培养了学生体育锻炼的习惯和健康的生活方式，而且较好地促进了青少年学生的体质健康素质、特别是耐力素质的提高。各地结合实际、因地制宜，充分利用现有条件开展长跑运动，创造了许多冬季长跑活动的好经验、好做法。如：许多中小学校克服体育场地狭小的困难，在“螺蛳壳”里做道场，用大“小场地”，增加“兴趣跑”，给长跑配上背景音乐，激发学生的运动热情，让孩子们充分动起来，在小操场上跑出“大天地”。长跑活动在许多地区和学校已走向了经常化、制度化，成为学校阳光体育运动重要抓手。

为推进全国亿万学生阳光体育冬季长跑活动深入持久地开展，教育部、国家体育总局、共青团中央决定于2009年10月至2010年4月，继续组织开展“第三届全国亿万学生阳光体育冬季长跑活动”(以下简称冬季长跑活动)，本届冬季长跑活动主题为“阳光体育与全民健身同行”。现将有关事宜通知如下：

一、各地教育、体育行政部门和共青团组织要充分认识开展冬季长跑活动的重要意义，继续认真组织好冬季长跑活动，要把冬季长跑活动纳入教育、体育和团组织的工作计划，密切配合，广泛发动，切实提高冬季长跑活动在本地区学校开展的普及率；要把组织学生长跑活动作为各部门一项重要而持久的任务，作为推动阳光体育运动的重要抓手，把冬季长跑活动不断引向深入。各地要在总结前两届冬季长跑活动经验的基础上，采取更有力的措施，把这项活动抓紧、做实。要全面了解本地区学校开展冬季长跑活动的情况，为学校开展冬季长跑活动想对策、解难题、做实事。要组织推广冬季长跑活动的好经验、好做法，深入分析冬季长跑活动的难点问题，切实解决制约冬季长跑活动开展的突出问题，通过扎实的组织工作，不断提高广大青少年学生体质健康水平，努力开创阳光体育运动的新局面。

二、各级各类学校要把冬季长跑活动纳入学校教育、教学计划，根据实际情况制订操作性强的实施方案，将冬季长跑活动与体育课、早操、大课间体育活动、课外体育活动和《国家学生体质健康标准》达标活动有机结合；各级各类学校要因地制宜、积极实践，为学生长跑锻炼创造条件，场地条件不足的学校要根据校园环境和地域特点设计好跑步路线，科学合理安排学生长跑时间，提高校园体育场地使用率。校长要亲自动员和号召学生参加长跑锻炼，中小学班主任、高校辅导员、体育教师是学校长跑活动的重要组织者和推动者，要组织、指导并带动广大学生积极参加冬季长跑活动，让长跑活动覆盖到每一个班级、每一个学生，形成强身健体、阳光运动的校园冬季长跑活动氛围和文化，使冬季长跑运动“人人踊跃参加、班班积极组织、校校形成特色”。

三、要认真组织冬季长跑活动起跑仪式，积极做好起跑仪式的宣传、报道工作，营造良好的活动氛围，促进全社会关心、支持和参与冬季长跑活动。要结合学生运动会、体育节、团队日等活动，设计开展“阳光体育与全民健身同行”的主题教育活动，积极动员青少年学生主动参与冬季长跑活动，在活动中树立健康第一的思想，培养顽强的意志品质。要组织新闻媒体积极宣传冬季长跑的意义和作用，宣传本地区丰富多彩、新颖多样的冬季长跑活动形式。全国亿万学生阳光体育运动领导小组办公室将组织中央有关媒体开辟专栏，对各地开展冬季长跑活动的好做法、好经验和涌现出的先进典型予以跟踪报道，同时在阳光体育官方网站上推出系列评选教育活动。

四、教育部、国家体育总局、共青团中央将对在本届冬季长跑活动中表现突出的省、地、县级单位进行表彰。地方教育、体育行政部门和共青团组织也要建立激励机制，对活动开展好的学校予以表彰；学校要对在冬季长跑活动中表现突出的班级、学生和教师予以表彰。

附件：第三届全国亿万学生阳光体育冬季长跑活动方案

教育部　国家体育总局　共青团中央

二○○九年十月十二日

附件：第三届全国亿万学生阳光体育冬季长跑活动方案

一、指导思想

以深入贯彻落实中央 7 号文件、广泛开展阳光体育运动为宗旨，以宣传实施《全民健身条例》为契机，通过开展冬季长跑活动，培养青少年热爱体育、崇尚运动的健康观念和良好习惯，逐步形成强身健体、阳光运动的校园长跑活动氛围和文化，不断提高学生身体素质和意志品质。

二、活动主题

阳光体育与全民健身同行

三、参加对象

全国各级各类学校学生(小学为五、六年级学生)

四、活动时间

2009 年 10 月至 2010 年 4 月，请各地根据气候条件确定具体活动时间，实际冬季长跑活动时间不少于五个月(含寒假)。

五、活动内容

2009 年 10 月 31 日，在北京举行第三届全国亿万学生阳光体育冬季长跑活动起跑仪式，各省、自治区、直辖市应在同期举行起跑仪式。

每天长跑距离(参考)基数为：小学生 1000 米，初中生 1500 米，高中生、高校学生 2000 米。中小学校在法定工作日每天以班级为单位，通过多种形式分时、分段组织学生完成跑步里程，节假日和寒假期间学校应要求学生自觉坚持长跑并做好记录，学校各年级、班级要做好每日长跑活动情况记录，在冬季长跑活动结束时，统计每个学生冬季长跑的总里程。各校校长作为学校开展阳光体育冬季长跑活动的第一责任人，要根据各校实际情况制订阳光体育冬季长跑活动方案，千方百计为学生创造条件开展冬季长跑活动，保质保量地完成冬季长跑工作。上级主管部门应对各校冬季长跑活动开展情况进行监督和检查，确保活动按要求实施。

六、评选与表彰

第三届全国亿万学生阳光体育冬季长跑活动将设立“优秀组织单位”奖，对长跑活动开展好的省、地、县级单位进行表彰。

省级单位优秀组织奖的评选，由教育部、国家体育总局和共青团中央依据评选条件并结合各地工作情况组织评选；地、县级单位优秀组织奖，由各省、自治区、直辖市教育、体育行政部门和共青团组织共同组织推荐，每省、自治区、直辖市推荐的名额为本地区地、县总数的20%，各地于2010年6月30日前将地、县级优秀组织单位推荐名单和推荐意见，报全国亿万学生阳光体育运动领导小组办公室。

优秀组织单位评选条件为：

1. 冬季长跑活动组织机构健全，实施方案完整，措施具体，对基层活动支持、指导有力。阶段性检查工作制度健全、有效，及时报送活动简报和工作总结。

2. 认真组织起跑仪式并开展冬季长跑的宣传教育活动，起跑仪式有特色，影响面广，宣传教育活动有创意，参与范围广。

3. 教育、体育行政部门和共青团组织相互配合、协调，共同组织本地区冬季长跑活动，学校冬季长跑普及率高，学生普遍完成长跑里程，锻炼效果显著。

4. 本地区学校班级在阳光体育官方网站上注册比例高，参加网上系列活动积极。

5. 活动期间未发生任何安全事故。

各地教育、体育行政部门和共青团组织还应组织对冬季长跑活动开展好的各级单位、学校进行评选和表彰，各级各类学校要对冬季长跑活动中表现突出的班级、学生和教师进行表彰，对学生的表彰应记入中小学生成长记录、素质报告书或档案。

七、宣传报道

全国亿万学生阳光体育运动领导小组办公室将在中央有关媒体开设冬季长跑活动报道专栏，组织中央媒体及专家进行冬季长跑活动的实地考察采访，同时在搜狐网设立阳光体育官方网站(sunnysports. sohu. com)，宣传、报道长跑活动情况，统计、发布各地区学校参与数、学生参与数、跑步公里数、长跑日记等相关信息，各学校应积极进行网上注册并参与网站交流。全国亿万学生阳光体育运动领导小组办公室还将推出冬季长跑系列活动，活动内容和参与办法详见网站发布信息。

八、组织协调机构

第三届全国亿万学生阳光体育冬季长跑活动由全国亿万学生阳光体育运动领导小组办公室具体组织协调，办公室设在团中央所属新时代青少年体质健康促进中心。地址：北京市东城区东直门南大街9号华普花园C座605室，邮编：100007，联系人：邸文，电话：010-51288227转606，传真：010-84098849。

附件2："人人参与　奔向世博"上海市学生阳光体育冬季长跑活动方案

一、指导思想

以深入贯彻落实《中共中央国务院关于加强青少年体育增强青少年体质的意见》精神，广泛开展阳光体育运动为宗旨，以宣传实施《全民健身条例》为契机，结合上海迎接世博会的召开，通过开展冬季长跑活动，培养青少年热爱体育、崇尚运动的健康观念和良好习惯，逐步形成强身健体、阳光运动的校园长跑活动氛围和文化，不断提高学生身体素质和意志品质。

二、活动主题

人人参与，奔向世博

三、参加对象

全市各级各类学校学生（小学为五、六年级学生）

四、活动时间

2009年11月至2010年4月

五、活动内容

每天长跑距离（参考）基数为：小学生1000米，初中生1500米，高中生、高校学生2000米。中小学校在法定工作日每天以班级为单位组织学生完成跑步里程，节假日和寒假期间学校应要求学生自觉坚持长跑并做好记录。学校各单位、班级要做好每日长跑活动情况记录，在冬季长跑活动结束时，统计每个学生冬季长跑的总里程。各校校长作为学校开展阳光体育冬季长跑活动的第一责任人，要根据各校实际情况制订阳光体育冬季长跑活动方案，千方百计为学生创造条件开展冬季长跑活动，保质保量地完成冬季长跑工作。上级主管部门应对各校冬季长跑活动开展情况进行监督和检查，确保活动按要求实施。

六、评选与表彰

教育部、国家体育总局、共青团中央将对在冬季长跑活动中表现突出的省、地、县级单位授予"优秀组织单位"称号。我市也将对在开展此项活动中表现突出的区县和学校进行表彰，积极推动长跑活动的开展，评选比例名额为所占总数比例的 20%。优秀组织单位评选条件为：

1. 冬季长跑活动组织机构健全，实施方案完整，措施具体，对基层活动支持、指导有力，阶段性检查工作制度健全、有效，及时报送活动简报和工作总结。

2. 认真组织起跑仪式并开展冬季长跑的宣传教育活动，起跑仪式有特色，影响面广，宣传教育活动有创意，参与范围广。

3. 教育、体育行政部门和共青团组织相互配合、协调，共同组织本地区冬季长跑活动，学校冬季长跑普及率高，学生普遍完成长跑里程，锻炼效果显著。

4. 本地区学校在冬季长跑活动网站上注册比例高，参加网上系列活动积极。

5. 活动期间未发生任何安全事故。

各级各类学校要对冬季长跑活动中表现突出的优秀单位、班级、学生和教师进行表彰，对学生的表彰应记入中小学生成长记录、素质报告书或档案。优秀学校和学校优秀单位、班级、学生和教师的评选条件由各区县、各高校自行制订。

七、宣传报道

根据教育部文件精神，教育部将在搜狐网设立阳光体育官方网站(sunnysports. sohu. com)，宣传、报道长跑活动情况，统计、发布各地区学校参与数、学生参与数、跑步公里数、长跑日记评比等开展活动的相关信息。各级各类学校应及时在搜狐网上进行网上注册并积极参加网站开设的各类交流活动。

本市将通过上海市学生阳光体育大联赛官方网址(www. sygf. cn)和各种媒体及时报道长跑活动情况，同时，依托中学生报和少年报开设专栏，组织开展学生长跑日记、学生摄影、学生评论等体育文化交流活动。

八、组织机构

本市学生阳光体育冬季长跑活动由“上海市学生阳光体育大联赛组委会”负责组织协调工作。各区县教育、体育行政部门和共青团组织应共同成立学生阳光体育冬季长跑活动的相应领导机构。各级各类学校应建立工作小组并由一名校级领导具体负责。

信息来源：上海市教育委员会

网址：http://www. shmec. gov. cn/html/xxgk/200912/415082009002. php

主办单位：上海市教育委员会

12 月 28 日

关于举办第三届四川省中学生定向越野锦标赛的通知

各市(州)教育局、体育局、学生体协：

为全面落实“健康第一”的指导思想，大力推动全国亿万学生阳光体育运动，切实加强青少年体育，增强青少年体质。经省教育厅、省体育局批准，四川省学生体育艺术协会、四川省无线电定向运动协会拟定于2010年2月22日—25日，在绵阳市举办第三届四川省中学生定向越野锦标赛。本次比赛由省学生体育艺术协会、省无线电定向运动协会主办，绵阳市教育局、体育局承办，绵阳东辰国际学校协办。现将本次比赛的《竞赛规程》发给你们，请通知有关学校组队参赛。

附件：

1. 第三届四川省中学生定向越野锦标赛竞赛规程
2. 全国中学生运动员首次注册登记表

四川省学生体育艺术协会

二〇〇九年十二月十六日

附件一下载：第三届四川省中学生定向越野锦标赛竞赛规程

附件二下载：全国中学生运动员首次注册登记表

信息来源：学生体育艺术协会

网址：http://www.scedu.net/structure/twygf/xieh/nr? infid=24

主办单位：四川省教育厅

12月31日

在2009年广西壮族自治区学生阳光体育运动研讨会上的讲话

自治区教育厅副厅长　杨伟嘉

(2009年12月)

同志们：

为了深入贯彻落实《中共中央 国务院关于加强青少年体育增强青少年体质的意见》及《自治区党委 自治区人民政府关于加强青少年体育增强青少年体质的实施意见》精神，进一步加强和推进我区学校体育工作，大力开展千万学生阳光体育运动，全面促进我区广大学生的体质健康，今天我们召开“全区学生阳光体育运动研讨会”。这次会议的任务是：以贯彻落实中共中央7号文件和自治区党委、政府24号文件精神为主题，总结交流近年来我区深入开展学生阳光体育运动所取得的成绩和经验；研讨部署今后一个时期我区学校体育工作，推进我区学校体育工作向纵深发展。根据会议安排，我谈几点意见。

一、我区开展学生阳光体育运动的基本情况

在自治区党委、政府的正确领导下，我区大力开展学生阳光体育运动，坚持“健康第一”的指导思想，学校体育工作取得了新的成效。主要表现在以下几个方面：

(一)加强领导，明确职责

《中共中央 国务院关于加强青少年体育增强青少年体质的意见》下发后，我区即采取有力措施，把加强青少年体育工作摆上重要议事日程，全面贯彻落实文件精神。自治区人民政府召开专题会议，研究开展全区千万青少年阳光体育运动，增强青少年体质的工作，并召开“全区加强青少年体育增强青少年体质视频大会”，自治区党委、自治区人民政府下发了《自治区党委自治区人民政府关于加强青少年体育增强青少年体质的实施意见》的文件。自治区成立了文明办、教育厅、卫生厅、体育局、妇联、共青团区委等 6 个部门组成的“加强青少年体育增强青少年体质”工作联席会议制度；自治区教育厅、体育局、共青团区委联合成立了“全区千万青少年学生阳光体育运动领导小组”，建立了加强青少年体育工作的领导协调机制，并与“全国亿万学生阳光体育运动启动仪式”同步，举行了“广西千万学生阳光体育运动启动仪式”。我厅召开了“全区学校体育工作会议”并下发一系列文件，要求各级教育行政部门和各级各类学校要全面贯彻落实《中共中央国务院关于加强青少年体育增强青少年体质的意见》和《自治区党委 自治区人民政府关于加强青少年体育增强青少年体质的实施意见》精神，制订开展学生阳光体育运动工作方案，明确职责。坚持“健康第一”的指导思想，大力开展我区千万学生阳光体育运动，坚持每天锻炼一小时，进一步加大我区学校体育工作实施力度，切实提高我区广大学生体质健康水平。

(二)因地制宜，突出特色

为切实有效地开展学生阳光体育运动，我区结合实际，突出特色，大力开展对场地器材要求不高、便于开展活动的如健美操、啦啦操、民族体育、校园集体舞、长跑等丰富多样的体育锻炼项目。各级各类学校根据实际，充分发挥我区民族体育资源丰富的优势，将民族体育引入学校，结合现代体育，开发出学生喜闻乐见、健身价值高的体育教学和课余锻炼项目，大力开展小型多样、生动活泼、趣味性强、有地方特色的体育项目，学校每年至少举办一次全校性运动会，每个学期有单项比赛，班、系有各自特色的体育项目，形成班、系、学校经常不断开展体育锻炼的良好风气。我厅每年组织不同形式、不同项目的全区学校体育竞赛活动，定期组织全区大学生运动会和全区中学生运动会，并组建广西大学生体育代表团和广西中学生体育代表团参加全国学生运动会。

学生健美操、啦啦操是我厅抓的学生重点运动项目。从 2004

年起，每年举办一届全区学生健美操、啦啦操大赛。全区各级各类学校都参与其中，从班级、年级、系级和学校到县、市层层开展活动和进行比赛，最后是自治区总决赛。该活动对深入开展学生群众性体育锻炼、增强体质、提高运动竞技水平等方面发挥了重要作用，已形成了特色，在区内外形成了很大的影响。在 2006 年至 2008 年的中国学生动感啦啦操锦标赛中，我区代表团连续三年蝉联全国团体总冠军。从 2006 年起，我区多所大学、中学多次代表中国大学生、中学生赴美国参加世界啦啦操锦标赛，屡获优异成绩。2008 年，广西大学、南宁市第二十六中学啦啦操被选调到北京奥运会赛场进行啦啦操表演。在 2009 年在美国举行的世界啦啦操国家杯赛五人技巧啦啦操比赛中，南宁市二十六中荣获冠军，广西师范大学和广西大学也获得优异成绩。在今年的第十届全国中学生运动会上，我区健美操十二人技巧啦啦操勇夺金牌，健美操六人轻器械健身健美操获银牌，实现了广西中学生新中国成立六十年来在全国中学生运动会上集体项目金牌零的突破，为广西争得了荣誉，自治区政府为此专门发了贺电。

（三）全面实施《国家学生体质健康标准》

《国家学生体质健康标准》（以下简称《标准》）是检测和反映学生体质基本情况的有效方法和重要指标。《自治区党委、自治区人民政府关于加强青少年体育增强青少年体质的实施意见》中把实施《标准》作为加强青少年体育、增强青少年体质的重要措施。

我厅高度重视《标准》的组织实施工作，成立了领导小组和《标准》实施中心，组成了专家培训小组。近年来，我厅下发了一系列文件，对《标准》的实施提出了具体要求，保证了实施《标准》工作的规范化和连续性。从 2005 年起，连续四年举办《标准》实施与数据上报培训班。并对学校《标准》的实施情况进行督导检查。坚持公告制度，根据全国学生体质健康标准数据管理中心提供的数据，对成绩突出的单位进行表彰和颁发奖牌。同时，对实施《标准》工作不得力的地市进行通报。

根据教育部公布的数据结果，我区 2007 年、2008 年连续两年上报《标准》测试数据的学校总数排名全国第一，2007 年在教育部直属院校新生《标准》测试中，广西区生源学生综合分名列第一。2009 年 11 月，教育部、全国亿万学生阳光体育运动领导小组办公室在杭州召开了“实施《国家学生体质健康标准》工作会议”。会议通报了全国《标准》测试数据上报情况，我区在 2008 年《标准》测试数据上报工作中成绩突出，自治区教育厅和南宁市教育局、桂林市教育局分别被授予“2008 年全国《国家学生体质健康标准》测试数据上报工作先进单位”荣誉称号，我厅在大会上作了经验发言。同时，南宁市、柳州市、桂林市、贺州市、来宾市等市教育局被授予“第二届全国亿万学生阳光体育冬季长跑活动优秀组织单位”。

（四）大力推进体育课程和初中毕业升学体育考试改革

近年来，我区深入开展体育教学改革，各级教育行政部门和学校按照《课程标准》的要求，充分发挥我区民族体育教学资源丰富的优势，积极组织和开展体育课程的改革和实践。尤其是针对农村学校场地小、器材少的实际，因地制宜，将体育课教学内容和课外锻炼项目有机结合起来，使广大学生正确掌握两项以上的健身技能，积极地进行体育锻炼。

初中毕业生升学考试体育测试是推进素质教育、增强学生体质的有力措施。我区在初中生升学考试体育测试制度改革上做了有益的探索，在 2001 年首次在中考科目中增加体育科测评的基础上。从 2006 年起采取统一测试的形式评定成绩，进一步完善了初中毕业生升学考试体育测试制度。部分地市将民族体育类项目纳入初中毕业生升学考试体育测试内容。南宁市允许学生自行制作考试器材，学生根据自己的兴趣与特长选择考试内容，制定了残疾考生考试的办法和免试规定，取得了较好效果，并在社会上引起较强烈的反响，先后被《人民日报》、《中国体育报》、《中国青年报》、《广西日报》等新闻媒体宣传报道。梧州市结合《国家学生体质健康标准》内容，制订中考体育考试方案，取得了较好成效。

（五）加强学校体育工作管理人员和教师队伍的建设

近年来，我厅进一步加强学校体育工作管理人员和体育教师的在职学习与培训，聘请区内外专家、学者讲学，定期举办全区中小学体育骨干教师培训班和体育教学研讨活动，定期组织全区中小学和高校体育教师体育教学观摩课、体育优质课比赛和体育科学论文报告会，进一步提高了体育教学的质量和教师队伍的素质。

（六）建立“教体结合”运行机制，高校高水平运动队建设得到加强

学校体育是国家全民健身计划和奥运争光计划的基础，是培养高素质体育人才的摇篮，是竞技体育健康、持续发展的重要途径。近年来，我区积极开展普通高等学校高水平运动队建设，广西大学、广西师范大学、广西民族大学、广西师范学院、广西中医学院等 5 所高等学校 2005 年被教育部确定为具有招收高水平运动员资格的高校。几年来，在招生录取、运动技术训练、运动员思想政治教育和学籍管理上，基本形成了一套行之有效的管理办

法，在促进全区学校课外体育活动的开展，加快高水平运动队建设进程，提高运动竞技水平中发挥了重要作用。

二、目前开展学生阳光体育运动工作所面临的问题

同志们，近年来我区开展学生阳光体育工作虽取得了一定成绩，但同时也存在着一些问题和困难，主要表现在以下几方面：

（一）少数教育行政部门和学校领导对开展学生阳光体育工作的重要性认识不足，对怎样结合本地、本校实际，开展学生阳光体育运动，没有很好地认真研究、缺乏有效方案和措施，学校体育工作仍是学校工作的薄弱环节。

（二）学校体育经费投入不足，场地器材短缺，体育教学条件得不到保证，特别是农村学校存在的问题尤为突出。

（三）体育师资队伍的数量不足，素质有待进一步提高。我区中小学校专职体育教师的配备不足，乡镇以下的学校体育教师严重缺乏，中小学体育教师获得中高级职称的人数不多。在中央7号文件下发和新一轮基础教育课程改革之后，体育课时增加，而且学生课外锻炼时间也大大增加，但体育教师的数量并未得到相应的改善，体育教师队伍建设的问题比较突出。

（四）我区学生体质健康方面目前存在一些令人担忧的问题。从全国学生体质健康标准数据管理中心对我区学生体质健康标准测试数据的分析表明，我区学生在体质测试中不及格的人数仍占一定比率，部分学生耐力素质及肺活量呈下降趋势，城乡之间、民族之间的学生体质健康水平不平衡等。学生体质健康存在的问题，已经影响到人才培养的质量，必须引起高度重视。

三、当前和今后一个时期的工作要点

当前和今后一个时期，我区开展学生阳光体育运动的总体要求是：明确健康第一的指导思想，努力增强学生体质，建立健全学校体育工作机制，充分保证学校体育课时和学生课外体育活动时间，提高体育课教学质量，将体育课教学内容和学生课外锻炼项目很好地结合起来，让每个学生掌握两项以上健身技能，坚持每天两操，保证学生每天锻炼一小时。加强体育卫生设施和师资队伍建设，逐步完善学校、社区、家庭相结合的青少年体育网络，培养青少年良好的体育锻炼习惯和健康的生活方式，形成青少年热爱体育、崇尚运动、健康向上的良好风气。各级各类学校要把学校体育工作摆在重要位置，列入学校工作的议事日程。要联系实际，积极采取有效的措施，下决心解决影响学校体育工作开展的各种问题，尽快改变学校体育在学校教育中的薄弱状况，为广大青少年学生健康成长创造良好的环境。

各级教育行政部门、各级各类学校要把加强青少年体育工

作、开展阳光体育运动纳入部门、学校的发展规划。各级教育行政部门要完善组织管理体系，健全管理机构与制度建设，要有专门人员负责学校体育管理工作。各级各类学校要成立由学校领导牵头的领导小组，负责开展学生阳光体育运动工作。要制订行之有效的“开展阳光体育运动”实施方案和具体措施。

2010年，我区学校体育工作除了上述工作和要求外，还要重点抓好以下几项工作：

1. 继续加强全面实施《国家学生体质健康标准》，做好测试和数据上报工作。继续完善《标准》测试结果记录体系和通报制度，定期督导检查和通报各地《标准》的实施情况和测试结果，表彰成绩突出单位，对组织实施不力的单位进行通报。

2010年，我厅将继续举办《国家学生体质健康标准》测试和数据上报管理人员和骨干教师培训班，各市、县和高校、中职学校在全区培训后，要做好二级培训。

2. 举办全区第九届中学生运动会，运动会设篮球、健美操、啦啦操、民族体育运动、乒乓球、羽毛球和武术等项目。各市县要以此为契机，动员和促进广大学生参加运动和竞赛，市、县要召开学生运动会。

3. 按教育部、国家体育总局规定，每5年要在全国范围内进行学生体质健康调研。2010年将进行第六次全国学生体质健康调研，我区将承担汉族、壮族、瑶族学生的调研任务，并将在南宁市、柳州市、梧州市、百色市、河池市、广西大学、广西医科大学、广西民族大学、玉林师范学院进行学生体质健康状况调研工作。以上市和高校要按有关规定和要求，认真组织和做好各项工作，确保调研工作顺利地开展。

同志们，加强学校体育工作，广泛深入开展学生阳光体育运动，切实提高学生健康水平，是全面落实科学发展观，贯彻党的教育方针，大力推进素质教育的必然要求，也是办好让人民群众满意教育的重要方面。我们一定要统一思想，坚定信心，真抓实干，为开创学校体育工作的新局面而共同努力！谢谢大家

信息来源：广西壮族自治区教育厅

网址：http://202.103.252.84/2009/12－31/16354.html

主办单位：广西壮族自治区教育厅